《소크라테스의 변론》 입문

확신과 불신

확신과 불신

《소크라테스의 변론》 입문

초판 1쇄 발행 2018년 7월 20일
개정증보판 발행 2023년 10월 5일

지은이 | 이현복
그린이 | 김한조
펴낸이 | 김태화
펴낸곳 | 파라아카데미 (파라북스)
기획편집 | 전지영
디자인 | 김현제

등록번호 | 제313-2004-000003호
등록일자 | 2004년 1월 7일
주소 | 서울특별시 마포구 와우산로29가길 83 (서교동)
전화 | 02) 322-5353 팩스 | 070) 4103-5353

ISBN 979-11-88509-72-0 (03130)

* 파라아카데미는 파라북스의 학술분야 전문 브랜드입니다.
*값은 표지 뒷면에 있습니다.

《소크라테스의 변론》입문

확신과 불신

Introduction to Apologia Sokratous

이현복 지음

파라아카데미

2018년 여름 초판이 출간된 지 5년이 지나는 어느 날 초판의 표지 디자인과 판형을 지금 여기 독자의 감각에 맞춰 바꿔 보자는 출판사의 요청이 있었다. 그때 불현듯, 오대산 자락에서 정리된 초판 원고를 출판사에 보낸 이래 지금까지 뇌 한구석에 흐릿하게 남아 있는 생각 하나가 떠올랐다.

초판 프롤로그는 아리스토파네스의 희극 〈구름〉으로 시작했고, 에필로그는 소포클레스의 비극 〈안티코네〉를 다루면서 크세노폰의 《소크라테스의 회상》으로 마무리했다. 당시에는 이것들이 본론 주제인 아테네와 소크라테스가 서로 가진 확신과 불신의 문제를 보여주는 프롤로그와 에필로그로 적절하다고 생각했다. 하지만 시간의 흐름은 아쉬움을 가져왔다. 인간 소크라테스에게 크리톤은 어떤 존재였을까, 소크라테스가 크리톤에 대한 인간적 확신이 있다면 어떠한 것이었을까 하는 호기심이 있었다. 크리톤이 그저 소크라테스의 70년 죽마고우이고, 철학적 지력이 떨어지는, 그래서 그의 철학 파트너가 될 수 없는 부유한 농부로 치부되곤 할 때마다 안타까움을 동반한 호기심이 더해졌다.

개정판 에필로그에 〈크리톤과 소크라테스〉를 추가해서 그간의 호기심을 해소하고 아쉬움을 달래려고 했다. 플라톤의 《크리톤》과 《파이돈》에 나타나는 크리톤과 소크라테스의 대화를 살피면서 이들의 아름다운 우정과 확신을 엿보려고 했다. 그 결과 크리톤 없는 인간 소크라테스, 나아가 철학자 소크라테스의 삶은 과연 가능했을까 하는 생각까지, 그 누구보다도 크리톤이 있어 소크라테스는 행복했을 것이라는 생각까지 들었고, 무엇보다 이 점에서 소크라테스가 부럽기까지 했다.

　내외적으로 어려운 상황에서도 개정판을 내준 파라북스 김태화 대표님과 전지영 편집장님에게 고개 숙여 감사드린다.

2023년 여름 고봉산 아래에서
이현복

스물 시절 소크라테스를 읽었을 때 참으로 경이로웠다. 한참 후 그를 다시 만났을 때는 많이 슬펐다. 몇십 년 이어진 그 경이로운 슬픔을, 이후 더는 없을 것 같은 그 편치 않은 감정을 편한 이들과 편히 나누고 싶었다.

이 글은 대학 밖에서 쓰였다. 우연이 필연이 되어 대중 공간에서 철학고전을 읽게 되었고, 플라톤의 《소크라테스의 변론》과 크세노폰의 《소크라테스의 회상》이 그 안에 있었다. 매주 강독은 강의록으로 정리되었고, 다듬어져 한 권의 책이 되었다.

바쁜 일상 늦은 시간까지 소크라테스와 마주한 소피아 멤버의 진지한 눈빛에 경애의 인사를 드린다. 철학과 제자 예진이가 강의록을 매주 챙겨주었고, 오랜 동학 파라북스의 전지영 편집장과 김태화 대표가 뜨거운 혼을 넣어주었다. 진정 감사의 마음이다.

집필은 시민강좌에서 시작했지만, 탈고에는 일련의 언덕이 있었다. 한결같은 성숙한 우정을 보여준 한양대학교 철학과의 오랜 제자 이재우 군에게, 그리고 가족의 마음으로 함께 해준 아들 보근과 영근, 아내 전은희 그리고 작년 세상을 떠난 엄마에게 이 자리를 빌려 고마움을 전하고 싶다.

2018년 여름 오대에서
이현복

■ 일러두기

1. 《소크라테스의 변론》은 원래 장 구분이 없지만, 그것을 새롭게 번역한 이 책의 1부에서는 편의상 세 개의 장으로 나누어 각각 '변론', '형량제의', '최후변론'으로 제목을 붙였다.

2. 본문 중 인용문의 경우, 1부에서 번역한 《소크라테스의 변론》을 인용한 경우는 다른 작품을 인용한 경우와는 서체를 달리하여 구별했다.

3. 책 제목은 《 》로 표시하고, 연극이나 희곡 등 기타 작품의 제목은 〈 〉로 표시하여 구분했다. 또 모든 작품의 영문 표기는 이탤릭체로 표기했다.

4. 1부 《소크라테스의 변론》의 번역 판본은 옥스퍼드 고전 텍스트 시리즈, John Burnet (ed.), *Platonis Opera*(Oxford, 1900)와 함부르크 펠릭스 마이너 출판사, Apelt, Otto (Hrsg.), *Samtliche Dialoge / Platon*(Hamburg, 1988)이다. 참고한 국역본은 박종현 옮김, 《에우티프론, 소크라테스의 변론, 크리톤, 파이돈》(서광사, 2003), 천병희 옮김, 《소크라테스의 변론, 크리톤, 파이돈, 향연》(숲, 2012), 조우현 옮김, 《소크라테스의 변명 / 크리톤》(두로, 1996)이다.

5. 2부 집필 시 국내 주요 참고문헌으로는, 박종현(2003), 엄정식, 《소크라테스, 인생에 답하다》(소울메이트, 2012), 나종석, 《삶으로서의 철학. 소크라테스의 변론》(아이세움, 2007), 베터니 휴즈, 《아테네의 변명》(옥당, 2012, 강경이 옮김), 제임스. A. 콜라이아코, 《소크라테스의 변론》(작가정신, 2005), I. F. 스톤, 《소크라테스의 비밀》(간디서원, 2006, 편상범, 손병석 옮김), 루이-앙드레 도리옹, 《소크라테스》(이학사, 2009, 김유석 옮김) 등이 있다.

6. 인용된 아리스토파네스의 〈구름〉과 소포클레스의 〈안티고네〉 등은 천병희 옮김, 《아리스토파네스 희극전집 1》(숲, 2010) 및 천병희 옮김, 《그리스 비극 걸작선》(숲, 2010)에서 가져왔고, 크세노폰의 《소크라테스의 회상》은 최혁순 옮김, 《소크라테스 회상》(범우, 2017)을, 디오게네스 라에르티오스의 《철학자들의 삶》은 전양범 옮김, 《그리스철학자열전》(동서문화사, 2011)을, 《크리톤》과 《파이돈》은 박종현 옮김, 《에우티프론, 소크라테스의 변론, 크리톤, 파이돈》(서광사, 2003), 천병희 옮김, 《소크라테스의 변론, 크리톤, 파이돈, 향연》(숲, 2012), 이기백 번역본 《크리톤》(이제이북스, 2017)을 참조했다.

마케도니아

암피폴리스 ■

포티다이아 ■

▲
올림포스산

테살리아

🏛 델포이

테베 ■
델리온 ■

마라톤 ■

아티케
아테네 ■

코린토스 ■

살라미스

🏛 올림피아

아르고스 ■

아르골리스

펠로폰네소스

이오니아해

스파르타 ■

멜로스

에게해

■ 페르가몬

아르기누사이

키오스

■ 에페소스

사모스

■ 밀레토스

🏛 델로스

Contents

Prologue

프롤로그

불신과 확신

스트렙시아데스 : 자, 저쪽을 봐! 저기 저 문과 오두막이 보이니?

페이딥피데스 : 보여요. 그런데 저게 도대체 뭐죠, 아버지?

스트렙시아데스 : 저건 영리한 두뇌들을 위한 사색장이야. 저곳에 사는 사람들은 증명하려고 하지. 하늘은 우리를 둘러싸고 있는 큰 솥뚜껑이고, 우리는 그 안에 있는 숯이라는 것을. 그리고 그들은 수업료만 내면 옳든 그르든 말로 소송에 이기는 법을 가르쳐 준단다.

페이딥피데스 : 그들이 대체 누군데요?

스트렙시아데스 : 이름은 잘 모르지만 사색가이자 신사들인가 보더라.

페이딥피데스 : 쳇, 그 악당들! 알겠어요. 창백한 얼굴에 맨발로 다니는 그 협잡꾼들 말씀이죠? 귀신에 쒼 소크라테스와 카이레폰 같은 무리죠.

소크라테스가 독배를 들기 24년 전인 기원전 423년, 그리스 3대 희극작가로 꼽히는 아리스토파네스는 〈구름Nephelai〉이라는 작품으로 디오니소스제전 경연에서 3등을 차지했다. 말 전차놀이에 푹 빠진 아들 페이딥피데스와 그로 인한 빚쟁이들

의 이자 독촉으로 밤잠을 설치는 농부 스트렙시아데스와의 대화로
연극은 시작된다. 아버지는 아들에게 채권자와의 소송에서 이길 수
있는 비법을 소크라테스가 운영하는 사색학교에 가서 배워올 것을
부탁한다. 아들이 거부하자 아버지가 직접 사색학교에 찾아가 배움
을 받지만, 아버지는 소크라테스의 가르침을 따라가지 못해 퇴교당
한다. 결국 아들이 소크라테스로부터 비법을 전수받아 아버지의 뜻
을 이루어 주지만, 그 비법은 부메랑이 되어 아들이 아버지에게 패륜
을 저지르는 상황으로 이어지고, 아들의 타락에 화가 난 아버지는 소
크라테스의 사색학교에 불을 질러 소크라테스와 카이레폰이 허둥대
며 탈출하는 모습으로 극은 막을 내린다.

> **소크라테스** : 이키나, 큰일 났구먼. 숨이 막힐 것 같아.
> **카이레폰** : 아이고, 나 타 죽네!
> **스트렙시아데스** : 대체 무슨 의도에서 당신들은 신들을 모독하고 달님의
> 자리를 엿보는 거지? 자, 저들을 쫓고, 흠씬 두들겨패 주어라! 이유는
> 많지만, 너도 알다시피, 무엇보다 저들이 신들을 모독했기 때문이다.
> **코로스장** : 자, 우리 나가요. 오늘 우리는 충분히 춤을 추었으니까요.

아리스토파네스는 스트렙시아데스의 입을 빌려 소크라테스를 '사
색가'로, 그가 있는 공간을 '영리한 머리들을 위한 사색학교'로 불렀
다. 그리고 그 사색은 하늘은 큰 솥뚜껑이고 지상의 것들은 그 안에
있는 숯임을 이성적으로 '증명'하는 것이었다. 이것은 탈레스 이래

이른바 초기 자연철학자들이 행한 것이었고, 이는 곧 천상과 지하는 신의 영역이고 지상의 것들은 신의 놀음이라는 아테네의 전통적 믿음을 파괴하는 불경이었다.

아리스토파네스는 또한 소크라테스를 '옳든 그르든 소송에서 이기는 법', 이른바 수사법을 '돈을 받고 가르쳐 주는' 전문 교사인 소피스트로 설정했다. 페이딥피데스의 입을 통해 '창백한 얼굴에 맨발로 다니는 협잡꾼'으로 소크라테스를 묘사하며, 허구한 날 맨발로 다니면서 청년들과 문답을 나누었던 소크라테스의 특이한 일상의 삶을 조롱조로 표현했다. 또 '소크라테스보다 더 지혜로운 자는 없다'는 델포이 신탁을 받아 전해준 소크라테스의 죽마고우 카이레폰을 함께 등장시켰다. 그리고 그 둘을 '귀신에 씐' 자들로 취급했다. 나아가 그들이 아테네의 신들을 모독하며 달님의 자리를 엿보는 자들이라는 스트렙시아데스의 대사로 극 마지막을 장식했다.

아리스토파네스는 대략적인 언급으로 연극을 끝내지 않았다. 보다 구체적으로 소크라테스를 자연철학자로 또 소피스트로 소개했다. 극중의 소크라테스는 신 중의 신이자 천둥과 번개를 주관하는 제우스의 존재를 부정하는 자였다. 비는 구름이, 천둥은 하늘의 소용돌이가 그 원인이며, 그래서 '제우스는 존재하지 않는다'고 주장하는 자였다. 그는 올림포스의 신들 대신 구름의 여신을 내세웠다.

소크라테스: 그리고 자네는 우리가 믿고 있는, 카오스와 구름의 여신과 혀라는 세 가지 말고 다른 신은 믿지 않는 것이겠지?

스트렙시아데스 : 다른 신들은 만나더라도 말도 걸지 않을 것이며, 구운 제물도 제주도 바치지 않고 향도 피우지 않을래요.

소크라테스는 '수치스러운 것은 모두 아름답게, 아름다운 것은 수치스럽게 여기도록' 타인을 설득할 수 있는 능력을 가진 자였고, '혀를 돌리는 재주'를 가르칠 수 있는 자였으며, 정의의 여신은 존재하지 않는다고 믿는 자였다. 〈구름〉의 소크라테스에게 자연의 세계를 주관하는 것이 구름이었다면, 인간 세계를 주무르는 것은 혀 곧 말이었고, 인간의 정의는 상황에 따라 달라질 수 있는 말의 기술에 종속되었다.

그대는 뭔가 실수를 하고, 사랑을 하고, 간통하다 붙잡히는 날에는 끝장이야. 말할 줄 모르니까. 자, 내 제자가 되어 멋대로 하고, 뛰고, 웃고, 아무것도 수치스럽게 여기지 말게. 간통하다 붙잡히면 그 남편에게 다음과 같이 논박하게. 그대는 아무 잘못도 저지르지 않았다고. 그리고 제우스를 예로 들며 그분도 사랑과 여자에 졌거늘, 인간인 그대가 어떻게 신보다 더 위대할 수 있겠느냐고!

당시 연극 공연이 아테네 시민의 축제마당이라는 점에서 많은 시민들이 이 연극을 관람했을 것이고, 주연 중 한 명인 소크라테스도 관중석에서 그들과 함께 계면쩍게 웃었을 것이다. 사십 중반의 그는 이미 아테네에서 외적으로도 내적으로도 기이한 인물로 소문이 나 있었고, 그래서 아리스토파네스는 그런 그를 연극의 주인공으로 삼기에 적당했을 것이다. 초연 당시인 기원전 423년은 아테네의 명암이 갈리던 시기였다. 기원전 480년 살라미스 해전으로 페르시아 전쟁에서 승리한 이후 아테네는 페리클레스의 영도 아래 지중해의 패권국으로 황금의 시대를 구가했다. 431년에 시작된 2차 펠로폰네소스 전쟁의 와중에 아테네에 역병이 퍼졌다. 이로 인해 전쟁을 이끌던 아테네의 영웅 페리클레스가 기원전 429년에 사망하며 패전의 전운이 감돌았고, 스파르타와 휴전 협정이 체결된 해가 바로 〈구름〉이 상연된 해였다. 7년 후 기원전 411년에 아테네의 민주정이 붕괴되었으며, 400인의 참주정이 들어서는 정치적 격변의 시기를 거쳐, 404년에는 펠로폰네소스 전쟁에서 패한 아테네에 스파르타가 세운 30인의 참주정이 들어서는 황혼의 시기였다.

전쟁과 역병은 세상의 인심과 시선을 바꿔버렸다. 아테네 민주주의가 자랑한 관용의 정신은 서서히 사라져갔다. 부, 명예 그리고 권력을 얻기 위해 소피스트들을 현자라고 치켜세웠던 분위기는 자취를 감추었고, 자연 현상의 원인을 탐구하는 자연철학자들을 아테네의 전통적 믿음을 흔드는, 그래서 공동체의 근간을 파괴하는 위험세력으로 바라보았다. 아리스토파네스는 〈구름〉에서 이런 사회 분위기를 냉소적으로 풍자했다. 그런데 문제는 주인공이 소크라테스라는 것이었다. 작가는 당대의 기인 소크라테스를 소피스트와 자연철학자로 완벽하게 재현해냈다. 젊은 시절 한때 자연철학에 심취한 바 있고 아고라에서 대화를 즐겼던 그를 그렇게 묘사한 것은 결코 터무니없는 것은 아니었다. 그러나 소크라테스 사단의 일원이기도 했던 아리스토파네스가 저 기인이 실제로 소피스트는 물론이고 더 이상 자연철학자가 아님을 모를 리는 없었을 것이다. 아테네의 심장으로 파고드는 새로운 지식의 물결이 결코 낙관적인 것만은 아님을, 아니 오히려 지중해의 거함 아테네를 침몰시키는 결과를 초래할 수도 있음을 아테네 시민들에게 경고하고 싶었을 것이다. 극 상연 20년 후 아테네는 결국 무너졌다. 그로부터 4년 후, 기원전 399년에 소크라테스는 아리스토파네스가 묘사한 바대로 아테네 청년을 타락시킨 소피스트에, 천상의 것과 지하의 것을 탐구한 불경의 자연철학자라는 죄목으로 500명의 배심원 앞에서 3시간에 걸쳐 피고소인으로서 변론을 하는 상황에 이르렀다. 재판 결과는 사형이었다.

소크라테스의 충실한 제자였던 플라톤의 《소크라테스의 변론 *Apologia Sokratous*》에 따르면, 세 명의 고소인이 소크라테스를 불경죄와 청년타락 죄로 고발했지만 소크라테스가 변론에서 정작 주목한 것은 그들의 고소장이 아니었다. 그는 변론을 시작하면서 배심원들에게 양해를 구했다. 자신에게는 이중의 고발인이, 즉 처음 고발인과 나중 고발인이 있음을 알아달라는 것이었다. 세 명의 고소인은 처음 고발인의 한갓 몸짓에 불과하며, 몸체에 해당하는 처음 고발인이 있다는 말이었다. 처음 고발인은 숫자도 훨씬 많고 얼굴도 없으며 오랫동안 아테네 시민들의 귀를 거짓말로 가득 채워온, 그래서 진정 위험한 고발인이라고 주장했다. 그래서 처음 고발인의 고발에 대해 먼저 변론하는 것이 순서상 옳다는 것이었다. 그가 밝힌 처음 고발인의 고소 내용은 놀랍게도 아리스토파네스의 희극에서 주인공 소크라테스의 입에서 나온 대사 내용과 전적으로 일치했다.

> 소크라테스는 죄를 범하고 주제 넘는 짓을 하고 있다. 그는 땅 밑의 것과 하늘의 것을 탐구하고, 더 못한 주장을 더 나은 주장으로 만들며, 그런 것을 또 다른 사람들에게 가르친다.

소크라테스는 이것을 '헛소문'이라고 주장했다. 이런 소문을 퍼뜨린 자들을 처음 고발인으로 칭했다. 이 소문이 20여 년 돌고 돌아 아테네 시민의 뇌에 각인되었고, 은연중에 '선입견'이 되었으며, 마침내 아테네 시민들이 '사실'로 믿게 되었다는 것이다. 그래서 그 소문이 진실이 아니라 거짓임을 입증하는 것, 이것이 변론의 서두를 장식했다.

24년이 흘렀건만 소크라테스는 한 희극작가를 잊지 않았다. 그리고 이름도 형체도 없다는 처음 고발인으로 그를 지적하고 나섰다.

> 아테네인 여러분, 그런 소문을 퍼뜨린 그들이야말로 나에게는 심각한 고발인들입니다. 왜냐하면 그 소문을 들은 사람들은 그것들을 탐구하는 자는 신들도 믿지 않는다고 생각할 것이기 때문입니다. 뿐만 아니라 그 고발인들은 수도 많고 또 이미 오랫동안 나를 고발해왔습니다. 그것도 여러분이 남의 말을 가장 잘 믿을 소년시절이나 청년시절부터 접근해왔으니, 사실 나는 결석재판을 받은 셈입니다. 나를 변호해줄 사람이 아

무도 없었으니 말입니다. 그리고 가장 어이가 없는 것은 희극작가 한 사람 말고는 그들의 이름을 알 수도 댈 수도 없다는 것입니다.

그는 단지 희극작가라고 익명 처리하는 것으로 만족하지 않았다. 이어서 그 이름을 밝혔고, 처음 고발인의 고발 내용을 제시할 때 그 희극의 내용도 일부 소개했다.

여러분도 그 비슷한 내용을 아리스토파네스의 희극에서 직접 봤을 것입니다. 거기서 소크라테스라는 인물이 바구니에 올라 이리저리 오가면서 자신은 공중을 걷고 있다고 말하는가 하면, 그밖에도 많든 적든 내가 전혀 알지도 못하는 어리석은 짓을 많이 하고 있습니다.

소크라테스가 처음 고발인으로 이름을 거명하며 지목한 것은 아리스토파네스가 유일했다. 게다가 이 희극작가를 처음 고발의 주요인물로 생각했다. 자신과 관련된 아테네의 소문, 아테네인들의 선입견과 편견의 출처로 아리스토파네스의 〈구름〉을 들먹였다. 그는 스스로를 소문, 유언비어의 희생자로 여겼고, 그 소문이 터무니없는 중상모략임을 입증하는 데 주력했다.

소크라테스가 〈구름〉을 대중과 함께 관람했을 때, 그것이 24년 후 재판의 단초가 되리라고는 추호도 상상하지 못했을 것이다. 그 당시에 그 자신도, 아테네 대중도 그저 작가가 연출한 하나의 희극으로 간주했을 것이다. 그는 멋쩍게 웃는 것으로 그쳤을 것이다. 소피스트와 자연철학자들이 공동체의 전승된 신념과 다른 것을 내세우고 있다고 해도, 그들이 아테네 몰락의 원인으로 거론될 줄은 몰랐을 것이다. 그러나 시간은 삶의 조건도 민심도 바꿔 버렸다.

기원전 404년과 403년은 아테네 최고의 정치적 격변기였다. 아테네의 영광과 자존심에 피바람이 불던 8개월이었다. 스파르타의 꼭두각시 정권인 30인의 참주들은 아테네 민주주의자들을 가차 없이 몰아쳤다. 수많은 시민들이 목숨을 잃어야 했다. 그러나 8개월 만에 민주주의는 다시 회복되었다. 민주주의자들은 당시 취해진 사면령으로 드러내놓고 복수극을 벌일 수 없었지만, 그들의 울분은 이성을 압도하기에 충분했다. 참주들과 연관된 자들을 주시했고, 패전의 원인을 제공한 자들을 추적했다. 힘들게 세운 민주정을 위협하는 세력의 뿌리를 제거하려 했다. 소크라테스가 그 안에 있었다. 그가 고소당한 것도, 그가 법정 변론에서 아리스토파네스를 가장 먼저 거론한 것도 그 때문이었다. 아테네 대중에게 소크라테스는 도시국가의 기둥인 청년들을 입만 나불거리게 만든 소피스트로, 나라가 공인한 신들이 아닌 다른 신을 믿도록 만든 자연철학자로, 그래서 아테네의 정체를 불신하게 만든 반동분자로 보였을 것이다.

소크라테스는 실제로 젊어서 한때 자연철학에 심취했다. 그는 또한 아테네 민주주의를 우중정치로 간주했다. 아고라에서 늘 젊은이들과 대화를 나누는 그의 모습은 대중에게는 말의 교사 소피스트와 구별되지 않았다. 자연철학의 한계를 파악한 소크라테스가 인간의 철학으로 돌아섰지만, 그래서 아테네 시민들에게 '성찰하지 않는 삶은 살 가치가 없다'고, 청년들에게 부, 명예, 권력과 같은 세속적인 가치가 아닌 영혼의 덕을 추구하라고 역설했지만, 그것은 그의 생각이었고 그만의 확신이었다. '영혼을 돌보라'는 그의 확신은 그의 칠십 평생 흔들림이 없었다. 그 확신이 어린 시절부터 그의 귀에 속삭인 다이몬에서 비롯되었든 아니든, 그는 자신이 믿고 의지한 바를 한순간도 어떤 곳에서도 결코 포기하지 않았다. 아리스토파네스의 연극이 상연되던 기원전 423년, 여전히 민주주의에 대한 자부심이 있던 시절에 그의 강한 확신은 아테네의 관용으로 용납될 수 있었다. 관용이 강자의 산물이라면, 기원전 399년에 아테네는 더 이상 강자가 아니었다. 스파르타에 종속된 아테네는 지중해의 저물어가는 태양이었다. 자기 한 목숨 살고자 발버둥 치는 이에게 관용은 사치스럽고 불가능한 가치이자 요구였다. 그래서 소크라테스를 불신한 아테네는 소크라테스의 확신을 법정에 세웠다.

법정의 소크라테스는 자신의 확신을 포기하지 않았다. 아니 오히려 아테네와 아테네의 시민을 불신한 그의 확신은 더욱 깊어졌다. 세 명의 고소인에 의해 촉발된 소크라테스의 재판은 그동안 누적된 소크라테스에 대한 아테네의 불신과 아테네에 대한 소크라테스의 불신이, 달리 말해 그 불신들에 대한 각자의 확신들이 충돌하는 장이었다. 소크라테스는 그렇게 생각했고, 그런 식으로 변론했다. 그래서 그는 변론 첫 말을 '배심원 여러분'이 아니라 '아테네인 여러분'으로 시작했을 것이다. 또 그런 이유에서 고소 사유인 청년타락 죄와 불경죄에 대한 변론이 아니라 자신이 살아온 인생 역정을 보여주는 데 변론의 대부분을 할애했을 것이다. 그는 아마 자기 삶에 대한 이야기를 통해 고소의 부당성을 지적함과 동시에 자기 확신의 불변성을 재차 강조하고 싶었을 것이다.

그의 변론은 사형을 각오한 사람처럼 확고했고 당당했다. 죽음 앞에서도 확신에 차 있었다. 확신에 찬 변론은 머뭇거림이 없었고, 문답으로 평생을 보낸 언변의 달인답게 유창했다. 법정 변론은 아고라에서의 일상적인 대화와 다르지 않았다. 배심원이 아니라 아테네인을 대상으로, 법정의 언어가 아니라 아고라의 언어를 사용했다. 동정과 선처가 아니라 자문하고 자답했다. 그것은 고발에 대한 변명이 아니라 자기 삶에 관한 연설이었다. 그는 변론 곳곳에서 일흔이라는 나이와 명성을 들먹였고, 부끄러운 삶을 거론했으며, 신의 사명을 역설했다. 배심원들에게 훈계했고, 세속적인 삶의 방식을 질타했다. 그리고 죽음과 지혜의 사랑을 역설했다. 철학을 포기하면 목숨을 살려주겠다는 조건부 방면에 관한 변론에서 소크라테스의 확신은 절정에 이르렀다.

아테네인 여러분, 나는 여러분을 존경하고 사랑하지만 여러분보다는 신에게 복종할 것입니다. 숨을 쉬고 힘이 있는 동안 나는 지혜를 사랑하는 일도, 여러분에게 조언하는 일도, 여러분 누구를 만나든 늘 하던 대로 다음과 같이 지적하는 일도 그만두지 않을 것입니다. '보십시오, 그대는 가장 위대하고 지혜와 힘으로 가장 이름난 나라인 아테네의 시민이오. 그러하거늘 부와 명예와 명성은 최대한 많이 얻으려고 애쓰면서도 현명함과 진리에 대해 그리고 자기 영혼이 최대한 좋게 되는 것에 대해서는 관심도 없고 생각조차 하지 않다니 부끄럽지 않소?'

유무죄를 가리는 1차 투표의 결과는 280:220이었다. 근소한 차이로 유죄판결을 받은 것에 그는 놀라워했다. 이어진 형량제의 변론에서도 그의 확신은 달라지지 않았다. 그는 자신이 죄인은커녕 아테네의 영웅이라 주장했다. 그래서 영빈관에서 극진한 접대를 받아 마땅하다고 말했다. 그러고는 마지못해 벌금형을 제의했다. 판결은 360:140으로 고소인이 제의한 사형이었다. 최후진술에서 그는 죽음을 희망으로 노래했다. 삶의 확신은 죽음의 희망과 마주하고 있었다. 확신에 찬 삶은 희망에 찬 죽음을 잉태하고 있었다. 그는 죽음을 즐거이 맞이했다. 그리고 무죄판결을 내린 배심원을 처음으로 '재판관'이라 부르며 당부했다.

재판관 여러분, 여러분도 즐거운 희망으로 죽음을 맞이해야 하고, 선한 사람에게는 살아서나 죽어서나 그 어떤 악도 일어날 수 없으며, 신들은 그런 사람의 일을 소홀히 하지 않는다는 이 한 가지 진리만은 반드시 명심해야 합니다. 지금 나에게 일어난 일도 우연이 아닙니다. 오히려 이제 죽어 고난에서 벗어나는 것이 더 좋다는 것을 나는 의심치 않습니다.

선한 사람에게 악은 일어날 수 없다고, 신들은 선한 사람의 일에 늘 관심을 기울인다고 소크라테스는 확신했다. 그에게 살고 죽는 것은 문제가 아니었다. 어떻게 살고 어떻게 죽는지가 중요했다. 그는 신의 음성을 들으며 살았다. 무지의 자각과 영혼의 삶이라는 신의 사명 속에서 칠십 평생을 보냈다. 선한 삶을 살았고, 죽어서도 신의 돌봄이 있을 것임을 그는 의심치 않았다. 변론의 마지막 말은 삶, 죽음 그리고 신이었다.

이제 떠날 시간이 되었습니다. 나는 죽으러 가고, 여러분은 살러 갑니다. 우리 중에 누가 더 좋을지는 신 말고는 아무도 모릅니다.

소크라테스는 독배를 들고 죽었다. 자신은 누구보다도 선하고 정의롭고 명예로운 삶을 살았다고 확신했다. 조국 아테네를 누구보다도 사랑했다고 믿었다. 그런 자신을 죽음의 길로 몰고 간 무지와 욕망의 배심원들 그리고 아테네인들을 죽는 순간까지 질책했다. 그러나 그가 확신한 선함과 정의로움 그리고 명예로움은 아테네 시민들의 뇌리에 있는 것과는 너무도 달랐다. 그가 아테네를 사랑한 방식은 아테네 대중의 것과 참으로 달랐다. 대중은 소크라테스적 확신과는 상이한 확신을 가졌다. 자기 확신 그리고 그것으로 인한 상대에 대한 불신, 소크라테스의 재판과 죽음이 보여준 것은 다름 아닌 그 단면이었다.

1부

소크라테스의 변론

01. 변론

1

아테네인 여러분, 나는 여러분이 내 고소인들로 인해 어떤 상태에 있게 되었는지 알지 못합니다. 그렇지만 나는 그들이 말했을 때 내 자신을 거의 잊어버릴 정도였습니다. 그들의 말은 그토록 나에게 설득력이 있었습니다. 하지만 정말이지 그들은 진실이라고는 한 마디도 하지 않았습니다. 그들이 한 숱한 거짓말 가운데 내가 가장 놀란 것은, 내가 말하는 데 능숙하니 여러분이 속지 않게 조심해야 한다는 말이었습니다. 왜냐하면 내가 말하는 데 능숙하지 않다는 것이 드러나면 바로 반박당할 것인데도 그들이 부끄러워하지 않는 것은 뻔뻔함의 극치로 여겨지기 때문입니다. 그들이 진실을 말하는 사람을 말하는 데에 능숙한 사람으로 부르는 게 아니라면 말입니다. 그런데 만약 그들의 말이 이런 뜻이라면, 그들과는 다른 차원에서 나는 내가 연설가라는 것을 인정할 것입니다. 앞서 말했듯이, 고소인들은 진실은 한마디도 하지 않았습니다. 반면에 여러분은 나로부터는 모든 진실을 듣게 될 것입니다. 그러나 아테네인 여러분, 제우스에 맹세코, 여러분은 나에게서 그들처럼 미사여구로 치장된 말이 아니라 꾸밈

없이 그때그때 떠오르는 일상의 말을 듣게 될 것입니다. 왜냐하면 나는 내가 하는 말이 옳다고 믿기 때문입니다. 여러분들 어느 누구도 다른 것을 기대하지 마십시오. 여러분, 내가 애들처럼 꾸민 말로 여러분 앞에서 말한다는 것은 내 나이에 어울리지 않기 때문입니다. 아테네인 여러분, 나는 또 여러분에게 간곡히 청하고 부탁합니다. 여러분 가운데에는 시장 환전소 앞에서 그리고 다른 곳에서 내가 하는 말을 들었던 분들이 많을 것인데, 내가 그런 말로 나를 변호해도 놀라지 말고, 또 그 때문에 소란을 피우지 말아 달라는 것입니다. 그건 이 때문입니다. 내 나이 일흔에 법정에 서기는 오늘이 처음입니다. 그래서 나는 이곳에서 쓰는 용어에는 완전히 이방인입니다. 내가 만약 정말 이방인이라면, 내가 자란 곳의 사투리와 말투로 말한다 해도 여러분은 분명 용인해줄 것입니다. 마찬가지로 내가 지금 여러분에게 내 말투에 대해 개의치 말라고 요청해도 정당하다고 생각합니다. 그것은 어쩌면 더 나쁠 수도 있고, 어쩌면 더 좋을 수도 있지만 말입니다. 여러분은 오직 내가 올바른 것을 말하는지 그렇지 않은지만 주의해서 살펴주기 바랍니다. 그것이 배심원의 덕이고, 변론자의 덕은 진실을 말하는 것이기 때문입니다.

2

아테네인 여러분, 나는 먼저 나에 대한 처음의 거짓된 고발과 처음 고발인을 상대로, 그 다음에 나중 고소와 나중 고소인을 상대로 변론하는 것이 옳을 것입니다. 왜냐하면 나를 고발한 사람들이 여러분 곁에 많이 있는데, 그들은 이미 오래 전부터 여러 해 동안 진실이 아닌 것만 여러분에게 늘어놓았기 때문입니다. 나는 그들이 아니토스와 그 무리들보다 더 두렵습니다. 물론 이들도 심각하지만 말입니다. 그러나 여러분, 그들이 더 심각합니다. 그들은 여러분들 다수를 어릴 적부터 사로잡고 거짓말로 설득하며 고발해왔습니다. "소크라테스라는 현자는 하늘의 것을 사색하고 땅 밑의 온갖 것을 탐구하며 더 못한 주장을 더 나은 주장으로 만든다."고 말입니다. 아테네인 여러분, 그런 소문을 퍼뜨린 그들이야말로 나에게는 심각한 고발인들입니다. 왜냐하면 그 소문을 들은 사람들은 그것들을 탐구하는 자는 신들도 믿지 않는다고 생각할 것이기 때문입니다. 뿐만 아니라 그 고발인들은 수도 많고 또 이미 오랫동안 나를 고발해왔습니다. 그것도 여러분이 남의 말을 가장 잘 믿을 소년시절이나 청년시절부터 접근해왔으니, 사실 나는 결석재판을 받은 셈입니다. 나를 변호해줄 사람이 아무도 없었으니 말입니다. 그리고 가장 어이가 없는 것은 희극작가 한 사람 말고는 그들의 이름을 알 수도 댈 수도 없다는 것입니다. 그러나 시기와 비방으로 여러분을 설득하려 한 그 많은 사람들, 스스로 설득된 나머지 다른 사람들도 설득한 사람들, 그들 모두 다루기가 몹시 힘든 자들입니다. 왜냐하면 그들 누구도 이곳으로 데려올 수도 신문할 수도 없으며, 마치 그림자를 상대로 변론하고, 답변할 사람이 아무도 없는데도 신문해야 하기 때문입니다. 그러므로 내가 말하듯이, 여러분도 나에게 이중의 고발인이 있음을 생각해주기 바랍니다.

하나는 지금 이 고발을 한 자들이고, 다른 하나는 내가 방금 말했던 오래 전부터 고발한 자들입니다. 따라서 여러분은 내가 먼저 이 사람들을 상대로 나를 변호하는 것을 곰곰이 헤아려주기 바랍니다. 무엇보다도 여러분은 지금 사람들보다 이전 사람들의 고발을 더 먼저 그리고 훨씬 더 많이 들어왔기 때문입니다. 좋습니다. 아테네인 여러분, 이제 변론을 시작하겠습니다. 여러분이 오랫동안 나에 대해 품고 있는 편견을 주어진 짧은 시간 안에 여러분의 마음에서 제거해보려 노력하겠습니다. 나에 대한 편견을 제거하는 일이 여러분을 위해 또 나를 위해 보다 좋은 것이라면, 나는 그렇게 되기를 바라고 내 변론이 성공하기를 바랍니다. 하지만 그것은 어려울 것으로 보입니다. 그리고 그 일이 어떤 상태에 있는지 내가 모르는 것도 아닙니다. 그래도 그 일이 어떻게 될지는 신의 뜻에 맡기고, 나는 법에 따라 변론을 해야 할 것입니다.

3

그럼 처음으로 돌아가, 나에 대한 편견을 야기하고, 멜레토스 또한 그렇게 믿으며 나를 고소한, 그 고발이란 대체 어떤 것인지 살펴보겠습니다. 좋습니다. 나를 비방한 자들은 도대체 무슨 말로 그렇게 했을까요? 나는 그들이 고발인들인 것처럼 그들의 선서진술서를 읽어보겠습니다. "소크라테스는 죄를 범하고 주제 넘는 짓을 하고 있다. 그는 땅 밑의 것과 하늘의 것을 탐구하고, 더 못한 주장을 더 나은 주장으로 만들며, 그런 것을 또 다른 사람들에게 가르친다." 대충 이런 내용입니다. 여러분도 그 비슷한 내용을 아리스토파네스의 희극에서 직접 봤을 것입니다. 거기서 소크라테스라는 인물이 바구니에 올라 이리저리 오가면서 자신은 공중을 걷고 있다고 말하는가 하면, 그 밖에도 많든 적든 내가 전혀 알지도 못하는 어리석은 짓을 많이 하고 있습니다. 하지만 그런 종류의 지식을 무시하려고 하는 말은 아닙니다. 그런 지식을 실제로 갖고 있는 사람이 있을 수도 있으니까요. 나는 다만 멜레토스에 의해 그토록 위험한 고소에 끌려들어가고 싶지 않을 뿐입니다. 아테네인 여러분, 나는 그런 것에 전혀 관심이 없습니다. 그래서 나는 여러분 가운데 많은 분을 증인으로 청합니다. 내가 나누는 대화를 들은 분이 여러분 중에 적지 않은데, 그것을 서로 일러주길 바랍니다. 그러니까 내가 그런 것에 대해 많든 적든 대화하는 것을 들은 분은 누구든 서로 털어놓으십시오. 그러면 많은 이들이 나에 대해 말하는 다른 것들도 그와 마찬가지임을 여러분은 알게 될 것입니다.

4

그런 것들은 하나도 사실이 아닙니다. 또 내가 누구를 가르치려 하고, 그 대가를 요구한다는 말을 들었다면, 그 역시 사실이 아닙니다. 그렇지만 레온티노이 출신 고르기아스, 케오스 출신 프로디코스 그리고 엘리스 출신 히피아스처럼 누군가 사람들을 가르칠 수 있다면, 그것은 좋은 일이라 생각됩니다. 여러분, 젊은이들은 원하기만 하면 자기 나라 시민 누구에게라도 아무 대가도 없이 배울 수 있는데도, 그들은 저마다 어느 나라에 가서든 그런 관계를 끊게 하고 자기 제자로 만들어 돈을 내고도 고맙게 여기도록 설득할 수 있으니 말입니다. 뿐만 아니라 내가 이런 말을 하는 것은 파로스 출신의 또 다른 소피스트가 지금 이곳에 머물고 있기 때문입니다. 내가 그것을 알게 된 것은, 다른 사람들이 소피스트에게 내는 돈을 모두 합친 것보다 더 많은 돈을 낸 사람을 만났기 때문입니다. 히피니코스의 아들 칼리아스입니다. 그에게는 아들이 둘이 있어 내가 물었습니다. "칼리아스, 만일 당신 두 아들이 망아지나 송아지로 태어났다면, 그들에 적합한 덕을 훌륭하게 만들어줄 만한 감독자를 찾아 고용하겠지요. 그런데 그는 말을 잘 다루는 사람이거나 농사를 잘 짓는 사람이겠지요. 하지만 당신 아들들은 사람이니, 당신은 그들의 감독자로 누구를 생각하고 있나요? 인간으로서의 덕과 시민으로서의 덕을 잘 알고 있는 사람이 도대체 누구지요? 당신은 아들이 있으니 이것을 숙고해보았을 테니 말이오. 누가 있나요? 아니면 없나요?" 이렇게 물었습니다. "있고말고요." 하고 그가 대답하기에, "누구지요? 어디 출신이며, 얼마나 받고 가르치나요?" 하고 내가 물었습니다. "그는 에우에노스입니다, 소크라테스. 파로스 출신이고, 5므나를 받습니다." 하고 그가 대답했습니다. 그래서 에우에노스가 정말 그런 기술을 갖고 있으면서 그런 적당한 가격에 가르친다면, 나는 그의 행복을 축하해줄 것입니다. 내가 그런 것을 알고 있었다면, 나는 자랑하고 뽐냈을 것입니다. 하지만 나는 그런 것을 하나도 알지 못합니다, 아테네인 여러분.

5

　그러면 어쩌면 여러분 중에 반박할 사람이 있을 것입니다. "그렇다면 소크라테스, 당신이 하는 일이 무엇이오? 당신에 대한 그런 비방이 대체 어디서 나온 것이오? 당신이 남다른 특이한 행동을 하지 않았다는 것이오? 그럼 어떻게 그런 평판과 소문이 생길 수 있겠소? 우리가 당신을 경솔하게 판단하지 않도록 당신이 하는 일이 무엇인지 말해주시오." 이것은 정당한 요구라고 생각됩니다. 그래서 어떻게 그런 명성과 비방이 나에게 생기게 되었는지 보여주려 합니다. 자, 그럼 들어주십시오. 여러분 중에는 내가 농담하고 있다고 생각하는 사람도 있을 것입니다. 하지만 믿어 주십시오. 나는 여러분에게 오직 진실만을 말할 것입니다. 아테네인 여러분, 내가 그런 명성을 얻게 된 것은 다름 아닌 어떤 지혜 때문입니다. 그것이 어떤 지혜이냐고요? 그것은 아마 인간적인 지혜일 것입니다. 실로 나에게 그런 지혜가 있는 것 같습니다. 그러나 앞서 말한 사람들에게는 인간적인 지혜를 넘어서는 지혜가 있는 것 같습니다. 달리 무엇이라 말해야 할지 모르겠습니다. 나는 그것을 알지 못하기 때문입니다. 그럼에도 내가 그것을 알고 있다고 말하는 사람이 있다면, 그건 나를 비방하려는 거짓말입니다. 아테네인 여러분, 내 말이 허풍처럼 들리더라도 소란 피우지 마십시오. 내가 하려는 말은 내 말이 아니라 여러분이 충분히 신뢰할 만한 사람의 말을 전하는 것이기 때문입니다. 내 지혜에 대해, 즉 내게 지혜가 있는지, 그것이 어떤 종류의 지혜인지에 대해 나는 델포이의 신을 여러분 앞에 증인으로 세우고자 합니다. 여러분은 카이레폰을 알고 있을 겁니다. 그는 소년시절부터 내 친구였고, 대중 여러분과 함께 추방당했다가 여러분과 함께 돌아온 여러분의 민주파 동지였습니다. 그래서 여러분은 카이레폰이 어떤 사람인지, 그가 일을 하면 얼마나 열성적으로 하는지 알고 있을 것입니다. 그런 그가 한번은 델포이에 가서 감히 신탁을 구했습니다. ― 소동을 일으키지 말라고 했습니다, 여러분! ― 나보다 더 지혜로운 사람이 있는지 말입니다. 그러자 피티아 여제관이 더 지혜로운 사람은 아무도 없다고 대답했습니다. 카이레폰은 이미 죽었으니, 그에 대해서는 여기 있는 그의 아우가 여러분에게 증언해줄 것입니다.

6

여러분은 내가 왜 이런 말을 하는지 생각해 보시기 바랍니다. 어떻게 해서 그런 비방을 받게 되었는지를 여러분에게 보여 주려는 것입니다. 그 말을 듣고 나는 생각해 보았습니다. "신은 도대체 무슨 말씀을 하는 것일까? 신이 지금 무슨 수수께끼를 내고 있는 것일까? 나는 대소를 막론하고 매사에 지혜롭지 못하다는 것을 알고 있는데,

신은 무슨 뜻으로 내가 가장 지혜로운 자라고 말하는 것일까? 신이 거짓말을 했을 리 없지 않은가, 그건 신답지 않은 것이니." 그게 무슨 뜻인지 몰라 한참 이리저리 고민하다가, 나는 마침내 그 말이 사실인지 시험하려고 길을 떠났습니다. 지혜롭다고 이름난 사람들 가운데 한 사람을 찾아갔던 것입니다. 그곳에서, 어디서든 상관없지만, 신의 응답에 맞서 "당신은 내가 가장 지혜로운 사람이라 했지만, 여기 나보다 더 지혜로운 사람이 있습니다."라고 하면서 신탁을 논박할 수 있을 것으로 믿었기 때문입니다. 그래서 나는 그 사람을 보다 분명히 알게 되었습니다. — 그가 누구인지 이름을 댈 필요는 없겠지요. 그는 정치가였는데, 그 사람을 보다 자세히 들여다보고는 이런 생각이 들었습니다, 아테네인 여러분. — 대화해보니, 그가 다른 많은 사람들에게 또 그 자신에게 지혜로운 것처럼 보였겠지만 실은 그렇지 않다고 나는 생각했습니다. 그래서 그 자신은 지혜롭다고 생각하겠지만 실은 그렇지 않다는 것을 그에게 보여주려고 노력했습니다. 그렇게 해서 나는 그 사람에게도 그곳에 있던 많은 사람에게도 미움을 사게 되었던 것입니다. 그렇지만 나는 그 자리를 뜨면서 마음속으로 생각했습니다. "이 사람보다는 내가 더 지혜로울 거야. 우리 누구도 아름답고 좋은 것을 알지 못하지만, 이 사람은 알지도 못하면서 안다고 생각하고, 반면에 나는 알지 못하는 것을 안다고 생각하지 않으니까. 그래서 내가 알지 못하는 것을 안다고 생각하는 바로 이 하찮은 것 때문에 내가 이 사람보다 더 지혜로울 거야." 그 뒤에 나는 그 사람보다 더 지혜롭다는 다른 사람을 찾아가 봤지만, 이때도 똑같은 생각이 들었습니다. 그곳에서도 그 사람은 물론 다른 많은 사람들에게도 미움을 사게 되었던 것입니다.

7

그때부터 나는 차례차례 찾아다녔습니다. 미움을 산다는 것을 알고는 슬프고 두렵기도 했지만, 신에 관한 일을 가장 우선으로 해야 한다고 생각했습니다. 신탁의 의미를 알아내기 위해서는 무언가를 알고 있음직한 사람들을 모두 찾아가야 한다고 믿었습니다. 그리고 아테네인 여러분, 개에 걸고 맹세코 — 나는 여러분에게 진실을 말해야 하니까요. — 나는 그때 놀라운 경험을 했습니다. 신의 뜻을 조사하다 보니, 가장 명성이 있는 사람들이 사실 가장 결함이 많고, 그들보다 못하다고 생각되는 사람들이 더 슬기로운 것으로 보였습니다. 그래서 나는 진정 고난의 연속이던 나의 편력을 여러분에게 보여주지 않을 수 없는데, 신탁이 끝내 반박될 수 없는 것으로 되어버렸기 때문입니다. 정치가들 다음으로 나는 비극시인들과 디티람보스 시인들, 그밖에 다른 시인들을 찾아갔습니다. 여기서 내가 그들보다 무식하다는 증거를 손에 쥘 수 있을 것이라 믿었기 때문입니다. 그래서 나는 그들의 최고 역작으로 여겨지는 작품들을 골라 그들이 어떤 의미로 그런 말을 하는지 따져 물었습니다. 또 그들에게서 무엇인가를 배우고 싶은 마음도 있었습니다. 그런데 여러분, 여러분에게 진실을 말하기가 민망하지만, 그래도 말을 해야겠지요. 그 자리에 있던 사람들 거의 전부가 시인의 작품을 시인 자신보다도 더 잘 설명할 수 있었던 것입니다. 그래서 나는 곧 시인들에 대해서도 다음과 같은 사실을 알게 되었습니다. 그들은 지혜가 아니라 어떤 소질이나 영감으로 시를 쓴다는 것, 예언자나 신탁 전달자처럼 영감으로 시를 쓴다는 것을 말입니다. 이들도 아름다운 것들을 많이 말하고는 있지만, 자신들이 무슨 말을 하는지 알지 못하기 때문입니다. 시인들도 비슷한 처지임을 그때 알게 되었습니다. 동시에 시인들이 시를 쓴다고 해서 자신들이 알지도 못하는 것에 대해서도 가장 지혜롭다고 생각하고 있다는 것을 알게 되었습니다. 그래서 나는 내가 정치가들보다 더 낫다고 한 바로 그 이유에서 내가 그들보다 더 낫다고 생각하면서 그들 곁을 떠났습니다.

8

마지막으로 나는 장인들에게 갔습니다. 내 자신이 아는 게 거의 아무것도 없다는 것을 알고 있지만, 그들은 훌륭한 것을 많이 알고 있다는 것이 밝혀질 것으로 확신했기 때문입니다. 그리고 그 점에서 내 생각은 틀리지 않았습니다. 그들은 실제로 내가 알지 못하는 것을 알고 있었고, 그 점에서 나보다 지혜로웠던 것입니다. 그러나 아테네인 여러분, 이 선한 장인들도 시인들과 똑같은 잘못을 저지르고 있는 듯이 보였습니다. 다시 말해, 그들은 나름의 훌륭한 기술을 갖고 있다는 이유로 다른 가장 중요한 것들에서까지 자기들이 가장 지혜롭다고 믿고 있다는 것입니다. 이런 과오가 그들의 지혜를 깊숙이 가리고 있었습니다. 그래서 나는 신탁의 이름으로, 그들처럼 지혜롭지도 그들처럼 무지하지도 않은 지금의 나로 있을 것인지, 아니면 그들이 갖고 있는 그 두 가지를 모두 취할 것인지를 스스로에게 물었습니다. 그리고는 나 자신과 신탁에게 지금의 나로 있는 것이 더 낫겠다고 대답했습니다.

9

아테네인 여러분, 나는 이런 캐물음 때문에 심각한 적의를 많이 샀습니다. 이로부터 숱한 비방이 생겨났고, 현자라는 이름으로 불리게 되었습니다. 왜냐하면 그 자리에 있던 사람들은 내가 다른 사람들을 논박할 때마다 내가 지혜로운 줄로 생각했기 때문입니다. 그러나 여러분, 사실 오직 신만이 지혜롭고, 그 신탁을 통해 인간적인 지혜는 거의 혹은 전혀 가치가 없다고 신은 말하는 것 같습니다. 그리고 신은 소크라테스를 지칭하는 것이 아니라 그저 내 이름을 예로 삼아, "인간들이여, 너희 중에 가장 지혜로운 자는 소크라테스처럼 자기의 지혜가 진정 보잘것없음을 깨달은 자이니라." 하고 말하는 것 같습니다. 그래서 나는 지금도 여전히 누가 지혜롭다고 생각되면 시민이든 이방인이든 신의 명령에 따라 두루 찾아가 조사하고 있습니다. 그리고 그가 그렇지 않은 것 같으면 나는 신에게 봉사하기 위해 그가 지혜롭지 않음을 보여주고 있습니다. 그런 일에 쫓기어 나랏일이든 집안일이든 돌보지 못한 채, 신에게 봉사하느라 나는 아주 가난하게 살고 있습니다.

10

그 외에도 시간이 남아도는 많은 부잣집 젊은이들이 자진해서 나를 따라다니고 내가 사람들에게 캐물으면 그걸 듣고는 적잖이 즐거워합니다. 가끔은 내 흉내를 내면서 다른 사람들에게 캐묻기도 합니다. 그러면 자기는 안다고 믿지만 실은 별로 혹은 전혀 아는 것이 없는 사람들이 아주 많다는 것을 발견하게 됩니다. 그런데 그들에게 당한 사람들은 자신이 아니라 나에게 화를 내면서, 소크라테스라는 불경스러운 자가 젊은이들을 타락시킨다고 말합니다. 소크라테스가 무슨 짓을 하고 무엇을 가르치기에 젊은이들을 타락시키느냐고 물으면, 그들은 할 말이 없어 말문이 막힙니다. 그러면 그들은 난처한 기색을 보이지 않으려고, 철학자들 모두에게 써먹을 수 있는 "하늘에 있는 것들과 지하에 있는 것들"이라든가 "신들을 믿지 않는다"라든가 "더 못한 주장을 더 나은 주장으로 만든다"라든가 하는 말들을 늘어놓습니다. 자신들이 아는 척하고는 있지만 실은 아는 것이 아무것도 없다는 진실을 받아들이고 싶지 않기 때문에 그럴 것입니다. 그러나 그들은 명예욕이 강하고 열정적이며 수도 많고 온 힘을 다해 나에 대해 그럴듯하게 말하고 있어서, 오랫동안 신랄한 비방의 말로 여러분의 귀를 꽉 채워왔던 것입니다. 그들 중에는 나를 고소한 멜레토스와 아니토스 그리고 리콘이 있습니다. 멜레토스는 나를 욕보이려는 마음으로 시인을 위해, 아니토스는 장인과 정치인을 위해, 리콘은 연설가를 위해 나를 괴롭히고 있는 것입니다. 그래서 모두변론에서 말한 바와 같이, 그토록 뿌리 깊은 편견을 이토록 짧은 시간 안에 여러분 마음에서 제거할 수 있다면 나 스스로도 놀랄 것입니다. 아테네인 여러분, 이것이 진실입니다. 크든 작든 나는 여러분에게 하나도 숨김 없이 있는 대로 말하고 있습니다. 바로 이런 것 때문에 내가 미움을 받고 있다는 것도 알고 있습니다. 그러나 이 역시 내가 진실을 말하고 있다는 증거이며, 나에 대한 비방과 그 원인이 다름 아닌 바로 이런 것이라는 증거이기도 합니다. 여러분이 지금이든 나중이든 조사해본다면, 내가 말한 그대로임을 알게 될 것입니다.

11

처음 고발인의 고발 내용과 관련해서 내가 여러분에게 할 변론은 이것으로 충분할 것입니다. 이제 나는 선하고 나라를 사랑한다는 멜레토스에게 그리고 나중 고발인에게 변론하겠습니다. 그러면 그들이 다른 고발인인 것처럼, 그들의 선서진술서를 다시 검토해봅시다. 그것은 대충 이러합니다. "소크라테스는 젊은이들을 타락시키고, 나라가 인정한 신들이 아니라 다른 새로운 영적인 것들을 믿음으로써 불법을 저지르고 있다."는 것입니다. 이것이 고소 내용입니다. 우리는 이제 이 고소 내용을 하나하나 검사해봅시다.

그는 내가 젊은이들을 타락시켜 불법을 저지르고 있다고 말합니다. 그러나 아테네인 여러분, 지금까지 전혀 관심을 갖고 있지 않은 것에 대해 수고하고 염려하는 척하고 사람들을 경솔하게 소송에 끌어들이고 진지하게 장난하는 멜레토스야말로 불법을 저지르고 있다고 나는 말하겠습니다. 사실이 그러함을 여러분에게도 보여주겠습니다.

12

멜레토스, 말해보시오. 젊은이들이 최대한 훌륭해지는 것이 그대에게 가장 중요한 일이 아니겠소?

"그렇습니다."

자, 그러면 여기 이분들에게 말하시오. 누가 그들을 더 훌륭하게 만들지요? 이것은 그대가 관심 갖고 있는 일이니 알게 분명하니 말이오. 그대가 말하듯이, 그대는 젊은이들을 타락시키는 자로 나를 겨우 찾아내서는 배심원 앞으로 끌고 와 고소했으니 말이오. 그러니 자, 그들을 보다 훌륭하게 만드는 자가 누구인지 이분들에게 알려주시오. 멜레토스여, 그대가 보다시피, 그대는 침묵하고, 말할 것을 아무것도 알지 못하고 있군요. 이는 부끄러운 일이라고, 그대는 그 일에 전혀 관심이 없었다는 내 주장에 대한 충분한 증거라고 생각하지 않소? 어쨌거나 말해보시오, 누가 그들을 더 좋게 만들지요?

"법률입니다."

내가 알고 싶은 건 그게 아니오. 어떤 사람, 그러니까 법률을 가장 잘 알고 있는 사람이 누구냐는 것이오.

"여기 이 배심원들입니다, 소크라테스."

무슨 말이오, 멜레토스? 여기 있는 이 분들이 젊은이들을 교육해서 더 훌륭하게 만들 수 있다는 말이오?

"그렇고말고요."

이분들 전부가 그런가요, 아니면 일부는 그렇고 일부는 그렇지 않은가요?

"전부요."

헤라에 맹세코, 반가운 말이오. 도울 사람들이 이렇게 많다니. 그러면 어떻소? 여기 방청인들도 젊은이들을 보다 훌륭하게 만드나요, 그렇지 않은가요?

"그들도 그렇지요."

그러면 평의회 의원들은 어떤가요?

"평의회 의원들도 그렇지요."

그럼 멜레토스여, 민회의 사람들, 그들은 젊은이들을 타락시키지 않겠지요? 그들도 모두 보다 훌륭하게 하려고 애쓰고 있겠지요?

"그들도 그렇게 하지요."

그럼 나를 제외한 모든 아테네인이 그들을 훌륭하고 좋게 만드는데, 나만 혼자 그들을 타락시킨다는 것 같군요. 그런 뜻이오?

"전적으로 그런 뜻입니다."

그렇다면 나는 몹시 불행한 사람이구려. 그럼 대답해주시오. 말馬

의 경우에도 그렇다고 생각하시오? 모든 사람이 말을 좋게 만들지만, 오직 한 사람만이 나쁘게 만든다는 것이오? 아니면 그와 반대로, 말을 좋게 만들 수 있는 사람은 단 한 사람이거나 소수의 조련사들이고, 대부분의 사람들은 말을 다루거나 이용할 때 나쁘게 만드나요? 멜레토스여, 말의 경우만이 아니라 다른 동물들도 모두 그렇지 않을까요? 틀림없이 그럴 것이오. 그대와 아니토스가 부인하든 시인하든 말이오. 오직 한 사람만이 젊은이들을 타락시키고 나머지는 모두 이롭게 한다면, 그건 젊은이들에게는 커다란 축복일 것이오. 그러나 멜레토스여, 그대는 젊은이들에게 결코 관심을 두지 않았다는 것을, 그대는 경솔하게 나를 법정으로 끌고 온 일에 대해서는 전혀 관심이 없었다는 것을 분명히 보여주었소.

13

나아가 멜레토스여, 제우스에 맹세코 우리에게 말해 주시오. 악한 시민들 속에 사는 것보다 선한 시민들 속에서 사는 것이 더 좋지 않겠소? 이봐요, 대답하시오. 내가 묻는 게 어려운 게 아니니. 악한 자는 때마다 이웃에게 악한 짓을 하지만, 선한 자는 뭔가 좋은 일을 하지 않겠소?

"물론이지요."

그럼 자기와 함께 하는 사람들에게 이득을 얻기보다 해를 입기를 바라는 사람이 있겠소? 이봐요. 대답하시오. 법도 대답을 요구하고 있소. 해를 입기를 바라는 사람이 있단 말이오?

"물론 없겠지요."

좋아요, 그대는 내가 젊은이들을 타락시키고 더 악하게 만든다고 나를 여기 법정에 세웠는데, 내가 고의로 그렇게 하나요, 아니면 본의 아니게 그렇게 하나요?

"고의로요, 내가 보기에는 그렇네요."

멜레토스여, 그렇다면 뭐요? 그대는 그 나이에 나이 먹은 나보다 훨씬 더 지혜롭다는 것이오? 그래서 그대는 악한 자는 가장 가까운 이웃에게 악행을 하고 선한 자는 선행을 한다는 것을 이미 알고 있지만, 나는 내 주변사람들 가운데 누군가를 나쁘게 만들면 그에게 해코지 당할 위험이 있다는 것조차 모를 정도로 무지해서, 그대가 말하듯이 내가 고의로 이런 화를 자초한다는 것이오? 아니오, 나는 그대 말이 믿기지 않소, 멜레토스여. 다른 사람들도 믿기지 않을 것이오. 오히려 나는 타락시키지 않거나, 타락시킨다면 본의 아니게 그렇게 하는 것이오. 따라서 어떤 경우든 그대는 거짓말을 하는 것이오. 하지만 내가 본의 아니게 타락시키는 것이라면, 법은 그런 잘못인 경우 소환하라고 하지 않소. 오히려 개인적으로 옆으로 데려가 가르치고 훈계해야 하는 것이오. 내가 알아듣는다면, 분명 본의 아니게 행동하는 것을 그만둘 테니 말이오. 그러나 그대는 나를 만나 가르쳐 주길 피했고 또 그렇게 할 수도 없었을 테니, 법에 따라 가르침이 아니라 처벌이 필요한 사람들이 소환되는 여기 법정으로 나를 끌고 왔구려.

14

그래서 아테네인 여러분, 멜레토스가 내가 말한 대로 많든 적든 그런 일들에 전혀 관심을 두지 않았다는 것이 이제 분명하게 밝혀졌습니다. 그러면 멜레토스여, 우리에게 말해주시오. 그대는 내가 어떻게 젊은이들을 타락시킨다고 주장하는 것이오? 그대의 고소장에는 국가가 인정하는 신이 아니라 다른 새로운 영들을 믿도록 가르쳐서 젊은이들을 타락시킨다고 되어 있는데, 그대 말은 내가 그런 가르침으로 그들을 타락시킨다는 것 아니겠소?

"바로 그것입니다."

그렇다면 멜레토스여, 지금 우리가 말하고 있는 바로 이 신들께 맹세코, 나와 여기 있는 분들에게 보다 분명히 말해주시오. 어느 것이 그대가 말하는 것인지 알 수 없기 때문이오. 내가 어떤 신들이 있다고 믿도록 가르치지만, ― 그러면 나 자신이 신들이 있다는 것을 믿고 있으니 결코 무신론자는 아니고, 이 점에서 나는 죄를 지은 게 아니라오. ― 그 신들은 국가가 인정하는 신들이 아니라 다른 신들인지라, 이것이 바로 그대가 나를 고소한 죄인가요, 아니면 내가 신들을 전혀 믿지 않고 남들에게도 그렇게 가르친다는 것인가요?

"그렇지요. 당신은 신들을 전혀 믿지 않는다는 것, 바로 이겁니다."

멜레토스여, 그대는 참 이상하구려. 대체 무슨 말을 하려는 것이오? 그럼 내가 남들처럼 해와 달을 신들로 인정하지 않는다는 것이오?

"제우스에 맹세코, 그렇습니다, 배심원 여러분. 그는 해를 돌이라

하고, 달을 흙이라 하니까요."

친애하는 멜레토스여, 그대는 지금 아낙사고라스를 고소한 것으로 생각하시오? 그대는 여기 배심원들을 업신여기고, 이분들이 클라조메나이 출신 아낙사고라스의 책들이 그런 말로 가득 차 있다는 것도 모를 정도로 문맹자라고 생각하시오? 그리고 그대는 정말 젊은이들이 그런 것을 나에게 배운다고 생각하시오? 그런 것은 그들이 가끔 책방에 들러 1드라크메만 주면 살 수 있고, 소크라테스가 그런 것을 자기 것이라고 주장한다면, 특히 그런 것이 그렇게 터무니없는 것이면 소크라테스를 비웃을 텐데도 말이오. 그대는 정말 나를 그렇게 생각하시오? 내가 어떤 신의 존재도 믿지 않는다는 것이오?

"그럼요. 제우스에 맹세코, 당신은 전혀 믿지 않습니다."

멜레토스여, 나는 그대 말이 믿기지 않소. 내가 보기엔 그대 스스로도 그럴 것이오. 아테네인 여러분, 이 사람이 이렇게 오만방자한 걸 보니, 순전히 오만방자하고 젊은 혈기로 나를 고소한 것 같습니다. 그는 마치 수수께끼를 들고 시험하려는 사람처럼 보입니다. "현자 소크라테스는 내가 장난으로 앞뒤가 맞지 않는 말을 한다는 것을 과연 알아낼까, 아니면 내가 그와 방청인들을 감쪽같이 속일 수 있을까" 하고 말입니다. 이 사람이 고소장에서 앞뒤가 맞지 않은 말을 하는 것으로 보이기 때문입니다. "소크라테스는 신들을 믿지 않으면서 신들을 믿기 때문에 죄를 지었다."라고 말입니다. 하지만 그것은 말장난일 뿐입니다.

15

그러면 여러분, 함께 살펴봅시다. 어째서 그가 그런 말을 하는지. 내게는 이렇게 보입니다. 멜레토스여, 우리에게 대답해주시오. 여러분도 내가 처음에 여러분에게 간청했듯이, 내 습관대로 말하더라도 소란 피우지 말아달라는 것을 기억해주십시오.

멜레토스여, 도대체 인간에 관한 일이 있다는 걸 믿으면서 인간이 있다는 것을 믿지 않는 사람이 있겠소? 여러분, 그가 대답하게 하시고, 자꾸 딴전 피우지 못하게 해주십시오. 말들이 있다는 걸 믿지 않으면서 말들에 관한 일이 있다고 믿는 사람이 있겠소? 또 피리 연주자가 있다는 걸 믿지 않으면서, 피리에 관한 것이 있다고 믿는 사람이 있겠소? 이봐요, 아무도 없을 것이오. 그대가 대답하려 하지 않으니, 내가 그대와 여기 있는 분들에게 말하리다. 하지만 적어도 다음 질문에는 답해주시오. 영적인 것들이 있는 걸 믿으면서 영들이 있다는 것을 믿지 않는 사람이 있소?

"없습니다."

그대가 여기 배심원들의 강요에 못 이겨 마지못해 대답하긴 했지만 어쨌거나 고맙소이다. 그런데 그대는 내가 영적인 것들을 믿고 있다고, 또 새로운 것이든 옛 것이든 그것들을 가르친다고 주장하고 있소. 그대 주장에 따르면, 나는 어쨌거나 영적인 것들을 믿고 있고, 그대는 선서진술서에서 그것을 맹세까지 했소. 그런데 내가 영적인 것들을 믿는다면, 내가 영들 또한 믿는다는 것은 필연적이오. 아니 그렇소? 그럴 것이오. 그대가 답을 안 하니, 그대가 동의한 것으로 간주하겠소. 그런데 우리는 영들을 신이거나 신의 자식으로 여기지 않소? 그렇소, 아니 그렇소?

"물론 그렇지요."

그럼 그대가 인정하듯이 내가 영들을 믿고, 이것들이 일종의 신이라면, 그대는 내가 앞서 말했듯이 수수께끼로 장난을 하는 것이오. 내가 신들을 믿지 않는다고 했다가, 내가 영들을 믿으니 신들을 믿는다고 말하기 때문이오. 그리고 요정이 낳았든 전해 내려오는 대로 다른 누가 낳았든 간에 영들이 신의 서자들이라면, 신들의 자식들은 있다고 믿으면서 신들이 있다는 걸 믿지 않는 사람이 세상에 과연 누가 있겠소? 그건 마치 말과 당나귀의 새끼인 노새가 있다고 믿으면서 말과 당나귀가 있다는 걸 믿지 않으려는 것만큼이나 불합리한 것이오. 멜레토스여, 그대는 틀림없이 우리를 시험해보려고, 아니면 나를 고소할 만한 진짜 죄목을 찾지 못해 그런 고소장을 작성했다고밖에 볼 수 없소. 같은 사람이 한편으로는 영적인 것들과 신적인 것들을 믿고, 다른 한편으로는 영들도 신들도 영웅들도 믿지 않을 수 있다고 그대가 아무리 설득해도, 분별력이 조금이라도 있는 사람이라면 결코 설득당하지 않을 것이오.

16

아테네인 여러분, 멜레토스가 고소한 죄를 짓지 않았다는 것에 대해서는 긴 변론이 필요치 않고 이것으로 충분해 보입니다. 하지만 내가 앞서 많은 사람들로부터 심한 미움을 샀다고 말했는데, 그것은 여러분이 알고 있듯이 진실입니다. 그리고 그것이 나를 파멸시키는 것입니다. 파멸시키는 것이 있다면, 그것은 멜레토스나 아니토스가 아니라 많은 사람들의 비방과 시기입니다. 이것들이 많은 선한 사람들을 파멸시켰고, 앞으로도 그럴 것이라 믿습니다. 이런 일이 나에게서 멈추리라고는 전혀 생각하지 않습니다.

어쩌면 이렇게 말하는 사람도 있을 것입니다. "소크라테스여, 지금 그대를 죽음의 위험으로 몰고 가는 그런 일에 종사한 것이 부끄럽지 않은가?" 나는 이렇게 정당하게 답할 것입니다. "이봐요, 조금이라도 쓸모 있는 사람이라면 어떤 것을 행할 때 오직 옳은지 그른지, 고귀한 자의 행동인지 비열한 자의 행동인지를 고려하는 것이 아니라, 살게 될 것인지 죽게 될 것인지를 저울질해야 한다는 것이 그대 생각이라면, 그대는 심히 잘못 생각하는 것이오. 왜냐하면 그대의 판단에 따르면, 트로이에서 전사한 그 많은 반신반인들, 그 중에서도 특히 테티스의 아들조차도 하찮은 인물이 되고 말 것이오. 그는 치욕을 참고 견디기보다는 오히려 이처럼 위험을 무시했으니 말이오. 그가 헥토르를 죽이겠고 열망하자, 여신인 그의 어머니가 그에게 내 기억으로는 대략 이렇게 말했소이다. '아들아, 네가 죽은 네 친구 파트로클로스의 원수를 갚기 위해 헥토르를 죽인다면, 너도 죽게 될 것이다. 헥토르 다음에는 바로 너에게 죽음의 운명이 준비되어 있단다.' 그러나 아킬레우스는 그 말을 듣고도 죽음과 위험을 대수롭지 않게 여겼고, 친구의 원수를 갚지 못하고 못난 사람으로 살아가는 것이 훨씬 더 두려웠기 때문에 이렇게 말했소. '악한을 응징하고 나서 당장 죽고 싶습니다. 여기 부리처럼 휜 배들 옆에서 웃음거리가 되고 대지의 짐으로 남느니 말입니다.' 그대는 그가 죽음과 위험을 걱정했다고 생각하시오?" 아테네인 여러분, 진실이 이렇습니다. 스스로 가장 좋은 곳이라 여겨서든 지휘관이 정해주든 어떤 곳에 일단 자리 잡으면 누구나 위험을 무릅쓰고 자리를 지켜야 하며, 죽음이나 다른 어떤 것도 치욕보다 먼저 고려되는 일은 없어야 한다고 나는 생각합니다.

17

아테네인 여러분, 여러분이 선임한 내 지휘관이 포티다이아와 암피폴리스 그리고 델리온에서 나에게 위치를 정해주었을 때 나는 누구 못지않게 죽음을 무릅쓰며 내 자리를 지켰거늘, 그랬던 내가 이제 나 자신과 남들을 시험하며 지혜탐구의 삶에 종사하라고 신이 정해주었을 때 — 나는 그렇게 믿고 확신하고 있습니다. — 죽음이나 다른 것이 두려워 내 자리를 뜬다면, 이는 분명 괘씸한 짓입니다. 그건 괘씸한 짓일 것이니, 그럴 경우에 내가 신들을 믿지 않는다는 것, 즉 신탁을 따르지 않고 죽음을 두려워하며 지혜롭지 않으면서 지혜롭다고 생각한다는 이유로 법정에 소환되어도 백번 옳을 것입니다. 여러분, 죽음을 두려워한다는 것은 지혜롭지 않으면서 지혜롭다고 생각하는 것과 다름없기 때문입니다. 그건 자기가 알지 못하는 것을 안다고 생각하는 것이니까요. 죽음이 어쩌면 인간에게 가장 좋은 것은 아닌지 아는 사람은 아무도 없습니다. 그런데도 사람들은 죽음이 인간에게 가장 나쁜 것이라고 확실히 아는 양 두려워합니다. 그리고 알지도 못하는 것을 안다고 생각하는 그런 무지야말로 가장 비난받을 무지가 아니겠습니까? 그런데 여러분, 바로 이 점에서 내가 다른 사람과 다를 것입니다. 그리고 내가 만일 어떤 것에서 다른 사람보다 더 지혜롭다고 말할 수 있다면, 내가 저승의 것들에 대해 충분히 알지 못하기 때문에 모른다고 생각하고 있다는 바로 이 점일 것입니다. 그러나 불의를 저지르는 것 그리고 그게 신이든 인간이든 더 훌륭한 자에게 복종하지 않는 것은 나쁘고 수치스런 것임을 나는 알고 있습니다. 따라서 내가 나쁘다고 알고 있는 것들보다 실은 좋은 것일지도 모르는 것들을 더 두려워하거나 피하는 일은 결코 없을 것입니다. 그러므로 여러분이 이제 아니토스의 진술을 믿지 않고 나를 무죄방면하더라도 내가 그렇게 하는 일은 없을 것입니다. 그가 진술하기를, 내가 애초에 법정에 끌려오지 않았거나 일단 끌려왔으면 사형에 처해질 수밖에 없고, 내가 풀려나면 여러분의 아들들은 모두 소크라테스의 가르침을 실천하느라 완전히 타락할 것이라 했습니다. 만일 여러분이 이에 대해, "소크라테스여, 우리는 이번에 아니토스의 말을 듣지 않고 그대를 무죄방면할 것이오. 그렇지만 한 가지 조건이 있소. 그대는 더 이상 그와 같은 시험에서 손을 떼고 지혜 사랑에 빠지지 마시오. 그대가 계속 그런 일을 하다가 붙잡히는 날에는 사형에 처해질 것이오."라고 내게 말한다면, 여러분이 정녕 그런 조건으로 나를 방면하겠다면, 여러분에게 말했듯이 나는 이렇게 대답할 것입니다. "아테네인 여러분, 나는 여러분을 존경하고 사랑하지만 여러분보다는 신에게 복종할 것입니다. 숨을 쉬고 힘이 있는 동안 나는 지혜를 사랑하는 일도, 여러분에게 조언하는 일도, 여러분 누구를 만나든 늘 하던 대로 다음과 같이 지적하는 일도 그만두지 않을 것입니다. '보십시오, 그대는 가장 위대하고 지혜와 힘으로 가장 이름난 나라인 아테네의 시민이오. 그러하거늘 부와 명예와 명성은 최대한 많이 얻으려고 애쓰면서도 현명함과 진리에 대해 그리고 자기 영혼이 최대한 좋게 되는 것에 대해서는 관심도 없고 생각조차 하지 않다니 부끄럽지 않소?' 그리고 여러분 가운데 누가 내 말을 반박하며 자기는 그런 것들에 관심을 두고 있다고 말한다면, 나는 그를 바로 보내지도, 그의 곁을 떠나지도 않을 것입니다. 나는 묻고 시험하며 지적할 것입니다. 그리고 그가 말은 그렇게 하지만 실제로 덕이 없는 것으로 드러나면, 나는 그가 가장 값진 것들은 경시하면서 하찮은 것들을 더 중시한다고 나무랄 것입니다. 젊은이든 노인이든, 이방인이든 같은 시민이든 내가 만나는 누구에게나 그렇게 하겠지만, 특히 같은 시민들에게는 더욱 그렇게 할 것입니다. 여러분은 내게 더 가까운 핏줄이기 때문입니다. 알고 계십시오. 신이 그것을 지시하기 때문입니다. 그리고 나는 일찍이 신에 대한 나의 이런 봉사보다 더 크게 좋은 일이 여러분을 위해 이 나라에 있었던 적은 없다고 생각합니다. 그렇지만 내가 돌아다니면서 하는 일이라고는 노소를 막론하고 여러분의 영혼을 최선의 상태로 만드는 것보다 몸과 재물에 더 많이 그리고 더 열심히 관심을 쏟아서는 안 된다고 여러분을 설득하는 게 전부입니다. 그러면서 나는 '재물에서 덕이 생기는 것이 아니라, 덕에서 재물이 그리고 사적인 삶이든 공적인 삶이든 사람에게 좋은 것들이 모두 생겨납니다.'라고 말합니다. 내가 이런 말로 젊은이들을 타락시킨다면, 그것은 해로운 것입니다. 그러나 내가 그것이 아닌 다른 말을 한다고 누가 말한다면, 그는 헛소리를 하는 것입니다. 아테네인 여러분, 여러분은 이 점을 고려하여 아니토스의 말을 따르든 말든, 나를 무죄방면하든 말든 하십시오. 어쨌든 내가 몇 번이고 죽는 한이 있어도 내 태도를 바꾸는 일은 없을 것입니다."

18

아테네인 여러분, 소란 피우지 말고 내가 청한 대로 따라주십시오. 내 말에 소란을 떨지 말고 들어 주십시오. 그러는 것이 여러분에게 이득이 될 것이라 생각합니다. 이번에는 다른 것을 말하려고 하는데, 여러분은 아마 듣고 고함을 지를 것입니다. 그렇지만 제발 그러지 마십시오. 잘 알아두십시오. 내가 어떤 사람인지 말했는데 여러분이 그런 나를 사형에 처한다면, 그것은 나보다도 여러분에게 더 해가 될 것입니다. 멜레토스도 아니토스도 나를 전혀 해치지 못할 것입니다. 그들은 그럴 수 없습니다. 더 나은 사람이 더 못한 사람에게 해를 입는다는 것은 당치도 않은 일이라 생각되기 때문입니다. 물론 더 못한 사람이 나를 죽이거나 추방하거나 시민권을 박탈할 수는 있을 겁니다. 아마도 그 사람이나 다른 사람들도 그런 일이 큰 해악이라 생각하겠지만, 나는 그렇게 생각하지 않습니다. 오히려 그가 지금 하고 있는 것처럼 사람을 부당하게 죽이려는 것이 더 나쁜 짓이라 생각합니다. 그러니 아테네인 여러분, 나는 지금 누군가 생각하듯이 나 자신이 아니라 실은 여러분을 위해 변론하는 것입니다. 여러분이 나에게 유죄판결을 내려 신이 여러분에게 내린 선물에 잘못하는 일이 없도록 말입니다. 만약 여러분이 나를 죽인다면, 나 같은 사람을 찾기란 쉽지 않을 것이기 때문입니다. 우습게 들리겠지만, 나는 신이 이 나라에 보낸 등에 같은 사람입니다. 이 나라는 덩치가 크고 혈통은 좋지만 그 큰 덩치 때문에 굼뜬 편이라 등에의 자극이 필요한 말과 같기 때문입니다. 그런 등에 역할을 하라고 신이 이 나라에 나를 붙여놓았다고 생각됩니다. 어디에나 달라붙어 온종일 쉬지 않고 여러분을 일일이 일깨우고 설득하며 꾸짖으라고 말입니다. 그러므로 이런 일이 여러분에게는 쉽사리 일어나지 않을 것입니다, 여러분. 그래서 여러분이 만약 내 말을 들어준다면, 나를 지켜줄 것입니다. 그러나 아마 여러분은 졸다가 깨어난 사람처럼 홧김에 후려쳐서 아니토스의 말대로 함부로 나를 죽일지도 모릅니다. 그러면 신이 여러분을 염려하여 다른 누구를 보내주지 않는다면, 여러분은 여생을 자면서 보내게 될 것입니다.

내가 신이 이 나라에 보낸 그런 사람이라는 것을 여러분은 다음으로 미루어 알 수 있습니다. 내가 내 모든 것을 전혀 돌보지 않았고, 그처럼 여러 해 동안 집안일이 방치되는 것을 감수하면서 여러분을 일일이 찾아가, 덕에 관심을 가지라고 아버지나 형처럼 조언하며 줄곧 여러분의 일을 보아왔는데, 이것은 인간의 일로 보이지 않는다는 것입니다. 내가 만약 그렇게 해서 이득을 보았거나 조언하면서 보수라도 받았다면, 그런 것이 설명이 될 수 있겠습니다. 그러나 여러분 스스로 보다시피, 내 고소인이 그처럼 뻔뻔스럽게 다른 모든 죄목들을 들고 있지만, 내가 누구에게 보수를 받았다거나 요구했다는 것에 대해 증인을 대는 뻔뻔스런 짓만은 할 수 없었던 것입니다. 그것은 내가 진실을 말하고 있다는 충분한 증거를 갖고 있기 때문인데, 바로 나의 가난입니다.

19

그래서 내가 돌아다니며 사적으로 이렇게 조언하고 참견하면서도, 공적으로 여러분의 대중집회에 나타나 나라에 조언하지 않는 것이 여러분은 이상하다 싶을 것입니다. 그 이유는 어떤 신적이고 영적인 것이 나에게 나타나기 때문입니다. 여러분은 내가 그것에 대해 말하는 것을 여러 곳에서 자주 들었을 것입니다. 멜레토스도 그것을 고소장에 조롱하면서 적었던 것입니다. 그것은 내가 어려서부터 시작되었고 어떤 음성으로 나타납니다. 그것이 나타날 때는 늘 내가 하려는 것을 하지 말라고 말릴 뿐, 하라고 권한 적은 한 번도 없습니다. 그것이 나를 나랏일을 멀리하게 만들었는데, 이것은 아주 다행이라 생각됩니다.

왜냐하면 아테네인 여러분, 내가 만일 일찍이 정치에 손을 댔다면 나는 벌써 죽었을 것이고, 여러분에게도 나에게도 득이 되는 일을 하지 못했을 것이 분명하기 때문입니다. 내가 여러분에게 진실을 말하더라도 화내지 마십시오. 여러분이나 다른 어떤 군중에 순진하게 맞서서 이 나라에서 일어나는 수많은 불의와 불법을 막으려는 사람은 그 누구도 무사하지 못할 것입니다. 그래서 진정으로 정의를 위해 싸우려는 사람은 잠시라도 살아남으려면 필히 사인으로 지내야지 공인으로 지내서는 안 되기 때문입니다.

20

이에 대해 나는 여러분에게 강력한 증거들을 대겠습니다. 말이 아니라, 여러분이 그렇게 존중하는 사실들로 말입니다. 나에게 일어났던 일을 들어보십시오. 내가 죽음이 두렵다 하여 올바른 것을 어기면서 누구에게 굽히는 일은 없다는 것을, 내가 설령 당장 죽는다 해도 그런 일은 없다는 것을 여러분이 알도록 말입니다. 내가 하려는 말이 법정에서 흔히 듣는 진부한 것이지만, 그것은 진실입니다. 아테네인 여러분, 나는 이 나라에서 평의회 의원을 지낸 것 말고는 그 어떤 공직도 맡아본 적이 없습니다. 그리고 여러분이 해전에서 물에 빠진 병사들을 구하지 못한 10명의 장군을 한꺼번에 재판에 회부하려고 결의했을 때 마침 우리 안티오키스 부족이 그 업무를 관장하고 있었습니다. 하지만 나중에 여러분 모두가 스스로 인정했듯이 그건 불법이었습니다. 그때 여러분의 불법행위에 반대하며 반대표를 던진 사람은 우리 부족 가운데 나 혼자뿐이었습니다. 연설가들은 바로 나를 고발해서 법정으로 소환하려 했고, 여러분도 그렇게 하라고 고함을 쳤습니다. 그러나 나는 감옥이나 죽음이 두려워 여러분의 부당한 결정을 따르기보다는 온갖 위험을 감수하더라도 법과 정의의 편에 서야 한다고 믿었습니다. 이것은 이 나라가 아직 민주정이었을 때 일어난 일입니다. 그러나 과두정이 들어서자 30인 참주가 나를 다른 네 사람과 함께 원형 건물로 불러서 살라미스 사람 레온을 처형해야 하니 살라미스에서 끌고 오라고 명령했습니다. 그 자들은 다른 많은 사람들에게도 수시로 그런 명령을 내리곤 했는데, 되도록 많은 사람들을 그들의 비행에 연루시키기 위해 그랬던 것입니다. 표현이 좀 거칠기는 하지만, 그때도 나는 죽는다는 것이 전혀 문제가 되지 않았고, 오히려 옳지 못한 짓이나 불경스런 짓을 하지 않는 것이 무엇보다 중요하다는 것을 말이 아니라 행동으로 보였습니다. 그 정권이 대단한 권력을 갖고 있었지만, 나를 협박해서 옳지 못한 짓을 하게 하지는 못했습니다. 우리가 원형건물에서 나왔을 때 다른 네 사람은 살라미스로 가서 레온을 연행해 왔지만, 나는 바로 집으로 돌아갔습니다. 그 정권이 갑자기 무너지지 않았던들 나는 아마 그 일로 처형되었을 것입니다. 이에 대해 증언해줄 사람이 여러분 중에 많이 있습니다.

21

　그러니 내가 만일 공적인 일에 종사하고, 선한 사람으로 처신하면서 늘 옳은 것을 내세우며, 또 당연한 것이지만 그것을 가장 소중한 것으로 여겼다면, 여러분은 내가 이렇게 오래 살아남았을 것이라 생각합니까? 어림도 없는 일입니다, 아테네인 여러분. 다른 누구라도 마찬가지였을 것입니다. 여러분은 내가 공적인 일에서나 사적인 일에서나 평생 한결같았다는 것을 알게 될 것입니다. 나는 지금까지 나를 비방하는 자들이 내 제자라고 말하는 사람들을 포함해 어느 누구를 위해서도 정의에 반하는 것을 한 번도 용인한 적이 없습니다. 그리고 나는 한 번도 어느 누구의 선생이 되어본 적이 없습니다. 그렇지만 내가 하는 것을 듣고 싶어 하는 사람이 있으면 노소를 막론하고 누구에게도 거절한 적이 없습니다. 대가를 받으면 대화하고 받지 못하면 대화를 거절하지 않습니다. 부자에게나 가난한 사람에게나 똑같이 질문에 응하고, 내 질문에 답하고 내 말을 들으려 하는 사람의 질문에도 기꺼이 응합니다. 그러니 그들 중 누가 선한 사람이 되거나 말거나 그것을 내 탓으로 돌리는 것은 온당치 않습니다. 왜냐하면 나는 그들 누구에게도 어떤 가르침을 약속한 적도 가르쳐준 적도 없기 때문입니다. 그리고 남들이 배우거나 들은 적이 없는 것을 나에게서 개인적으로 배우거나 들었다고 말하는 사람이 있다면, 그 말은 진실이 아님을 잘 알고 계십시오.

22

그런데 어떤 사람들은 어째서 나와 함께 많은 시간을 보내는 걸 즐거워하는 걸까요? 아테네인 여러분, 여러분은 이미 그것을 들었습니다. 나는 여러분에게 모든 진실을 말했습니다. 그들은 지혜롭지 않은데도 지혜롭다고 생각하는 사람들에게 내가 캐묻는 것을 듣고 즐거워합니다. 사실 즐겁지 않은 것은 아니니까요. 그렇지만 앞서 말했듯이, 그것은 신이 나에게 행하라고 명령한 것입니다. 신탁으로, 꿈으로 그리고 다른 모든 신의 섭리가 인간에게 무엇을 행하라고 명령했던 온갖 방식으로 말입니다. 아테네인 여러분, 이것은 진실이며 쉽게 입증될 수 있습니다. 만약 내가 일부 젊은이들을 타락시키고 또 일부 젊은이들이 이미 타락했다면, 그들 일부는 이제 나이가 들었을 것이고, 젊은 시절에 내가 나쁜 조언을 했다는 것을 알게 되었을 테고, 그러면 여기 연단에 올라 나를 고발하고 보복해야 할 것입니다. 그들이 직접 나서고 싶어 하지 않는다면, 아버지이든 형제든 다른 가까운 친족이든 그들 가족 누군가는 가족이 정말 해를 입었다면 지금이라도 그것을 상기하고 나에게 보복해야 할 것입니다. 어쨌든 그들 가운데 여러 명이 여기 와 있는 것이 보입니다. 먼저 저기 저 크리톤은 나와 동갑이자 같은 부락민이고, 여기 있는 크리토불로스의 아버지입니다. 다음으로 스페토스 부락민인 리사니아스도 와 있는데, 그는 여기 있는 아이스키네스의 아버지입니다. 또 저기 안티폰은 케피시아 부락민으로 에피게네스의 아버지입니다. 그밖에 나와 함께 시간을 보낸 사람들의 형제들도 와 있습니다. 테오조티데스의 아들로 테오도토스의 형인 니코스트라토스가 있습니다. 테오도토스가 이미 죽었으니 형에게 어떤 부탁을 할 처지도 아닐 겁니다. 그리고 데모도코스의 아들로 테아게스와 형제간인 파랄리오스도 와 있고, 아리스톤의 아들이자 저기 플라톤의 형인 아데이만토스도 와 있으며, 여기 있는 아폴로도로스와 형제간인 아이안토도로스도 와 있습니다. 그밖에도 여러 사람들의 이름을 댈 수 있습니다. 멜레토스는 진술할 때 이들 중 일부를 증인으로 세웠어야 했습니다. 만약 그때 그가 잊었다고 한다면, 지금이라도 증인으로 세우게 하십시오. 내가 서 있는 이 연단을 양보하겠습니다. 그에게 그런 할 말이 있다면 하게 하십시오. 하지만 여러분, 그와 정반대로 이 사람들이 모두 나를, 멜레토스와 아니토스가 주장하듯이 자기 친족들을 타락시키고 해를 입힌 나를 도와주려 한다는 것을 발견하게 될 것입니다. 타락한 당사자들이 나를 돕는 데에는 나름 이유가 있겠지만, 타락하지도 않고 이미 나이도 든 그 친족들이 나를 돕는 것은 멜레토스가 거짓을 말하고 나는 진실을 말한다는 것을 그들이 알고 있다는 올바르고 정당한 이유 말고 또 다른 무슨 까닭이 있겠습니까?

23

자, 좋습니다, 여러분. 내가 나를 위해 변론할 수 있는 것은 대충 이런 것들입니다. 다른 것들이라고 해봐야 이와 비슷할 것입니다. 그런데 어쩌면 지금 여러분 중에는 자기 경우를 떠올리며 언짢아하는 사람도 있을지 모르겠습니다. 자기는 이보다 훨씬 더 경미한 일로 재판을 받을 때도 배심원에게 울고 빌며 동정을 있는 대로 사기 위해 어린 자식들이나 다른 친족들 그리고 많은 친구들을 데리고 나왔는데, 나는 아주 위중한 상황에 있는 것 같은데도 그런 짓을 전혀 하지 않는다고 말입니다. 그런 생각으로 나에게 더 반감을 갖고 홧김에 투표하는 사람도 있을 것입니다. 만약 여러분 중에 그런 심정인 분이 있다면 ─ 그렇지 않으리라 생각하지만, 혹시라도 있다면 ─ 나는 그 분에게 이렇게 말하는 것이 적절할 듯합니다. "보십시오, 나에게도 친족이 몇 명 있습니다. 호메로스가 말했듯이, 나는 '참나무나 바위'가 아니라 인간에서 생겨났습니다. 친족도 있고 아들도, 아테네인 여러분, 셋이나 있습니다. 그 중 하나는 청년이고, 둘은 아직 어린아이입니다. 그래도 나는 자식들을 이리로 데려와 방면해 달라고 여러분에게 애원하지 않을 것입니다."

그럼 내가 왜 그런 짓을 하지 않을까요? 아테네인 여러분, 그것은 내가 고집을 부려서도 아니고 여러분을 무시해서도 아닙니다. 내가 죽음에 직면해서 대담한지 아닌지도 별개 문제입니다. 실은 나와 여러분과 나라 전체의 명성을 고려할 때, 내가 이 나이와 이 명성에 어울리지 않는 그런 짓을 한다는 것이 아름답지 못하다고 생각하기 때문입니다. 그 명성이 정당한 것이든 부당한 것이든, 어쨌든 소크라테스가 다른 사람들보다 출중한 면이 있다는 평판이 확실히 있으니까요. 따라서 만약 여러분 중에 지혜나 용기 혹은 다른 어떤 덕이 출중하다고 여겨지는 사람들이 그런 짓을 하려 한다면, 그건 부끄러운 일이 될 것입니다. 하지만 나는 뭔가 있다고 여겨지는 자들이 재판에서 아주 기이한 짓을 하는 것을 자주 보았습니다. 죽게 되면 어떤 끔찍한 일을 겪게 된다고 생각하는 것 같았습니다. 여러분이 그들을 사형에 처하지 않는다면, 죽지 않을 것처럼 말입니다. 나는 그런 자들이 이 나라를 수치스럽게 만든다고 생각합니다. 그리고 이방인들도 이렇게 생각할 수 있습니다. 덕이 출중한 아테네인들이 그리고 그들 각자가 관직을 선출하고 명예를 부여하는 일에 우선권을 준 사람들이 아낙네보다 하나도 나을 게 없다고 말입니다. 아테네인 여러분, 어떤 식으로든 뭔가 있다고 여겨지는 여러분은 그런 짓을 해서는 안 되고, 또 우리가 그런 짓을 할 때도 용인해서는 안 됩니다. 오히려 조용히 있는 사람보다 그런 불쌍한 장면을 연출해서 나라를 조롱거리로 만드는 사람이 더 심한 벌을 받게 된다는 것을 여러분은 분명히 보여주어야 합니다.

24

그러나 여러분, 명성은 접어두더라도, 배심원에게 애원하는 것도 애원해서 무죄방면을 얻어내는 것도 옳지 못한 일입니다. 나는 오히려 배심원을 가르치고 설득해야 한다고 생각합니다. 배심원은 정의를 갖고, 호의를 베풀기 위해서가 아니라 사태를 판결하기 위해 이 자리에 있는 것입니다. 그리고 배심원은 자기 마음에 드는 사람에게 호의를 베풀겠다는 것이 아니라, 공정하게 법에 따라 판결하겠다고 서약한 것입니다. 그러므로 우리는 여러분이 거짓 서약에 익숙하게 해서도 안 되고, 여러분도 그것에 익숙해져서는 안 됩니다. 두 경우 모두 불경을 저지르는 일이기 때문입니다. 그러므로 아테네인 여러분, 내가 아름답지도, 옳지도, 경건하지도 않다고 여기는 짓들을 여러분 앞에서 해야 한다고 생각하지 마십시오. 지금은 특히 유감스럽게도 저기 저 멜레토스로부터 불경죄로 고소당한 처지입니다. 왜냐하면 내가 만약 여러분을 설득하고 애원하면서 서약한 여러분을 강요한다면, 그것은 분명 내가 여러분에게 신들이 있다는 것을 믿지 말라고 가르치는 것이며, 내 변론은 내가 신들을 믿지 않는다고 나 자신을 고발하는 꼴이 되기 때문입니다. 하지만 그것은 사실과 거리가 멉니다. 아테네인 여러분, 나 또한 나를 고소한 누구보다도 더 신들을 믿고 있습니다. 그래서 나에게도 여러분에게도 가장 좋은 것이 되도록 나에 대한 판결을 여러분과 신에게 맡깁니다.

02. 형량제의

25

아테네인 여러분, 여러분이 유죄판결을 내린 것에 내가 못마땅해 하지 않는 데에는 다른 이유도 많지만, 그 주된 이유는 이번 결과가 내 예상에서 벗어나지 않았다는 것입니다. 나는 오히려 양쪽 득표수를 보고 놀랐습니다. 차이가 이렇게 근소하지 않고 크게 날 줄 알았습니다. 30표만 반대편으로 갔어도 나는 방면이 되었을 것입니다. 그렇기는 하지만 나는 이제 멜레토스부터는 사실 무죄방면이 된 것 같습니다. 그리고 그뿐이 아닙니다. 누구에게나 명백하듯이, 아니토스와 리콘이 나를 고발하려 나서지 않았더라면, 멜레토스는 1,000드라크메의 벌금까지 내야 했을 것입니다. 그는 총 투표수의 5분의 1을 얻지 못했기 때문입니다.

26

어쨌든 저 사람은 나에 대해 사형을 제의하고 있습니다. 좋습니다.

그럼 나는 어떤 것을 제의해야 할까요, 아테네인 여러분? 그것은 분명 내가 받아 마땅한 것이어야 할 겁니다. 그럼 그게 무엇이겠습니까? 어떤 처벌과 벌금이 마땅할까요? 나는 지금까지 살면서 조용히 지내지를 못했습니다. 대부분의 사람은 돈벌이를 하거나 집안을 챙기거나, 장군이나 대중연설가 또는 다른 공직자로 출세하는 일이나, 정치결사나 이 나라에서 벌어지는 당파 싸움에 관심이 있지만, 나는 그런 일에 관심이 없었습니다. 그런 일에 끼어들고도 무사하기에는 사실 내 자신이 너무 정직하다고 생각했습니다. 그래서 나는 여러분이나 나에게 아무런 득이 되지 않는 그런 일에 끼어들지 않았습니다. 그 대신 나는 개인적으로 내가 가장 좋다고 여긴 것을 여러분 각자에게 베푸는 일에 뛰어들었습니다. 다시 말해, 나는 자기 자신이 최대한 훌륭하고 지혜로워지도록 하는 일에 관심을 두기 전에는 자신의 어떤 것들에 관심을 두지 말도록, 나라 자체에 관심을 두기 전에 나라에 속한 것들에 관심을 두지 말도록, 그 밖의 다른 일에 대해서도 같은 방식으로 관심을 두도록 여러분을 일일이 설득했습니다. 그런 내가 대체 무엇을 받아야 마땅하겠습니까? 아테네인 여러분, 진실로 내가 받아 마땅한 것을 제의해야 한다면, 그것은 어떤 좋은 것이어야 합니다. 그것도 나에게 적합한 좋은 것이어야 합니다. 여러분에게 조언하기 위해 여가가 필요한 이 가난한 은인에게 무엇이 적합할까요? 아테네인 여러분, 그런 사람에게는 영빈관에서 음식을 제공하는 것보다 더 적합한 것이 없을 것입니다. 그런 사람이 여러분 가운데 올림피아 경기에서 경마나 두 마리 혹은 네 마리 말이 끄는 전차 경주에서 우승한 그 누구보다 그런 대접을 받은 것이 훨씬 더 적합합니다. 그는 여러분을 행복하게 보이게 하지만 나는 여러분을 실제로 행복하게 하고, 그는 음식이 부족하지 않지만 나는 부족하기 때문입니다. 그래서 내가 나에게 적합한 것을 제의해야 한다면, 나는 영빈관에서의 음식 제공을 제의합니다.

27

내가 하는 이런 말들이 어쩌면 여러분에게는 내가 동정과 간청에 대해 말했을 때와 비슷하게 거만하게 고집 부린다는 인상을 줄지도 모르겠습니다. 그러나 아테네인 여러분, 실은 그렇지 않습니다. 그건 오히려 이렇습니다. 나는 어느 누구에게도 고의로 불의를 가한 적이 없다고 확신합니다. 그것을 다만 여러분에게 납득시키지 못하고 있을 뿐입니다. 우리가 이야기한 시간이 너무 짧았기 때문입니다. 만약 다른 나라들에서처럼 사형에 해당하는 사건은 단 하루 만에 끝내지 않고 여러 날에 걸쳐 재판한다는 법률이 있었다면, 나는 여러분을 납득시킬 수 있었을 것이라 확신합니다. 그러나 이렇게 짧은 시간에 심한 비방들을 제거하기란 쉬운 일이 아닙니다. 그래서 나는 어느 누구에게도 불의를 입히지 않았다고 확신하는 터이니, 내가 어떤 나쁜 것을 받아야 한다고 말하거나 그에 상응하는 어떤 것을 제의해서 나 자신에게 불의를 끼칠 수는 없는 노릇입니다. 내가 뭐가 두려워 그런 짓을 해야 합니까? 멜레토스가 제의한 형벌을 받지나 않을까 해서요? 앞서 말했듯이, 나는 그것이 좋은 것인지 나쁜 것인지 알지 못합니다. 그 대신 내가 나쁜 것이라고 익히 알고 있는 것들 가운데 하나를 골라 형벌로 제의해야 할까요? 감옥형이요? 하지만 내가 왜 11명의 감독관에게 돌아가면서 감시당하며 감옥살이를 해야 합니까? 아니면 벌금을 다 물 때까지 감옥살이를 해야 하는 벌금형이요? 내 경우에 그것은 감옥형과 마찬가지입니다. 벌금 낼 돈이 없으니까요. 아니면 추방형을 제의해야 할까요? 아마 여러분은 이 제의를 받아들일 수 있을 것 같군요. 그러나 아테네인 여러분, 그렇게 되면 나는 살려고 발버둥 치는 인간이 되고 말 것입니다. 나는 동포인 여러분이 내가 대화로 소일하는 것을 견디다 못해 지겹고 짜증나서, 이제 이것에서 벗어날 길을 찾고 있다는 것을 모를 만큼 어리석지 않습니다. 하지만 다른 나라 사람들이라고 그것을 쉽게 견뎌낼 수 있겠습니까? 어림도 없습니다, 아테네인 여러분. 내가 이 나이에 추방되어 이 나라 저 나라로 쫓겨다니며 사는 인생이 참 좋기도 하겠습니다. 내가 어디를 가든 젊은이들이 여기처럼 내가 하는 말에 귀를 기울일 것임을 잘 알고 있습니다. 내가 그들을 물리치면, 그들은 어른들을 설득해서 나를 내쫓을 것입니다. 내가 그들을 물리치지 않으면, 그들의 아버지나 친족들이 그들을 위해 나를 바로 내쫓겠지요.

28

그러면 아마 누군가 이렇게 말할 것입니다. "소크라테스여, 우리를 떠나 침묵하며 조용히 살아갈 수는 없는 것이오?" 이것이야말로 내가 여러분 가운데 몇몇 분을 납득시키기가 가장 어려운 부분입니다. 내가 만약 그것은 신에게 복종하지 않는 것이고 그래서 조용히 지낼 수 없다고 말한다면, 여러분은 내가 시치미를 뗀다고 하면서 믿지 않을 것입니다. 또 내가 덕에 관해 그리고 내가 나 자신과 다른 사람에게 캐물을 때 여러분이 듣게 되는 그 밖의 것들에 관해 날마다 대화하는 것이 인간에게 가장 좋은 것이며, 캐묻지 않는 삶은 가치가 없다고 말한다면, 여러분은 내 말을 더욱 더 믿지 않을 것입니다.

여러분, 이것들은 내가 말하는 그대로이지만, 여러분을 믿게 만드는 것이 쉽지 않군요. 게다가 나는 어떤 나쁜 것을 받아 마땅하다고 생각하는 데 익숙치도 않습니다. 다시 말해, 내가 만약 돈이 있다면 내가 물 수 있을 만큼의 벌금형을 제의했을 것입니다. 왜냐하면 그것은 나에게 전혀 해가 되지 않으니까요. 그러나 나는 돈이 없습니다. 여러분이 내가 물 수 있을 만큼의 벌금을 물리지 않는다면 말입니다. 은화 1므나 정도는 낼 수 있을 것 같군요. 그래서 나는 그 정도의 벌금형을 제의합니다. 그런데 아테네인 여러분, 여기 있는 플라톤, 크리톤, 크리토불로스, 아폴로도로스가 자기들이 보증을 설 테니 30므나의 벌금형을 제의하라고 하는군요. 그래서 나는 이 금액의 벌금형을 제의하고, 그 금액에 대해서는 이 사람들이 여러분에게 믿을 만한 보증인이 되어줄 것입니다.

03. 최후진술

29

아테네인 여러분, 여러분은 시간을 조금 벌려다가 이 나라를 헐뜯으려는 자들로부터 현자 소크라테스를 죽였다는 비난의 소리를 듣게 될 것입니다. 나는 현자가 아니지만 여러분을 비방하려는 자들은 나를 현자라고 말할 테니까요. 여러분이 조금만 기다렸더라면, 그것은 여러분에게 자연스럽게 일어났을 것입니다. 여러분도 보다시피, 나는 이미 오래 살았고 죽을 날이 얼마 남지 않았습니다. 나는 이 말을 여러분 모두가 아니라 나를 사형에 처하게 한 사람들에게 하는 것입니다.

나는 그들에게 할 말이 또 있습니다. 여러분, 만약 내가 여러분들로부터 방면되기 위해 무슨 짓이나 무슨 말이나 해도 된다고 생각했다면, 여러분은 아마 내가 여러분을 움직일 수 있는 말들이 부족해서 유죄판결 받았다고 생각하겠지요. 그러나 그건 결코 아닙니다. 내 유죄판결에서 부족한 것은 말이 아니라 뻔뻔함과 몰염치이며, 여러분이 듣기에 가장 좋은 말투로 말하려는 의지가 나에게 부족했던 것입니다. 내가 울며불며 하고, 앞서 말했듯이 내게는 어울리지 않지만 다른 온갖 말과 온갖 짓을 했더라면 여러분은 좋아했겠지요. 이런 것들은 여러분이 다른 사람들로부터 익히 들었던 것들입니다. 나는 그때도 위험이 두려워 자유인답지 못한 짓을 해서는 안 된다고 생각했지만, 지금도 그렇게 변론한 것을 후회하지 않습니다. 이렇게 변론하고 죽음을 당하는 것이 저런 방식으로 사는 것보다 훨씬 더 낫기 때문입니다. 법정에서든 전쟁터에서든, 나든 다른 누구든 어떻게든 죽지 않으려고 잔재주를 부려서는 안 되기 때문입니다. 실제로 싸움터에서는 스스로 무기를 던지고 추격자들에게 애걸해서 죽음을 면하는 경우가 가끔 있는 것도 분명하니 말입니다. 그리고 어떠한 위험에 처해도 무슨 짓이든 무슨 말이든 하려고 한다면, 죽음을 피할 방도는 그밖에도 많이 있습니다.

그러나 여러분, 죽음을 피하는 것이 어려운 것이 아니라 사악을 피하는 것이 훨씬 더 어렵습니다. 죽음보다 사악의 발이 더 빠르기 때문입니다. 나는 지금 느리고 연로해서 더 느린 것에 따라잡혔지만, 내 고소인은 영리하고 민첩해서 더 빠른 것, 즉 사악에 따라잡혔습니다. 그래서 나는 이제 여러분들로부터 죽음의 선고를 받고 여기를 떠나지만, 그들은 진리로부터 사악과 불의로 소환되어 판결을 받을 것입니다. 또한 나는 내 판결 주문에 따르고, 그들은 그들의 주문에 따라야 합니다. 이번 일은 이렇게 되도록 되어 있었나 봅니다. 그리고 나는 이렇게 된 것이 잘된 일이라 생각합니다.

30

다음으로 나는 유죄판결을 내린 여러분에게 예언하고 싶습니다. 나는 지금 사람들이 예언을 가장 잘한다는 죽음의 문턱에 있기 때문입니다. 나에게 사형판결을 내린 여러분, 제우스에 맹세코 내 말하지만, 내가 죽은 다음에 바로 나를 죽인 것보다 훨씬 더 가혹한 처벌이 여러분에게 닥칠 것입니다. 여러분이 나에게 이런 짓을 한 것은, 여러분의 삶이 심문받는 것에서 벗어날 수 있을 것으로 생각했기 때문입니다. 그러나 내 말하지만, 결과는 그 반대일 것입니다. 더 많은 사람이 여러분을 심문할 것입니다. 여러분은 몰랐겠지만, 지금까지는 내가 그들을 말려왔습니다. 그리고 그들은 더 젊기 때문에 여러분에게 더 가혹할 것이며, 여러분을 더욱 화내게 할 것입니다. 만약 여러분이 사람을 죽여 여러분의 부정한 삶을 탓하는 것을 막을 수 있다고 생각한다면, 그건 잘못된 생각입니다. 그런 식으로 벗어나는 것은 가능하지도 아름답지도 않습니다. 가장 아름답고 가장 쉬운 방법은 남의 입에 재갈을 물리는 것이 아니라 최대한 훌륭한 사람이 되려고 노력하는 것이기 때문입니다. 이것으로 유죄판결을 내린 이들에 대한 예언을 끝내고 나는 여러분을 떠납니다.

31

그렇지만 무죄방면에 투표한 분들과는 방금 일어난 일에 대해 즐거운 마음으로 함께 이야기하고 싶습니다. 법정 관리들이 업무를 처리하느라 내가 아직 죽을 자리로 떠나기 전까지라도 말입니다. 여러분, 그 동안만이라도 자리에 계시기 바랍니다. 허락된 동안 우리 이야기를 방해하는 것은 아무것도 없을 테니까요. 나는 친구인 여러분에게 지금 나에게 일어난 것이 무엇을 의미하는지 보여주고 싶습니다.

재판관 여러분, ─ 여러분에게야말로 재판관이라는 이름이 합당할 것입니다. ─ 나에게 경이로운 일이 일어났습니다. 내게 익숙한 영적인 전조가 최근까지도 언제나 아주 종종 있었으며, 좋지 않은 일일 때는 사소한 것에도 반대하곤 했습니다. 그런데 여러분도 보다시피, 지금 나에게 일어난 일은 분명 최악이고 또 그렇게 생각되는 일입니다. 그런데 오늘 일찍 내가 집을 나설 때도, 법정으로 올라올 때도, 변론 중에 무슨 말을 하려 할 때도 신의 신호는 내게 반대하지 않았습니다.

하지만 다른 경우에는 내가 말하는 도중에 나를 제지한 적이 한두 번이 아니었습니다. 그런데 이번 경우에는 내가 무슨 행동을 하든 무슨 말을 하든 그 신호가 반대한 적은 한 번도 없었습니다. 그 이유는 무엇일까요? 내가 생각하는 것을 여러분께 말씀 드리지요. 내게 일어난 일이 좋은 것으로 보이고, 우리가 죽음을 나쁜 것으로 믿는다면 그것은 그릇된 생각으로 보인다는 것입니다. 이에 대한 강력한 증거가 내게 있습니다. 내가 하려는 것이 어떤 좋은 것이 아니었다면, 익숙한 신호가 나에게 반대하지 않았을 리가 없습니다.

32

우리가 죽음이 좋은 것이라는 희망을 크게 가질 수 있음을 또 이렇게 살펴봅시다. 죽음이란 둘 중 하나일 것입니다. 죽음은 무로 소멸되는 것이어서 죽은 자는 어떤 것에 대해서도 감각을 갖지 않는다는 것이거나, 아니면 전해오는 말대로 죽음은 일종의 변화이고 이 거처에서 다른 거처로 영혼의 이주라는 것입니다. 그럼 첫 번째 경우에서, 죽음이 만약 아무런 감각도 없는 것이라면, 그래서 그것이 어떤 꿈도 꾸지 않는 깊은 잠과 같은 것이라면, 죽음에는 경이로운 이득이 있을 것입니다. 생각건대, 만약 어떤 사람이 꿈 한번 꾸지 않는 밤을 골라 지금까지 살아온 다른 밤낮들과 비교해보고, 지금까지 살면서 그런 밤보다 더 행복하게 보낸 낮밤들이 얼마나 되는지를 결정해야 한다면, 보통 사람은 말할 것도 없고 저 대왕조차도 그런 밤이 다른 낮밤들보다 쉽게 셀 수 있을 정도라는 것을 알게될 것입니다. 그래서 죽음이 만약 그런 것이라면, 나는 죽음이 이득이라고 말하겠습니다. 그럴 경우 남은 모든 시간은 그런 단 하룻밤보다 더 길어 보이지 않을 테니까요. 그리고 죽음이 이곳에서 다른 곳으로 떠나감과 같은 것이라면, 그리고 전해오는 말대로 죽은 사람들이 모두 그곳에 있는 것이 사실이라면, 재판관 여러분, 무엇이 이보다 더 좋겠습니까? 만약 누가 이곳의 자칭 재판관들로부터 벗어나 저승에 가서 그곳에서 재판한다는 미노스, 라다만티스, 아이아코스, 트리프톨레모스 같은 진정한 재판관들 그리고 이승에서 올바로 살았던 다른 모든 반신들을 만나게 된다면, 이런 떠나감을 하찮게 여길 수 있을까요? 또 여러분 가운데 누가 오르페우스, 무사이오스, 헤시오도스, 호메로스와 함께할 수 있다면, 그 대가로 얼마를 낼 것인가요? 만약 그런 것이 진실이라면, 나는 몇 번이고 죽고 싶습니다. 내가 만약 팔라메데스나 텔라몬의 아들 아이아스나 그밖에 부당한 판결로 죽은 옛날 다른 사람들을 만나게 된다면, 그곳에서 지낸다는 것은 나에게 놀라운 일일 테니까요. 내가 겪은 것과 그들이 겪은 것을 비교하는 일이 즐겁지 않은 것은 아닐 것입니다. 그렇지만 제일 굉장한 것은 그들 가운데 누가 지혜롭고, 누가 지혜롭지도 않으면서 지혜롭다고 생각하는지 가려내기 위해, 이곳에서 그랬듯이 그곳 사람들을 캐묻고 시험하며 지내는 일입니다. 재판관 여러분, 누군가가 트로이로 대군을 이끌고 간 그 사람이나 오디세우스나 시지포스나 그밖에 이름을 댈 수 없는 수많은 남녀를 캐물을 수 있다면, 그 대가로 얼마인들 못 내겠습니까? 그곳 사람들과 대화하고 함께 지내며 캐묻는 일은 이루 말할 수 없는 행복일 테니까요. 그리고 분명한 것은 적어도 그곳 사람들은 그것 때문에 사람을 죽이지 않는다는 것입니다. 다른 것들도 그렇지만 그곳 사람들은 이제 죽지 않는다는 점에서도 이곳 사람들보다 더 행복할 테니까요. 사람들이 하는 말이 진실이라면 말입니다.

33

재판관 여러분, 여러분도 즐거운 희망으로 죽음을 맞이해야 하고,

선한 사람에게는 살아서나 죽어서나 그 어떤 악도 일어날 수 없으며, 신들은 그런 사람의 일을 소홀히 하지 않는다는 이 한 가지 진리만은 반드시 명심해야 합니다. 지금 나에게 일어난 일도 우연이 아닙니다. 오히려 이제 죽어 고난에서 벗어나는 것이 더 좋다는 것을 나는 의심치 않습니다. 그래서 신의 신호도 나를 막아서지 않았던 것이며, 나 또한 나에게 유죄 표를 던진 이들과 나를 고소한 이들에게 전혀 화를 내지 않는 것입니다. 그들은 물론 그런 의도로 유죄를 판결하고 고소를 한 것이 아니라 나를 해치려고 한 것입니다. 그런 점에서 그들은 비난을 받아 마땅합니다. 그런 만큼 나는 그들에게 부탁이 있습니다. 여러분, 내 아이들이 장성했을 때 덕보다 오히려 돈이나 그 밖의 다른 것들에 골몰하고 있다 싶으면, 내가 여러분을 괴롭힌 것과 똑같이 그 아이들을 괴롭히고 보복하십시오. 그리고 그 아이들이 아무것도 아니면서 무엇이라고 생각한다면, 내가 여러분에게 그랬듯이 자기들이 해야 할 것은 하지 않고 아무것도 아닌 주제에 무엇이나 되는 것처럼 생각한다고 나무라 주십시오. 여러분이 그렇게 해준다면, 나도 내 아이들도 여러분에게 정당한 대접을 받는 것입니다. 이제 떠날 시간이 되었습니다. 나는 죽으러 가고, 여러분은 살러 갑니다. 우리 중에 누가 더 좋을지는 신 말고는 아무도 모릅니다.

2부
변론의 이해

01. 모두변론

아테네인 여러분

말의 처음과 끝은 말하는 이에게 적지 않은 의미를 갖는다. 어떤 말로 시작하고 어떤 말로 끝낼 것인지를 고심하지 않으면서 말하는 사람은 없을 것이다. 말의 의도와 특징이 무엇보다 그 시작과 마무리에서 명확히 드러나기 때문이다. 일상의 이야기가 아니라 연설과 같이 특정한 의도로 한정된 주제에 대해 말하는 경우에는 특히 더할 것이다. 그래서 말의 힘과 웅변의 설득력은 이성과 감성의 조화를 뒤로한다면, 무엇보다 첫말과 끝말의 호소력 그리고 중간 말의 논리력에 달려 있을 것이다.

기원전 399년 5월 어느 늦은 봄날, 불경죄와 청년타락 죄로 고소된 칠순의 소크라테스, 자타가 말의 대가로 인정한 그가 아테네 한 법정에서 행한 변론의 첫말과 끝말은 결코 우연이 아니었을 것이다. 이 말들을 소크라테스의 충실한 제자였던 플라톤은 《소크라테스의 변론*Apologia Sokratous*》이라는 책에 담아냈다. 재판 당일 방청석에서 스승을 말을 듣고 기록한 플라톤의 글이 하나의 완결된 텍스트라면, 이 글의 원본인 소크라테스의 말은 하나의 꽉 짜인 연설이었다. 그것은 소크라테스가 즉흥적으로 던진 말이 아니라 이미 오래 전부터 심사숙고한 말이었다. 플라톤의 또 다른 책 《에우티프론Euthyphron》에 들어 있는, 정식 재판 전 예비심문을 위해 법원으로 가던 길에 만난 에우티프론과의 대화에서도 엿볼 수 있듯이, 소크라테스는 변론에서 무엇을 어떻게 말해야 할지 철저히 준비했다. 그래서 플라톤의 《소크라테스의 변론》은 완벽히 준비된 하나의 텍스트이고, 소크라테스의 변론은 처음부터 끝까지 사전에 빈틈없이 구상된, 다분히 의도된 말들이었다.

소크라테스가 변론 첫마디로 내뱉은 말은 "아테네인 여러분"이었다. 그리고 그는 변론 마지막에 이렇게 말했다. "이제 떠날 시간이 되었습니다. 나는 죽으러 가고, 여러분은 살러 갑니다. 우리 중에 누가 더 좋을지는 신 말고는 아무도 모릅니다." 처음 말도 마지막 말도 일상적인 법정의 언어나 정상적인 변론의 어투가 아니었다. 소크라테스는 비일상적인 언어로 변론의 문을 열었고, 비정상적인 문장으로 그 문을 닫았다. 이러한 도발과 파격이 초래한 결과는 죽음이었다. 그 스스로는 사형은커녕 극진한 보상을 받아야 한다고 확신했다. 그럼에도 그는 죽음을 충분히 예견했고, 이 예정된 죽음을 결코 피해 가지 않았다. 그에겐 애당초 죽음의 두려움이 없었다. 죽음의 두려움이 없는 그에게 그 어떤 것도 두려움의 대상이 아니었다. 그런 그에게 통상적인 변론은 차라리 구차한 것이었다. 그는 자신의 언어와 자신의 방식으로 변론을 구사했다. 그의 변론은 재판관을 상대로 자신의 처지를 변명하고 자신의 입장을 변호하는 법정의 상식이 아니었다. 그것은 조국 아테네와 동포 시민을 상대로 칠십 평생 살아온 자기 삶에 관한 일장 연설이었다. 나아가 그의 말대로, 자신을 위한 변론이 아니라 아테네 시민을 위한 변론이었다. 그래서 변론 첫마디로 '존경하는 배심원 여러분'이 아니라 '아테네인 여러분'을 불렀을 것이다. 그리고 사형에 직면해서도 아테네의 삶을 살게 해달라는 읍소가 아니라 죽음은 축복 중의 축복이라는 선언으로 변론 아닌 변론을 끝냈을 것이다.

소크라테스는 법정의 배심원과 고소인이 아니라 그리스의 아테네와 아테네인을 상대로 변론을 시작했다. 이런 파격에는 자신은 재판에 소환될 만한 죄를 짓지 않았다는 확신이, 그래서 배심원 앞에서 고소인과 다툼을 벌일 이유가 없다는 것을 드러내려는 그의 의도가 깔려 있었다. 그것은 배심원이나 방청객에게 분명 도발이었다. 도발은 변론 내내 이어졌고, 결국 유죄판결을 거쳐 사형이 확정되는 순간까지 소크라테스에게 불리하게 작용되었다. 그러나 그에게 그것은 도발이 아니라 순리였고, 파격이 아니라 정상이었다. 그는 그와 같은 언행을 결코 숨기지도 피하지도 않았다.

소크라테스의 무죄확신 그리고 이로부터 비롯된 변론 아닌 변론이 처음부터 의도된 것이었음은, 스승의 철학적 측면을 정교히 보여준 플라톤과 달리 소크라테스의 또 다른 제자이자 그의 역사적 측면을 충실히 전해준 크세노폰의 《소크라테스의 회상*Apomnemoneumata* /

Memorabilia》에 여실히 드러나 있다. 크세노폰은 이 책에서 소크라테스와 그의 친구인 헤르모게네스와의 대화를 소개하면서 재판에 임하는 소크라테스의 심정과 태도를 제대로 그려냈다.

헤르모게네스: 자네, 변론을 생각해 두어야 하지 않겠나?

소크라테스: 나야 평생 내 변론을 준비해둔 사람일세. 그렇게 보이지 않나?

헤르모게네스: 어떻게 준비했나?

소크라테스: 부당한 일을 하나도 저지르지 않았으니 그거야말로 최고의 변론이 아닌가?

헤르모게네스 : 부당한 일을 하나도 저지르지 않은 사람도 연설 한 번에 아테네 법정에서 사형선고를 얼마나 많이 받는지 아나? 또 부정을 저질렀다 해도 영리한 연설 한 번에 동정을 사거나 사면받는 일은 또 얼마나 많은지 아나?

소크라테스 : 신에게 맹세코, 나는 변론을 고민하려고 했네만 내 신성한 목소리가 반대한다네.

이 대화에서 헤르모게네스는 당시 아테네 법정에서 통상적인 변론이 차지하는 위상을 강조한 반면, 소크라테스는 무죄야말로 최상의 변론임을 주장했다. 그래서 그가 불경은 물론 청년을 타락시키지 않았다는 것을 변론 내내 말했지만, 그 말들은 변론의 일반 형식이 아니라 자신의 선하고 아름답고 정의로운 삶을 이야기하는 방식으로 그의 입에서 나왔다. 그러면서도 아테네 법정 현실에서 통상적인 변론에 대한 인간적인 고민이 없지는 않았음을, 그렇지만 그것을 막고 나선 자가 있어서 그럴 수 없었음을 언급했다. 바로 그에게 들려오는 '신성한 목소리', 다이몬의 음성이었다. 어린 시절부터 소크라테스 곁에서 그의 모든 언행을 주관했던 이 다이몬의 존재가 고소사유의 핵심이자 재판의 쟁점이었던 바, 소크라테스 변론의 중간 말들은 사실상 그것을 중심으로 이루어졌다 해도 과언이 아니다.

나는 여러분이 내 고소인들로 인해 어떤 상태에 있게 되었는지 알지 못합니다. 그렇지만 나는 그들이 말했을 때 내 자신을 거의 잊어버릴 정도였습니다. 그들의 말은 그토록 나에게 설득력이 있었습니다. 하지만 정말 이지 그들은 진실이라고는 한 마디도 하지 않았습니다.

'아테네인 여러분'을 변론 파트너로 설정한 다음, 소크라테스는 변론의 주요 등장인물 세 부류를 은연중에 제시했다. 그 자신, 아테네인 혹은 배심원 그리고 세 명의 고소인이다. 시인인 멜레토스가 법정 고소인 측이 내세운 명목적인 대표이지만, 저명한 정치인이자 장인인 아니토스가 그 배후인물이었고, 웅변가인 리콘이 이에 합세했다. 정치인, 시인, 장인 및 웅변가는 소크라테스가 델포이 신탁을 받고 자신이 정말 현자인지 아닌지를 확인하는 과정에서 만난 인물들의 직업과 거의 일치했다.

이 모두冒頭 변론은 고소인이 고소 이유를 밝힌 다음에 행해졌다. 소크라테스는 고소 내용이 아니라 고소인이 말한 '말하는 능력'을 거론하며 변론을 시작했다. 그는 고소인의 말이 배심원에게는 어떠했는지 모르겠지만 자신에게는 넋이 나갈 정도로 설득력 이 대단했다고 꼬집었다.

소크라테스가 무엇보다 먼저 설득능력을 들고 나온 것은 당시 아테네의 실상을 염두에 둔 것이었다. 도시국가 아테네는 아고라를 중심으로 말이 지배하는 사회였다. 국가의 모든 주요 결정은 민회의 토론을 통해 이루어졌다. 설득력 있는 말로 자신의 생각을 상대에게 납득시키는 것, 이는 곧 국가의 힘을 장악하는 것과 다름없었다. 말의 힘은 정치적인 권력, 경제적인 권력, 나아가 개인적인 명예와 직결되었다. 설득력은 또한 법정의 힘이었다. 지중해의 맹주를 자처한 아테네 시민들은 원하든 원하지 않든 간에 자신의 권력, 재물, 명예를 보호하기 위해 시도 때도 없이 법정으로 달려갔다. 법정은 민회와 마찬가지로 그들의 일상이었다. 직업 변호사가 없던 그 시절 법정에서의 자기변호는 스스로 해야 했다. 설령 누가 변론을 써준다고 해도 법정에서 읽고 말하는 것은 결국 본인 몫이었다. 재판의 승패는 말의 힘으로 결정되었고, 언변의 설득력은 시민의 사회적 권리와 불가분의 관계에 있었다. 민회와 법정에서 말의 힘은 아테네인이 추구한 가장 큰 가치였고, 그래서 언변능력을 키우기 위해 그들은 온갖 노력을 다했다. 말의 힘을 키워주고 설득의 기술을 가르쳐주는 학문, 수사학rethorica이 기원전 5세기 후반 아테네 사회에서 각광을 받은 것도 그 때문이었다. 소피스트sophist로 명명되는 수사학 전문교사가 열렬한 대접을 받은 것도 그 때문이었다.

지혜sophia를 뜻하는 말에서 유래한 소피스트는 호메로스나 헤시오도스와 같은 시인이나 그밖에 특별한 지식과 통찰력을 가졌다고 여겨지는 사람들의 총칭이었다. 피타고라스나 솔론 그리고 그리스의 7현인 등을 소피스트로 불렀다. 하지만 소크라테스 시대에 이르러서는 지혜를 알고 있을 뿐만 아니라 가르칠 수 있다고 주장하는 전문교사를 칭하는 말로 변용되었다.

당시 소피스트들은 주로 이방인이었다. 그들은 개인교습이나 공개강좌를 통해 가르쳤고 적지 않은 대가를 받았다. 문법, 역사, 천문학, 문학, 철학 등 다양한 분야의 학문을 가르치는 박학다식의 상징이지만, 그들의 주 전공은 대중연설에 유효한 설득기술과 유창한 언변능력을 함양시키는 수사학이었다. 이것은 당시 아테네 사회의 요구에 제대로 부합하는 것이었다. 이때 프로타고라스, 고르기아스, 히피아스, 프로디코스, 안티폰 등 쟁쟁한 설득의 대가들이 출현했다. 현실은 설득의 힘을 간절히 요구했고, 그들은 그 요구를 정확히 간파했다. 아테네 현실에서 말의 힘은 곧 사회의 힘이었다. 아테네 유력 가문은 그들이 멋지게 차려준 밥상을 마다할 이유가 없었고, 자식의 출세를 위해 돈을 아끼지 않았다. 현실은 경쟁적으로 소피스트를 불렀고, 소피스트는 즐거움을 만끽했다. 세상은 진위의 문제가 아니라 논쟁의 승리에 방점을 찍고 가르쳤던 수사학자를 '소피스트'라고 치켜세웠다. 세상은 늘 그랬다.

그러나 그 세상은 오래가지 않았다. 머지않아 세상은 뒤집혔고 현실은 변했다. 펠로폰네소스 전쟁의 패자 아테네는 그리스의 여왕에서 시녀로 전락했고, 새로운 세상에서 설득기술은 일종의 사기술詐欺術로, 현자는 사기꾼으로 내몰렸다. 나라를 말아먹은 사기꾼 색출 작업이 시작되자, 원정 사기꾼이었던 대다수의 소피스트는 일찌감치 자기 나라로 도망갔다.

소크라테스가 변론 첫머리에서 고소인의 언변능력과 진위의 문제를 동시에 거론한 것은 바로 이런 시대상황의 반영이었다. 고소인이 "진실이라고는 한마디도 하지 않았다."는 소크라테스의 말은, 설득력이 곧 진실을 함축하는 것은 아니라는 말이었다. 고소인을 비롯한 아테네인은 설득의 기술을 터득했지만, 그래서 화려하고 강한 언변의 힘으로 상대를 설득하고 제압하여 권리를 쟁취했지만, 그것이 곧 진리의 승리는 아니라는 말이었다. 소크라테스가 변론을 시작하면서 진실과 무관한 수사학적 설득능력이 이곳 법정에서도 여전히 작동되고 있음을 적시한 것은, 이후 그의 변론이 진실게임을 중심으로 전개될 것임을 강력하게 예고하는 바였다.

소크라테스는 고소인의 설득력을 인정했지만 진실성을 모두 부정했다. 거짓된 말의 힘으로 법정을 호도하고 있다고 주장했다. 그는 그 모든 거짓말들 중에서 가장 놀라운 거짓말을 하나 꺼내들었다. "그들이 한 숱한 거짓말 가운데 내가 가장 놀란 것은, 내가 말하는 데 능숙하니 여러분이 속지 않게 조심해야 한다는 말이었습니다." 고소인이 배심원을 향해 언변에 능한 소크라테스에게 속지 말라는 주의를 주는 발언이다. 고소인은 소크라테스를 언변에 능숙한 언어의 마술사로 취급했고, 거짓말로 배심원을 능히 속일 수 있는 인물이라고 생각했다. 고소인은 왜 이런 경고를 해야 했을까? 소크라테스는 왜 거짓말 중에서 이 말에 그토록 놀랐을까? 도둑이 제 발 절인 것은 아니었을까?

그랬다. 소크라테스는 자타가 공인하는 언어의 마술사였다. 그 스스로 밝히듯이, 현자인 척하지만 실은 현자가 아닌 사람들 모두가 그에게 손을 들었다. 그래서 아테네인 중에는 소크라테스가 소피스트라고 믿는 사람들이 많았다. 법정 고소인들은 이런 저간의 사정을 충분히 고려했을 것이다. 그들의 경고는 배심원이나 방청석의 시민에게도 나름 일리가 있는 것이었다. 소크라테스의 언변능력은 천부적인 것만이 아니었다. 젊은 시절에 아낙사고라스, 파르메니데스, 제논 등으로부터 자연철학을 배웠고, 많은 아테네인과 마찬가지로 수사학을 접했다. 그가 비록 지금은 철학을 가까이 하고 수사학은 멀리해도, 말의 기술 그 자체로서 수사학을 경멸하는 것은 아니었다. 수사학은 토론에서 합의를 도출하고, 공동체의 갈등과 분열을 방지하며, 아테네가 민주사회로 거듭나는 기반을 마련하고 있다는 점에서 나름 유용한 기술이었다.

소크라테스는 고소인이 설득의 여신 페이토Peitho조차도 부러워할 만큼이나 탁월한 언변능력을 가졌다고 극찬함과 동시에 그들이 한 말은 모두 거짓이라고 비난했다. 그런데 이제 상황은 역전되었다. 오히려 고소인이 소크라테스를 그런 능력의 소유자로 지적하고, 그가 하는 말은 모두 거짓이니 속지 않도록 조심할 것을 당부했다. 이제 원고와 피고 간의 논쟁거리는 좁혀졌다. 그들은 서로 상대가 말쟁이 혹은 뛰어난 연설가라고 주장했다. 그들 모두 상대의 탁월한 설득능력을 인정했다. 하지만 그들은 서로 상대가 그 탁월한 능력으로 거짓을 진실이라고 속이고 있다고 주장했다. 누가 사기꾼이고, 누구의 말이 진실인가? 진실게임, 이것이 변론의 관건으로 등장했다.

왜냐하면 내가 말하는 데 능숙하지 않다는 것이 드러나면 바로 반박당할 것인데도 그들이 부끄러워하지 않는 것은 뻔뻔함의 극치로 여겨지기 때문입니다.

소크라테스는 자신이 전혀 언변에 능하지 않음이 밝혀진다면, 언변에 능한 연설가라는 고소인의 경고는 바로 반박될 것이 분명할 것이라 했다. 그리고 그런 고소인의 행태를 '부끄러움', '뻔뻔함의 극치'라고 강하게 비난했다. 그가 고소인을 자신을 무고한 파렴치한으로, 수치와 부끄러움을 모르는 뻔뻔한 인간으로 몰아간 것은 의도한 바가 있었다. 그는 이후 변론에서 부끄러워할 것을 부끄러워하지 않음에 대해, 뻔뻔함에 대해, 수치심에 대해 자주 언급했다. 인간다운 인간, 시민다운 시민을 논할 때 특히 그러했다. 이 역시 시대정신의 반영이었다. 소크라테스는 아킬레우스가 죽음이 두려워 동료의 원수를 모른 척하고 출전을 기피했다면 수치스런 인간으로 여겨졌을 것이라고 말하면서 죽음을 각오하고 전장으로 뛰어든 것을 찬양했다. 소크라테스만이 아니었다. 모든 아테네인이 그렇게 생각했다. 아테네인에게 수치심은 사적으로나 공적으로나 악덕인 반면, 명예는 미덕이었다. 부끄러움을 모르는 뻔뻔함과 수치심은 법과는 무관하지만 관습적으로 비난의 대상이었고 사회의 악이었다. 소크라테스가 자신의 언변능력을 두고 거짓을 고한 고소인의 언행을 파렴치의 극치로 몰고 간 것도 그 때문이었다.

소크라테스는 자신이 언변에 능한 자가 아니라는 사실은 곧 밝혀질 것이라 했다. 말쟁이는 고소인이고, 자신은 말쟁이가 아님이 곧 드러날 것이라는 의미였다. 이를 위해 그는 '말하는 데에 능한 자'와 '진실을 말하는 자'를 대비했다. 이어서 자신이 말쟁이라는 고소인의 지적에 동의했다. 그러나 조건부 동의였다. 만일 고소인이 진실을 말하는 사람을 언변에 능한 사람으로 일컫는 것이라면 받아들이겠다는 것이다. 따라서 자신이 고소인의 지적대로 말쟁이이긴 하지만, "그들과는 다른 차원에서" 말쟁이라는 것이었다. 거짓이 아니라 진실을 말하는 말쟁이라는 것이다.

소크라테스에게 언변이 좋은 자, 연설가, 웅변가 혹은 말쟁이는 모두 같지 않았을 것이다. 세 부류로 나뉘지 않았을까. 첫 번째는 말만 번지르르한 말쟁이, 두 번째는 번지르르하면서도 진실도 말하는 말쟁이, 세 번째는 번지르르 하지는 않지만 진실을 말하는 말쟁이다. 소크라테스는 고소인을 첫 번째의 말쟁이로, 자신을 아마도 세 번째로 보았을 것이고, 고소인은 소크라테스를 첫 번째로, 자신들을 아마도 두 번째로 간주했을 것이다. 누가 말쟁이이고, 어떤 말쟁이인지에 대한 이런 논변 아닌 논변은 소피스트의 수사학에 대한 소크라테스의 깊은 불신을 보여주는 대목이었다. 수사학은 대체로 토론에서 이기는 것을 목표로 궤변을 늘어놓는 기술로, 그래서 '통상적인 차원에서의' 연설가는 진실보다는 오직 논쟁의 승자가 되는 길을 추구하는 자로 간주되었다. 소크라테스가 진실을 말하는 자신을 연설가로 규정하는 것에 동의한다고 했을 때, '다른 차원에서'라는 단서를 붙인 것에는 그런 저간의 사정이 있었다.

그런데 소크라테스가 고소인의 지적에 단호하게 맞서 자신은 결코 연설가가 아니라고 주장하지 않고 '다른 차원'에서 연설가라는 것에 동의한 것은, 어쩌면 그에 대한 아테네인의 오랜 선입견을 의식한 소크라테스의 전략이었을 것이다. 앞에서도 언급했고 뒤에서도 보겠지만, 아테네의 말쟁이로 소문난 소크라테스는 많은 시민으로부터 소피스트라는 의혹을 받고도 남음이 있었다. 고소인뿐만 아니라 배심원 그리고 법정의 방청객 중에서도 소크라테스를 그렇게 생각하는 사람들이 적지 않았을 것이다. 그런 선입견과 의혹에서 벗어나기가 결코 쉽지 않다는 것을 소크라테스 역시 알고 있었다. 이런 상황에서 말쟁이 소크라테스의 말에 속지 말라는 고소인의 경고에 적지 않은 배심원은 수긍했을 것이다. 소크라테스가 자신이 말쟁이가 아님을 아무리 강조하고 읍소해도, 그것으로 해명될 의혹이 아님을 그도 인지했을 것이다. 그럴 바에는 자신이 말쟁이이지만, 진실을 거의 또는 전혀 말하지 않는 고소인 말쟁이와는 차원이 다르다는 것을 밝히고 "여러분은 나로부터는 모든 진실을 듣게 될 것"임을 분명히 하는 것이 전략적으로 보다 유효하다고 생각했을 것이다. 이로써 고소인이 뻔뻔하고 파렴치한 인간이라는 비난의 정당성은 그가 과연 언변능력이 없는지, 또 그가 하는 말이 모두 진실인지에 달린 문제가 되었다. 그러나 첫 번째 것에 대해 배심원을 포함한 다수의 아테네인은 회의적인 생각을 가질 것이었다. 따라서 배심원이 소크라테스 변론의 진실성을 어느 정도 인정할 수 있는지, 그의 진실성이 배심원을 얼마나 납득시킬 수 있는지가 사안의 관건이었다.

그러나 아테네인 여러분, 제우스에 맹세코, 여러분은 나에게서 그들처럼 미사여구로 치장된 말이 아니라 꾸밈없이 그때그때 떠오르는 일상의 말을 듣게 될 것입니다. 왜냐하면 나는 내가 하는 말이 옳다고 믿기 때문입니다. 여러분 중 누구도 다른 것을 기대하지 마십시오. 내가 애들처럼 꾸며진 말로 여러분 앞에서 말한다는 것은 내 나이에 어울리지 않기 때문입니다.

소크라테스는 진실과 거짓의 대립구도로 모두변론을 시작했다. 원고는 거짓의 말을 했고, 피고는 진실의 말을 할 것임을 강조했다. 원고는 거짓을 감추기 위해 미사여구로 꾸며진 말로 진술했지만, 피고는 입에서 나오는 자연스런 말로 변론할 것임을 밝혔다. 둘 다 말쟁이인 원고와 피고, 이들 가운데 누가 진정 진실을 말하고 있는지를 고심하고 있을 배심원 앞에 피고 소크라테스는 말과 말투를 들고 나왔다. 그리고 원고의 말과 자신의 말을 대비했다. 원고는 번지르르하게 치장된 숙고의 말을 했지만, 자신은 있는 그대로 자연스런 평소의 말을 하겠다고 했다. 설득의 힘은 무엇보다 말에 있겠지만, 말의 진정한 힘은 치장된 거짓의 말이 아니라 자연스런 진실의 말에 있다는 것을 강조하고 싶었을 것이다.

소크라테스는 원고와 같은 꾸민 말이 아니라 꾸밈이 없는 말을 하는 이유를 제우스에 맹세하며 제시했다. 자신의 말이 틀림이 없다는 것, 그것이 이유였다. 옳지 않은 말은 꾸밈이 필요하지만, 옳은 말을 꾸밈을 필요로 하지 않는다는 말이었다. 피고의 귀에 원고의 진술은 넋이 나갈 만큼 화려한 말로 가득 차 있었다. 법정 진술이나 민회 연설에서 적절한 미사여구는 관례적이고 유효한 설득의 기법이었다. 소크라테스는 이런 관례를 거부하고 나섰다. 그 이유는 자기 말이 갖는 진실성에 대한 확신이었다.

그러나 민회에서 참과 거짓, 선과 악, 정의와 불의에 대한 판단은 시민의 몫이었듯이, 법정에서 그것은 배심원의 몫이었다. 피고는 배심원의 몫을 선취했다. 법적 주장의 진실성은 주장하는 자의 확신이 아니라 객관적인 증거에 의해 확보된다. 또한 나중에 아리스토텔레스가 말했듯이, 설득의 힘은 로고스logos만이 아니라 파토스pathos에도 있다. 소크라테스는 말의 감성적인 측면을 도외시한 채 이성과 논리를 전면에 내세웠다. 소크라테스의 이런 언행 역시 통상적인 법정의 것이 아니었다. 그것은 당연히 피고에게 유리한 변론 방식이 아니었다.

소크라테스는 배심원에게 치장언술에 대한 희망을 갖지 말 것을 요구했다. 그리고 소박언술로 변론하는 두 번째 이유로 나이를 언급했다. 꾸밈말을 하는 것은 애들 짓이라 일흔이라는 자기 나이에는 어울리지 않는다는 뜻이었다. 이후 변론에서도 종종 나이를 언급하는데, 우선은 젊은 멜레토스와 비교하고 싶었을 것이다. 멜레토스가 그처럼 말을 꾸미면서 배심원 앞에서 진술하는 것이 마땅치 않았을 터이고, 원고의 치장언술에 혹할 수 있는 배심원도 염두에 두었을 것이다. 그래서 자기에게는 결코 그와 같은 치장언술은 기대하지 말 것을 주문했을 것이다. 일흔 나이의 자존심도 꾸밈말을 허락하지 않았을 것이다. 나이뿐만 아니라 자신의 명성도 그것을 용납하지 않았을 것이다. 법정 방청석에 와 있는 지인의 모습들도 보였을 것이다. 나이의 자존심이나 사회적인 명성이 배심원의 판결에 영향을 끼치지 않는 것은 아니지만, 그의 주문은 결코 선처를 바라는 동정어법이 아니었다. 소크라테스의 도발은 여기서 끝나지 않았다.

아테네인 여러분, 나는 또한 여러분에게 간곡히 청하고 부탁합니다. 내가 시장 환전소 앞에서 그리고 다른 곳에서 말하는 것을 들었던 분들이 여러분 가운데 많이 있을 것인데, 내가 그런 말로 나를 변호해도 놀라지 말고, 또 그 때문에 소란을 피우지 말라는 것입니다.

소크라테스는 지금까지의 모두발언에서 원고와 차별하는 전략을 구사했다. 원고는 언변능력이 있지만 피고는 없고, 원고는 거짓을 말하지만 피고는 진실을 말하고, 원고는 치장언어를 사용하지만 피고는 소박언어를 사용한다는 것이었다. 그러나 모두발언 말미에서 소크라테스는 더 이상 원고를 의식하지 않았다. 자기 이야기를 하면서 '아테네인 여러분'에게 간절하게 청했다. 그 청이 간절한 것이자 동시에 놀라운 것임을 암시했다. 그래서 그는 소란과 소동을 야기하고 야유가 나올 수 있다고 생각했다.

소크라테스는 변론을 하면서 '소란'의 가능성을 처음으로 언급했다. 청의 요지는 시장이나 아고라 골목길에서 만나는 사람들과 이야기하는 말과 말투로 변론하겠다는 것이다. 법정에서 사용하는 전문적인 법정 용어나 어법이 아니라 일상언어로 변론하겠다는 것이다. 소크라테스는 소박언어를 치장언어와 구별할 때 자기 말의 진리성과 나이를 언급했다. 이에 비해 일상언어를 법정언어와 구별할 때는 나이를 언급하고 있지만 제우스에 대한 맹세나 자기 말의 확신은 제시하지 않았다. 전자가 일방적인 요구라면, 후자는 간절한 부탁이었다. 따라서 전자의 경우에는 그 구별의 정당성을 자기 말의 확신과 나이에 두었지만, 후자의 경우는 나이에만 두었다.

소크라테스는 그럼에도 자신의 부탁이 정당하다고 생각했다. "그건 이 때문입니다. 내 나이 일흔에 법정에 서기는 오늘이 처음입니다. 그래서 나는 이곳에서 쓰는 용어에는 완전히 이방인입니다. 내가 만약 정말 이방인이라면, 내가 자란 곳의 사투리와 말투로 말한다 해도 여러분은 분명 용인해줄 것입니다. 마찬가지로 내가 지금 여러분에게 내 말투에 대해 개의치 말라고 요청해도 정당하다고 생각합니다. 그것은 어쩌면 더 나쁠 수도 있고, 어쩌면 더 좋을 수도 있지만 말입니다." 그는 모두발언에서만 두 번 나이를 거론했다. 그러나 첫 번째와 달리 두 번째에서는 '일흔'이라는 명시적인 수를 강조했다. 후자가 부탁 사항이라는 점에서 나이를 보다 구체적으로 언급할 필요가 있었을 테지만, 노년의 나이에 처음 법정에 출두했다는 것을 부각하려는 의도도 있었다. 일흔의 나이까지 법을 준수하며 살아왔다는 말이었다. 법의 삶을 살아온 자신이 고소인의 사악한 무고로 법정에 끌려왔다는 것을 간접적으로 말하고 싶었을 것이다.

소크라테스는 일흔의 나이에 처음 선 법정이 낯설어서 법정언어가 이방인의 경우처럼 생소하고 서툴기 때문에, 자신에게 익숙한 아고라 언어로 법정 변론을 하는 것을 양해해 달라고 했다. 나이만으로는 부족했던지 '이방인'의 경우를 예로 들었다. 자신이 정말 이방인일 경우를 가정해서 부탁의 정당성을 보충했다. 자신이 이주민이라서 나고 자란 나라의 어투로 말해야 했다면 배심원은 그것을 크게 문제 삼지 않았을 것이라는 가정이었다. 일견 그럴듯한 이 가정을 듣고 배심원은 어떻게 생각했을까? 소크라테스의 말에 수긍하고 그의 간절한 부탁을 쾌히 들어주었을까, 오히려 반감을 가졌을까? 아마도 실제 이방인이 그런 식으로 변론했다면 큰 거부감 없이 수용되었을 것이다. 하지만 칠십 년을 아테네 시민으로 살아온 피고가 이방인에 빗대어 자신의 주장을 정당화하는 것 자체가 논리의 비약으로 보였을 수도 있다.

그리고 자기 말의 진실성에 대한 확신 부분이 빠져 있다고 해도, 일상언어가 소박언어의 경우와 다른 점은 무엇이었을까? 법정어법에 문외한인 사람이 일상어법으로 말한다고 해서, 그것이 놀라움과 소란과 야유의 대상이었을까? 왜 소박언어는 요구 사항이고 일상언어는 부탁 사항이었을까? 모르긴 몰라도 원고는 치장언어뿐만 아니라 유창한 법정어법까지 사용했을 터, 왜 법정어법의 경우에는 원고를 끌어들이며 탓하지 않았을까? 법정어법이 생소해도 왜 가능한 노력하지 않고 일상어법 사용을 이해해 달라고 부탁해야만 했을까? 나이의 자존심과 명성이 익숙하지 않은 법정어법의 사용을 허락하지 않았던 것일까?

소크라테스는 일상어법을 사용하는 것이 판결에 악영향을 줄 수 있다는 것을 짐작했을 것이다. 소란과 야유의 가능성이 있는데다 불리한 판결을 가져올 수 있는 평소의 어법을 굳이 사용하겠다는 그의 태도에는, 자신이 서 있는 곳은 법정이 아니라 아고라이고 자신이 말을 건네는 사람은 배심원이 아니라 시장에서 철학 이야기를 나누는 일반인이라는 의미가 강하게 묻어 있었다. 이는 곧 이 재판을 재판으로 인정하지 않겠다는, 그저 길거리 대화의 한 토막이라는 강한 의지의 표현이었을 것이다. 법정 관행을 고려하지 않는 소크라테스의 행태는 이번만 아니라 변론이 끝날 때까지 이어졌다. '존경하는 배심원 여러분'이 아니라 '아테네인 여러분'이라는 변론의 첫마디에서부터, 소크라테스는 자신의 재판을 보통의 재판으로 여기지 않았다. 그는 자신이 선 법정을 자신의 죄를 변명하는 자리가 아니라 자기 삶의 이야기를 아테네인에게 고하는 자리로 삼았다.

모두변론을 끝내면서 그는 재판관의 덕과 재판을 받는 사람 혹은 변론자의 덕을 대비했다. "여러분은 오직 내가 올바른 것을 말하는지 그렇지 않은지만 주의해서 살펴주기 바랍니다. 그것이 배심원의 덕이고, 변론자의 덕은 진실을 말하는 것이기 때문입니다." 말투의 좋고 나쁨이 아니라 변론의 진실 여부만을 문제 삼아줄 것을 배심원에게 주문했다. 말이 주문이지, 그것은 지시이자 일종의 가르침이었다. 종교법정인 스토아 바실레오스Stoa Basileos에서 아르콘 바실레우스 Archon Basileus : 종교문제를 다루는 최고행정관가 주재하는 재판에 소환된 소크라테스의 눈에 500명의 재판관이자 배심원dikastes인 아테네의 평범한 시민들은 애당초 죄목을 심의하고 판결할 인물들이 아니었다. 재판 당일에서야 제비뽑기로 법정에 배정된 사람들 가운데 많은 이들이 민주주의자들로서 소크라테스를 불신의 눈으로 바라봤다는 것 외에도, 소크라테스는 그들 대부분을 무지한 대중으로 간주하고 있었다. 게다가 펠로폰네소스 전쟁의 후유증으로 재판 당시 아테네는 거의 파멸 상태였고, 많은 시민들이 죽었거나 생업에 종사하느라 경황이 없어, 배심원에 지원한 자들 상당수가 장애인이거나 노인이거나 매우 궁핍한 사람들로 재판 참가로 받게 될 보수가 필요했던 사람들이었다. 이들 앞에서 변론을 해야 하는 소크라테스의 입장에서 배심원의 덕목이 무엇인지 입에 담지 않을 수 없었을 것이다. 배심원에 대한 그의 이런 태도는 모두변론에만 그치지 않았다. 그는 변론을 마치는 순간에도 배심원에 대한 가르침을 언급했다. "나는 오히려 배심원을 가르치고 설득해야 한다고 생각합니다."

그래서 오직 진실 판단만이 재판관의 덕목이자 의무라는 것, 원고와 피고에게는 말의 휘황찬란함이 아니라 있는 그대로의 진실을 말하는 것이 덕목이라는 것을 힘주어 강조하면서, 그는 또한 원고는 물론 배심원에게도 심리적인 압박을 준 셈이었다. 이로써 소크라테스는 재판을 자기가 원하는 방식으로 끌고 가려는 의도가 다분한 모두변론을 마침내 끝냈다. 그러나 너무나 당연하게도, 이와 같은 소크라테스의 변론 방식은 한참 후 수사학을 정리한 아리스토텔레스에게는 통상적인 법정 연설이 아니었다. 아리스토텔레스에게 좋은 연설의 세 요소는 로고스$_{logos}$, 파토스$_{pathos}$, 에토스$_{ethos}$이다. 로고스는 근거가 분명하고 처음과 끝이 잘 맞는 것, 파토스는 듣는 이의 감동을 이끌어내는 것, 에토스는 듣는 이에게 신뢰를 주는 것을 의미한다. 아리스토텔레스는 소크라테스의 변론이 로고스만 뛰어났기 때문에 사형을 당할 수밖에 없었다고 생각했다.

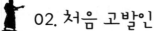# 02. 처음 고발인

보이지 않는 고발인

아테네인 여러분, 나는 먼저 나에 대한 처음의 거짓된 고발과 처음 고발인을 상대로, 그 다음에 나중 고소와 나중 고소인을 상대로 변론하는 것이 옳을 것입니다. 왜냐하면 나를 고발한 사람들이 여러분 곁에 많이 있는데, 그들은 이미 오래 전부터 여러 해 동안 진실이 아닌 것만 여러분에게 늘어놓았기 때문입니다. 나는 그들이 아니토스와 그 무리들보다 더 두렵습니다. 물론 이들도 심각하지만 말입니다. 그러나 여러분, 그들이 더 심각합니다.

소크라테스의 변론 전략은 치밀했다. 그는 유창한 언변과 화려한 말로 거짓말만 늘어놓으며 고소했다는 법정 고소인을 바로 상대하지 않았다. 지금의 법정 고소인을 그저 허수아비로 간주했다. 그 배후에 몸체가 있다고 믿었고, 이를 상대로 먼저 변론하는 것이 유효하다고 판단했다.

먼저 소크라테스는 자신에게 '이중의 고발인'이 있다고 했다. 하나는 처음 고발인, 즉 오래 전에 고발을 한 사람들이고, 다른 하나는 나중 고발인, 즉 지금 이 고소를 한 사람들이다. 현재와 과거라는 시간의 관점에서 고발인을 구분했다. 그리고 과거가 없었다면 현재는 없었을 것이라는, 현재는 과거의 우연적인 산물일 뿐이라는 의미에서, 현재 고발인을 과거 고발인의 대리인으로 여겼다. 그런 다음에야 비로소 소크라테스는 현재 고발인을 "아니토스와 그 무리들"이라 칭하며, 고발인 3인 가운데 아니토스를 대표 인물로 거명했다.

소크라테스는 고발을 과거 고발과 현재 고발로, 고발인을 처음 고발인과 나중 고발인으로 구분하고, 후자가 아닌 전자부터 변론을 시작해야 하는 이유를 제시했다. 그리고 그것을 배심원이 이해하고 양해해줄 것을 요구했다. "그러므로 내가 말하듯이, 여러분도 나에게 이중의 고발인이 있음을 생각해주기 바랍니다. 하나는 지금 이 고발을 한 자들이고, 다른 하나는 내가 방금 말했던 오래 전부터 고발한 자들입니다. 따라서 여러분은 내가 먼저 이 사람들을 상대로 나를 변호하는 것을 곰곰이 헤아려주기 바랍니다." 소크라테스는 배심원으로부터 이런 동의를 받기 위해 저간의 사정을 설명했다. 오래 전부터 오랫동안 줄기차게 진실이 아닌 것들만 늘어놓은 많은 사람들이 있었다는 말로 시작했다. 시간의 거리가 길었고, 수도 많았으며, 지속적으로 새빨간 거짓말을 퍼뜨린 사람들이 있었던 바, 그들을 과거 혹은 처음 고발인으로 지목했다. 그래서 그들은 지금 고소한 세 명의 현재 고발인보다 '더 두렵'고 '더 심각한' 존재였다. 게다가 그들은 "여러분들 다수를 어릴 적부터 사로잡고 거짓말로 설득하며 고발"했기 때문에, 달리 말해 "여러분은 지금 사람들보다 이전 사람들의 고발을 더 먼저 그리고 훨씬 더 많이 들어왔기 때문"에, 그들은 더 심각하고 위험한 자들이었다.

소크라테스가 밝힌, 이처럼 심각하고 위험한 처음 고발인들이 오래 전부터 청소년을 대상으로 줄기차게 퍼뜨린 더 두렵고 더 위험한 고발 내용은 이랬다. "소크라테스라는 현자는 하늘의 것을 사색하고 땅 밑의 온갖 것을 탐구하며 더 못한 주장을 더 나은 주장으로 만든다." 소크라테스는 이것을 진실이 아니라 '새빨간 거짓말'이라고 주장했다. 나중 고발인이 그러하듯, 처음 고발인은 그런 거짓말로 오랜 시간에 걸쳐 자신을 무고해 왔다는 것이다. 그러나 문제는 그것만이 아니었다. 처음 고발인은 그것을 아테네의 청소년들에게 퍼뜨렸고, 그것은 소문이 되었다. 판단 능력이 부족한 청소년들은 그것을 액면 그대로 믿었다. 소크라테스에게는 근거 없는 낭설이었지만, 그들에게는 그럴듯한 사실이었다. 그들은 별 생각 없이 혹은 재미삼아 그것을 다시 퍼뜨렸다. 입에서 입을 통해 퍼져나가며 확대 재생산된 소문은 더 이상 뜬소문이 아니라 사실로 둔갑했을 것이다. 청소년뿐만 아니라 아테네인 다수가 그것을 사실로 믿게 되었을 것이다. 하지만 늘 그렇듯이 다수의 모습은 보이지 않았다. 눈에 보이지 않는 것에는 이름도 없을 터였다. "그들의 이름을 알 수도 댈 수도 없다." 소크라테스에게 그것은 '가장 불합리한 것'이었다. 그럼에도 이름을 알 수 있는 단 한명의 처음 고발인이 있었다. 하지만 소크라테스는 이때 그의 이름을 대지 않았다. 그저 "희극작가 한 사람"이라 지칭했다. 머잖아 이 희곡작가의 이름이 그의 입에서 나올 것인 바, 바로 아리스토파네스였다.

소문의 피해자 입장에서 정체를 드러내지 않고 이름도 갖지 않은 처음 고발인에 대응할 방법이 있을 리 없었다. 법정도 배심원도 원고도 피고도 애당초 존재하지 않는, 그저 소문만 무성한 고발이었다. 피해 당사자를 변호할 수 있는 길이 원칙적으로 차단된 재판이었다. "사실 나는 결석재판을 받은 셈입니다. 나를 변호해줄 사람이 아무도 없었으니 말입니다." 반대신문이 없는 재판은 불공정한 재판이었다. 이런 재판에서 피고는 불리할 수밖에 없었고, 그래서 처음 고발인은 나중 고발인보다 더 위중한 존재였을 것이다. 처음 고발인은 또한 '다루기가 몹시 힘든 자들'이었다. "왜냐하면 그들 누구도 이곳으로 데려올 수도 신문할 수도 없으며, 마치 그림자를 상대로 변론하고, 답변할 사람이 아무도 없는데도 신문해야 하기 때문입니다." 처음 고발인은 나중 고발인의 몸체였지만, 형체 없는 몸체였다. 그림자만 보여주는 몸체였다. 그림자와의 싸움은 유령과의 싸움처럼 벅찰 것이고, 대상 없는 반론은 허공 속으로 사라질 것이다. 그림자와의 다툼은 진정한 싸움이 아니었다.

좋습니다. 아테네인 여러분, 이제 변론을 시작하겠습니다. 여러분이 오랫동안 나에 대해 품고 있는 편견을 주어진 짧은 시간 안에 여러분의 마음에서 제거해보려 노력하겠습니다.

나중 고발의 몸체를 먼저 다루는 것을 양해해줄 것을 부탁한 뒤, 소크라테스는 그에 대한 변론을 본격 시작했다. 그런데 처음 고발의 정체는 이름도 없고 형체도 없는 소문 그 자체였다. 그 소문의 내용은 "소크라테스라는 현자는 하늘의 것을 사색하고 땅 밑의 온갖 것을 탐구하며 더 못한 주장을 더 나은 주장으로 만든다."는 것이었다. 이런 거짓 소문은 돌고 돌아 사람들은 사실로 믿게 되었고, 마침내 나중 고발인에 의한 정식 법정 고소에 이르게 했다. 소크라테스는 곧 이 소문의 출처를 추적해서 진원지를 밝힐 것이지만, 먼저 소문의 내용이 거짓임을 입증하는 데 주력했다.

　　그러나 소문의 특성상 그 내용의 허위를 개별적으로 입증하는 작업은 동시에 소문을 들은 이의 뇌리에 새겨진 그 내용, 곧 선입견이나 편견을 제거하는 작업일 것이다. 그 과정을 상상해보자. 소크라테스가 자연철학자이고 소피스트라는 말은 특정할 수 없는 진원에서 생겨났다. 당시 이 말은 부정적인 의미를 지녔고, 점차 여러 사람들의 귀와 입을 통해 회자되었다. 특히 이성이 덜 성숙한 청소년의 예민한 귀에는 더욱 크게 들렸다. 소크라테스를 부정적으로 묘사하는 말을 들은 사람 모두가 그 말의 전달자는 아니었다. 그에게 호감을 갖고 있는 사람은 그 말을 들어도 전하지 않았고, 경우에 따라 그 말의 그릇됨을 전달자에게 지적했다. 따라서 소크라테스에 대한 나쁜 말의 전달자는 소크라테스에게 반감을 갖고 있거나, 그에 대해 최소한 중립적인 견해를 가진 사람이었다. 소크라테스가 거론한 청소년은 아마도 후자의 경우일 것이고, 소문의 위력은 전자보다 후자에게 더 강했을 것이다. 말이 전해지고 전해짐에 따라 소문이 되었고, 나쁜 말은 그렇게 해서 악 소문이 되었다. 소크라테스에 대한 구체적인 말을 직접 들은 사람만이 아니라 '하더라'라는 떠도는 전문傳聞을 대충 접한 사람에게도 소크라테스에 대한 나쁜 선입견이 자연스럽게 뇌리에 각인되었다. 소문의 정도가 길고 깊고 넓을수록 편견의 길이와 깊이와 넓이의 정도도 더해갔다. 처음에 전해들은 '하더라'라는 전문은 '그럴 것이야'라는 약한 믿음의 추측 단계를 거쳐 '틀림없이 그렇다'는 확신으로 귀착되었다. 강한 믿음의 단계에서 처음의 선입견이나 편견은 더 이상 치우친 견해가 아니라 공정한 견해로 자리 잡았다.

애당초 소크라테스에게 부정적인 견해를 갖고 있던 자들은 물론이고, 이와 같은 소문의 메커니즘을 통해 중립적인 견해에서 부정적인 견해로 돌아선 자들 역시 소크라테스가 말한 처음 고발인의 범주에 들었을 것이다. 그는 어쩌면 아테네인 대부분이 이 범주에 포함된다고 생각해서 '아테네인 여러분'을 변론의 상대로 삼았는지 모른다. 처음 고발인은 수도 많고 강력하고 그림자 같아서, 나중 고발인보다 더 위협적이고 더 다루기 힘들다고 한 것도 그 때문이었을 것이다. 또 "오랫동안 나에 대해 품고 있는 편견을 주어진 짧은 시간 안에 여러분의 마음에서 제거"하려는 시도가 "어려울 것으로 보인다"고 한 것도 그 때문이었을 것이다.

소크라테스는 이어서 자신에 대한 편견, 선입견, 비방의 소문을 제거하는 것이 "여러분을 위해 또 나를 위해 보다 좋은 것"이라고 했다. 변론이 헛되지 않아서 모두에게 축복이 있기를 바란다는 것이다. 그러나 선입견을 제거하는 일이, 보다 위험한 처음 고발에서 벗어나는 일이 결코 쉬운 일이 아님을 고백했다. 또 지금 이 일이 어떤 상태에 놓여 있는지도 모르는 것은 아니라고 했다. 다분히 비관적인 논조였다. 그러나 그에게는 그의 신이 있었다. 그는 이 일의 결과를 신의 뜻에 맡겼다. 그가 할 수 있는 일이란 최선을 다해 법에 따라 변론하는 것이었다. "그 일이 어떻게 될지는 신의 뜻에 맡기고, 나는 법에 따라 변론을 해야 할 것입니다." 이른바 진인사대천명이었다. 변론을 하는 것은 '법의 뜻'이지만, 변론의 결과는 '신의 뜻'이라는 의미였다.

변론의 시작, 생사의 갈림길에 선 소크라테스는 신의 뜻과 국가의 법을 함께 말했다. 그러나 변론의 끝, 죽음의 길을 떠나는 그에게는 법은 없고 신만이 있었다. 아테네 시민의 의무를 지키고 아테네의 법에 따라 변론을 시작한 소크라테스는 아테네의 명령이 아니라 신의 명령에 따라 죽음의 길로 가면서 변론을 끝낼 것이다. 이런 그에게는 자신에 대한 편견 제거가 곧 아테네인의 축복과 다름없었다. 변론 초입의 배심원과 방청객은 적잖이 당황했겠지만, 변론이 진행되면서 그들은 그 말의 의미를 깨닫게 될 것이다. 소크라테스는 자신은 신이 아테네에 보내준 선물이고, 신의 선물에 대한 편견과 고발 나아가 단죄는 신의 저주를 가져올 아테네의 재앙이며, 반대로 그에 대한 편견을 지우고 그를 아테네의 영웅으로 제대로 대접하는 것이야말로 아테네의 축복이라고 생각했다. 이것이 아테네인에게는 소크라테스의 자기 착각이겠지만, 소크라테스 본인에게는 결코 흔들리지 않는 자기 확신이었다. 아테네인을 상대로 처음 고발의 변론을 시작하는 소크라테스는 애당초 그런 인물이었다.

고발 내용

좋습니다. 나를 비방한 자들은 도대체 무슨 말로 그렇게 했을까요? 나는 그들이 고발인들인 것처럼 그들의 선서진술서를 읽어보겠습니다. "소크라테스는 죄를 범하고 주제 넘는 짓을 하고 있다. 그는 땅 밑의 것과 하늘의 것을 탐구하고, 더 못한 주장을 더 나은 주장으로 만들며, 그런 것을 또 다른 사람들에게 가르친다." 대충 이런 내용입니다. 여러분도 그 비슷한 내용을 아리스토파네스의 희극에서 직접 봤을 것입니다.

소크라테스는 처음 고발에서 아테네인의 편견을 주목했다. 부당한 편견이 있는 한 자신이 어떤 말로 변론하더라도 설득력이 없음을 알고 있었다. 나중 고발에 대한 정식 변론을 행하기 전에, 아테네인의 가슴 깊이 새겨져 있는 선입견의 정체가 무엇이고, 비방의 말들이 어떤 과정을 거쳐 악 소문으로 자리 잡았는지를 보여주려 했다. 턱없이 부족한 시간으로 바로 잡지는 못하더라도, 적어도 자신에 대한 선입견이 공정한 견해가 아니라 편견임을 배심원에게 강조하려 했다. 그는 또한 나중 고발이 처음 고발의 허수아비에 불과하다는 것을, 따라서 '아니토스와 그 무리들'의 고소는 그저 편견의 산물에 불과하다는 것을 지적하면서 나중 고발에 대한 변론에 유효한 발판을 마련하려 했다. 나아가 처음 고발에 대한 본격적인 변론을 시작하기 전에 법에 대한 복종과 신에 대한 순종을 변론에 임하는 태도와 연결시킴으로써 아테네인이 자신에 대해 갖고 있는 불법과 불경의 의혹을 조금이라도 잠재우려고 노력했다. 이러한 사전 정지작업을 통해 자신이 아테네인이 선-판단先-判斷하는 것과 같은 사람이 아님을 보여주려 했다. 이제 그는 편견의 내용을 분석하고, 풍문이 전하는 그런 사람이 아님을 보다 구체적으로 제시할 것이다.

소크라테스는 처음 고발에 대한 변론을 시작하면서 처음 고발과 나중 고발의 연관관계를 또 한 번 강조했다. 처음 고발이 자신에 대한 나쁜 소문을 생산했고, 나중 고발인은 그것이 사실인 양 자신을 실제로 고발했다는 것이다. 그리고 앞서 제시한 처음 고발인의 비방 내용을, 그들이 실제로 고소한 것처럼 '선서진술서'의 형식으로 제시했다. 하지만 이 진술서의 내용은 앞 비방의 소문과 다소 달랐다. 소문에 있는 '현자'라는 말이 진술서에서는 빠졌고, 소문에 없는 '죄를 범하고 어리석은 짓을 하고 있다'는 말과 '가르친다'는 말이 진술서에 포함되었다. 그리고 소문에서는 하늘의 것을 '사색'하고 땅 밑의 것을 '탐구'한다고 구별해서 말한 반면, 진술서에서는 둘을 모두 '탐구'하는 것으로 적었다.

- **소크라테스가 소문의 내용으로 소개한 것**

  소크라테스라는 현자는 하늘의 것을 사색하고 땅 밑의 온갖 것을 탐구하며 더 못한 주장을 더 나은 주장으로 만든다.

- **소크라테스가 선서진술서 형태로 소문의 내용을 정리한 것**

  소크라테스는 죄를 범하고 주제 넘는 짓을 하고 있다. 그는 땅 밑의 것과 하늘의 것을 탐구하고, 더 못한 주장을 더 나은 주장으로 만들며, 그런 것을 또 다른 사람들에게 가르친다.

소크라테스는 소문 내용을 법정 진술서답게 재구성했다. 현자 곧 소피스트는 '죄를 범한 자'와 '어리석은 자' 혹은 '호기심이 많은 자'로 바뀌었다. 진술은 이 둘을 겨냥했고, 그 세부 내용은 세 가지였다. 첫째는 지하의 것과 하늘의 것을 탐구한다는 것, 둘째는 더 못한 주장을 더 나은 주장으로 만든다는 것, 셋째는 앞의 둘을 가르친다는 것이다. 앞서 보았듯이, 첫 번째는 자연철학자를, 두 번째와 세 번째는 소피스트를 가리킨다. 소크라테스는 이제 자신이 자연철학자와 소피스트가 아님을 보여줄 것이다. 그런데 소문과 편견을 다룰 때와 마찬가지로 여기서도 역시 아리스토파네스를 끌어들였다. 그것도 선서진술서에 바로 이어서 언급했다. 앞에서는 무명의 '희극작가'로만 처리했지만 여기서는 이름뿐만이 아니라 그 내용도 일부 소개했다. 이는 아리스토파네스가 대중의 편견에 지대한 영향을 주었다고 생각했기 때문일 것이다.

아리스토파네스는 크라티노스와 에우폴리스와 더불어 그리스 3대 희극작가로 꼽히는 인물이다. 그의 전성기는 펠로폰네소스 전쟁 기간과 맞물린다. 소크라테스가 46세 때, 지금의 재판이 열리기 25년 전인 기원전 423년 봄 디오니소스제전에서 소크라테스를 대대적으로 풍자한 〈구름〉이 3등이자 꼴찌로 입상했다. 그가 소크라테스를 희화한 것은 이 작품만이 아니다. 〈새Ornithes〉에서는 소크라테스의 이름을 딴 새로운 동사를 만들기도 했다. "머리를 길게 기른 채 굶기를 밥 먹듯이 하고, 더러운 꼬락서니로 소크라테스 짓을 하던esokraton" 얼빠진 소크라테스 추종자들을 조롱했다. 물론 그만이 소크라테스를 희극의 대상으로 삼은 것은 아니었다. 비록 작품은 전해지지 않지만, 아메이프시아스, 텔레클레이데스, 칼라아스, 에우폴리스 등도 소크라테스를 웃음거리로 삼았다. 소크라테스는 그때 이미 아테네 유명인이었고, 작가들은 소크라테스를 본보기로 아테네 현실을 희극적으로 꼬집었다. 그 가운데 소크라테스를 가장 신랄하게 다룬 작가가 아리스토파네스였다.

아리스토파네스는 누구보다도 현실 참여적인 작가였다. 펠로폰네소스 전쟁 당시에는 아테네 공동체의 운명에 민감하게 반응했다. 소크라테스가 당대 지식인들과 공유한 특징들을 희극화한 다른 작가들과 달리 아리스토파네스는 소크라테스의 언행을 집중적으로 다뤘다. 〈구름〉이 바로 그것이다. 거기에는 나름 그만한 이유가 있었다. 무엇보다도 소크라테스의 코믹한 생김새와 남다른 기행이 희극에 잘 어울렸을 것이다. 그러나 아리스토파네스는 외모에 만족하지 않았다. 그는 누구보다도 소크라테스의 내면을 심층적으로 그려냈다. 〈구름〉에서 소크라테스는 유료 청년교육기관인 '사색학교'의 선생으로 등장한다. 아들의 방탕한 생활과 빚에 시달리는 늙은 농부 스트렙시아데스와 그의 말썽쟁이 아들 페이딥피데스가 핵심인물이다. 아버지는 아들이 법정에서 채권자들을 물리치는 말솜씨를 배우기를 바랐다. 그래서 소크라테스의 학교에 등록하지만 아들은 이를 거부하고, 부득이 직접 학교에 다니게 된다. 그가 소크라테스를 처음 보았을 때, 소크라테스는 바구니에 탄 채 공중에 떠서 하늘을 바라보며 골똘히 생각에 잠겨 있었고, 학생들은 지하세계를 열심히 탐구하고 있었다. 학생들은 지하의 것들과 하늘의 것들 외에도 벼룩이 한 번 뛸 때의 거리를 잰다든가 하는 이상한 짓도 했다. 아버지는 어리석다는 이유로 퇴교당하자 다시 아들을 설득해 학교에 보내는데, 아들이 가자마자 소크라테스에게 요청한 것이 '진실을 철저히 조롱할 수 있는' 기술을 가르쳐 달라는 것이었다. 아들은 스승의 가르침을 잘 받아들여 훌륭한 말솜씨로 아버지의 채권자들을 단숨에 제압했다. 나아가 아버지에게까지 매질을 하면서 제시하는 논리가 가관이다. 아버지가 자식을 위하는 마음으로 매를 들 듯이, 아버지가 다시 아이가 되어버리면 자식이 아버지를 위해 매를 드는 것이 옳다는 것이다. 아들이 어머니까지 때리겠다고 하자 분노한 아버지는 부도덕한 교육의 실상을 깨달은 후 소크라테스의 학교에 불을 지르고, 소크라테스와 학생들이 숨이 막혀 컥컥거리며 탈출하는 것으로 〈구름〉은 끝난다.

아리스토파네스의 〈구름〉은 희극답게 소크라테스를 적나라하게 희화화했다. 축전에서 이를 본 관중들은 배꼽을 잡았을 것이다. 아테네 번영의 시기에 '사색학교' 선생 소크라테스는 수많은 웃음거리 가운데 하나였을 것이다. 하지만 그로부터 25년이 흐른 기원전 399년 아테네 몰락의 시기에는 극중의 소크라테스가 현실이 되었다. 번영이 몰락으로 바뀌는 가혹한 현실은 아테네인의 기억을 들추어냈고, 기억 속의 소크라테스는 현실 속에 재현되었다. 혼돈의 시기 아테네인은 연극과 현실을 구분하지 않았고, 허구와 실재를 분간하려 하지 않았다. 허수아비들이 총대를 메고 사냥질에 나서자 몸체가 몰려들었다. 몸체 아테네인은 기억 속에 있던 '사색학교' 선생 소크라테스와 그의 충실한 제자 페이딥피데스의 행태를 정확히 기억해냈다. 공중에 떠서 하늘의 것을 사색하고 지하의 것을 탐구하며, 벼룩의 점프 거리를 측정하는 등의 괴상한 짓을 일삼고, 나쁜 논리를 좋은 논리로 만들어 존속폭행을 정당화하며, 그것들을 돈을 받고 가르치는 〈구름〉의 소크라테스를 몸체 아테네인은 고스란히 현실로 가져왔다. 허수아비 '아니토스와 그 무리들'은 그것을 그대로 끌어들여 청년타락죄와 불경죄를 고소 이유로 삼았다. 현실의 소크라테스가 처음 고발인의 선서진술서를 낭독하자마자 바로 아리스토파네스의 〈구름〉을 언급한 것도 바로 이 때문이었다.

소크라테스는 선서진술서 형태로 제시한 소문의 내용에서 불법을 저지른 내용과 주제넘게 행동한 내용을 〈구름〉과 연관해서 해명한다. 하지만 그에게도 배심원에게도 중요했을 범죄사실에 대한 해명은 중요성에 비해 결코 길지 않았다. 간단히 언급하고 지나갔다. 물론 그 내용은 결코 단순치 않았다. 소크라테스는 아테네인이 이 연극을 '직접' 보았을 것을 전제로, 연극에서 행해진 '어리석은 짓들'을 지목했다. 그런 다음 자신은 그와 같은 자연철학에 대해 아는 바가 전혀 없다고 일축했다. 그가 일관되게 주장하고 견지한 지행합일의 입장에서는 알아야 행할 수 있을 터, 아는 바가 없으니 그런 짓을 하려 해도 할 수 없다는 의미였다. 그러나 소크라테스를 비판적으로 보려는 배심원 중에는 그의 생각에 동의하지 않는 이가 적지 않았을 것이다. 그들은 알아야 탐구하는 것이 아니라 탐구해야 알 수 있다고 생각했을 것이다. 또한 선서진술서에 적시된 범죄는 하늘의 것과 지하의 것에 대한 지식의 유무가 아니라 탐구행위의 유무를 묻는 것이었다. 알지 못한다는 것이 곧 탐구하지 않았다는 것의 근거가 되는 것은 아니라면, 배심원은 아는 것과 알려고 하는 행위는 별개의 것이자, 범죄에 해당하는 것은 전자가 아니라 후자라고 여길 수도 있었다. 아는 것은 직접적인 행위가 아니라도, 이를테면 듣기나 읽기를 통해서도 가능할 것이고, 그런 행위까지 범죄로 처벌되는 것은 아닐 것이기 때문이다.

아테네에서 하늘의 것과 지하의 것을 사색하고 탐구하는 행위가 일종의 불경으로 취급된 까닭은, 그것들이 신의 영역이었기 때문이다. 하늘의 것은 올림포스의 신들이나 제우스가 관장하는 영역이었고, 지하의 것은 하데스와 같은 지하의 신들에 속한 영역이었다. 인간이 불타는 호기심으로 주제넘게 신의 영역을 넘본다는 것은 마땅히 해야 할, 신을 경배하지 않는 짓이었다. 앞에서 소크라테스가 자신을 비방하는 떠도는 소문을 소개했을 때, 그것을 위험한 것으로 간주한 이유도 여기에 있다. 신의 영역을 탐구하는 것은 곧 신에 대한 불신을 의미하는 것이기 때문이다.

하늘의 것과 땅 밑의 것에 대해 아는 바가 없기 때문에 탐구하지 않았다고 해명한 다음, 소크라테스는 자연철학자 혹은 자연철학적 지식을 평가했다. 자연의 근원을 탐구하는 것은 자연철학자들의 몫이고, 그에 대해 그들은 나름의 지혜나 지식을 갖고 있을 터, 그런 사람이나 지식을 무의미한 것으로 매도할 이유가 자기에겐 없다는 것이다. 그런데 자연철학적 지식을 폄하할 생각이 없다는 주장이 그의 진심인지 아니면 단순한 아이러니인지가 배심원에게는 분명치 않았을 것이다. 그가 아이러니를 즐겨 사용했다는 점에서 더욱 그랬을 것이다. 그것이 만일 아이러니였다면, 그것은 소크라테스가 자연철학자의 탐구 행위를 그야말로 주체할 수 없는 호기심의 산물로, 그래서 신의 영역을 감히 탐하는 주제 넘는 짓으로 보았다는 뜻이고, 자연의 지식을 불경스러운 것으로 간주했다는 의미다. 그렇다면 지금의 피고 해명과 자연스럽게 부합될 것이다. 그러나 그것이 만약 아이러니가 아니라 진심이었다면, 배심원은 다른 판단을 하게 될 것이다. 소크라테스는 실제로 젊은 시절 한때 자연철학에 심취했고, 본인의 한계이든 학문의 한계이든 간에 한계를 절감하고 인간 철학으로 관심을 돌렸다. 그런 그가 자연철학적 지식을 무시할 생각이 없다고 말하는 것이 진심이라면, 자연 탐구 자체를 부정적으로 간주하는 것이 아니라 인간 탐구의 중요성에 더 방점을 찍었다고 생각할 수도 있었다.

배심원의 이런 의혹은 소크라테스가 자연철학적 지식을 폄하할 생각이 없다고 언급한 다음에 한 말에서 더욱 가중되었을 것이다. "나는 다만 멜레토스에 의해 그토록 위험한 고소에 끌려들어가고 싶지 않을 뿐입니다." 지금은 멜레토스의 고소에서 벗어나는 데 급급해 극중 소크라테스 행위들을 허튼 짓거리로 '시침 떼며' 말한다고 의심하기에 충분했다. 더욱이 그는 아이러니뿐만 아니라 시침 떼기에도 일가견이 있었다. 게다가 "나는 그런 것에 전혀 관심이 없습니다."라는 소크라테스의 이어진 주장도 자연철학적 지식을 폄하할 생각이 없다는 그의 말이 단순한 아이러니가 아니라 진실일 가능성을 한층 높여주었을 것이다.

　'자연철학적 탐구는 나하고는 아무런 상관이 없다', '그것들은 나에게는 아무것도 아니다' 혹은 '나는 그런 것에 전혀 관심이 없다'라는 말은 배심원의 귀에 '자연철학적 탐구는 허튼 짓이다'라는 말과는 달리 들렸을 것이다. 후자가 말하는 자의 부정적인 관점을 보여주는 것이라면, 전자는 긍정도 부정도 아닌 중립적인 차원에서 그저 무관심이나 무연관성의 표현일 뿐이다. 그래서 자연탐구에 대한 소크라테스의 가치 판단이 부정에서 중립으로 이동했다면, 아니 처음부터 그가 그것에 대해 중립적이었다면, 그것은 자연탐구자가 아님을 적극 입증하는 피고의 변론이 아니었다. 배심원이 이런 내막을 헤아렸을지 모르겠지만, 소크라테스가 이어지는 변론에서도 그것을 적극적으로 입증하기보다 오히려 소극적으로 방어하는 태도를 보였다는 점에서 배심원의 의구심은 가라앉지 않았을 것이다.

그래서 나는 여러분 가운데 많은 분을 증인으로 청합니다. 내가 나누는 대화를 들은 분이 여러분 중에 적지 않은데, 그것을 서로 일러주길 바랍니다. 그러니까 내가 그런 것에 대해 많든 적든 대화하는 것을 들은 분은 누구든 서로 털어놓으십시오. 그러면 많은 이들이 나에 대해 말하는 다른 것들도 그와 마찬가지임을 여러분은 알게 될 것입니다.

자연탐구와의 연관 없음을 입증하기 위해 그는 증인을 내세웠다. 다름 아닌 '여러분'이었다. 변론의 상대인 배심원을 증인으로 세웠다는 점은 강한 인상을 주었겠지만, 문제는 증언의 내용에 있었다. 그는 증언자인 '여러분'에게 요구했다. "그래서 나는 여러분 가운데 많은 분을 증인으로 청합니다. 내가 나누는 대화를 들은 분이 여러분 중에 적지 않은데, 그것을 서로 일러주길 바랍니다. 그러니까 내가 그런 것에 대해 많든 적든 대화하는 것을 들은 분은 누구든 서로 털어놓으십시오." 법정에서 재판받는 피고가 배심원에게 묻는 형국이었다. 피고 본인이 범행과 무관하다는 것을, 범행으로 지목된 행위에 대해 관심을 두지 않았다는 것을, '여러분은 내가 그런 것에 대해 이야기하는 것을 들은 적이 있는가'라는 질문 형식으로 입증하려 했다. 아마 피고는 자신이 젊은 시절 자연탐구에 심취했다는 사실을 증언자가 모르고 있다고 확신했을 것이다. 그럼에도 피고의 입증 논리에서 '자연에 대해 이야기하지 않았다'는 것은 '자연에 관심이 없다'는 것을 의미했고, '자연에 관심이 없다'는 것은 '자연을 탐구하지 않았다'는 것을 의미했다.

재판관에서 졸지에 증인으로 소환되어 피고로부터 답변을 추궁 받는 처지가 된 배심원은 '자연에 대해 이야기하지 않았다'는 것이 '자연을 탐구하지 않았다'는 것에 대해 확실한 증거가 될 수 있는지, 전자가 후자의 타당한 근거가 될 수 있는지를 놓고 순간 고민했을 것이다. 배심원의 의혹은 또한 그것만이 아니었다. 소크라테스는 '더 못한 주장을 더 나은 주장으로 만든다'는 소피스트 혐의 부분에 대해 명쾌하게 입증하지 않았다. "그러면 많은 이들이 나에 대해 말하는 다른 것들도 그와 마찬가지임을 여러분은 알게 될 것입니다." 소크라테스는 그 혐의를 '다른 것들'에 포함시키면서 그것 역시 헛소문이라 말하고 싶었겠지만, 이런 식으로 두리뭉실하게 넘어가는 그의 행태에 배심원은 당연히 석연치 않았을 것이다.

그래서 에우에노스가 정말 그런 기술을 갖고 있으면서 그런 적당한 가격에 가르친다면, 나는 그의 행복을 축하해줄 것입니다. 내가 그런 것을 알고 있었다면, 나는 자랑하고 뽐냈을 것입니다. 하지만 나는 그런 것을 하나도 알지 못합니다, 아테네인 여러분.

그러나 소크라테스는 자신이 말한 것이 모두 사실임을 재차 강조했다. 그리고 '그런 것들을 다른 사람들에게 가르친다'는 마지막 혐의를 해명하는 부분으로 넘어갔다. "내가 누구를 가르치려 하고, 그 대가를 요구한다는 말을 들었다면, 그 역시 사실이 아닙니다." 이것이 사실이 아님을 보여주기 위해 '가르치지 않았다'와 '대가를 요구하지 않았다'는 두 가지를 입증해야 했다. 하지만 그는 후자를 언급하지 않았다. 전자만 입증되면 후자는 그와 동시에 해명될 것이라 생각했을 것이다. 전자의 입증 방식은 근본 틀에 있어서는 자연철학의 경우와 다르지 않았다. 자연철학적인 지식이 없기 때문에 자연철학자가 아니라고 했듯이, 가르칠 지식이 없기 때문에 소피스트가 아니라는 것이다. 이 역시 지행합일과 무지의 지에 근거한 논법이다. 이를테면, '알아야 가르친다. 나는 모른다. 고로 나는 가르치지 못한다.'는 것이다.

가치 평가 부분에 있어서도 자연철학의 경우와 일견 유사하다. 자연철학자와 자연철학적 지식을 폄하하지 않는다고 밝힌 것처럼, "누군가 사람들을 가르칠 수 있다면 그것은 좋은 일"이라고 말한다. 그래서 "에우에노스가 정말 그런 기술을 갖고 있으면서 그런 적당한 가격에 가르친다면, 나는 그의 행복을 축하해줄 것"이라는 것이다. 심지어 "내가 그런 것을 알고 있었다면, 나는 자랑하고 뽐냈을 것"이라 했다. 그러나 소피스트에 대한 소크라테스의 축하인사는 자연철학자의 경우와는 달리 아이러니가 분명했다. 자신은 결코 자연철학적 지식을 무시해서, 자연철학자의 탐구활동을 허튼 짓거리로 간주한다고 해서, 그것을 폄하하는 것은 아니라고 강조할 때 끌어들였던 '멜레토스의 위험한 고소'를 언급하지 않았다. 또 자연철학에 한때 심취했고 나중에도 그것을 결코 부정적인 시선으로 바라보지 않았던 것에 비해, 소크라테스는 소피스트에 대해서는 실로 다분히 비판적이었다.

아리스토파네스는 물론이고 많은 아테네인의 눈에 소크라테스는 소피스트로 보였을 것이다. 무엇보다도 그는 수사법의 달인은 아니었지만 문답법의 대가였고, 아테네인은 수사법과 문답법의 대결에서 문답법의 승리를 자주 보았다. 하지만 설득의 기술인 수사법과 지혜의 기술인 문답법을 식별할 눈이 없었던 그들은 소크라테스를 소피스트 중의 소피스트라고 생각했을 것이다. 그러나 실은 소크라테스에게 소피스트는 아테네를 좀먹는 경계의 대상이었고, 그의 학문적인 취향도 아니었다. 그의 모두발언에서도 잘 드러나듯이, 가르침의 목표가 진실이 아니라 설득이었다는 점에서, 또 그 대상이 미덕이 아니라 현실의 유용성이라는 점에서 더욱 그랬을 것이다. 소피스트에 대한 그의 비판이 멜레토스의 위험한 고소를 피해가기 위한 일시적인 방편이 아니라 본래 진심이었다는 것은 에우에노스를 축하하는 대목에서도 드러났다.

소크라테스가 '가르칠 수 있다는 것은 좋은 일'이라고 한 것은 바로 다음의 이유 때문이었다. 그는 고르기아스, 프로티스, 히피아스와 같은 당시 쟁쟁한 소피스트를 거명하면서 말했다. "여러분, 젊은이들은 원하기만 하면 자기 나라 시민 누구에게라도 아무 대가도 없이 배울 수 있는데도, 그들은 저마다 어느 나라에 가서든 그런 관계를 끊게 하고 자기 제자로 만들어 돈을 내고도 고맙게 여기도록 설득할 수 있으니 말입니다." 이것은 가르치는 능력이 아니라 설득의 능력을 칭찬하는 것이었다. 동포 시민에게는 무료로 배울 수 있는 청년들을 설득해서 돈을 받고 가르칠 수 있다는 것이 '좋은 일'이었다. 하지만 이는 분명 진심어린 칭찬이 아니라 아이러니였다.

소크라테스는 아테네에서 손꼽히는 갑부이자, 지금까지 "다른 사람들이 소피스트에게 내는 돈을 모두 합친 것보다 더 많은 돈을 낸 사람" 칼리아스와의 대화에서도 아이러니를 사용했다. 변론에서 처음으로 문답법을 사용한 이 대화에서 소크라테스는 소피스트인 에우에노스에게 축하 인사를 보냈다. 그러나 축하의 내용이 진정어린 축하가 아니었다. "'칼리아스, 만일 당신 두 아들이 망아지나 송아지로 태어났다면, 그들에 적합한 덕을 훌륭하게 만들어 줄 만한 감독자를 찾아 고용하겠지요. 그런데 그는 말을 잘 다루는 사람이거나 농사를 잘 짓는 사람이겠지요. 하지만 당신 아들들은 사람이니, 당신은 그들의 감독자로 누구를 생각하고 있나요? 인간으로서의 덕과 시민으로서의 덕을 잘 알고 있는 사람이 도대체 누구지요? 당신은 아들이 있으니 이것을 숙고해보았을 테니 말이오. 누가 있나요? 아니면 없나요?' 이렇게 물었습니다. '있고말고요.' 하고 그가 대답하기에, '누구지요? 어디 출신이며, 얼마나 받고 가르치나요?' 하고 내가 물었습니다. '그는 에우에노스입니다, 소크라테스.'" 이 대화에 이어 소크라테스는 그런 기술 혹은 전문 지식을 가지고 5므나 라는 적당한 돈으로 가르칠 수 있는 에우에노스에게 행복한 사람이라는 축하의 말을 전했다. 자신도 그런 지식을 갖고 있었다면 뽐내며 자랑했을 터인데 그렇지 못한 것이 유감이라는 투로 말했다. "하지만 나는 그런 것을 하나도 알지 못합니다, 아테네인 여러분."

소크라테스가 인간에게 적합한 덕을 훌륭하게 만들어줄 감독자,

즉 "인간으로서의 덕과 시민으로서의 덕을 잘 알고 있는 사람"이 누구인지를 물었을 때, 그는 칼리아스가 소피스트 에우에노스를 지목할 것이라 생각했을 것이다. 소크라테스는 자신의 덕과 칼리아스의 덕이 서로 다른 개념이라는 것을, 그래서 자신과 칼리아스가 망아지나 송아지 그리고 인간에 적합한 덕에 대해 서로 다른 생각을 하고 있다는 것을 알았을 것이다. 자신과 달리 칼리아스가 인간과 시민으로서의 덕을 아테네의 전통적인 관점에서, 즉 설득의 힘으로 돈과 명예 그리고 권력을 획득할 수 있는 능력으로 이해하고 있음을 예상했을 것이다. 칼리아스가 그런 덕을 훌륭하게 만들어줄 감독자나 전문가로서 그것을 잘 알고 있는 소피스트 에우에노스를 곧바로 가리켰을 때, 소크라테스는 회심의 미소를 지었을 것이고, 이 미소의 표현이 에우에노스에게 보낸 축하 말이었을 것이다. 청년들을 설득해서 돈을 받고 가르치는 것은 '좋은 일'이라고 말한 것이 그랬듯이, 에우에노스에게 한 축하 말도 소크라테스의 아이러니였다.

소크라테스는 자신이 자연철학적인 지식도 소피스트적인 지식도 갖고 있지 않다는 것을 근거로 자신은 자연철학자도 소피스트도 아니라는 것을 입증하려 했다. 그는 아무것도 모른다는 것만을 안다는 '무지의 지'를 근거로 자연철학자와 소피스트라는 세간의 의혹에서 벗어나려 했다. 이 두 경우 모두 그의 변론 전략은 시종일관 모르쇠였다. 그러나 소피스트가 아님을 입증할 때 적지 않은 부분에서 자연철학자의 경우와 방식이 달랐다. 소크라테스는 가르침이 자신과 무관하다고, 그것에 관심이 없다고 말하지 않았다. 또 '여러분'을 증인으로 내세우면서 자기가 누구를 가르치는 것을 본 사람이 있으면 나와 보라는 요구도 하지 않았다. 그가 이때 보여준 것이라고는 아이러니를 통해 소피스트의 행태를 비웃은 것뿐이었다. 소피스트가 갖고 있는 지식을 자기도 갖고 있었다면 자랑을 했을 텐데 그렇지 못한 것이 아쉽다고 '아테네인 여러분'에게 소리쳐서 강조했을 뿐이었다.

첫 번째 가상질문 : 일 그리고 비방

그러면 어쩌면 여러분 중에 반박할 사람이 있을 것입니다. "그렇다면 소크라테스, 당신이 하는 일이 무엇이오? 당신에 대한 그런 비방이 대체 어디서 나온 것이오? 당신이 남다른 특이한 행동을 하지 않았다는 것이오? 그럼 어떻게 그런 평판과 소문이 생길 수 있겠소? 우리가 당신을 경솔하게 판단하지 않도록 당신이 하는 일이 무엇인지 말해주시오." 이것은 정당한 요구라고 생각됩니다. 그래서 어떻게 그런 명성과 비방이 나에게 생기게 되었는지 보여주려 합니다. 자, 그럼 들어주십시오.

소크라테스는 처음 고발인의 선서진술서에 들어 있는 죄목을 모두 부인했다. 배심원이 어떻게 받아들였든, 자신이 자연철학자도 소피스트도 아님을 나름대로 증명했다. 그럼에도 그 자신도 부인할 수 없는 사실이 하나 남아 있었다. 자신에 대한 부정적인 평판이 존재한다는 것이다. 아테네인의 의혹은 당연한 것이었다. 소크라테스가 자연철학자도 아니고 소피스트도 아니라면, 그래서 신의 존재를 부정하는 무신론자도 아니고 나쁜 주장을 좋은 주장으로 만드는 궤변론자도 아니라면, 그에 대한 세간의 비방은 도대체 어디서 나온 것이냐는 의문이다. 소크라테스는 이제 '나는 …아니다'가 아니라 '나는 …이다'라는 방식으로 자신의 정체를 밝히면서 그에 응답할 것이다. 그는 앞서 배심원에게 사전 양해를 구한 것을 적극 활용했다. 그것은 법정 어법이 아니라 자신에게 익숙한 평소 어법이었다. 아고라에서 기존의 지식 체계를 해체하고 새로운 지식을 모색할 때 사용한 대화방식, 문답법이었다. 이제 그는 비방의 원인을 일방적으로 제시하는 것이 아니라, 묻고 답하는 문답법을 활용한다.

문답에서 소크라테스는 답변자였다. 변론의 특성상 질문자를 구할 수 없었던 소크라테스는 가상의 인물을 질문자로 내세웠다. 가상의 인물이 질문하면 그가 답하는 형식이었다. 이것은 자신에게 익숙한 것이기도 했지만, 무엇보다 자신이 말하고자 하는 바를 배심원에게 효과적으로 전달하는 방식이라고 생각했을 것이다. 소크라테스는 변론에서 이런 문답법을 대략 다섯 번 사용한다. 소크라테스가 던진 첫 번째 가상질문은 '하는 일'과 '비방의 원인'의 관계를 묻는 것이었다. 아테네에 퍼져 있는 비방의 목소리가 소크라테스의 주장대로 모두 사실이 아닌 것에서 비롯되었다면, 그 비방의 소문이 왜 생기게 되었는지를 묻고 답하겠다는 것이다.

소문에는 소문 거리가 있기 마련이다. 사람들은 평범한 사람은 당연히 소문의 대상이 아닐 것이라고 여긴다. 좋은 소문에는 남다른 좋은 언행이, 나쁜 소문에는 나쁜 언행이 있었을 것이라 짐작한다. 소크라테스에 대해 나쁜 소문이 있었다면, 대중은 그가 당연히 남다른 나쁜 짓을 했다고 생각했을 것이다. 소크라테스가 이를 부인한다면, 나쁜 짓을 하지 않았는데 왜 그런 소문이 생겼느냐는 질문이 나왔을 것이다. 하지만 소크라테스는 가상의 질문에 '남다른 나쁜 짓'을 담지는 않았다. 대신 '남다른 특이한 행동'을 자신이 '하는 일'이라 칭했다. 비방의 소문이 있는 것은 사실이지만, 그건 남이 하지 않는 '나쁜' 짓을 해서가 아니라 남과 다른 '특이한' 말과 행동을 했기 때문이라는 것이다. 대중이 그 평범치 않은 언행을 나쁜 것으로 받아들였을 뿐 실은 그렇지 않다는 것이다. 따라서 비방의 소문은 사실이 아니라는 것이다. 질문자 자신이 구성한 질문 내용이 질문자에게 온당치 않을 리는 없었다. "이것은 정당한 요구라고 생각됩니다." 질문자이자 답변자인 소크라테스는 이제 비방의 원인으로 자신이 한 일, 남다른 특이한 언행의 정체를 해명할 것이다.

그러나 그는 비방의 원인을 곧바로 규명하지 않았다. 먼저 명성의 원인을 언급했다. 아테네에서 자기 이름이 회자되게 된 이유를 설명했다. 비방의 소문을 밝히기 위해서는 소문을 먼저 다뤄야 했을 것이고, 소문은 곧 명성을 의미할 것이기 때문이다. 그런데 그는 돌연 뜸을 들였다. "여러분 중에는 내가 농담하고 있다고 생각하는 사람도 있을 것입니다. 하지만 믿어 주십시오. 나는 여러분에게 오직 진실만을 말할 것입니다." 모두변론에서 거짓과 진실을 비교했다면, 이번엔 농담과 진실을 대비했다. 그는 나중 고발의 변론에서도 멜레토스가 진지한 자리에서 농을 하고 있다고 여러 차례 비난한다. 그는 자신이 제시할 명성 혹은 비방의 근거가 진실이 아니라 농담으로 들릴 수 있다는 것을 예상했다. 이는 곧 자신의 말이 배심원에게 장난삼아 하는 말로 들릴 수 있다는 것을 스스로 의식하고 있음을 의미했다. 하지만 진실을 말해야 하는 진지한 자리에서 농담을 한다는 것은 소크라테스에게는 받아들일 수 없는 경솔한 짓이었다.

소크라테스는 자신이 아테네에서 한갓 범부가 아니라 명성을 지닌 유명인이라는 것을 인정했다. 아테네인은 그가 자연철학자나 소피스트라고 들어 알고 있지만, 그는 다른 이유를 제시했다. 다름 아니라 자신이 지혜롭기 때문이라는 것이었다. "아테네인 여러분, 내가 그런 명성을 얻게 된 것은 다름 아닌 어떤 지혜 때문입니다." 그러나 이 말은 아테네인에게 그리 새로운 것은 아니었다. 그들이 지혜라는 말을 자연철학적인 지식이나 수사학적인 지식을 의미하는 것으로 생각했다 해도, 소크라테스가 현자라는 사실은 어쨌거나 이미 그들의 소문 안에 들어 있었다. 그들에게 그것은 농담이 아니라 진실이었을 것이다. 하지만 소크라테스의 진실은 그것이 전부가 아니었다. 소크라테스는 이어 자신의 지혜가 '인간적인 것'이라 했다. "그것이 어떤 지혜이냐고요? 그것은 아마 인간적인 지혜일 것입니다." 하지만 이것 역시 아테네인에게 특별한 농담은 아니었을 것이다. 인간인 자연철학자나 수사학자가 갖고 있는 지혜가 인간적인 것이 아니라고 볼 이유가 그들에겐 딱히 없었을 것이기 때문이다.

하지만 소크라테스의 생각은 그들과 달랐다. 그는 자연철학자나 소피스트의 것은 인간적인 것을 넘어서는 '초인간적인' 지혜라 부르면서 인간적인 지혜와 초인간적인 지혜를 대비했다. 배심원은 이 말의 의미가 궁금했을 것이다. 그러나 그는 그들의 궁금증을 풀어줄 수 없었거나 풀어주지 않았다. 인간적인 것을 넘어서는 지혜의 의미를 더 자세히 보여줄 말들이 자신에게 없다고만 했다. 자신은 그것을 알지 못하기 때문이라고만 했다. 그것이 초인간적인 지혜라는 것만 알 뿐 더는 모르기 때문에 더는 설명할 수 없다는 것이다. 이 역시 일종의 모르쇠 전법이다. "달리 무엇이라 말해야 할지 모르겠습니다. 나는 그것을 알지 못하기 때문입니다." 갖고 있지 않기 때문에 알지 못하고, 알지 못하기 때문에 말할 수 없고, 말할 수 없기 때문에 침묵해야 한다는 것이다. 소크라테스는 초인간적인 지혜에 대한 자신의 무지를 강조했다. 이는 곧 그것을 갖고 있지 않다는 것, 그래서 자신은 자연철학자나 소피스트가 아니라는 것을 말하고 싶었을 것이다. 그는 이것을 기회로 처음 고발이 무고임을 지적하는 일을 잊지 않았다. "그런데도 내가 그것을 알고 있다고 말하는 사람이 있다면, 그건 나를 비방하려는 거짓말입니다."

신탁과 지혜

아테네인 여러분, 내 말이 허풍처럼 들리더라도 소란 피우지 마십시오. 내가 하려는 말은 내 말이 아니라 여러분이 충분히 신뢰할 만한 사람의 말을 전하는 것이기 때문입니다. 내 지혜에 대해, 즉 내게 지혜가 있는지, 그것이 어떤 종류의 지혜인지에 대해 나는 델포이의 신을 여러분 앞에 증인으로 세우고자 합니다.

소크라테스는 알고 있는 것, 그래서 말할 수 있는 것에 대해서만 말해야 했다. 그것은 초인간적인 지혜가 아니라 인간적인 지혜였다. 그는 이런 지혜가 자신에게 있다고 생각했다. 그래서 그가 말할 수 있는 것은 오직 그것뿐이었다. 침묵해야 할 초인간적인 지혜는 외면하고, 인간적인 지혜에 시선을 돌렸다. 이제 그는 인간적인 지혜를 갖고 있다는 자신의 믿음이 진정 확실한 것인지, 아니면 자기 착각에 불과한 것인지를 보여줄 것이다. 만일 자기 확신이 누구나 인정할 만한 객관적인 것이라면, 자신의 지혜가 구체적으로 어떤 것인지를 또한 제시할 것이다. 이 대목에서 소크라테스는 다시 한 번 뜸을 들였다. 앞에서는 자기가 하는 말이 '농담'으로 들릴지도 모르겠다고 했지만, 이번에는 '허풍'으로 들릴 수 있음을 예고했다. 그래서 앞에서는 진실만을 말할 테니 들어주고 믿어달라고 부탁했지만, 이번에는 "내 말이 아니라 여러분이 충분히 신뢰할 만한 사람의 말을 전하는 것이기 때문"에 믿지 않을 수 없을 것이지만, 그럼에도 '소란'을 피우지 말 것을 주문했다. 그리고 델포이 신탁을 소개할 때는 '소동thrubos'을 일으키지 말라고 주의를 주었다. "그런 그가 한번은 델포이에 가서 감히 신탁을 구했습니다. — 소동을 일으키지 말라고 했습니다, 여러분!" 소크라테스는 '들어주십시오'에서 '소란 피우지 마십시오' 혹은

'소동을 일으키지 마십시오, 여러분!'으로 발언의 강도를 점점 높였다. 이에 따라 처음에는 부탁했고, 다음에는 주문했고, 마지막에는 주의를 주었다. 이는 곧 그의 발언 내용이 배심원을 점점 더 자극할 것임을 의미했다.

소크라테스는 자신에게 명성의 원인인 인간적인 지혜가 있다는 것을 입증하기 시작했다. "내 지혜에 대해, 즉 내게 지혜가 있는지, 그것이 어떤 종류의 지혜인지"를 아테네인에게 보여줄 참이었다. 이를 위해 두 가지 증거를 들었다. 하나는 델포이의 신이었고, 다른 하나는 자신의 죽마고우 카이레폰이었다. 그는 먼저 델포이의 신을 증인으로 제시했고, 이어서 카이레폰을 소개했다. 카이레폰이라는 인물에 대한 짧은 소개가 끝나자마자 소크라테스는 야유를 보내는 아테네인 여러분을 향해 기다렸다는 듯이 조용히 하라고 다그쳤다. 아테네인 여러분의 소동과 야유는 증인으로 소환된 델포이 신 때문이었을 것이다. '인간적인' 지혜를 말하겠다는 자가, 나라의 신을 믿지 않는 죄로 고소당한 자가 감히 나라의 신을 증인으로 내세웠다는 것은 그들에게는 심각한 어불성설이자 불경이었을 것이다.

다혈질의 전형인 아테네인에게 고함과 야유는 거의 일상이었다. 그들은 극장은 물론 민회와 법정에서 자신의 입장을 그런 식으로 표현했다. 연사는 청중의 그런 행태를 자신에게 유리하게 유도했다. 청중의 반응은 표결에서 적지 않은 영향을 미칠 것이다. 소크라테스가 변론 중간 중간에 소란이나 소동 그리고 야유를 언급한 것도 그 때문이었다. 하지만 지금의 야유는 그것과는 차원이 한참 다른 것이었다.

아테네인에게, 아니 그리스인에게 델포이 신전과 그 주인 아폴론이
어떤 존재인가?

아테네 서북쪽 120km에 위치한, 대지의 자궁을 뜻하는 델포이는
기원전 8세기 그리스 최고의 도시국가였다. 신화에 따르면, 제우스
가 세상의 중심을 찾기 위해 동서로 날려보낸 두 마리의 독수리가 만
난 곳이 델포이였다. 그곳에 있는 옴팔로스omphalos는 제우스의 아버
지인 크노소스가 토해낸 돌이었고, 그 말뜻이 세상의 중심이었다. 예
술, 의술, 궁술 등의 신이자 특히 예언의 신인 아폴론은 제우스와 레
토 사이에서 태어난 올림포스 12신 가운데 한 명이었다. 아폴론이 델
포이의 주인인 피톤을 죽이고 세운 아폴론 신전은 코린트만이 내려
다보이는 2,457m의 파르나소스산 남쪽 중턱에 자리 잡고 있었고, 빛
나는 바위를 뜻하는 하얀 암벽을 배경으로 장밋빛 바위와 불타는 바

위를 좌청룡 우백호로 거느리고 있는 명당이었다. 불타는 바위에서 증기가 솟아오르는 곳에 아디톤이라는 신탁 장소가 있었고, 그곳에서 증기를 마시고 아폴론과 접신한 여사제 피티아는 몽롱한 상태로 아폴론의 음성을 듣고 중얼거리고 있었다. 어떤 도시국가 할 것 없이 모든 그리스인들은 사적인 문제뿐만 아니라 국가 대사에 관한 조언을 피티아의 입을 통해 듣고자 경쟁적으로 델포이 신전으로 몰려들었다. 그래서 그리스인에게 아폴론의 응답을 뜻하는 델포이 신탁은 종교적 권위를 넘어 국가 대소사와 개인의 신상에 대해 절대적인 권위를 지니고 있었다. 이런 상황에서 소크라테스는 델포이의 신 아폴론을 자신의 지혜를 검증하는 증인으로 내세운 것이다.

그러나 증인은 델포이의 신으로 끝나지 않았다. 소크라테스 역시 아폴론이 직접 증언하지 않는다는 것을, 그의 음성은 오직 피티아를 통해서만 접할 수 있다는 것을 알고 있었다. 그래서 그는 피티아로부터 신탁을 전해들은 사람을 또 다른 증인으로 내세웠다. 그가 바로 "나보다 더 지혜로운 사람이 있는지" "델포이에 가서 감히 신탁"을 구하고, 피티아로부터 "더 지혜로운 사람은 아무도 없다"는 신탁을 받아 전달한 카이레폰이었다. 그저 지혜로운 사람이라는 것도 아니고, 그보다 더 지혜로운 사람은 아무도 없다는 것이 전지전능한 신탁이라면, 자신이 지혜롭다는 소크라테스의 확신은 이로써 충분히 모든 사람들로부터 인정될 것이었다.

하지만 증인의 말은 증거로서의 가치가 있어야만 했다. 객관적인 신빙성이 결여된 증거는 타당한 증거가 될 수는 없는 법, 비록 아폴론의 모호한 예언을 나름대로 해석한 사람들이 종종 낭패를 봤다 해도, 최초의 발설자 델포이의 신과 그 중개자 피티아의 증거력을 의심할 아테네인은 아무도 없었다. 문제는 신탁의 최종 전달자인 카이레폰이 었다. "대중 여러분과 함께 추방당했다가 여러분과 함께 돌아온 여러분의 민주파 동지였습니다. 그래서 여러분은 카이레폰이 어떤 사람인지, 그가 일을 하면 얼마나 열성적으로 하는지 알고 있을 것입니다." 피고가 자신의 친구를 증인으로 세운다는 것은 상식적으로 바람직한 일이 아니었다. 그럼에도 소크라테스가 카이레폰이라는 이름을 굳이 언급한 것은 카이레폰이 일상에서 보인 삶의 열정뿐만 아니라 또 다른 의미가 있었을 것이다. 소크라테스는 배심원에게 카이레폰 증언의 신뢰성을 위해 그가 갖고 있는 정치적 신념을 제시했다. '대중 여러분'과 공유하는 신념이었다. 카이레폰은 30인 참주 시절 추방당한 민주파의 일원으로, 아니토스와 마찬가지로 참주정을 몰아내고 민주정을 다시 세우는 데 헌신한 인물이었다. 배심원을 포함한 아테네 대중은 그런 카이레폰에 친밀감을 갖고 있었을 것이고, 이런 점에서 플라톤의 소크라테스가 카이레폰이라는 이름을 언급하고 그의 정치 이력을 구체적으로 소개한 것은 신탁의 사실 관계를 떠나 판결에도 영향을 미쳤을 것이다. 물론 피고 입장에서는 긍정적인 효과를 기대했을 수도 있었다. 그러나 만일 그런 기대가 조금이라도 있었다면, 배심원의 표심은 그 기대와는 달리 움직였을 가능성 또한 있었다. 소크라테스 주변인들 가운데 민주주의를 지지한 유일한 인물이 카이레폰이었다. 소크라테스뿐만 아니라 그의 지인이나 제자들은 대중 민주주의를 우중정치로 비하했다. 물론 그렇다고 소크라테스가 참주정을 옹호한 것도 아니었지만, 아테네 민주정의 눈에 그는 공적 이익을 도모하는 대중 공동체의 구성원이 아니었다. 아니 정확히 말해, 민주 공동체에 이익이 아니라 해악을 가하는 인물로 비쳤다. 그런 그가 텔포이 신탁의 증인으로 카이레폰과 그의 정치이력을 거론한 것은 오히려 가뜩이나 불편한 배심원의 심기를 자극했을 수도 있었다. 소크라테스 역시 정파싸움에 눈이 멀어 자신을 법정에 세운 아테네 대중에 대한 불편한 심기를 여기서도 감추지 않았다. 카이레폰을 소개할 때 그가 쓴 용어에 그런 심기가 다분히 묻어난다. 그는 카이레폰을 '우리와 함께'가 아니라 '대중 여러분과 함께' 추방당했다가 '여러분'과 함께 돌아온 '여러분'의 민주파 동지라고 소개했다. 그는 아테네 대중 여러분과 자신을 구분했다. 대중 여러분은 자기 동료가 아니라 낯선 당신네들이었다. 그와 아테네 대중 사이에는 다리 없는 강이 흐르고 있었다.

배심원뿐만 아니라 소크라테스 또한 카이레폰의 증언이 증거력으로 충분치 않다는 것을 모르지 않았을 것이다. 게다가 최종 전달자인 카이레폰은 이미 죽었고, 그 대리인으로 카이레폰의 동생을 지목한 터였다. 어쩌면 배심원의 눈에는, 아폴론은 법정 관례에 비추어 증인으로는 너무 넘쳤을 것이고, 카이레폰은 증인으로는 턱없이 부족했을 것이다. 그렇다고 딱히 달리 내세울 만한 증거가 있는 것도 아니었을 것이다. 하지만 소크라테스에게는 믿는 바가 있었다. 그 모든 것이 사실이고, 진실이라는 것이다. 증거의 힘도 있을 것이고, 진실의 힘도 있을 것이다. 배심원은 증거의 힘을 믿을 것이고, 소크라테스는 진실의 힘을 믿었다. 중립의 배심원 가운데는 진실의 힘에 경도되는 이들도 적지 않았을 것이지만, 소크라테스가 믿은 진실의 힘은 애당초 판결 내용과는 크게 상관이 없는 것이었다.

그 말을 듣고 나는 생각해 보았습니다. "신은 도대체 무슨 말씀을 하는 것일까? 신이 지금 무슨 수수께끼를 내고 있는 것일까? 나는 대소를 막론하고 매사에 지혜롭지 못하다는 것을 알고 있는데, 신은 무슨 뜻으로 내가 가장 지혜로운 자라고 말하는 것일까? 신이 거짓말을 했을 리 없지 않은가, 그건 신답지 않은 것이니." 그게 무슨 뜻인지 몰라 한참 이리저리 고민하다가, 나는 마침내 그 말이 사실인지 시험하려고 길을 떠났습니다.

아폴론을 증인으로 세우고 피티아의 신탁을 전하려 하자 방청석에서 야유가 터져 나왔다. 그 와중에도 소크라테스는 자기보다 "더 지혜로운 사람은 아무도 없다"는 신의 응답을 전했다. 법정 분위기는 더욱 격앙되었을 것이다. 소크라테스는 숨 고르기 말을 한마디 해야 했을 것이다. 논점을 확인시키는 말이다. 증인이 누구이고, 신탁이 무엇인지가 아니라 명성과 비방이 어떻게 해서 생겨났는지가 문제의 요점이라는 것이다. "여러분은 내가 왜 이런 말을 하는지 생각해보시기 바랍니다. 내가 어떻게 해서 비방을 받게 되었는지 여러분에게 보여주려는 것입니다." 앞에서 소크라테스는 자신에게 있는 인간적인 지혜가 명성의 원인이라고 했다. 지혜가 있다는 것, 그것이 인간적인 지혜라는 것을 입증하기 위해 아폴론을 증인으로 세웠다. 아테네인의 야유를 들으며 자신에게 지혜가 있음을 신탁을 근거로 증명했다. 그렇다면 이제 지혜가 인간적인 것임을 보여줄 차례다. 이로써 명성의 두 가지 원인에 대한 증명은 끝날 것이다. 그러나 이때 소크라테스는 명성이 아니라 비방의 원인을 언급했다. 이는 소크라테스에게 명성과 비방이 별개의 것이 아니었기 때문이다. 명성이 있은 후에 비방이 생긴 것이 아니라, 그에게 명성은 곧 비방의 명성이었고 비방은 명성에 대한 비방과 다름없었다.

카이레폰에게 신탁을 전해들은 소크라테스는 명성이 아니라 비방에 초점을 맞춰 이야기를 끌어갔다. 신은 소크라테스가 지혜로운 자라는 것, 아니 그보다 더 지혜로운 자는 없다는 것을 말했고, 소크라테스는 그것을 들었다. 말한 자와 들은 자, 이 당사자 사이에는 그 어떤 소문도 그 어떤 명성도 그 어떤 비방도 있을 수 없었다. 소문의 탄생에 제3자의 개입이 필수이듯이, 비방의 소문도 마찬가지였다. 진심일지 모르지만, 소크라테스는 카이레폰이 전해준 신탁의 의미가 혼란스러웠다고 했다. 만사에 지혜롭지 못한 자신을 두고 '가장 지혜로운 자'라고 했다는 것이다. 하지만 신탁을 거짓말로 간주할 수는 없었다. 거짓말은 결여와 불완전의 징표일 터, 전지전능한 신에게 거짓말이란 결코 어울리지 않는 것이었다. 그래서 소크라테스는 신탁을 받은 그리스인들이 보통 그러했듯이 진실의 신이 '수수께끼'를 내고 있다고 생각했다. 수수께끼는 어떤 의미를 담고 있다는 것을 뜻한다. 수수께끼는 풀라고 내는 것이고, 풀면 그 답이 드러날 문제이기 때문이다.

소크라테스는 '가장 지혜로운 자'로 자신을 지명한 것을 신이 그 뜻을 헤아리라고 낸 수수께끼로 받아들였다. 그는 '더 지혜로운 자는 없다'는 카이레폰의 전언을 '가장 지혜로운 자'로 변용했다. 의도가 있든 없든 간에, 이 두 명제는 동일한 것이 아니었다. 더 지혜로운 자가 없다는 비교급은 동급이 있을 것이지만, 가장 지혜롭다는 최상급에 동급은 있을 수 없는 법이다. 소크라테스는 순식간에 그리고 은근슬쩍 자신을 지혜의 최상급으로 올려놓았다. 자신이 가장 지혜롭다는 말이 "무슨 뜻인지 몰라 한참 이리저리 고민"한 후, 소크라테스는 '마침내' 길을 떠나기로 결단했다. 지혜롭기로 명성이 자자한 사람들을 찾아가 신의 말이 사실인지 시험하자는 것이었다. "신의 응답에 맞서, '당신은 내가 가장 지혜로운 사람이라 했지만, 여기 나보다 더 지혜로운 사람이 있습니다.'"라고 말하면서 신탁이 틀렸음을 '논박 elenchos'하겠다는 것이다. 감히 신탁을 논박의 대상으로 설정했다. 신의 말을 인간의 말로 반박하겠다는 결단이었다. 하지만 이런 반박과 결단이 소크라테스의 오랜 고심의 끝은 아니었다.

그는 정치가였는데, 그 사람을 보다 자세히 들여다보고는 이런 생각이 들었습니다, 아테네인 여러분. ― 대화해보니, 그가 다른 많은 사람들에게 또 그 자신에게 지혜로운 것처럼 보였겠지만, 실은 그렇지 않다고 나는 생각했습니다. 그래서 그 자신은 지혜롭다고 생각하겠지만 실은 그렇지 않다는 것을 그에게 보여주려고 노력했습니다. 그렇게 해서 나는 그 사람에게도 그곳에 있던 많은 사람에게도 미움을 사게 되었던 것입니다.

신탁의 의미를 알아내기 위한, 아니 그것을 시험하고 반박하기 위한 탐문의 길에서 소크라테스가 가장 먼저 찾아간 사람은 정치인이었다. 정치사회인 아테네에서 가장 세속적인 명망을 누리는 사람은 그 누구보다도 정치인이었을 것이다. 하지만 그는 무슨 까닭인지 만난 정치인의 이름을 밝히길 꺼렸다. 아마 나중 고발인 중의 한 명인 아니토스였을 것이다. 이 인물과의 만남을 소개하면서 소크라테스는 자기 특유의 사유를 제시했다. 이른바 '지의 무지' 그리고 '무지의 지'이다. 알지만 모르고, 모르지만 안다는 것이다. 전자는 명망가들에게, 후자는 소크라테스 자신에게 해당되었다. 소문으로 듣는 것과 달리 만남과 대화는 인물에 대한 보다 정확한 판단을 가능케 해줄 것이다. "대화해보니, 그가 다른 많은 사람들에게 또 그 자신에게 지혜로운 것처럼 보였겠지만 실은 그렇지 않다고 나는 생각했습니다." 그의 지혜는 실체가 아니라 현상이었고, 그의 명성은 진실이 아니라 거짓이었다. 그는 알지도 못하면서도 안다고 생각하고, 세인은 그가 지혜롭지 않는데도 지혜롭다고 생각하고 있다는 것이다. 당사자에게는 지의 무지였고, 세인에게는 무지에 의한 착각이었다.

지의 무지의 폭로는 폭로당한 자에게 어떻게 작동했을까. 정치인은 적어도 무지를 깨닫게 해준 것을 고마워하지는 않았을 것이다. 아마도 사적인 부끄러움에 이어 공적인 모욕을 느꼈을 것이다. 또 지켜본 청년들이야 재미있어 했겠지만, 치욕의 당사자 및 그와 친분이 있는 주변인들 역시 소크라테스에게 분노했을 것이다. "그렇게 해서 나는 그 사람에게도 그곳에 있던 많은 사람에게도 미움을 사게 되었던 것입니다." 그러나 미움은 정치인의 경우에만 국한된 것이 아니었다. 이어지는 탐문 길에서도 소크라테스의 그런 폭로는 멈추지 않았고, 그 결과는 마찬가지로 그에 대한 증오였다. "그 뒤에 나는 그 사람보다 더 지혜롭다는 다른 사람을 찾아가 봤지만, 이때도 똑같은 생각이 들었습니다. 그곳에서도 그 사람은 물론 다른 많은 사람들에게도 미움을 사게 되었던 것입니다." 신탁의 수수께끼를 푸는 과정에서 생긴 부산물이 자신에 대한 미움, 비방 혹은 중상이었고, 이로 인해 나쁜 평판과 편견이 퍼졌으며, 이것이 바로 처음 고발의 원인이었다는 것이다.

결국 미움이 문제였다. 인간관계에서 사랑을 받아도 시원치 않을 판에 미움을 받는다는 것은 펵이나 힘든 것이었다. 아니 소크라테스에게는 힘든 정도가 아니라 결국 죽음의 독배로 이어진 것이 바로 그 증오였다. 그렇다면 그 단초를 제공한 소크라테스 대화자들의 입장은 어떠했을까. 정치인의 경우, 소크라테스는 그가 소문처럼 그렇게 지혜로운 자가 아님을 적당히 지적하는 것으로 그치지 않았다. 그는 그의 지식을 따져 물었고 그의 지혜를 파고들었다. 그 스스로는 지혜롭다고 생각하지만 실은 그렇지 않다는 것을 보여주려고 '노력'했다. 그것도 그와 단둘이 있는 공간이 아니라 여러 사람이, 특히 젊은이들이 지켜보는 가운데 그의 무지와 사이비 지혜를 폭로했다. 신탁의 의미를 제대로 이해하는 것이 소크라테스의 탐문 목적이라면, 대중 앞에서 정치인의 무지를 끝까지 폭로해야만 했을까. 닫힌 공간에서 자신이 정치인보다 더 지혜롭다는 것을 확인하는 정도로 대화를 마무리할 수는 없었을까. 소크라테스가 지적하듯 정치인의 미움이 무엇보다도 이와 같은 '대화 방식'에 있었다면, 정치인의 무지를 확인한 '대화 주제'에는 문제가 없었을까. 그는 어떤 주제로 대화해서 정치인의 무지가 드러났는지에 대해서는 밝히지 않았다. 정치인을 떠날 때 얻은 깨달음을 소개하면서 그 주제에 대해 한마디로 언급했을 뿐이다. '아름답고 좋은 것'이었다. 소크라테스는 아마도 정치의 본질이나 정치인의 덕 혹은 탁월성 등과 관련된 주제를 던지고 따져 물었을 것이다. 정치인은 그에 대해 현실 정치의 입장에서, 정치인의 현실적인 덕목의 관점에서 답하고 또 답했을 것이다. 본질 철학에 정통하고 문답의 달인인 소크라테스가 그런 것과 전혀 무관한 직업 정치인을 아포리아aporia로 빠뜨리는 것은 그리 어렵지 않았을 것이다. 만약 이런 추측이 틀리지 않는다면, 소크라테스의 주제 설정은 과연 공정했던 것일까. 정치인은 졸지에 이상한 인간에게 이상한 말로 봉변을 당했다고 생각하지 않았을까. 신탁 탐문 길에서 미움을 받았다고는 하지만, 소크라테스는 소정의 성과를 거둔 반면, 그가 대화 상대방에게 남긴 것은 남을 미워하는 불편한 마음뿐만 아니라 지금까지의 삶을 부정당하는 모욕이었을 것이다. 소크라테스가 정치인을 찾아간 목적이 그의 계몽이 아니라 신탁의 수수께끼를 푸는 것에 있었다는 점에서, 한편으로 그는 사익을 위해 무고한 타인에게 해를 입혔다는 비난에서 자유로울 수 없을 것이고, 다른 한편으로 그가 실제로 그랬듯이 정치인의 미움과 비방을 서운해 하거나 탓할 일은 아니었다.

그런데 소크라테스가 정치인과의 만남에서 얻은 것은 미움만이 아니었다. 신의 말씀을 반박하고 부정할 요량으로 떠난 탐문의 첫 번째 길에서 소크라테스는 한 가지 중요한 사실을 깨달았다. 저 유명한 소크라테스적인 지혜라고 일컬어지는 '무지의 지'이다. 정치인도 자신도 '훌륭하고 좋은 것'을 모르기는 똑같지만, 정치인은 아는 것 같지만 실은 모르는 '지의 무지'를, 자신은 알지 못한다는 것을 안다는 '무지의 지'를 갖고 있다는 것이다. 그리고 딱 고만큼 자신이 정치인보다 더 지혜롭다는 것이다. 이와 같은 무지에 대한 자각, 즉 지혜에 대한 내적 깨달음은 자기 외부로 향하는 아테네인의 시선에 대한 소크라테스의 경종이었고, 외적인 지식이 지배하는 아테네의 시대정신에 대한 그의 반역이었다. 그러나 이 역시 대중의 미움과 더불어 신탁을 반박하기 위한 탐문 길에서 만난 부산물이자 결과물이었다.

그때부터 나는 차례차례 찾아다녔습니다. 미움을 산다는 것을 알고는 슬프고 두렵기도 했지만, 신에 관한 일을 가장 우선으로 해야 한다고 생각했습니다. 그래서 신탁의 의미를 알아내기 위해서는 무언가를 알고 있음직한 사람들을 모두 찾아가야 한다고 믿었습니다. 그리고 아테네인 여러분, 개에 걸고 맹세코 ─ 나는 여러분에게 진실을 말해야 하니까요. ─ 나는 그때 놀라운 경험을 했습니다.

소크라테스가 두 번째로 찾아간 사람들은 지식인의 대명사로 간주되어온 시인 그룹이었다. 그러나 그는 이 만남의 경험을 말하기 전에

짧지 않은 에피소드를 끼워넣었다. 정치인과의 만남 이후 여러 곳을 '순서에 따라' 찾아갔지만 돌아온 것은 미움뿐이었다는 것 그리고 이로 인해 슬픔과 두려움이 엄습했다는 인간적인 술회로 시작했다. 이런 고통스런 상황에서도 명망가들을 향한 탐문의 길을 멈출 수 없었던 것은 '신의 관한 일'이, 신탁의 의미를 알아내는 일이 자신에게 그 무엇보다도 중요하다는 신념 때문이었음을 강조했다. 가장 지혜로운 자라는 신의 뜻을 이해하는 일은 이제 그에 대한 확인이나 반박의 차원이 아니라 그의 삶에서 가장 소중한 '일'이 되었다. 그래서 슬픔과 두려움의 탐문기행이었지만, "무언가를 알고 있음직한 사람들을 모두 찾아가야 한다"고 믿게 되었다. 소크라테스에게 '신에 관한 일'은 이제 당위와 의무로 변형되었다. 그것은 '신이 지시한 일'이자 '가장 소중한 자신의 일'이었다.

그런 다음 소크라테스는 진실만을 말하겠다고 신에게 맹세하고, 신의 일을 수행하는 탐문기행에서 겪은 '놀라운 경험'을 아테네인에게 털어놓았다. 그것은 '가장 명성 있는 사람이 가장 결함이 많다'는 것, '가장 명성 없는 사람'이 '가장 명성 있는 사람'보다 더 사려 깊고 더 슬기롭다는 경험이었다. 명성은 지혜나 슬기로움과는 전혀 상관이 없다는 것, 아니 오히려 이것들에 반비례한다는 것이었다. 그것은 세상의 상식과 아테네 전통에 반하는, 진정 '놀라운' 경험이었다. 아테네인이 헛된 명성에 속아 거짓된 허상을 참된 실상으로 보고 있다는 지적이었다. 명성은 돈과 명예와 더불어 아테네인이 가장 소중한 가치로 여긴 것이다. 개인에게 명성은 인격과 능력 그리고 자부심의 상징이었고, 가문에는 영광 그 자체였으며, 국가에는 세상의 자랑이었다. 현실에서 명성은 경제적, 정치적 권력과 직결되었고, 명성의 획득은 사회적 지위의 상승을 의미했다. 그런데 소크라테스는 이런 세속적인 가치를 부정하는 발언을 하고 나섰다. 그 말의 진의는 명성이 영혼이나 지혜 혹은 덕과는 별개라는 것이었지만, 아테네인의 귀에는 그렇게 들리지 않았을 것이다.

소크라테스는 또 다른 말로 아테네인을 놀라게 했다. 탐문기행은 태산과 같이 고통스런 '편력'의 길이고, 헤라클레스가 행한 12고역과 같다는 말이다. 아폴론을 증인으로 내세운 것도 모자라서, 그는 이제 스스로 떠난 탐문기행을 헤라클레스의 12고역과 비교하고 나섰다. 헤라클레스가 그리스인에게 어떤 존재인가. 제우스의 아들로 태어나 헤라의 미움과 저주로 자신의 아내와 자식들을 죽인 죄로 12고역을 수행하라는 델포이의 신탁을 받은 후, 용맹과 기지 그리고 슬기로움으로 완수한 그리스 최고의 영웅이자 신의 반열에 오른 인물이다. 소크라테스는 자신의 탐문의 길을 헤라클레스가 수행한 12과업의 길과 견주면서 자신을 그리스 최고의 영웅 반열에 끼워넣었다. 헤라클레스가 델포이 신탁으로 그 고난의 과업을 수행했듯이, 자신의 탐문기행도 델포이 신탁으로 수행한 슬픔과 두려움이 점철된 고역의 길이었다는 것이다. 이제 소크라테스에게 신의 뜻을 알아내는 일은 신이 지시한 고역이자 신의 일로 바뀌었다. 그래서 자신의 가장 소중한 일이 신의 일이고, 신의 일이 자신의 가장 소중한 일이 되었다.

에피소드 마지막 부분에서 소크라테스는 힘들게 걸었던 탐문의 과정을 정치인과의 경험을 보이는 데에 그치지 않고, 헤라클레스의 고역과 같은 슬픔과 두려움의 길을 계속 보여주어야 하는 이유를 설명했다. 그것은 델포이 신탁을 시험하고 조사한 결과, 그것이 반박될 수 없는 사실로 '마침내' 밝혀졌기 때문이라는 것이었다. "그래서 나는 진정 고난의 연속이던 나의 편력을 여러분에게 보여주지 않을 수 없는데, 신탁이 끝내 반박될 수 없는 것으로 되어버렸기 때문입니다." 고난에 찬 편력의 길 끝에서 '더 지혜로운 자가 없다'는, '가장 지혜로운 자'라는 사실이 '마침내' 확증되었다는 것이다. 신탁의 수수께끼가 풀렸다는 것이다. 헤라클레스를 끌어들인 것에 심기가 불편했을 아테네인 여러분은 소크라테스의 이 말에 호기심을 가졌을 것이다. 그리고 그는 두 번째 편력의 길에서 만난 시인들에 대한 이야기로 넘어갔다.

정치가들 다음으로 나는 비극시인들과 디티람보스 시인들, 그밖에 다른 시인들을 찾아갔습니다. 여기서 내가 그들보다 무식하다는 증거를 손에 쥘 수 있을 것이라 믿었기 때문입니다. 그래서 나는 그들의 최고 역작으로 여겨지는 작품들을 골라 그들이 어떤 의미로 그런 말을 하는지 따져 물었습니다.

정치가는 탁월한 언변과 연설 능력으로 민회를 장악하고 정치적 입지를 다진 인물들이었다. 아테네의 전성기에 페리클레스를 비롯한

정치가는 아테네인의 우상이었다. 페리클레스의 연설은 아테네 시민들을 사로잡았고 그 힘을 하나로 모아 아테네가 지중해의 독보적인 제국이 될 수 있었다. 시민은 열광했고 찬양했으며 많은 청년들이 정치가의 꿈을 키웠다. 그러나 아테네의 몰락은 동시에 정치인의 명예를 떨어뜨렸다. 설득의 힘이 곧 지혜의 힘이 아니라는 의구심이 도처에서 싹텄다. 정치인의 정치술이 진정한 지혜에서 비롯된 것은 아니었음을 소크라테스는 아테네의 황혼시기에 보여주려 했을 것이다.

그러나 시인은 자고로 그리스 지식인의 표상이었다. 아테네의 황혼에도 그 위상은 크게 흔들리지 않았다. 아테네인은 청소년기에 호메로스를 비롯한 서사시인이나 비극시인의 시를 음송하며 영혼의 싹을 키웠고, 성장한 후에도 그것은 그들의 자양분이었다. 일상에서도 전쟁에서도 시는 모범적인 그들의 삶의 교본이었다. 시인은 그래서 삶의 진정한 교사였다. 정치인이 외적 삶의 대변인이었다면, 시인은 내적 지혜의 상징이었다. 소크라테스가 정치인에 이어 시인을 탐문의 두 번째 대상으로 삼은 데에는 그런 이유가 있었을 것이다. 또 그런 이유에서 "그들에게서 무엇인가를 배우고 싶은 마음도" 있었다고 말했을 것이다. 그래서 정치인과의 대화에서도 이루지지 않은 신탁에 대한 반박이 다양한 시인과의 만남과 대화에서 비로소 가능할 것으로 그가 믿은 것도 충분히 일리가 있는 것이었다.

소크라테스는 시인과 단도직입으로 승부했다. 그들이 가장 공들인 최상의 시를 선택했고, 그 의미에 대해 대화를 나누었다. 물음과 답변은 간단치 않았을 것이다. 시인이 답하면 소크라테스는 자기 특유의 방식으로 물었을 것이고, 답하면 또 따져 물었을 것이다. 문답이 쌓이면 쌓일수록 시인이 처음에 말했던 시의 의미가 선명해지는 것이 아니라 점점 더 모호해졌을 것이고, 시인은 결국 아포리아에 빠져 자신도 모르는 말을 해대고 말았을 것이다. 그래서 소크라테스가 말하듯 "그 자리에 있던 사람들 거의 전부가 시인의 작품을 시인 자신보다도 더 잘 설명할 수 있었던" 상황이 연출되었을 것이다. 그가 "여러분에게 진실을 말하기가 민망"하다고 한 것도 그런 상황을 가리켰을 것이다.

그래서 시인은 아름다운 것들에 대해서 말은 많이 하지만 자신들이 하는 말의 의미를 제대로 이해하지 못한 채 말하고 있다는 것이 소크라테스가 얻은 인상이자 결론이었다. 시인은 지혜가 아니라 선천적인 시적 재능으로 시를 짓는다는 것이다. 소크라테스는 여기에

142

하나를 더 추가했다. 시인은 지혜가 아닌 영감으로 시를 쓴다는 것이다. 그런 점에서 시인은 예언자나 무녀와 크게 다르지 않았다. 시적 소질이 곧 지혜가 아니듯이, 그래서 예언자나 무녀가 지혜로운 자가 아니듯이, 시인에게는 지혜가 없다고 결론지었다.

그러나 시인에 대한 소크라테스의 비판은 여기에 그치지 않았다. 당시 지식인으로서 시인이 갖는 위상을 고려했을 터, 정치인에 대한 비판보다 한 걸음 더 나아갔다. 시인은 시적 재능이 있음을 구실로 삼아 자신이 알지도 못하는 것들에 대해서도 아는 척한다는 것이었다. 아니, 아는 척에 그치는 것이 아니라 다른 사람보다 더 지혜롭다고 주장하고 있다는 것이었다. 한마디로, 그들은 주제 파악을 하지 못하는 인물이었다. 이것이 바로 소크라테스가 본 정치인과 다른 시인의 모습이었다. 그래서 그는 시인이 정치인과 마찬가지로 지의 무지를 갖고 있는 반면, 무지의 지를 깨닫고 있는 자신이 딱 고만큼 시인보다 지혜롭다고 생각하며 세 번째 탐문의 길로 떠났다.

> 마지막으로 나는 장인들에게 갔습니다. 내 자신이 아는 게 거의 아무것도 없다는 것을 알고 있지만, 그들은 훌륭한 것을 많이 알고 있다는 것이 밝혀질 것으로 확신했기 때문입니다. 그리고 그 점에서 내 생각은 틀리지 않았습니다.

소크라테스가 편력의 길 마지막이자 세 번째로 찾아간 사람은 장인들이었다. 자기만의 기술로 제품을 제작하는 장인들은 사회의 주요 생산계급이자 공동체의 중심 구성요원이었다. 아마도 배심원뿐만 아니라 법정의 많은 이들이 생산계급이었을 것이다. 소크라테스가 그들을 만난 이유는 무엇보다도 그들이 자신에겐 생소한 고유의 기술을 갖고 있기 때문이었다. 그는 그들이 훌륭한 것을 많이 알고 있음을 확신했고, 그의 확신은 틀리지 않았다. "그들은 실제로 내가 알지 못하는 것을 알고 있었고, 그 점에서 나보다 지혜로웠던 것입니다." 소크라테스에게는 물건을 만드는 데 필요한 기술지식techne이 당연히 없었다. 그에게는 문답법이나 논박술같이 영혼을 정화하고 상승시키는 지식episteme만이 있을 뿐이었다. 그런 점에서 소크라테스가 장인이 자신보다 더 지혜로움을 인정한 것은 당연지사였다. 돌이켜보면, 지금까지의 대화 상대 중에서 소크라테스가 '더 지혜로움'을 인정한 경우는 장인이 처음이자 마지막이었다. 정치인에게 그는 가장 인색했다. 그 어떤 것도 언급하지 않고 그들의 무지를 지적했다. 시인의 경우도 별반 다르지 않았다. 그들은 '말하기가 민망하지만' 지혜로운 자가 아니었다. 그들의 작품은 지혜가 아니라 선천적인 소질과 영감의 산물이었다. 게다가 그들은 알지도 못하는 것에 대해서도 아는 척을 했다. 이들에 비하면 장인에 대한 소크라테스의 평가는 펴이나 후한 편이었다. 그는 장인의 제작지식을 지혜로 인정했고, 그들이 자기보다 더 지혜롭다는 것에 동의했다.

그러나 소크라테스는 중요한 반전이 있을 때 사용하는 표현 중의 하나인 '아테네인 여러분'을 다시 불렀다. 장인에게도 문제가 없는 것은 아니라는 것이다. "그들은 나름의 훌륭한 기술을 갖고 있다는 이유로 다른 가장 중요한 것들에서까지 자기들이 가장 지혜롭다고 믿고 있다는 것입니다." 이것은 시인의 경우와 같았다. 시인이 시적 재능을 갖고 있다고 다른 것들에서도 지혜로운 척했듯이, 장인들도 좋은 기술을 갖고 있다고 하여 자신이 문외한인 분야에 있어서도 다른 사람보다 더 지혜롭다고 믿는 어리석음으로 잘못을 범하고 있다는 것이다. 그러나 소크라테스가 다른 이들과는 달리 장인에게 호의적으로 다가갔다는 것은 용어상으로도 분명했다. '선한' 장인이라는 표현뿐만 아니라, 장인의 착각이나 잘못을 지적하는 대목인 "이런 과오가 그들의 지혜를 깊숙이 가리고 있다"는 말에서도 다른 대화자의 경우보다 훨씬 부드럽고 친근한 모습을 보였다. 아마도 이는 아테네에 대한 소크라테스의 비판이 지배계급인 정치권력과 지식권력에 초점이 맞춰져 있음을 의미할 것이다.

처음에는 약 주고 나중에는 병 주는 소크라테스의 이중적인 태도에 법정에 있는 장인들은 다분히 혼란스러웠을 것이다. 하지만 그 혼란은 곧 사라질 것이었다. 소크라테스는 장인을 떠나면서 양자 선택의 귀로에 스스로 올라섰다. 장인의 모습을 택할지, 아니면 지금 자신의 모습을 택할지를 '신의 이름으로' 물었다. 지혜와 무지를 모두 갖고 있는 장인의 길을 갈 것인지, 아니면 지혜도 무지도 없는 지금 자기의 길을 계속 갈 것인지를 자신에게 물었다. 그러나 그 선택의 기준은 자신이 아니라 신이었다. 소크라테스는 후자를 택했다. "나 자신과 신탁에게 지금의 나로 있는 것이 더 낫겠다고 대답했습니다." 세상의 길이 아니라 신의 길을 가는 것이 왜 자신에게 좋은지 그는 말하지 않았다. 그것이 또 왜 신에게도 좋은지 말하지 않았다. 소크라테스는 그렇게 장인이 아닌 신의 길을 선택했고, 법정의 장인들은 그제야 그의 뜻을 정확히 확인했을 것이다.

캐물음과 신의 사명

아테네인 여러분, 나는 이런 캐물음 때문에 심각한 적의를 많이 샀습니다. 이로부터 숱한 비방이 생겨났고, 현자라는 이름으로 불리게 되었습니다. 왜냐하면 그 자리에 있던 사람들은 내가 다른 사람들을 논박할 때마다 내가 지혜로운 줄로 생각했기 때문입니다. 그러나 여러분, 사실 오직 신만이 지혜롭고, 그 신탁을 통해 인간적인 지혜는 거의 혹은 전혀 가치가 없다고 신은 말하는 것 같습니다. 그리고 신은 소크라테스를 지칭하는 것이 아니라 그저 내 이름을 예로 삼아, "인간들이여, 너희 중에 가장 지혜로운 자는 소크라테스처럼 자기의 지혜가 진정 보잘것없음을 깨달은 자이니라." 하고 말하는 것 같습니다.

헤라클레스의 12고역과도 같은 탐문의 길을 두루 마친 후, 소크라테스는 '마침내' 자신에 대한 미움과 비방 그리고 현자라는 소문이 어디에서 생겼는지 밝혔다. 그는 그 모든 소문의 원천이 '캐물음exetasis'이라 했다. 그랬을 것이다. 캐묻는다는 것은 그저 대충 묻고 마는 것이 아니다. 묻고 답하면 또 물어, 답변자가 더 이상 대답하지 못할 때까지 묻는 것이다. 대답을 못한다는 것은 어떤 말을 해야 할지 말문이 막혔다는 것을 의미한다. 이른바 아-포리아a-poria, 가야 할 길이 막힌 상태, 어떤 말을 해야 할지 모르는 상태, 난관에 봉착한 상태, 곤경에 처한 상태를 가리킨다. 소크라테스는 신탁의 수수께끼를 풀겠다는 명분으로 지혜롭다는 사람마다 찾아가 그렇게 캐물었다. 그들의 지혜로움을 기를 쓰고 캐물어 결국에 무지를 폭로하니 미움을 넘어 적의가 생기지 않을 수 없었을 것이다. 소크라테스는 이 적의를 매우 위험하고 중한 것이라 했다. 폭로한 그에 대한 적의는 폭로당하는 자의 분노와 모욕의 크기를 나타냈을 것이다. 만인이 보는 앞에서 무지가 드러나는 순간 당사자가 겪은 것은 '무지의 지'에 대한 깨달음이 아니라 수모와 치욕 그리고 증오였을 것이다. 그리고 해를 입힌 사람에게 해를 돌려주는 것, 아테네에서는 이것이 인지상정을 넘어 전통 정의관이었다. 해를 입은 사람은 복수심에 불탔을 것이고 당연히 이곳저곳에서 소크라테스를 비방했을 것이다.

편력의 길에서 소크라테스가 얻은 것이 자기의 지혜로움에 대한 확인과 그에 수반된 미움이나 적의만이 아니었다. 적의를 품은 자는 적의를 비방으로 풀 것이었다. 소크라테스는 편력의 길에서 나름의 성과를 거뒀지만, 남을 해코지한 대가를 받아야 했다. 그래서 해코지당한 사람들의 미움, 적개심, 분노, 비방, 중상모략은 결코 이유 없는 것이 아니었다. 그리고 그것은 분명 신탁이라는 명분 아래 소크라테스가 자초한 것이었다. 소크라테스가 현자라는 비방의 소문을 내는 것이 적의를 품은 자에게는 적의를 표출하는 적절한 방법들 가운데 하나였을 것이다. 아테네가 몰락하던 시기에 현자로 추앙된 소피스트들은 아테네의 패전과 몰락의 원인 제공자로 지목되었고, 그래서 그들은 자신이 소피스트가 아님을 강변해야 하는 곤경에 처해 있었기 때문이다. 소크라테스도 이런 사실을 알고 있었다. "이로부터 숱한 비방이 생겨났고, 현자라는 이름으로 불리게 되었습니다. 왜냐하면 그 자리에 있던 사람들은 내가 다른 사람들을 논박할 때마다 내가 지혜로운 줄로 생각했기 때문입니다." 하지만 소문의 주체가 '구경꾼'만은 아니었을 것이다. 오히려 논쟁의 승리를 구경한 자들의 입이 아니라 모욕을 당하고 적의를 품은 당사자들의 입에서 퍼진 비방의 소문이 보다 더 위중했을 것이다.

그런 다음 소크라테스는 다시 '여러분'을 불렀다. 그리고 반박하고자 했지만 결국 반박할 수 없는 것으로 끝난 신탁의 의미를 제시했다. 소크라테스는 자신보다 '더 지혜로운 사람은 없다'는, 즉 자신이 '가장 지혜로운 사람'이라는 신탁의 수수께끼를 "인간 중에 가장 지혜로운 자는 '소크라테스처럼' 진정으로 자기 지혜의 하찮음을 깨달은 자"라고 해독했다. '인간적인 지혜'가 보잘것없음을 깨달은 자가, 어쩌면 아테네에서 유일한 자가 자신이기 때문에 자신의 이름으로 인간에게 신탁을 전했다는 것이다. 그렇다면 소크라테스는 왜 신탁의 수수께끼를 이렇게 풀었을까? 신은 왜 굳이 소크라테스의 이름을 빌려 인간적인 지혜의 하찮음을 선포하고 나섰을까? 카이레폰이 신탁을 구하러 가지 않으면 아폴론은 인간적 지혜의 과잉에 대해 계속 침묵하고 있었을까? 여전히 논쟁적인 문제이지만, 소크라테스는 진정 자신이 아는 것은 아무것도 없다고 생각했을까? 아니면 알고 있는 것도 있으면서 시치미 떼고 있는 것일까? 아는 자만이 질문을 던질 수 있다고 플라톤이 《메논》에서 소크라테스의 입으로 말했듯이, 그가 실로 아는 것이 없다면 대화 상대방을 캐물음으로 아포리아에 빠뜨릴 수 있었을까?

전해지는 말에 따르면, 델포이 신전에는 몇 개의 금언이 쓰여 있었다. 그 중에 "너 자신을 알라", "무엇이든 지나쳐서는 안 된다"는 말이 있었다. 각각이 여러 다양한 의미로 해석될 수 있지만, 이 둘은 비슷한 맥락으로 이해될 수 있다. 자신의 부족함을 진정으로 깨닫고, 자만과 방종을 버리고 절제하라는 것이다. 그렇다면 소크라테스는 왜 신탁을 절제요구로 해석했을까? 소크라테스의 해석이 옳다면, 신은 왜 인간의 절제를 지시했을까? 이는 당시 시대상황과 무관하지 않을 것이다. 아테네는 다양한 지식과 인간적인 지혜가 넘치는 사회였다. 아테네인은 전통적으로 신을 공경했고, 삶 속에 깃든 신의 뜻을 받드는 삶을 살았다. 하지만 소크라테스가 활동하던 시절에는 상황이 달랐다. 신에 대한 불경은 여전히 금기였지만, 모든 것이 풍족했던 시기였다. 아는 만큼 그리고 설득할 수 있는 만큼 돈과 명예와 권력이 가까이 있었다. 아테네인은 더 많이 가지려고 더 많이 알려 했고 더 잘 말하려고 했다. 그들이 즐겨 추구한 지식은 대체로 소피스트적인 지식이었고, 돈으로 획득한 지식은 세속적인 지혜였다. 그들은 이런 인간적인 지혜를 무한히 찬양했고, 그것에 끝없이 경도되었다. 인간의 지혜, 이것으로 그들의 일상은 충분했다. 그들이 세운 신전의 지혜는 그야말로 가끔씩 필요할 때마다 들춰보는 열외의 것이었다. 이런 시대 상황에서 신이 소크라테스의 이름으로 세상의 무절제를 경고하려 했듯이, 소크라테스는 신의 이름으로 시대의 과욕을 지적하려 했을 것이다. 외적인 것들에 매몰된 지식이, 물질적인 것들에 대한 맹신이, 세속적인 가치에 대한 집착이 아테네를 패망에 이르게 한 원인으로 생각했을 것이다.

조국의 어둠에 일신의 힘으로 다시 빛을 비추는 작업은 소크라테스에게는 정치적인 것도 경제적인 것도 문화적인 것도 아니었다. 그것은 어쩌면 이런 것들보다 쉬웠을 것이고, 그것은 어쩌면 이것들보다 어려웠을 것이다. '지혜롭다고 생각되면 시민이든 이방인이든' 남녀노소 그 누구든 찾아다니고, 그가 지혜롭지 않다고 생각되면 지혜롭지 않다고 지적하는 일은 간단한 것이었을 수 있고 복잡한 것이었을 수도 있다. 지혜가 강물처럼 흐르고 서로 충돌하며 허망한 세속의 것들에 몰입되어 갈팡질팡하는 아테네의 시국이 소크라테스의 눈에 가장 크게 보였을 것이다. 그런 치유방식이 자신의 역량 안에 있는 유일한 것으로 보였을 것이다. 그러나 지혜로운 자를 자처하는 이들이 지혜의 하찮음과 무용함을 자각하는 일은 죽음보다도 힘들었을 것이고, 그들에게 그것을 알게 하는 것도 마찬가지였을 것이다. 소크라테스가 탐문의 길을 고통스런 편력의 길로 바꾸고, 자신의 탐문을 '신의 일'과 '신에 대한 봉사'로 내세우는 것도 그 때문이었을 것이다.

지의 무지를 깨닫게 하는 일이 신의 명령을 따르는 것이고 신에게 봉사하는 것이라는 소크라테스의 주장이, 소피스트와 무신론자

로 고소한 원고는 물론이고 그에게 비호의적인 편견을 갖고 있던 배심원에게 어떻게 비쳤을까? 분명 냉소를 넘어 분노를 자아냈을 것이다. 이를 모를 리 없던 소크라테스는 부인할 수 없는 증거를 하나 제시했다. "그런 일에 쫓기어 나랏일이든 집안일이든 돌보지 못한 채, 신에게 봉사하느라 나는 아주 가난하게 살고 있습니다." 소크라테스의 가난한 삶은 아테네인 모두가 인정하지 않을 수 없는 분명한 사실이었다. 신의 일을 가장 소중한 것으로 간주하고, 신탁의 수수께끼를 풀기 위해 맨발로 아테네 천지를 돌아다닌 그를 대신해서 아내 크산티페가 가사를 꾸려나갈 수밖에 없었기 때문이다. 그러나 가난한 삶이 신의 봉사자라는 주장의 증거가 될 수 있었을까? 오히려 통념에 따라 아테네인은 집안일을 거들떠보지 않은 소크라테스를 신의 봉사자는커녕 아내에게 빌붙어 사는 무책임한 가장으로, 못나고 쓸모없는 시민으로 간주하지 않았을까?

그 외에도 시간이 남아도는 많은 부잣집 젊은이들이 자진해서 나를 따라다니고 내가 사람들에게 캐물으면 그걸 듣고는 적잖이 즐거워합니다. 가끔은 내 흉내를 내면서 다른 사람들에게 캐묻기도 합니다. 그러면 자기는 안다고 믿지만 실은 별로 혹은 전혀 아는 것이 없는 사람들이 아주 많다는 것을 발견하게 됩니다. 그런데 그들에게 당한 사람들은 자신이 아니라 나에게 화를 내면서, 소크라테스라는 불경스러운 자가 젊은이들을 타락시킨다고 말합니다.

캐물음으로 사이비 지혜인의 무지를 폭로한 것이 자신에 대한 미움과 비방의 한 원인이었다고 말한 소크라테스는 또 다른 원인을 제시했다. 캐묻고 다닐 때 시간 많은 집 자제들이 자신을 따라다녔다는 것, 그것도 자진해서 쫓아다니면서 사이비 지식인이 곤경에 처한 것을 보고 적잖이 즐거워했다는 것이다. 게다가 그들도 종종 캐묻기를 흉내 내었고, 지식인으로 포장된 사람들의 수가 엄청 많다는 것을 알게 되었으며, 그 결과 그들로부터 망신당한 이들이 화가 나서 자신에 대한 나쁜 소문을 퍼뜨렸다는 것이다. 그래서 소크라테스는 자신의 캐물음에 이어 젊은이들의 모방 캐물음을 비방의 두 번째 원인으로 지목했다. 그렇다면 아마도 소크라테스보다 젊은이들의 캐물음이 비방의 확산에 더 기여했을 것이다. 홀로 일정한 상대에게 캐물은 소크라테스와 달리, 다수의 젊은이들은 다수의 상대에게 젊은 혈기로 더 심하게 캐물었을 것이다. 이에 따라 젊은 애송이들에게 사이비 정체가 드러난 상대자들은 보다 더 심한 모욕감을 느꼈을 것이고, 비방의 목소리도 그만큼 더 높았을 것이다.

소크라테스는 사이비 지식인의 비방 내용 중에서 '불경스런 소크라테스'가 '젊은이들을 타락시키고 있다'는 말을 가장 앞에 놓았다. 이어서 가상의 질문자가 사이비 지식인에게 "소크라테스가 무슨 짓을 하고 무엇을 가르치기에 젊은이들을 타락시키느냐"고 물으면 사이비 지식인은 이에 대해 답할 말을 찾지 못하고, 다만 자신의 무지를 인정하지 않을 요량으로 사람들이 철학자들에게 흔히 쏟아내는 비난의 말들을 내뱉었다고 했다. 그것이 "하늘에 있는 것들과 지하에 있는 것들", "신들을 믿지 않는다", "더 못한 주장을 더 나은 주장으로 만든다"는 말이었다. 앞에서 보았듯이, 앞의 둘은 자연철학자들에게 해당되는 것으로 전제와 귀결로 이어지는 것이고, 세 번째는 소피스트에게 해당되는 것이었다. 앞서 눈에 보이지 않는 처음 고발자의 선서진술서에 명시적으로 들어 있지 않은 '불경'과 '청년타락' 부분을 소크라테스는 이제 끌어들였다. 그는 이 세 가지가 청년타락 죄의 요인임을 지적하면서 곧 이어질 나중 고발자의 고소에 대한 변론을 예비했다. 불경죄와 더불어 청년타락 죄는 나중 고발인에 의해 작성된 고소장에 정식으로 적시된 죄목이었고, 소크라테스는 이에 대해 멜레토스와 다툼을 벌일 것이다. 그리고 그때 다툼의 대상 가운데 하나가 청년을 타락시키는 과정에서 '고의성'이 있는가 하는 점이다. 이를 의식한 소크라테스가 자신이 청년들을 '의도적으로' 몰고 다닌 것이 아니라, 그들이 '자진해서' 따라왔다는 점을 특히 강조했을 것이다. 또한 사이비 지식인이 캐물음을 당하는 광경을 지켜본 청년들이

'적잖이 즐거워' 했다는 것 역시 소크라테스가 이후 변론에서 다시 거론할 대목이다.

소크라테스는 사이비 지식인을 "명예욕이 강하고 열정적이며 수도 많고 온 힘을 다해 나에 대해 그럴듯하게 말하"는 자들로 규정했다. "오랫동안 신랄한 비방의 말로 여러분의 귀를 꽉 채워"준 자들로 간주했다. 그들 중에 지금의 법정 고소인들이 있다고 했다. 소크라테스는 변론에서 처음으로 세 명의 이름을 함께 거명했다. 모두변론에서 '아니토스와 그 무리들'이라 부르면서 아니토스를 고소의 중심인물로 내세웠던 것과 달리 여기에서는 멜레토스를 가장 먼저 거명했다. 심지어 멜레토스가 자신을 욕보이려는 마음에서 고소했다는 말도 덧붙였다. 나중 고발에 대한 변론에서도 드러나듯이, 소크라테스는 세 명의 고소인 중에서 특히 멜레토스에 대한 불편한 감정을 숨기지 않았다. 그는 또한 세 명의 고소인이 각각 대변하는 집단도 거론했다. 멜레토스는 시인을, 아니토스는 장인과 정치인을, 리콘은 웅변가를 대변한다고 말했다. 이런 직업군은 소크라테스가 탐문기행에서 대화를 나눈 사람들과 일치하고 있음은 결코 우연이 아니었다.

나아가 소크라테스는 처음 고발에 대한 변론을 끝내면서 다시 한번 시간부족을 언급했다. "그래서 모두발언에서 말한 바와 같이, 그토록 깊이 박힌 편견들을 이토록 짧은 시간 안에 여러분 마음에서 제거할 수 있다면 나 스스로도 놀랄 것입니다." 오랫동안 아테네인의 귀를 꽉 채우고 있는 선입견을 단 몇 시간 만에 없앤다는 것은 불가능에 가까운 일로 생각했다. 시간부족에 따른 그의 비관적인 반응은 이후 변론에서도 재차 등장할 것이다. 그러나 그에게 시간부족은 어쩌면 당연한 것이었다. 소크라테스가 변론에서 주요 대상으로 삼은 것은 범죄 사유에 대한 해명이 아니라 수십 년에 걸쳐 형성된 선입견의 제거였고, 이는 곧 자기 삶의 이야기와 다르지 않았기 때문이다. 처음 고발이든 나중 고발이든 간에 그가 상대한 것은 날조된 소문이었고, 그가 할 수 있는 최선의 변론은 소문은 거짓이고 자기 말이 진실임을 밝히는 것이었다.

이런 점에서 처음 고발에 대한 변론의 마무리도 당연히 진실성에 대한 강조발언이었다. "아테네인 여러분, 이것이 진실입니다. 크든 작든 나는 여러분에게 하나도 숨김없이 있는 대로 말하고 있습니다." 모두변론에서 진실을 말하는 것이 소송 당사자의 의무라고 했듯이, 자신은 지금까지 진실이 아닌 것은 한마디도 하지 않았다는 것이다. 소크라테스는 미움과 비방이 생긴 것도 결국은 자신의 진솔한 마음과 올곧은 언행 때문이었다고 강변하면서 처음고발에 대한 변론을 끝냈다. "바로 이런 것 때문에 내가 미움을 받고 있다는 것도 알고 있습니다. 그러나 이 역시 내가 진실을 말하고 있다는 증거이며, 나에 대한 비방과 그 원인이 다름 아닌 바로 이런 것이라는 증거이기도 합니다. 여러분이 지금이든 나중이든 조사해본다면, 내가 말한 그대로임을 알게 될 것입니다." 그가 지금까지 믿고 의지한 것은 진실의 힘이었다.

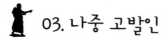
03. 나중 고발인

고소 내용과 피고 신문

이제 나는 선하고 나라를 사랑한다는 멜레토스에게 그리고 나중 고발인에게 변론하겠습니다. 그러면 그들이 다른 고발인인 것처럼, 그들의 선서진술서를 다시 검토해봅시다. 그것은 대충 이러합니다. "소크라테스는 젊은이들을 타락시키고, 나라가 인정한 신들이 아니라 다른 새로운 영적인 것들을 믿음으로써 불법을 저지르고 있다"는 것입니다.

소크라테스는 전략적으로 자신에 대한 고발을 시간적인 전후에 따라 그리고 논리적인 전후에 따라 처음 고발과 나중 고발로 구분했다. 나아가 나중 고발에 대한 변론 또한 둘로 나눴다. 그는 먼저 멜레토스에게, 다음에 다른 고소인들에게 변론하겠다고 했다. 하지만 이번 경우에는 그 이유를 밝히지 않았다. 그가 처음 고발을 변론할 때에는 멜레토스를 특별히 취급하지 않았다. 오히려 모두변론에서 법정 고소인을 가리킬 때 '아니토스와 그 무리들'이라는 말로 아니토스를 앞세웠다. 그러나 앞서 보았듯이, 처음 고발에 대한 변론을 마무리하면서 세 명의 나중 고소인을 거명할 때 소크라테스는 멜레토스를 가장 먼저 언급했을 뿐만 아니라, 멜레토스가 자신을 모욕하기 위해 고소했다는 말도 추가했다. 그리고 이어지는 변론에서도 리콘은 단 한번 이름만 거명되었고, 몇 번 거론된 아니토스의 경우에도 멜레토스에 비하면 변론의 양과 질이 많이 떨어졌다.

멜레토스에게만 가장 먼저 길게 변론한 이유는 분명치 않지만, 아마 소크라테스는 멜레토스가 본 고소에서 형식적으로도 내용적으로도 가장 앞장선 인물이라 생각했을 것이다. 본 재판에 앞서 예비심문을 받기 위해 바실레우스로 가던 중 에우티프론과 나눈 대화를 담고 있는 《에우티프론》에서 그는 멜레토스를 그런 인물로 간주했다. 에우티프론이 고소인이 누군지를 묻자, 소크라테스는 "피트토스 출신의 곧은 머리카락에 별로 볼품없는 수염과 매부리코를 가진 멜레토스"라고 주저 없이 말했다. 또 고소 이유도 청년타락이라고 밝히고는 멜레토스의 젊은 나이를 비꼬면서 말했다. "무슨 죄목이냐고요? 그것이 예사로운 것이 아닌 것 같소. 젊으면서도 그처럼 중요한 문제를 알고 있다는 것이 평범한 일은 아닐 것이오. 그 사람은 젊은이들이 어떻게 타락되고 있는지, 그들을 타락시키는 자가 누구인지를 알고 있다는 것이오. 그는 똑똑한 사람일 것 같고, 자기 또래의 젊은이들을 타락시키는 내 어리석음을 간파하고서는, 마치 새싹을 제대로 자라지 못하게 하는 잡초를 뽑아내듯이 국가에 나를 고발하러 온 거요." 청년타락의 방식 혹은 결과도 다름 아닌 불경이었다. "보시오.

얼른 듣기에도 이상한 것들이라오. 그는 내가 신들을 만들어내고, 생소한 신들을 만들어내면서도 예로부터 믿어온 신들을 믿지 않는다고 주장하고 있소."

그런 이유 외에도 본 변론에서 전개된 멜레토스와 나눈 문답이 그의 부도덕성에 초점이 맞춰 있다는 점에서, 소크라테스는 멜레토스의 잘못된 주장을 근거로 고소 내용의 허구성이나 부당성을 지적하고, 이로써 변론을 유리하게 끌고 가려는 전략일 수도 있었다. 이런 의미에서 소크라테스는 "선하고 나라를 사랑한다는 멜레토스"라는 말로 변론을 시작했을 것이고, 이는 멜레토스가 자신을 선하고 애국자로 자칭한 것을 두고 한 아이러니였다. 소크라테스가 이어지는 변론에서 멜레토스가 선한 자도 아니고 나라를 사랑하는 자도 아님을 집중적으로 공격함으로써 그의 부도덕성을 폭로한 것도 그 때문이었을 것이다.

또한 멜레토스를 가장 먼저 변론의 상대로 정한 것 외에도, 소크라테스의 변론 방식은 처음 고발과 사뭇 달랐다. 처음 고발에서 변론의 형식적인 상대는 당연히 비방 소문의 주체인 눈에 보이지 않는 다수의 '아테네인 여러분'이었다. 그래서 시작 문장을 "처음 고발인의 고발 내용과 관련해서 내가 여러분에게 할 변론"이라 말했을 것이다. 그러나 나중 고발인에 대한 변론에서 소크라테스는 '아테네인 여러분'을 변론의 상대가 아니라 자기와 함께 나중 고발인을 상대하는 변론의 주체로 설정했다. 그래서 소크라테스는 법정 고소장을 아테네인 여러분과 '함께 검토'하고자 했고, 그 고소 내용도 그들과 '함께 검사'하고자 했다. 그는 또한 멜레토스와의 문답에서도 '아테네 여러분'을 자기 쪽에 두었다.

나아가 소크라테스는 나중 고발인이 처음 고발인과는 무관한 '다른' 고발인인 것처럼 보겠다고 했다. 그러고는 그들의 고소 내용을 읽어 내려갔다. 그의 이런 어법은 앞에서 처음 고발의 내용을 검토할 때, "나는 그들이 고발인들인 것처럼 그들의 선서진술서를 읽어보겠습니다."라고 한 것과 같은 방식이다. 그것이 의미한 바는 처음 고발인과 나중 고발인은 실질적으로는 동일하지만, 변론의 편의상 후자를 전자와 다른 것처럼 다루겠다는 것이다. 그런데 나중 고발인의 고발 내용은 처음 고발인의 것과 동일하지 않았다. "땅 밑의 것과 하늘의 것을 탐구하고, 더 못한 주장을 더 나은 주장으로 만들며, 그런 것을 또 다른 사람들에게 가르친다."는 처음 고발 내용은 "젊은이들을 타락시키고, 나라가 인정하는 신들이 아니라 다른 새로운 영적인 것 daimonia들을 믿는다."는 것으로 대체되었다.

앞서 보았듯이, 소크라테스가 자신의 대한 비방의 둘째 원인으로 따라다니던 젊은이들의 모방 캐물음을 제시할 때, 무지가 폭로된 사이비 지식인이 '청년들을 타락시켰다'는 말로 소크라테스를 비방하면서 그 내용들로 세 가지 요인을 거론했던 바, 바로 이것들이 나중 고소인의 고소장에 그대로 포함되었다. 그러나 사이비 지식인의 경우에 신의 존재를 믿지 않는다는 것이 청년타락의 하위 항목으로 설정된 반면, 지금은 신의 존재부정과 청년타락이 동급으로 설정되었다. 물론 내용도 나라가 공인한 신들의 존재가 아니라 그것과 다른 새로운 영적인 것들을 믿는다는 것으로 변용되었다. 그렇다면 앞으로 변론에서 신의 존재부정과 청년타락 간의 관계가 명확히 드러난 처음 고발과는 달리, 나중 고발에 동급으로 기술된 저 둘의 연관 관계가 해명될 것이다. 또한 나중 고발에서 소크라테스가 신의 존재 자체를 부정하는 무신론자가 아니라 공인된 신이 아닌 다른 영적인 것들을 믿는 이신론자로 간주되고 있다는 점 그리고 그것이 과연 어떤 존재론적 위상을 갖고 있는지도 향후 논쟁의 한 부분으로 남아 있다.

플라톤이 전한 고소 내용은 후에 크세노폰과 디오게네스 라에르티오스의 것과 크게 다르지 않았다. 크세노폰은 《소크라테스의 회상》에서 "소크라테스는 국가가 인정하는 신을 믿지 않고 새로운 영적인 것들을 끌어들이는 불의를 저지르고 있으며, 또 젊은이들을 타락시키는 불의를 저지르고 있다."고 적고 있고, 라에르티오스는 《철학자들의 생애_Vitae Philosophorum_》에서 "피트토스 출신 멜레토스의 아들 멜레토스가 알로페케의 소프로니스코스의 아들 소크라테스를 다음 죄명으로 엄숙하게 고소한다. 소크라테스는 나라가 인정하는 신을 믿지 않고 새로운 영적인 것들을 믿는 죄를 저질렀다. 또 그는 젊은이들을 타락시킨 죄를 저질렀다. 형량은 사형을 제안한다."라고 전하면서 사형이라는 형량까지 포함시켰다. 플라톤이 청년타락 죄를 불경죄 앞에 놓았던 반면, 크세노폰과 라에르티오스는 청년타락 죄를 그 뒤에 놓았으며, 크세노폰은 불법이 아니라 불의를 내세웠다.

소크라테스는 이러한 고소 내용을 배심원과 함께 조목조목 따져보자고 말했다. 그러나 그의 변론은 이 말과 달랐다. 그는 불경죄와 청년타락 죄에 대한 무죄를 변론하지 않았다. 멜레토스를 먼저 불러내긴 했지만, 그를 상대로 자신의 불법을 변론하지 않았다. 오히려 그의 불법을 지적하고 나섰다. "멜레토스야말로 불법을 저지르고 있다고 나는 말하겠습니다." 불법자로 고소된 피고가 불법을 고소한 원고를 불법자라고 주장하는 역전된 상황을 연출했다. 이런 진기하고 흥미로운 상황에서 피고는 원고의 불법 사유 두 가지를 들었다. 하나는 '경솔하게' 사람들을 고소한다는 것, 다른 하나는 그동안 전혀 관심을 두지 않으면서도 대단한 관심을 갖고 있는 척 행세한다는 것이었다. 소크라테스는 그런 그를 "지금까지 전혀 관심을 갖고 있지 않은 것에 대해 수고하고 염려하는 척하고 사람들을 경솔하게 소송에 끌어들이고 진지하게 장난하는 멜레토스"라고 표현했다. 이때 '경솔하게'와 '진지하게'를 대비했다. 또 '진지하게 장난하는'이라는 모순형용인 용어를 사용하면서 멜레토스의 행태를 비꼬며 비난했다. 멜레토스가 청년 교육 같은 중요한 사안을 진담이 아니라 농담으로 대하고 있다는 것, 장난을 가볍고 우습게 하는 것이 아니라 심각하고 진지하게 하고 있다는 비난이었다.

소크라테스는 사람들을 '경솔하게' 소송한 멜레토스의 행위가 설령 법적 차원에서 문제가 없다고 해도, 그의 경박한 행태를 도덕적인 차원에서 비난했을 것이다. 또 평소 청년에 전혀 관심을 갖지 않던 멜레토스가 청년을 위해 애쓰고 걱정하는 척하는 것은 불법은 아닐지언정 하찮은 것도 결코 아니었다. 청년을 국가 미래의 자산으로 생각하는 아테네인에게 청년 교육을 등한시한 사람은 결코 훌륭한 시민일수 없었다. 원고와 피고 그리고 배심원 모두 이런 생각을 공유하고 있었을 것이다. 청년에 대한 무관심은 시민의 도리에 어긋날 뿐만 아니라 무관심을 관심으로 가장하는 멜레토스의 표리부동한 행태는, 그것이 설령 농담이나 장난이었다 해도 도덕적인 비난을 피하기 어려웠을 터였다. 그럼에도 그것을 '진지하게' 했다는 것은 그의 진실성이나 성실성에 문제가 있다는 것을 배심원에게 지적하고 싶었을 것이다. 그는 고소장을 함께 검토하고 함께 검사하자고 한 배심원에게 이번에는 그런 것이 사실임을 보여주겠다고 했다. 이어지는 멜레토스와의 대화에서 소크라테스는 청년교육에 전혀 관심이 없는 멜레토스가 관심 있는 척하고 경솔하게 소송을 걸고 있다는 점을 파헤쳤다. 그가 변론에서 정식으로 문답법을 사용한 것도 이때가 처음이었다.

청년타락 죄

그러니 자, 그들을 보다 훌륭하게 만드는 자가 누구인지 이분들에게 알려주시오. 멜레토스여, 그대가 보다시피, 그대는 침묵하고, 말할 것을 아무것도 알지 못하고 있군요. 이는 부끄러운 일이라고, 그대는 그 일에 전혀 관심이 없었다는 내 주장에 대한 충분한 증거라고 생각하지 않소? 어쨌거나 말해보시오, 누가 그들을 더 좋게 만들지요?
"법률입니다."

문답의 출발점은 아이러니였다. "멜레토스, 말해보시오. 젊은이들이 최대한 훌륭해지는 것이 그대에게 가장 중요한 일이 아니겠소?" 이에 대한 멜레토스의 답은 당연히 "그렇습니다."였다. 그런 다음 소크라테스는 '누가 청년을 훌륭하게 만드는가?'라는 두 번째 질문을 던졌고, 자기편으로 만든 '여기 이분들에게' 말하라고 했다. 그러고는 질문의 답을 기다리지 않고 또 아이러니를 던졌다. "이것은 그대가 관심 갖고 있는 일이니 알게 분명하니 말이오." 계속해서 가시 돋친 말을 이어갔다. "그대가 말하듯이, 그대는 젊은이들을 타락시키는 자로 나를 겨우 찾아내서는 배심원 앞으로 끌고 와 고소했으니 말이오." 반복된 아이러니들, 자신을 '겨우 찾아내서' 법정으로 끌고 왔다는 소크라테스의 말에 멜레토스가 머뭇거리자, 그는 기다렸다는 듯이 "그대는 침묵하고 있고, 말할 것을 아무것도 알지 못하고" 있다고 몰아세웠다. 청년 교육에 관해 알지도 못하면서 관심이 많은 척한다는 비난의 말이었다. 소크라테스는 그것이 곧 "그 일에 전혀 관심이 없었다는 내 주장에 대한 충분한 증거"라고 성급히 단정했다. 그리고 멜레토스의 그런 표리부동한 행태는 '부끄러운' 짓이라고 질책했다. 모두변론에서부터 그가 계속 강조했던, 아테네에서 도덕적으로 강한 비난의 대상이던 부끄러움 혹은 파렴치라는 카드를 꺼내들었다. 멜레토스가 표리부동하고 부끄러운 장난을 진지하고 경솔하게 하고 있다는 말로 배심원을 자극했다.

잠시 숨을 고른 멜레토스는 젊은이를 훌륭하게 만든 것은 '법률'이라고 답했다. 소크라테스의 다그침에 쫓기듯이 말했지만, 나름대로 일리 있는 대답이었다. 법은 훌륭한 신의 명령에 의해 시민들이 고심 끝에 만든 훌륭한 것이었으며, 이 훌륭한 법은 마땅히 청년들을 훌륭하게 만들 것이기 때문이다. 특히 본 재판이 벌어질 당시 아테네 사회에서 법의 역할은 매우 중요했다. 소크라테스의 재판이 열린 기원전 399년은 특별사면령이 내려진 기원전 403년 직후였다. 민주정으로의 복귀 조건으로 스파르타가 제시한 사면령에는 과두정치와 내전 중에 일어난 모든 정치적인 행동에 대해 일절 문제 삼지 않는다는 항목이 포함되어 있었다. 과두정에서 벌어졌던 살육 행위조차도 사면령의 보호 아래 없었던 일로 되었다. 당시 아테네는 법에 의한 화해의 시대가 도래한 상황이었다.

나중 고소인의 고소장 역시 이러한 시대배경을 고려해서 작성되었을 것이다. 그들은 고소 내용에 대해 증거나 증인을 내세우지 않았던 바, 그 역시 사면령 때문이었다. 증거나 증인을 내세워 이전의 죄목을 다시 언급하는 것은 사면령에 저촉되었다. 물론 '젊은이들을 타락시켰다'고 하면 아테네인은 자연스럽게 이전의 일들을 떠올렸을 것이다. 소크라테스의 제자인 알키비아데스가 시도한 정치적인 실책들이나 크리티아스 같은 소크라테스의 주변 인물들이 잔혹한 과두정에 참여했던 것 등을 연상했을 것이다. 그래서 멜레토스와 소크라테스는 그런 것들을 명시적으로 언급할 수 없었고 또 그럴 필요도 없었다. 소크라테스가 자신의 무죄를 적극적으로 입증하는 것이 아니라 원고의 부도덕성을 지적하는 데 집중한 것에는 그런 이유도 있었다.

멜레토스가 청년을 선도하는 주체로 법률을 제시하자, 소크라테스는 그와 같은 비인격적인 것이 아니라 인격적인 주체를 대라고 요구했다. 멜레토스는 주저 없이 "배심원"이라고 말했다. 배심원이 법을 가장 잘 알고 있으니 청년들을 훌륭하게 만든다고 했다. 소크라테스의 계속되는 질문에 멜레토스는 그 자리에 모인 방청인과 평의회 의원들 그리고 민회 의원들 모두가 젊은이들을 선도하는 주체들이라고 답했다. 문답으로 멜레토스를 이렇게 몰고 간 소크라테스는 마침내 자신이 의도한 것에 이르렀다. 자기만이 아테네 청년들을 타락시키고 다른 모든 아테네인들은 청년을 선하고 훌륭하게 만든다는 중간 결론에 도달했다. 그는 이때 자신이 '몹시 불행한 사람'임을 한탄했다. 곧 이와 대비해서 젊은이들의 '커다란 축복'을 말했다. 자신의 불행과 청년의 행복 모두 아이러니였다. 멜레토스와의 문답은 여기에서 끝났고, 소크라테스의 자문자답이 이어졌다. 소크라테스는 말과 조련사를 예로 들며 멜레토스의 주장을 논박했다. 소수의 탁월한 조련사가 말을 조련했을 때 말이 잘 훈련되듯, 소수의 전문가가 아테네 청년들을 선도하지 않겠느냐는 반론이었다.

그러나 여기까지 소크라테스의 논변을 경청한 배심원은 뭔가 이상했을 것이다. 무엇보다도 중간 결론 이후 문답이 더 이상 이루어지지 않았다. 멜레토스의 답은 보이지 않았다. 소크라테스는 멜레토스에게 대답하라는 말을 건성으로 하고는 자기 물음과 주장만 계속해댔다. "그대와 아니토스가 부인하든 시인하든" 간에, 말들만이 아니라 다른 동물들도 마찬가지라고 그는 확신했지만, 그 확신의 근거를 제시하지 않았다. 또 경험적인 예에 불과한 말의 경우가 인간에게 그대로 적용될 수 있는지, 나아가 청년의 경우에도 동일한 결론이 도출될 수 있는지에 대해서도 말이 없었다. 그는 단지 "오직 한 사람만이 젊은이들을 타락시키고 나머지는 모두 이롭게 한다면, 그건 젊은이들에게는 커다란 축복일 것"이라고 말했다. 그리고 바로 최종 결론으로 나아갔다. "멜레토스여, 그대는 젊은이들에게 결코 관심을 두지 않았다는 것을, 그대는 경솔하게 나를 법정으로 끌고 온 일에 대해서는 전혀 관심이 없었다는 것을 분명히 보여주었소."

이와 같은 문답을 통해 소크라테스는 경솔하게 사람들을 소송에 끌어들이는 멜레토스의 경박성, 비진지성, 비사려성, 표리부동성, 비진실성 등을 입증했다고 생각했다. 소크라테스는 멜레토스가 불법을 저질렀다는 것을 '여러분에게도 보여주겠다'고 한 약속 가운데 하나를 지킨 셈이었다. 그러나 청년교육에 관한 멜레토스의 경솔하면서도 진지한 장난, 이를 둘러싼 소크라테스의 약속과 멜레토스의 불법, 이에 대한 소크라테스의 캐물음을 경청한 멜레토스나 배심원은 과연 어떤 생각이 들었을까? 일반적으로 흐른 중간 이후 문답과정에 공정성의 문제와 논리적인 오류 가능성을 지적할 수도 있었을 것이다. 특히 소크라테스 논변의 초점이 멜레토스가 '청년에 관심이 없다'는 것을 보여주는 것이었던 바, 소크라테스는 그것을 멜레토스가 '청년을 훌륭하게 만드는 사람이 누구인지 모르고 있다'고, 그래서 '청년교육의 의미를 알지 못하고 있다'는 것을 증거로 삼아 입증했다. 소크라테스의 입장에서 어떤 것에 '관심을 갖고 있다'는 것은 곧 그것의 의미와 본질을 정확히 '알고 있다'는 것을 뜻했다. 하지만 법정에 있는 사람들은 소크라테스의 말에 선뜻 동의하기 쉽지 않았을 것이다. 의미를 모르면 관심조차 가질 수 없다는 것은, 그래서 앎이 관심에 필수조건이라는 주장은 그들의 상식과 거리가 있었을 것이다. 그래서 그들은 어쩌면 멜레토스가 '진지한 농담'을 한다고 소크라테스가 비난했듯이, 소크라테스가 '경솔한 진실'을 말하고 있다고 생각했을 수도 있었다.

> 아니오, 나는 그대 말이 믿기지 않소, 멜레토스여. 다른 사람들도 믿기지 않을 것이오. 오히려 나는 타락시키지 않거나, 타락시킨다면 본의 아니게 그렇게 하는 것이오. 따라서 어떤 경우든 그대는 거짓말을 하는 것이오.

멜레토스의 불법을 배심원에게 보여주는 데 성공했다고 생각한 소크라테스는 청년타락에 대한 자신의 불법을 변호하는 문답을 시도

했다. 시작하면서 멜레토스에게 제우스에 맹세할 것을 요구했고, 자신의 질문에 성실히 답해줄 것을 주문했다. "악한 시민들 속에 사는 것보다 선한 시민들 속에서 사는 것이 더 좋지 않겠소?" 하고 첫 질문을 던졌다. 멜레토스가 답할 시간도 주지 않은 채 그 질문을 더 단순화시켰다. "이봐요, 대답하시오. 내가 묻는 게 어려운 게 아니니. 악한 자는 때마다 이웃에게 악한 짓을 하지만, 선한 자는 뭔가 좋은 일을 하지 않겠소?" 처음 질문과는 달리 나중 질문은 동어반복이었다. 주어가 술어를 내포하는, 즉 주어인 선인이나 악인 안에 이미 선행이나 악행이 함축되어 있는 분석명제였다. 선인은 선을 행하고 악인은 악을 행한다는 것, 달리 말해 악행을 하는 자는 선인이 아니고 선행을 하는 자는 악인이 아니라는 것은 필연적으로 참인 명제였다. 멜레토스가 당연히 그렇다고 답하자, 소크라테스는 '이웃들에게 해를 당하기를 바라는 사람이 있는가'라는 두 번째 질문을 던졌다. 모든 사람은 이웃에게, 심지어 적에게도 해를 당하길 원치 않는다는 것은 앞의 것과 달리 술어가 주어 안에 내포되지 않은 종합명제였다. 따라서 그것은 개연적인 진리였다. 아마 이런 의미에서 첫 번째 질문의 경우, 소크라테스는 '어려운 질문'이 아니니 즉답을 요구했던 반면, 두 번째 질문에는 '법도 대답을 요구'하고 있다고 했을 것이다. 법의 명령이라는 소크라테스의 채근에 멜레토스는 해를 당하길 원하는 사람은 물론 없다고 답했다.

두 개의 예비 문답을 자신의 생각대로 마친 소크라테스는 본 문답을 시도했다. "좋아요, 그대는 내가 젊은이들을 타락시키고 더 악하게 만든다고 나를 여기 법정에 세웠는데, 내가 고의로 그렇게 하나요, 아니면 본의 아니게 그렇게 하나요?" 일반적인 사례에서 구체적인 것으로 질문을 변형시켰다. 소크라테스는 '젊은이들을 악하게 만들었다' 혹은 '젊은이들에게 악행을 가했다'는 고소 이유를 거론하면서 그 악행의 고의성 여부를 따졌다. 멜레토스는 당연히 고의라고 답했다. 소크라테스는 이것으로 본 문답을 끝냈다. 그리고 자기 말만 늘어놓았고, 멜레토스가 거짓말을 한다고 성급히 단정했다. 앞의 문답과 마찬가지로 소크라테스는 멜레토스의 생각을 더 이상 묻지 않았다.

본 문답은 의외로 간단했다. 소크라테스는 자신이 '청년을 타락시키지 않았다'는 것이 아니라 '청년을 타락시켰다'는 것을 전제했고, 그것의 고의성 유무를 따지는 방향으로 문답을 끌어갔다. 고의로 악을 행했다는 멜레토스의 말에 소크라테스는 발끈했고, 젊은 멜레토스가 늙은 자기보다 더 지혜로운지를 따져 물었다. 여기서도 또 모두변론에서도 자신의 '나이'는 그의 애용 수단이었다. 아니 전가의 보도였다. 그는 그때마다 논리보다 감정에 기댔다. 노년이 청년보다 지혜롭다는 것, 지혜는 연륜에 비례한다는 통념을 거론하며 멜레토스를 압박했고 배심원을 자극했다. 그리고 "악한 자는 가장 가까운 이웃에게 악행을 하고 선한 자는 선행을 한다"는 것을 젊은 멜레토스도 알고 있는데, 노년의 자신이 "내 주변사람들 가운데 누군가를 나쁘게 만들면 그에게 해코지 당할 위험이 있다는 것조차" 모르겠느냐고 따져 물었다. 소크라테스는 멜레토스에게는 첫 번째 예비 질문을, 자신에게는 두 번째 예비 질문을 적용했다. 배심원이 보기에, 멜레토스가 아는 것과 자기가 모르는 것을 갖고 지식의 많고 적음을 따지는 것은 온당치 않았을 것이다. 게다가 자신에게 적용한 말이 앞의 예비 문답과 제대로 부합하는지도 분명치 않았을 것이다. 악인은 해를 당한다고 말했지만, 그가 예비 문답에서 확인한 것은 악인은 악을 행하고, 해를 당하기를 원하는 사람은 아무도 없다는 것뿐이었기 때문이다.

소크라테스는 악을 행하면 해를 당한다는 것을 아는 노년의 자신이 '고의로 화를 자초'했겠느냐고 반문했다. 그는 멜레토스의 답을 기다리지 않았다. 그리고 그가 하지도 않은 말을 자기는 믿을 수 없다고 반박했다. 또 자신뿐 아니라 다른 사람들도 그럴 것이라고 예단했다. 마침내 멜레토스를 거짓말쟁이로 몰아세웠다. "오히려 나는 타락시키지 않거나, 타락시킨다면 본의 아니게 그렇게 하는 것이오. 따라서 어떤 경우든 그대는 거짓말을 하는 것이오." 지금까지 소크라테스의 논변은 이랬다. '모든 사람은 해를 받길 원하지 않는다. 악을 행하는 자는 해를 받는다. 나는 해를 받기를 원치 않고, 그래서 악을 행하지 않았다. 그러므로 나는 청년을 타락시키지 않았거나, 적어도 고의로 타락시키지 않았다.' 소크라테스는 이 논변을 근거로 멜레토스가 경솔하게, 아니 모욕을 주려고 자신을 법정으로 불러냈다고 주장했다. 멜레토스의 부도덕성을 또 한 번 힐책했다.

더 나아가 고의성이 없는 악행의 경우에 법은 처벌이 아니라 가르침과 훈계를 요구할 것이라 했다. 고의로 행하지 않은 잘못은 법적인 처벌이 아니라 사적인 훈육의 대상이라는 주장이었다. 가르침을 통해 무지를 깨우친다면 모든 사람은 고의적인 악행을 하지 않을 것이라 했다. 그럼에도 멜레토스는 가르치기는커녕 고소했다고 했다. 이 대목에서 소크라테스의 주장은 이랬다. '모든 인간은 고의로 악행을 하지 않는다. 누가 악을 저지른다면, 그것은 고의가 아닌 무지의 결과일 뿐이다.' 이런 입장은 앎과 행위가 별개가 아니라는 지행합일에 있었다. 소크라테스는 악행인지 알면서 혹은 믿으면서 악을 저지를 수 있다는 것을 인정하지 않았다. 그에게 악 그 자체는 선택의 대상이 아니었다. 그럼에도 악을 저지르는 것은 '선의 무지'로 인해 '선으로 보이는 것'을 '선이라고 착각'한 결과일 뿐이었다. 그러므로 소크라테스는 선을 올바로 알고 있다면 악을 행하지 않는다는 주지주의主知主義 입장에 서 있었다.

그러나 '소크라테스의 역설Socrates's Paradoxes'이라 불리는 그의 이런 입장은 그 당시부터 끊임없는 논쟁거리였다. 아이스킬로스와 소포클레스와 더불어 그리스 3대 비극시인으로 꼽힌 에우리피데스가 기원전 431년에 상연한 〈메데이아Medeia〉에서 메데이아가 잘못을 알면서도 자식들을 죽이려 했던 것처럼, 악인지 알면서도 악을 행하는 것이 대중의 통념이었다. 몇 세기 뒤 로마 시인 오비디우스는 소크라테스의 주지주의가 아니라 대중의 상식에 손을 들어주었다. 그는 메데이아의 입으로, 17세기 스피노자 또한 즐겨 애용했던 시구 하나를 던졌다. "나는 더 좋은 것을 보고 인정하면서도, 더 나쁜 것을 따르는구나." 사도 바울도 다르지 않았다. 악인지 알면서도 행하는 것이 인간이라고 했다. 그것이 '인간의 약함'이고 유한한 인간의 조건이라 했다. 바울이 복음의 강함을 강조하기 위해 인간의 약함을 강조했다고 해도, 이런 입장이 종교에만 있는 것은 물론 아니다. 그것은 지성적인 앎이 인간의 행위를 규정할 수 있다는 주지주의적 입장에 반기를 들면서 인간의 현행적인 본질은 지성이 아니라 오히려 욕망에 있다는 주의주의主意主義에 근거한 것이다. 그러나 소크라테스는 이에 대해 단호했다. 인간 지성이 욕망, 충동, 욕구 등에 의해 결코 무너지지 않는다고 확신했다. 지성이 욕망의 노예가 아니라 욕망이 지성의 지배를 받는다고 믿었다. 지성적인 앎은 인간의 행위를 훌륭한 방식으로 규정할 수 있는 역량을 갖고 있기 때문에, 지성이 욕망의 충동에 지배될 수 있다는 주의주의적인 대중의 견해를 거부했다. 지성, 지혜혹은 덕이 충분히 함양된 사람은 결코 정념의 노예가 되어 강제적으로 악을 행하는 일은 없다고 생각했다. 악인 줄 알면서 충동적으로 악을 행한다는 것은 소크라테스에게 '원칙적으로' 불가능한 것이었다.

불경죄

"그렇지요. 당신은 신들을 전혀 믿지 않는다는 것, 바로 이겁니다."

멜레토스여, 그대는 참 이상하구려. 대체 무슨 말을 하려는 것이오? 그럼 내가 남들처럼 해와 달을 신들로 인정하지 않는다는 것이오?

"제우스에 맹세코, 그렇습니다, 배심원 여러분. 그는 해를 돌이라 하고,

달을 흙이라 하니까요."

친애하는 멜레토스여, 그대는 지금 아낙사고라스를 고소한 것으로 생각하시오?

원고의 두 번째 고소 내용은 소크라테스가 '나라가 인정하는 신들이 아니라 다른 새로운 영적인 것들을 믿는다'는 것이다. 소크라테스는 이에 대한 반론에서 첫 번째 고소 내용과 연결시켜 문답했다. '새로운 신들을 믿으라고 가르침으로써 젊은이들을 타락시켰느냐'는 것이다. 첫 번째 죄목에 대한 반론이 성공적으로 끝났다면, 두 번째 죄목에 대한 반론을 이렇게 시작하는 것이 배심원 설득에 효과가 있을 것이다. 배심원이 소크라테스가 젊은이들을 타락시키지 않았거나 고의적으로 그런 게 아니라는 사실을 받아들였다면, 타락의 방법이나 내용이 거짓이라는 것도 설득하기 쉬웠을 것이다. 다른 한편 고소인의 입장에서도 불경과 청년타락을 연결시킨 것이 전략이었을 것이다. 청년타락만 갖고는 고소 이유가 부족했고, 그래서 그것을 불경죄와 연결해서 고소했을 것이다. 아마도 재판의 관건은 지금 다루는 불경죄 다툼에 있다는 것, 소크라테스도 이런 사실을 잘 알고 있었고, 그래서 그 역시 그 둘을 함께 다뤘을 것이다. 또 불경에 관한 반론이 청년타락의 것과 양적으로 질적으로 적지 않은 차이를 보이는 것도 그 때문이었을 것이다.

소크라테스의 질문에 멜레토스는 그렇다고 답했다. 이에 대한 소크라테스의 첫 말은 매우 단호했다. "지금 우리가 말하고 있는 바로 이 신들께 맹세코, 나와 여기 있는 분들에게 보다 분명히 말해주시오. 어느 것이 그대가 말하는 것인지 알 수 없기 때문이오." 나라가 인정한 신들을 믿지 않아 고소당한 피고가 오히려 원고에게 그 신들에게 맹세하고 말할 것을 요구하는 형국이었다. 그리고 여전히 '여기 있는 분들'은 피고의 편이자 원고의 상대였다. 그러면서 소크라테스는 문제의 요점이 무엇인지를 먼저 정리했다. "내가 어떤 신들이 있다고 믿도록 가르치지만, ― 그러면 나 자신이 신들이 있다는 것을 믿고 있으니 결코 무신론자는 아니고, 이 점에서 나는 죄를 지은 게 아니라오. ― 그 신들은 국가가 인정하는 신들이 아니라 다른 신들인지라, 이것이 바로 그대가 나를 고소한 죄인가요, 아니면 내가 신들을 전혀 믿지 않고 남들에게도 그렇게 가르친다는 것인가요?" 그는 불경죄를 둘로 구분했다. 공인된 신들을 믿지 않거나, 아니면 신들 자체를 믿지 않는 것이다. 전자는 이신론자, 후자는 무신론자이다. 그런데 어찌된 영문인지 멜레토스는 소크라테스가 고소장에 적시된 이신론자가 아니라 무신론자라고, "당신은 신들을 전혀 믿지 않는다."고 답했다. 소크라테스에게도 이것은 상당히 의외였을 것이다. 그래서 멜레토스가 무슨 말을 하려는 것인지 '이상'하다고 했다. 이런 이유 없는, 이상한 반전을 통해 소크라테스의 논변은 자신이 무신론자가 아님을 입증하는 데 모아졌다.

이후부터 소크라테스는 처음 고발인이 유포했던 '하늘의 것을 탐구하는 자연철학자'라는 선입견을 중심으로 문답을 진행했다. 무신론자라는 말에 그는 바로 물었다. "그럼 내가 남들처럼 해와 달을 신들로 인정하지 않는다는 것이오?" 멜레토스는 소크라테스의 요구대로 제우스에 맹세하며 말했다. "제우스에 맹세코, 그렇습니다, 배심원 여러분. 그는 해를 돌이라 하고, 달을 흙이라 하니까요." 그런데 소크라테스가 물었건만, 그의 말은 소크라테스가 아닌 배심원을 향했다. 배심원을 납득시키는 것이 고소한 그에게도 관건이었겠지만, 그가 지금 배심원에게 말한 것은 다른 이유가 있었을 것이다. 앞에서 소크라테스가 처음 고발의 핵심인물로 지목한 아리스토파네스의 〈구름〉을 다루면서 지적했듯이, 멜레토스는 배심원의 기억에 여전히 태양의 신과 달의 신을 인정하지 않았던 〈구름〉의 소크라테스가 있을 것으로 기대했을 것이다. 그러자 소크라테스는 당대 유명한 자연철학자였던 아낙사고라스를 직접 거명하며 응수에 나섰다. "그대는 지금 아낙사고라스를 고소한 것으로 생각하시오?" 태양이 돌이고 달이 흙이라는 것은 아낙사고라스의 주장이라는 말이었다. 그리고 그와 한동안 교분을 나눈 적은 있었지만, 그의 무신론적인 주장에 동조하지 않았음을 직접 해명하고 나섰다.

소크라테스는 아리스토파네스에 이어 아낙사고라스를 단 한번 거명했다. 그러나 이 두 사람이 변론에서 갖는 무게는 결코 만만치 않았다. 또 이 둘은 서로 연관되어 있었다. 〈구름〉의 소크라테스가 자연철학자로, 그래서 무신론자로 간주되었던 것도 아낙사고라스의 영향 때문이었을 것이다. 아낙사고라스는 탈레스로부터 시작되었다는 이른바 '소크라테스 이전'의 자연철학자들 가운데 끝부분에 있는 인물이었다. 기원전 500년에 그리스 식민지였던 소아시아 클라조메나

이에서 태어난 그는 페리클레스의 주도 아래 아테네가 가장 번영한 시기인 기원전 460년경에 아테네에 도착해서 페리클레스와 친분을 맺었다. 나중에 소크라테스도 이 그룹의 일원으로 아낙사고라스와 만났을 것이다. 당시 아테네는 철학자로 명명되었던 자연과학자가 생소한 도시였던 바, 이오니아 철학으로 무장된 아낙사고라스의 출현은 아테네 정신문화에 적지 않은 충격을 주었을 것이다. 아테네인은 만물의 주재 원리로 지성nous을 제시한 그에게 '지성'이라는 조롱조의 별명을 붙여주었고, 그는 결국 무신론자로 간주되어 불경죄로 사형을 선고받아 아테네에서 쫓겨났다. 그의 죄목은 천체가 신들이 아니라 붉고 뜨거운 바위라고 믿었다는 것이었다.

소크라테스는 이런 아낙사고라스를 잘 알고 있었다. 심지어 한때 자연철학에 심취했고, 아낙사고라스의 철학에 깊은 매력을 느낀 바 있다고 술회했다. 플라톤의 《파이돈Phaidon》에서 케베스와 영혼의 불멸성을 논하는 대목이다. "그렇다면 내 이야기를 들어보게, 케베스. 젊었을 때 나는 자연탐구라고 불리는 지혜에 몹시 열중한 적이 있네. 개개의 사물이 생성하고 소멸하고 존속하는 원인을 안다는 것이 내게는 대단한 일로 보였기 때문이지." 소크라테스는 분명 여러 자연철학자들의 이론을 깊이 탐구했을 것이다. 그 중에는 아낙사고라스의 제자이자 소크라테스와 상당한 교분을 나누었던 인물로, 열기와 냉기가 일종의 발효작용을 일으킬 때 생물들이 생성된다고 주장한 아르켈라오스도 있었다. 하지만 생성과 소멸의 원인을 물질에서 찾은 자연철학자들과의 만남은 그리 오래가지 않았다. 소크라테스는 케베스에게 말했다. "마침내 그런 종류의 고찰에는 내가 전혀 소질이 없다는 것을 확신했다네. 이에 대해 자네에게 명백한 증거를 대겠네. 나 자신이 생각하기에도 남들이 생각하기에도 전에는 내가 확실히 아는 것이 더러 있었지만, 이런 고찰로 나는 완전히 눈이 멀어 사람이 성장하는 이유가 무엇이냐를 포함하여 내가 전에는 안다고 생각했던 것들마저 잊어버렸단 말일세."

이런 절망 끝에 만난 것이 아낙사고라스의 철학이었다. 소크라테스는 아낙사고라스가 생성과 소멸의 원인을 '지성'에서 찾는 것에 새로운 희망을 가졌다. "그러고 나서 하루는 누가 아낙사고라스가 썼다는 책을 한 구절 읽는 것을 들었는데, 그에 따르면 만물에 질서와 원인을 부여하는 것은 지성이라는 것이었네. 나는 그러한 설명이 마음에 들었고, 지성이 만물의 원인이라는 것이 어떤 의미에서는 옳아 보였네. 그래서 그런 설명이 맞는다면 지성이야말로 만물에 질서를 부여하고 개개의 사물을 그것에 가장 좋은 방법으로 정돈하리라고 생각했네." 그래서 소크라테스는 아낙사고라스를 스승으로 생각했다. "사물의 원인을 가르쳐줄, 내 마음에 드는 스승이 되어줄 수 있으리라고 생각하니 마음이 흐뭇했네." 하지만 소크라테스가 아낙사고라스에게 원한 것은 자연 원인의 탐구에 있지 않았다. 다른 자연철학자들이 아닌 아낙사고라스를 스승으로 선택한 이유는 물질적인 자연의 영역뿐만 아니라 인간 삶에서 최선의 상태가 무엇인지를 아낙사고라스가 제시할 수 있을 것으로 믿었기 때문이다. "나는 그가 개별 현상과 우주 전체에 대한 원인을 제시한 다음 각자에게 무엇이 최선이며, 모두에게 무엇이 공동선인지 설명해줄 줄 알았지. 그래서 아무리 많은 돈을 준다 해도 이런 희망을 단념하고 싶지 않았던 나는 무엇이 최선이며 무엇이 최악인지 되도록 빨리 알기 위해 서둘러 서책들을 구해가지고 되도록 빨리 읽었네." 아낙사고라스의 책들을 두루읽고 난 후 소크라테스의 희망은 절망으로 변했다. "그러나 여보게, 이 놀라운 희망은 금세 사라지고 말았네. 책을 읽어가면서 나는 그가지성을 활용하여 사물에 질서를 부여하는 것은 지성의 소관이라고설명하기는커녕 대기, 아이테르, 물, 그 밖의 온갖 이상한 것을 그 원인으로 내세우는 것을 보았기 때문이지." 아낙사고라스에 대한 절망이 소크라테스가 "원인을 찾아 나름대로 두 번째 항해"로 나아가는, 즉 자연탐구에서 인간탐구로 전환하는 중요한 계기로 작동했다.

소크라테스는 처음 고발에 대한 변론에서 아리스토파네스 카드로 비방 소문의 정체를 해명할 때, 자신이 자연철학자가 아님을 입증하는 데 아낙사고라스를 끌어들일 수도 있었다. 하지만 그때 그는 아낙사고라스라는 이름을 일절 입에 담지 않았다. 그저 천상의 것들과 지하의 것들을 탐구하는 자들 및 이들의 지혜를 언급하면서 자신은 이런 것들과 거리가 멀다고만 주장했다. 소크라테스는 이제 나중 고발에서 자신이 무신론자가 아님을 보여주기 위해 아껴둔 아낙사고라스 카드를 사용할 참이었다. 그래서 멜레토스를 상대로 한 이후 변론의 중심에 아낙사고라스를 가져왔다. 그는 멜레토스를 '친애하는 멜레토스'라고 부르면서 물었다. 아이러니였을 것이다. 그리고 멜레토스가 배심원의 동의를 구하면서 답했듯이, 소크라테스도 배심원의 심사를 헤아리면서 물었다. "그대는 여기 배심원들을 업신여기고, 이분들이 클라조메나이 출신 아낙사고라스의 책들이 그런 말로 가득차 있다는 것도 모를 정도로 문맹자라고 생각하시오?" 그런 무신론적 주장이 아낙사고라스의 것임을 배심원들도 익히 알고 있을 터, 멜레토스의 말은 배심원을 아낙사고라스의 저서를 읽을 줄도 모르는 '문맹자'로 비하하는 것과 다름없다는 것이다. 소크라테스는 해와 달이 돌과 흙이라고 말하지 않았다는 사실을 입증하기 위해 배심원을 증인으로 내세운 셈이었다.

그의 두 번째 증인은 아테네의 젊은이들이었다. 젊은이들도 그런 사실을 알고 있다는 것이다. "그리고 그대는 정말 젊은이들이 그런 것을 나에게 배운다고 생각하시오? 그런 것은 그들이 가끔 책방에 들러 1드라크메만 주면 살 수 있고, 소크라테스가 그런 것을 자기 것이라고 주장한다면, 특히 그런 것이 그렇게 터무니없는 것이면 소크라테스를 비웃을 텐데도 말이오." 자신이 젊은이들에게 해와 달을 돌과 흙이라고 가르치지 않았다는, 정확히 말해 청년들이 그것을 자기에게 배울 필요가 없었다는 이유 두 가지를 제시했다. 하나는 아낙사고라스의 책들은 마음만 먹으면 저렴한 가격으로 손쉽게 구해서 읽을 수 있다는 것이다. 다른 하나는 그렇게 쉽게 알 수 있는 내용을 자기 것이라 주장한다면, 게다가 그것이 그렇게 당치도 않은 것이라면 청년들의 비웃음을 살 것이 뻔할 터, 자기가 왜 그런 어리석은 짓을 하겠느냐는 말이다. 이 말을 끝내자마자 소크라테스는 아직도 자기가 무신론자라고 생각하는지 재차 물었다. "내가 어떤 신의 존재도 믿지 않는다는 것이오?" 멜레토스는 제우스에 맹세하면서 그렇다고 답했다. "그럼요. 제우스에 맹세코, 당신은 전혀 믿지 않습니다."

앞의 두 가지 이유를 포함해 소크라테스가 제시한 논변은 멜레토스에게 전혀 먹히지 않았다. 그 까닭은 둘 중에 하나였을 것이다. 소크라테스의 논변 자체가 멜레토스에게 설득력이 없었거나, 아니면 멜레토스가 처음부터 아예 작정하고 그의 말을 들으려 하지 않았을 것이다. 소크라테스의 생각은 후자였다. "멜레토스여, 나는 그대 말이 믿기지 않소. 내가 보기엔 그대 스스로도 그럴 것이오." 소크라테스는 물론 이에 대해 근거를 말하지 않았다. 그는 말장난하며 비아냥거렸다. 자기가 신의 존재를 믿지 않는다는 멜레토스의 말을 두고, 자기도 멜레토스의 말이 믿기지 않는다고 했다. 그런 후 더 이상 멜레토스를 상대하지 않았다. '아테네인 여러분'에게 시선을 돌리면서 멜레토스에 대한 자신의 생각을, 아니 느낌을 말했다. "아테네인 여러분, 이 사람이 이렇게 오만방자한 걸 보니, 순전히 오만방자하고 젊은 혈기로 나를 고소한 것 같습니다." 소크라테스의 말에는 분명 감정이 가득 실려 있었다. 아니 문답을 시작할 때부터 그의 아이러니에는 불편한 심기가 담겨 있었다. 젊은 혈기 하나로 죄 없는 사람을 소송에 끌어들이는 경솔하고 표리부동한 존재였던 멜레토스는 이제 오만방자한 인물이 되었다.

본 문답을 끝내면서 소크라테스는 오만방자한 젊은 친구를 "수수께끼를 들고 시험하려는 사람"으로 취급했다. 그가 즐겨 사용한 어법 가운데 하나가 '수수께끼'였다. 델포이 신탁을 '수수께끼'로 간주했듯이, 어린 친구가 나잇살 먹은 사람에게 그리고 지엄한 배심원에게 말도 안 되는 수수께끼로 농담질을 하고 있다는 것이다. "현자 소크라테스는 내가 장난으로 앞뒤가 맞지 않는 말을 한다는 것을 과연 알아낼까, 아니면 내가 그와 방청인들을 감쪽같이 속일 수 있을까 하고 말입니다." 경솔하고 오만방자한 멜레토스가 청년교육과 경건이라는 중대 사안을 두고 앞뒤가 맞지 않는 '장난'을 하고 있다는 식으로 변론을 몰고 갔다. "이 사람이 고소장에서 앞뒤가 맞지 않은 말을 하는 것으로 보이기 때문입니다. '소크라테스는 신들을 믿지 않으면서 신들을 믿기 때문에 죄를 지었다'라고 말입니다. 하지만 그것은 말장난일 뿐입니다." 어쨌든 이로써 소크라테스는 무신론을 가르치며 청년을 타락시킨다는 멜레토스에 대한 변론을 끝냈다. 그러나 만일 멜레토스가 고소장에 적시된 대로 소크라테스를 무신론자가 아니라 이신론자라고 답했다면, 소크라테스의 논변은 확연히 달라졌을 것이다.

소크라테스가 멜레토스를 상대한 변론에서 자기편으로 끌어들인, 또 본의 아니게 증인으로 지목된 배심원은 그 상황을 어떻게 보았을까? 소크라테스의 논변을 어떻게 생각했을까? 이를테면 청년들이 아낙사고라스의 책들을 손쉽게 접할 수 있다는 것이, 청년들이 비웃을 수 있다는 것이 소크라테스가 청년들에게 아낙사고라스의 주장을 가르치지 않았다는, 즉 청년들이 그것을 배울 필요가 없었다는 것에 대한 타당한 근거라고 생각했을까? 또 그가 아낙사고라스의 이론을 '자기 고유의 것'이라고 주장함이 없이도 얼마든지 가르칠 수 있다고 생각하지는 않았을까? 나아가 멜레토스를 젊은 혈기로 오만방자한 젊은이라고 비난한 소크라테스의 행태를 두고 어떤 생각이 들었을까?

> 그럼 그대가 인정하듯이 내가 영들을 믿고, 이것들이 일종의 신이라면, 그대는 내가 앞에서 말했듯이 수수께끼로 장난을 하는 것이오. 내가 신들을 믿지 않는다고 했다가, 내가 영들을 믿으니 신들을 믿는다고 말하기 때문이오.

젊은 혈기로 장난말을 일삼고 있다고 비난한 소크라테스는 그것이 왜 멜레토스의 경솔한 말장난에 불과한 것인지 배심원과 더불어 따져보겠다고 했다. 마찬가지로 그는 원고를 제외한 법정 사람들을 자신의 우군으로 끌어들였다. "그러면 여러분, 함께 살펴봅시다. 어째서 그가 그런 말을 하는지. 내게는 이렇게 보입니다. 멜레토스여, 우리에게 대답해주시오." 그리고 모두변론에서도 그랬듯이, 자신의 일상어법으로 변론을 하더라고 소란을 피우지 말 것을 방청객에게 재차 당부했다. 그의 일상어법은 지금까지 해온 문답법이었을 것이다. 또 멜레토스가 앞 문답에서 딴전 폈다고 생각했던지, 그가 그렇게 하지 못하도록 해달라고 배심원에게 당부했다.

이신론자라는 원고의 고소 이유를 무신론자로 탈바꿈하게 만든 그는 종국에 '소크라테스는 신을 믿지 않고 동시에 신을 믿는다'는 모순된 주장으로 변형시켜 반박할 것이다. 그런 소크라테스적 논증 전략은 이른바 실체와 현상의 인과적 상호 연관성에 근거했다. 소크라테스는 인간에 관한 것들과 인간, 말에 관한 것들과 말, 그리고 피리에 관한 것들과 피리 연주자를 연결시켰다. 인간에 관한 것들, 말에 관한 것들, 그리고 피리에 관한 것들이라는 결과가 존재한다면 혹은 존재한다고 믿는다면, 원인으로서의 인간, 말, 그리고 피리 연주자도 존재한다는 혹은 존재한다고 믿어야 한다는 것이다. 이런 인과적 논증이 타당하기 위해서는 우선 결과에 해당하는 것이 참이어야 하고, 또 결과와 원인이 서로 필연적으로 결합되어 있음을 입증해야 한다. 그러나 경험명제가 그렇듯이, 인간에 관한 일들이 있다는 것은 경험적인 사실에 불과하고, 그것과 인간 간의 결합 역시 필연적인 것은 아니었다. 따라서 소크라테스가 이런 실례를 통해 '영적인 것들이 있다는 걸 믿으면서 영들이 있다는 것을 믿지 않는 사람은 없다'는 결론을 도출한다 해도, 그것은 경험적인 진리에 불과했다. 그것을 '믿지 않는 사람은 없다'는 소크라테스의 말 또한 그것이 필연적인 진리가 아니라는 사실을 반증하는 것이었다. 왜냐하면 내일 태양이 뜬다는 것을 '믿지 않는 사람은 없다'고 해서 내일 반듯이 태양이 뜨는 것은 아니기 때문이다. 그래서 소크라테스의 주장은 필연적이거나 보편적인 것이 아니었다. 문답과정에서 소크라테스의 질문에 멜레토스가 아무 대답도 하지 않았던 것도, 그래서 소크라테스가 "이봐요, 아무도 없을 것이오."라고 자답한 것도 그런 이유 때문이었을 것이다.

멜레토스가 침묵하자, 소크라테스는 "영적인 것들이 있는 걸 믿으면서 영들이 있다는 것을 믿지 않는 사람이 있소?"라는 물음만은 반듯이 대답할 것을 강요했다. 이에 멜레토스는 '없다'고 쫓기듯이 한마디로 답했다. 긴장감 넘치는 이 문답이 논변의 핵심이라는 것을 소크라테스와 멜레토스 모두 알고 있었을 것이다. 소크라테스는 이 상황을 이렇게 표현했다. "여기 배심원들의 강요에 못 이겨 마지못해 대답하긴 했지만 어쨌거나 고맙소이다." 소크라테스는 멜레토스의 마지못한 긍정의 답을 갖고 마침내 '영적인 것들을 믿고 가르친다'는 원고의 고소 이유를 반박하기 시작했다. '영적인 것들'의 존재에 대한 믿음은 '영들' 자체의 존재에 대한 믿음과 필연적으로 결합되어 있다고 주장했다. 이에 대해 멜레토스가 또다시 침묵하자, 소크라테스는 성급히 멜레토스가 동의한 것으로 간주하겠다고 했다.

　이러한 소크라테스의 해석은 현상이 있으면 그 원인인 실체가 필연적으로 있어야 한다는, 달리 말해 실체가 없는 현상은 있을 수 없다는, 이른바 실체론적 입장에 근거한 것이었다. 그렇지만 그것은 현상의 원인으로서의 실체를 인정하지 않는 현상론적 입장에서는 동의할 수 없는 주장이었다. 영적인 현상들이 있다고 해서 영이라는 실체가 있어야만 한다는 주장은 '양태는 실체 안에서만 존재할 수 있다'는 형이상학적 원리를 기반으로 해서만 가능한 것이다. 하지만 그 원리는 일종의 공리에 해당될 것이고, 따라서 경험적으로도 선험적으로도 증명될 수 없는 명제이기 때문이다. 나아가 영적인 현상의 존재에서 영 자체의 존재를 끌어낸다 해도, 영이 존재한다는 것을 아는 것과 존재하는 영을 믿는 것은 또 다른 문제였다. 전자가 앎 혹은 학문의 문제라면, 후자는 믿음 혹은 신앙의 문제이기 때문이다.

어쨌든 소크라테스는 존재하는 영들의 믿음에서 존재하는 신들의 믿음으로 나아갔고, 이를 통해 자신에 대한 멜레토스의 무신론적 반박을 다시 반박했다. 그의 반박은 다음 질문에서 시작했다. "우리는 영들을 신이거나 신의 자식으로 여기지 않소? 그렇소, 아니 그렇소?" 소크라테스의 다그침에 멜레토스는 긍정했다. "물론 그렇지요." 멜레토스에게 긍정의 답을 얻어낸 소크라테스는 영들이 신 자체일 경우와 신의 자식일 경우를 각각 검토했다. 그리고 어렵지 않게 원하는 결론에 도달했다. 영들이 단적으로 신, 아니 '일종의' 신이라는 것을 인정한다면, 영적인 것들이나 영들을 믿으면서 신들을 믿지 않는다는 것은 자기모순이라고 주장했다. 그래서 멜레토스가 앞뒤 맞지 않는 말을 늘어놓고, 장난삼아 수수께끼로 배심원을 희롱한다는 것이었다. "그대는 내가 앞서 말했듯이 수수께끼로 장난을 하는 것이오. 내가 신들을 믿지 않는다고 했다가, 내가 영들을 믿으니 신들을 믿는다고 말하기 때문이오."

소크라테스는 영들이 신 그 자체가 아니라 신의 자식일 경우에 추가 장치를 마련했다. 신화 혹은 전설의 장치이다. "요정이 낳았든 전해 내려오는 대로 다른 누가 낳았든 간에 영들이 신의 서자들이라면," 부모 없는 자식 없듯이 신 없는 영들이 있을 수 있겠냐고 반문했다. 이를테면, 노새의 존재를 믿으면서 말과 당나귀의 존재를 믿지 않는 사람이 '세상에' 어디 있겠냐는 것이다. 앞에서와 마찬가지로 그것을 '믿지 않는 사람은 없다'는 것이다. 고소 이유의 불합리성을 증명해 보인 후, 소크라테스는 멜레토스의 고소가 장난이거나, 아니면 "고소할 만한 진짜 죄목을 찾아내지 못해" 억지로 한 것이라 단정했다. 그런 다음 원고의 설득능력을 다시 한 번 거론했다. "같은 사람이 한편으로는 영적인 것들과 신적인 것들을 믿고, 다른 한편으로는 영들도 신들도 영웅들도 믿지 않을 수 있다고 그대가 아무리 설득해도," 그래서 자기가 신이 아니라 영적인 것들을 믿고 있다고 아무리 설득해도, "분별력이 조금이라도 있는 사람이라면" 결코 설득되지 않을 것이라 단언했다.

이 문답 과정에서 눈에 띄는 것이 몇 가지 있다. 무엇보다 문답 상대인 멜레토스가 그 어느 때보다 대답을 많이 망설였다는 점이다. 그는 이 문답에서만 두 번 침묵했다. 그리고 소크라테스의 다그침에 못 이겨 마지못해 대답하는 모습을 보였다. 질문이 어려워서가 아니라 그 내용이 논변의 핵심이기 때문에 어설픈 대답을 할 수 없었을 것이다. 주저하는 멜레토스를 대신해 소크라테스는 스스로 답을 제시하거나 멜레토스가 동의한 것으로 간주하고 자기가 의도한 쪽으로 문답을 끌고 나갔다. 그런데 만일 '영적인 것들이 있다는 것을 믿는 사람은 영들이 있다는 것을 믿어야 한다'는 것은 접어두더라도, 멜레토스가 '영들은 신이거나 신의 자식이다'라는 전설이나 신화의 주장에 동의하지 않았다면, 논변은 소크라테스가 의도한 대로 흘러가지 않았을 것이다.

논변의 흐름을 좌우할 이 대목에서 소크라테스는 사실 상당히 조심스럽게 물었다. "우리는 영들을 신이거나 신의 자식으로 여기지 않소? 그렇소, 아니 그렇소?" 문장이 부정문이었고, 주어는 '우리'였으며, 동사가 '여기다'였고, '그렇소, 아니 그렇소'라는 다그침이 이어졌다. 이런 측면에서 그 물음은 묻는 자에게도 그 답이 그렇게 확실치는 않았을 것이다. 그러나 답변자는 질문자의 입장을 제대로 파악하지 못한 채 서둘러 긍정의 답을 주었고, 질문자는 다음 물음에서 곧바로 '그대가 인정했듯이'라는 말로 답변자가 취할 수 있는 운신의 폭을 좁혀놓았다. 소크라테스가 조심스럽게 질문한 것도, 멜레토스가 답변을 끝내 거부하지 않은 것도 그 내용이 사회 통념에 어긋나는 것은 아니었기 때문이다. 영들이 신의 자식일 경우, 소크라테스는 신화나 전설 혹은 시적 이야기에 의거해 자신의 주장을 입증하려 했다. 그렇다면 그저 전통에 의거해 그저 상식적인 확실성을 가질 뿐인 그런 주장에 대해 상대의 동의를 구하고자 하는 소크라테스의 처지에서는 실로 조심스러울 수밖에 없었을 것이다. 그리고 사회적인 통념에 익숙한 멜레토스가 그것을 인정하는 것은 크게 어렵지 않았을 것이다.

그러나 만일 질문자와 답변자가 '영들은 신의 자식'이라는 사실에 대해 합의하지 않았다면, 그것은 '영적인 것들을 믿는 사람은 영들을 믿어야 한다'는 주장과 마찬가지로 논란이 되었을 것이다. 플라톤의 《향연Symposion》에서 영적인 것들이 신과 사멸자의 중간자로 규정되고 있다는 것은 차치하더라도, 영들이 존재한다고 해서 그보다 상위 개념인 신들이 필연적으로 존재해야 하는 것은 아니다. 인간인 자식이 인간인 부모에서 나오듯, 영이 신이 아니라 다른 영에서 생길 수 있다면, 영과 신 사이의 인과성은 어떤 식으로든 필히 증명되어야 할 별도의 사항이다.

이로써 소크라테스는 나중 고발인에 대한 정식 변론을 모두 끝냈다. 그러나 고발인과 배심원은 그의 변론에 대해 어떤 생각을 가졌을까? 특히 불경죄에 대한 변론이 고소장에 적시된 죄목을 적절히 해명했다고 생각했을까? 그가 보여준 것은 기껏해야 그가 무신론자가 아니라는 것, 즉 신의 존재를 믿고 있다는 것이었다. 그의 죄목은 '공인된' 신들이 아니라 다른 새로운 영들을 믿고 있다는 것, 그래서 죄목의 방점은 영들이나 신들에 대한 불경이 아니라 '어떤' 신들에 대한 불경에 있었다. 소크라테스의 변론은 새로운 영들을, 따라서 신들을 믿고 있다는 것뿐이라는 생각 역시 가능했다. 원고와 피고 간의 문답을 귀담아들은 배심원은 아마 신 아니라 '어떤' 신인가에 집중했을 것이다. 나아가 영들의 원인으로서 신을 믿는다고 했지만, 소크라테스가 일상에서 믿고 따른 신은 영들의 원인인 신이 아니라, 고소장에 적시된 '새로운 영' 그 자체였다. 이어지는 변론에서 그 스스로 고백하듯이, 내면의 목소리로 삶의 방향을 정해주는 소크라테스 자신만의 신이었다. 그런 사실은 이미 아테네에 회자되었고, 원고는 그 소문을 참작해서 고소장을 꾸몄을 것이다. 이런 점에서 소크라테스는 나름대로 고심해서 변호했겠지만, 배심원이 이미 갖고 있던 의혹의 눈초리를 피해가기란 쉽지 않았을 것이다.

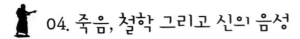

04. 죽음, 철학 그리고 신의 음성

두 번째 가상질문 : 죽음 그리고 부끄러움

어쩌면 이렇게 말하는 사람도 있을 것입니다. "소크라테스여, 지금 그대를
죽음의 위험으로 몰고 가는 그런 일에 종사한 것이 부끄럽지 않은가?"

고소장에 적시된 불법사유들에 대해 멜레토스와 문답을 나눈 소크
라테스는 나중 고발에 대해서는 '긴 변론이 필요치 않다'고 했다. 지
금까지 변론한 것으로 충분하다는 말이다. 이는 무엇보다도 나중 고
발은 처음 고발의 그림자에 불과하다는 그의 주장에 따른 것이다. 또
고소장에 명시된 죄목은 사실 자신과 전혀 상관이 없는 일이라 길게
이야기할 필요도 없다는 자신감의 표현이었다. 오히려 지금 법정에
서게 된 이유는 청년타락 죄나 불경죄가 아니라, 신의 명령을 따르고
신에게 봉사하는 과정에서 생겨난 '심한 미움' 때문이라는 것이 그의
일관된 생각이었다. 이런 의미에서 소크라테스는 처음 고발의 심각
성과 위험성을 또 한 번 주목했다. 이는 소크라테스의 주장의 일관성

을 보여주는 것이었다. 나중 고발은 처음 고발인에 의해 형성된 비방과 선입견의 산물이었다. 나중 고소인의 고소장에 명시된 죄목은 편견에 의해 날조된 것이었지만, 처음 고발인의 '심한 미움'은 틀림없는 '진실'이었다. 그래서 자신이 만약 처벌을 받는다면, 나중 고소인의 터무니없는 고소가 아니라 처음 고발인의 이유 있는 미움과 질투 때문이라고 생각했다. "그것이 나를 파멸시키는 것입니다. 파멸시키는 것이 있다면, 그것은 멜레토스나 아니토스가 아니라 많은 사람들의 비방과 시기입니다."

그는 여기서 한걸음 더 나아간다. 비방과 시기의 주체인 '많은 사람들'과 '선한 사람들'을 대비한다. 대중의 비방과 시기가 자기 자신만이 아니라 그동안 '선한 많은 사람들'을 죽음으로 몰고 갔다는 주장을 제시하고 나선 것이다. 이 주장에 따르면, 선량한 사람들을 파멸시킨 많은 사람들은 선하지 않은, 나쁜 사람들이었다. 그들이 바로 대중이었다. 소크라테스는 대중에 의한 정치체제인 민주정을 결코 좋아하지 않았다. 이와 같은 입장을 취한 플라톤은 스승의 영향을 받았을 것이다. 소크라테스가 아테네보다 스파르타의 정치체제를 선호했다는 말은 사실이었을 것이다. 그에게 대중은 진, 선, 미 그리고 정의라는 덕을 따르는 것이 아니라 세속적인 이해득실을 따지고 거기에 매달리는 통속적인 집단이었다. 지혜의 실상이 아니라 허상을 보면서 지혜로움을 판단하는 어리석은 집단이었다. 그러한 대중은 우중이었다. 대중에 의한 정치인 민주제는 소수에 의한 독재인 과두제와는 또 다른 의미에서 독재였고, 그래서 폭력적이었다. 대중 독재는 대중의 구미에 맞지 않은 이들을 '데모스demos'의 이름으로 단죄하고 제거했다. 소크라테스는 자신에 대한 미움과 모함이 자신의 선량함 때문임을 은연중에 밝혔다. 선량함을 용납하지 않는 대중의 질투와 편견은 자기 이전에도 그랬듯이, 이후에도 지금과 같은 모함질을 계속할 것이라 예단했다. 무지의 대중은 편견의 화신이었고, 무지와 질투의 화신은 탁월한 이들을 용납하지 않았으며 또 앞으로도 용납하지 않을 것이었다. 그 결과는 아테네의 황혼일 것이었다. 민주주의에 무한한 자부심을 갖고 있던 아테네 대중은 소크라테스의 비판에 경악과 분노를 금치 못했을 것이다.

소크라테스는 멜레토스와의 문답을 통해 자신의 무죄를 주장하며 나중 고발인에 대한 변론을 간단히 그러나 '충분히' 끝냈다고 했지만, 그 변론이 변론의 끝은 아니었다. 이어지는 변론이 변론의 반 이상을 차지했다. 그러나 이 변론은 통상적인 변론이 아니었다. 죄를 변명하는 변론이 아니었다. 그것은 엄밀해 말해 자기 삶에 대한 이야기였다. 삶의 역정을 토로하는 휴먼 스토리였다. 그러나 일상적인 삶의 이야기는 아니었다. 소크라테스는 비일상적인 삶의 스토리를 통상적인 변론과 접목시켰다. 처음 고발과 나중 고발에 대한 변론을 자기 삶에 투영시켰다. 자신이 걸어온 길을 고발의 변론으로 삼았다. 그래서 이후 변론은 자기 삶의 이야기이자 동시에 고발에 대한 반박이었다. 나중 고발이 처음 고발의 파생물이라는 생각에 소크라테스는 이 '삶의 변론'을 처음 고발과 연결해서 설명했다.

소크라테스는 자신의 삶을 변론하기 위한 방편으로 또다시 가상

인물을 설정했다. 평소 늘 해오던 문답의 방식으로 자기가 걸어온 삶과 대중의 '심한 적의'의 연관성을 적절히 보여주기 위해 가상의 질문자를 내세웠다. 나중 고발의 경우 피고인 소크라테스가 질문자이고 원고인 멜레토스가 답변자였다면, 삶의 변호에서는 소크라테스가 답변자이고 가상 인물이 질문자로 등장했다. 질문자는 소크라테스의 삶을 보여주기에 적절한 질문을 던지는 역할을 수행했다. 답변자는 가상질문에 대한 실제 답변을 통해 자신에 대한 심각하고 위험한 비방이 왜 생겼고, 왜 그것을 예방하지 않았으며, 왜 그런 삶을 살아야 했는지 등을 말하면서 '눈에 보이지 않는' 가상 고발인을 상대로 자신을 변호했다. 이것이 이어지는 소크라테스의 치밀하고 간단치 않은 문답식 변론 전략이었다.

그러나 가상질문을 통한 삶의 변론은 이후 변론에서만 등장하는 것은 아니다. 처음 고발을 변론하면서 처음으로 가상질문을 던진 바 있다. "그러면 어쩌면 여러분 중에 반박할 사람이 있을 것입니다. '그렇다면 소크라테스, 당신이 하는 일이 무엇이오? 당신에 대한 그런 비방이 대체 어디서 나온 것이오? 당신이 남다른 특이한 행동을 하지 않았다는 것이오? 그럼 어떻게 그런 평판과 소문이 생길 수 있겠소?'" 많은 사람들의 심한 미움과 비방이 '틀림없는 사실'이라면, 도대체 무슨 일을 하기에 그렇게 되었는가 하는, 비방의 원인을 종사하는 일과 연결시켜 답변을 유도하는 가상의 반박성 질문이었다. 이후 변론에서 첫 번째 가상질문은 "소크라테스여, 지금 그대를 죽음의 위험으로 몰고 가는 그런 일에 종사한 것이 부끄럽지 않은가?"였다. 이전 변론의 가상질문이 비방과 종사하는 일의 관계를 물었다면, 지금 질문은 죽음의 위험과 종사하는 일의 관계 그리고 그로 인한 부끄러움의 감정에 대한 것이다. 전자가 '하는 일'의 결과로서 비방을 말했다면, 후자는 한 걸음 더 나아가 비방의 결과로서 '죽음의 위험'과 '부끄러운 삶'을 거론했다.

소크라테스가 다른 무엇도 아닌 죽음, 자신의 삶 그리고 부끄러움을 이후 변론의 첫 주제로 제시했다는 것은 결코 적지 않은 의미를 갖는다. 죽음의 '위험'에 대한 언급은 본 재판에서 사형을 받을 수 있다는 것을 그 스스로 인지하고 있음을 뜻한다. 또한 '죽음'은 사형이 선고된 다음 변론의 마지막을 장식할 정도로 그의 단골 주제 중 하나였다. 나아가 죽음의 '두려움'은 인간의 심정을 가장 심하게 흔들 수 있는 정념이었다. 《파이돈》에서 독배를 마주한 소크라테스가 죽음의 정체에 대해 길게 설명한 것도 그 때문이다. '부끄러움'은 소크라테스가 이미 모두변론에서 원고의 경고성 발언을 강하게 재반박할 때 사용했던 개념이고, 아테네 사회에서 가장 지탄받는 감정 중에 하나이며, 변론 전체에서 소크라테스가 가장 힘주어 말한 단어 가운데 하나였다. 이제 그는 "죽음의 위험에 처한 삶이 결코 부끄럽지 않다"는 것을, 아니 오히려 목숨에 연연했다면 자신의 삶은 부끄러운 삶이었을 것이라고 강변할 것이다. 어떤 것이 부끄러운 삶이고, 어떤 것이 명예로운 삶인가 하는 문제를 놓고 소크라테스는 가상질문에서 답했다.

죽을지도 모르는데 부끄럽지도 않느냐는 비아냥조의 질문에 소크

라테스는 단호하게 답했다. 그는 트로이 전쟁에서 전사한 많은 영웅들, 그 중에서도 바다의 여신 테티스의 아들이자 전쟁 당시 최고의 맹장이었던 아킬레우스를 과감히 끌어들이며 그의 행적을 자세히 설명했다. 죽마고우 타트로클로스가 적장 헥토르의 손에 죽임을 당하자 분기를 참지 못한 아킬레우스는 출전을 다짐했다. 그러자 테티스가 만류에 나섰다. "아들아, 네가 죽은 네 친구 파트로클로스의 원수를 갚기 위해 헥토르를 죽인다면, 너도 죽게 될 것이다. 헥토르 다음에는 바로 너에게 죽음의 운명이 준비되어 있단다." 그럼에도 그 아들은 이렇게 말하면서 과감하게 전쟁터에 뛰어들었다. "악한을 응징하고 나서 당장 죽고 싶습니다. 여기 부리처럼 휜 배들 옆에서 웃음거리가 되고 대지의 짐으로 남느니 말입니다." 소크라테스는 아킬레우스의 이런 행동을 "친구의 원수를 갚지 못하고 못난 사람으로 살아가는 것이 훨씬 더 두려웠기 때문"에 "죽음과 위험을 대수롭지 않게" 여긴 것으로 간주했다. 그래서 아킬레우스는 치욕보다는 죽음의 위험을 무시했다고 했다.

소크라테스는 자신의 일을 부끄러운 짓으로 간주한 질문자를 불러들였다. 그리고 그의 생각을 확인하고 그를 탓했다. '쓸모 있는' 사람과 '보잘것없는' 사람을 대비했다. 소크라테스는 아테네 민주주의의 틀을 완성하고 아테네 최고 번영의 시대를 마련한 페리클레스와는 많이 달랐다. 그는 민주주의를 찬양하고 아테네를 '세상을 향해 열려 있는' 도시로, 반면에 군사력에 집착하는 스파르타를 닫혀 있는 도시로 규정한 페리클레스가 아니었다. 공적인 의무 이행을 시민의 미덕으로 칭송하고 공적인 일에 전혀 관심을 두지 않는 사람을 '쓸모없는 사람'으로 간주한 도시는 그리스에서 아테네밖에 없다고 자찬한 페리클레스가 아니었다. 소크라테스에게 '쓸모 있는 사람'은 오직 자신의 행동이 "옳은지 그른지, 고귀한 사람의 행동인지 비열한 사람의 행동인지를 고려"하는 인간이었고, "살 것인지 죽을 것인지를 저울질"하지 않는 인간이었다. '쓸모없는 인간'은 정의와 불의, 고귀와 비열보다 생과 사를 앞세우는 인간이었다. 이런 인간은 보잘것없는 하찮은 인간이었다. 죽음의 위험 앞에서도 정의로움과 고귀함만을 숙고하는 자야말로 당당하고 명예로운 인간이었고 자유로운 인간이었으며 영웅적인 인간이었다. 죽음의 두려움 앞에서 생사를 따지는 자야말로 부끄럽고 수치스러운 인간이었고 노예적인 인간이었으며

'대지의 짐'이 되는 인간이었다. 소크라테스가 이해한 시민의 미덕이 페리클레스의 것이 아니었듯이, 소크라테스가 생각한 정의, 명예 그리고 자유 역시 페리클레스의 것이 아니었다.

죽음을 재촉한 삶은 부끄러운 삶이라는 질문자의 지적이 역전되었다. 답변자에게 수치스럽고 조롱받는 삶은 생사가 아니라 정의와 불의에 달린 문제였다. 답변자는 자신의 삶을 페리클레스가 아니라 아킬레우스의 삶과 비교했다. 그리고 그것으로 자신의 삶을 정당화했다. 아킬레우스가 죽음보다 치욕을 더 염려했듯이, 죽음의 위험보다 옳고 고귀함을 앞세웠던 자신의 삶은 부끄럽기는커녕 명예로운 삶이라는 것이다. 전쟁터의 아킬레우스가 그리스의 영웅이었다면, 아고라의 소크라테스 또한 그에 걸맞은 영웅일 것이다. 아킬레우스가 그리스를 위해 전쟁터의 죽음을 두려워하지 않았듯이, 소크라테스 역시 조국 아테네를 위해, 아니 그것을 넘어 인류를 위해 법정의 죽음을 마다하지 않았다. 파트로클로스의 죽음에 분노한 아킬레우스는 자신의 창에 목 찔려 죽은 헥토르의 시체를 전차에 끌고 다니며 분기를 달랬지만, 아테네인의 보다 나은 삶을 위해 살고 아테네인에 의해 죽게 된 소크라테스는 아테네인은 물론이고 멜레토스와 배심원에게조차 분노를 표하지 않았다. 친구의 죽음을 복수한 아킬레우스는 파리스가 쏜 화살에 아킬레스건이 맞아 죽었지만, 아테네인의 삶을 보살핀 소크라테스는 아테네인이 건넨 독당근의 독이 온몸에 퍼져 죽었다. 그리스인이 칭송한 아킬레우스의 명예로운 죽음은 친구의 죽음을 위한 것이었지만, 아테네인이 비방한 소크라테스의 부끄러운 죽음은 아테네인의 삶을 위한 것이었다.

소크라테스는 가상질문자에게서 아테네인 여러분에게 눈을 돌리며 화제를 바꿨다. 그리고 "어떤 곳에 일단 자리 잡으면 누구나 위험을 무릅쓰고 자리를 지켜야 하며, 죽음이나 다른 어떤 것도 치욕보다 먼저 고려되는 일은 없어야 한다."고 말했다. 그리고 그것이 '진실'임을 또한 강조했다. 그는 이제 아테네를 위해 자신이 행한 일들을 말할 참이었다. 나아가 아테네를 위해 신이 보낸 선물로서 자신이 행한 것들을 전할 것이다. 어떤 일을 스스로 가장 좋은 일이라고 생각해서 정했든 아니면 누구의 명령에 의해 그 일이 정해졌든 간에, 일단 일이 정해졌으면 죽음의 위험을 무릅쓰고 행해야 하며, 행함에 있어 치욕보다 먼저 고려되는 것은 없어야 한다는 것이다. 소크라테스는 자신을 죽음의 위험으로 몰고 간 일들을 두 가지로 제시했다. 하나는 조국이 정해준, 조국의 명령에 따라 행한 일이고, 다른 하나는 신이 정해준, 신의 명령에 따라 행한 일이었다. 이 두 가지 모두에서 죽음이 두려워 도망치거나 회피한 일이 없었음을 보여줄 것이다. 그리고 그것은 거짓이 아니라 '진실'임을 재차 강조했다.

죽음의 두려움

아테네인 여러분, 여러분이 선임한 내 지휘관이 포티다이아와 암피폴리스 그리고 델리온에서 나에게 위치를 정해주었을 때 나는 누구 못지않게 죽음을 무릅쓰며 내 자리를 지켰거늘, 그랬던 내가 이제 나 자신과 남들을 시험하며 지혜탐구의 삶에 종사하라고 신이 정해주었을 때 ― 나는 그렇게 믿고 확신하고 있습니다. ― 죽음이나 다른 것이 두려워 내 자리를 뜬다면, 이는 분명 괘씸한 짓입니다.

　자신이 원해서 정했든 타인이 정해주었든 간에 일단 자리가 정해지면 죽음이 닥치더라도 그 자리를 벗어나서는 안 된다는 것이 소크라테스의 소신이었다. 주어진 임무를 행하지 않는다는 것은 소크라테스에게 무엇보다 정의롭지 못한 것이었다. 그래서 그것은 처벌의 대상이기보다 수치의 대상이었다. 그의 삶에서 불의와 치욕이 죽음보다 우선이었다. 그에게 신념은 삶과 결코 분리되지 않았다. 신념대로 살았고, 살면서 신념을 지켰다. 그가 살았던 아테네는 전쟁의 시기였다. 철학의 삶을 살고자 했던 그였지만 전쟁의 삶을 요구하는 조국의 부름에 결코 외면하지 않았다. 그는 살면서 세 번의 전투에 참가했다. 32세 혹은 47세에 암피폴리스 전투, 37세에 포티다이아 전투, 45세에 델리온 전투에서 조국을 위해 싸웠다. 시대의 문제아 알키비아데스의 생명을 구해주며 훈장까지 받은 포티다이아 전투 와중에서도 자신의 신인 다이몬의 음성에 심취한 모습을 연출했고, 느지막이 참여한 델리온 전투에서는 동료들을 이끌고 침착하고 슬기롭게 후퇴하면서 용기란 진정 무엇인지 몸소 보여주었다.
　소크라테스는 죽음불사 자리고수라는 신념을 배심원에게 말하면서 자신이 치른 전투를 거론했다. 지휘관이 지정해준 자리를 죽음이 두려워 이탈한 적이 한 번도 없었음을 강조했다. 세 번의 전투를 각각 소개한 것의 배후에는 다분히 이중적인 포석이 있었을 것이다. 하나는 이어 제시되는 '신의 지시'를 말하기 위함이었고, 다른 하나는 '조국의 지시'를 거역하지 않았다는 것을 보여주기 위함이었다. 신의 사명을 거들먹거리며 공동체의 삶이 아닌 개인의 삶을 산다는 대중의 비난을, 그래서 배심원의 심중을 일면 고려했을 것이다. 소크라테스가 이후 변론에서 스스로 인정했듯이, 그는 공적인 삶을 살지 않았다. 그 이유는 그것을 말리는 다이몬의 목소리 때문이었다. 그럼에도 자신에게 부과된 시민의 의무를 결코 저버리지 않았음을 전투 참여 경력을 통해 자연스럽게 보여주고 싶었을 것이다.

그는 본론인 '신의 지시'에 대한 이야기로 넘어갔다. 국가가 정한 자리를 죽음의 위험을 무릅쓰고 지켰던 자신이거늘 '신이 지정해준 자리를 뜬다'는 것은, '신이 지시한 일을 행하지 않는다'는 것은 이치에 맞지 않는 자기모순이었다. 그리고 한갓 죽음의 두려움 때문에 신의 지시를 거부하는 것이야말로 신에 대한 진정한 모독이며, 결코 용서받지 못할 불경죄에 해당될 것이었다. "그건 괘씸한 짓일 것이니, 그럴 경우에 내가 신들을 믿지 않는다는 것, 즉 신탁을 따르지 않고 죽음을 두려워하며 지혜롭지 않으면서 지혜롭다고 생각한다는 이유로 법정에 소환되어도 백번 옳을 것입니다. 여러분, 죽음을 두려워한다는 것은 지혜롭지 않으면서 지혜롭다고 생각하는 것과 다름없기 때문입니다." 소크라테스는 국가의 지시와 신의 지시, 국가의 명령과 신의 명령, 국가의 사명과 신의 사명, 국가의 의무와 신의 의무, 국가의 봉사와 신의 봉사, 국가의 일과 신의 일을 충돌 없이 정교하게 대비했다. '국가의 것'을 충실히 이행한 자신이 '신의 것'을 무시한다면, 이는 자기모순을 넘어 스스로에게도 국가와 신으로부터도 용서받지 못할 짓일 터, 따라서 이것이야말로 불경죄로 처벌받아 마땅한 사안임을 강조했다.

소크라테스는 신이 자신에게 정해준 자리, 신이 부과한 일의 정체를 밝혔다. 다름 아닌 "나 자신과 남들을 시험하며 지혜탐구의 삶에 종사"하라는 것이었다. 자신을 시험하여 무지의 지를 깨닫고, 타자를 시험하여 지의 무지를 폭로하며, 인간적 지혜의 무상함을 드러내어 신적 지혜의 영광을 찬양하고, 영혼을 돌보며 성찰하는 삶을 사는 것, 이것이야말로 신의 정해준 지시이자 자신의 사명이었다. 그러나 이런 신의 일이자 동시에 자신의 일은 대중의 심한 증오와 심각한 비방을 가져왔고, 결국 죽음의 위험에 처하게 되었다. 이로부터 가상의 질문자가 '그 일을 한 것이 부끄럽지 않은가'라고 묻게 되는 결과로 이어졌다. 소크라테스는 이제 질문자에게 물을 것이었다. 신의 일을 행하는 것이 그대에겐 수치스럽다는 것인가? 죽음이 두려워 신의 사명을 거부하는 것이 옳다는 말인가? 만일 그가 긍정한다면, 그것은 불경일 것이었다. 그의 변론이 의도한 것 중 하나가 이것이었다. 국가의 명령을 수행하지 않는 것이 불법이듯이, 신의 지시를 따르지 않은 것 또한 불법이었다. 국가 의무의 이행이 증오와 비방 그리고 부끄러움의 대상이 아니었듯이, 철학의 삶이라는 신적 의무의 이행 또한 그런 대상일 수 없었다. 그럼에도 불구하고 신의 일에 종사한 자신에게 부끄러움을 묻는다는 것은 이치에 맞지 않는 말이었다.

소크라테스는 가상의 질문자에게 또 다른 반박을 준비했다. 그는 한편에 '죽음을 두려워하는 것' 그리고 다른 한편에 '불의를 저지르는 것'과 '더 훌륭한 이에게 복종하지 않는 것'을 내놓았다. 앞서 말했듯이, 죽음이나 죽음의 두려움은 부끄러움, 미움 등과 더불어 소크라테스의 변론 전체를 관통하는 핵심 정념들 중 하나였다. 소크라테스는 죽음의 인식론적 지위를 밝히면서 죽음의 두려움에 대해 설명했다. 그는 먼저 "죽음을 두려워한다는 것은 지혜롭지 않으면서 지혜롭다고 생각하는 것과 다름없다"고 단정했다. 그리고 그 이유를 설명했다. 살아 있는 동안, 죽지 않는 한 죽음이 무엇인지 확실히 아는 사람은 아무도 없고, 그래서 죽음이 인간의 최대 축복이 아니라고 확실히 말할 수 있는 사람도 아무도 없다는 것이었다. 그럼에도 사람들은 마치 죽음이 인간의 최대 불행임을 확실히 아는 것처럼 죽음에 대해 두려워한다는 것이다. 따라서 죽음을 두려워하는 것은 알지 못하는 것을 아는 것으로, 지혜롭지 못하면서 지혜롭다고 생각하는 것과 다름없었다. "그런 무지야말로 가장 비난받을 무지"였다. 대중의 무지를 말한 다음, 소크라테스는 자신에 대해 말했다. 자신은 저승의 것들에 대해 아는 바가 제대로 없고, 그것을 알고 있다고 생각하지도 않는다는 것이다. 그는 신탁의 수수께끼를 풀기 위한 탐문기행에서 깨달았던 사실을 죽음의 두려움에 적용했다. 죽음에 대한 무지의 지, 바로 이 점에서 자신이 다른 사람들과 구별될 것이고 다른 사람들보다 더 지혜롭다는 사실이다.

이에 비해 그가 알고 있는 것이 있었다. '불의를 저지르는 것'과 '더 훌륭한 이에게 복종하지 않는 것'은 '나쁘고 수치스러운 것'임을 자신은 확실히 알고 있다고 했다. 그것이 악이고 수치임을 '확실히' 알고 있는 반면, '죽음은 두려운 것'이라는 것에 대해서는 '제대로' 알지 못한다는 것이다. 이는 '이승의 것들'은 확실한 인식의 대상일 수 있지만, '저승의 것들'은 원칙적으로 그럴 수 없다는 것이다. 죽음을 두려워하는 것은 개연적인 지식이나 무지에 기반하고, 불의를 행하는 것이나 보다 나은 이에게 복종하지 않는 것은 확실한 지식에 기반하고 있다는 말이다. 이에 따라 소크라테스는 자신의 입장을 명확히 밝혔다. "따라서 내가 나쁘다고 알고 있는 것들보다 실은 좋은 것일지도 모르는 것들을 더 두려워하거나 피하는 일은 결코 없을 것입니다." 소크라테스가 여기서 '나쁘고 수치스러운 것임이 확실하다고 예를 든 이승의 두 가지 것은 모두변론의 내용과 연관된 것이다. '불의의 자행'은 가상질문의 답변 앞부분에서 '쓸모 있는 사람'과 '무용지물의 사람'을 구별할 때 사용한 개념이고, '더 훌륭한 이에 대한 불복종'은 무엇보다도 신에 대한 복종을 염두에 둔 것이지만, 질투하는 대중은 자기 이전이나 이후에도 선하고 뛰어난 사람을 용납하지 않는다는 주장과 연관된 표현이다. 그런 의미에서 소크라테스가 "그게 신이든 인간이든 더 훌륭한 자에게 복종하지 않는 것은 나쁘고 수치스런 것임을 나는 알고 있습니다."라고 말했을 것이다.

세 번째 가상질문 : 지혜사랑 그리고 조건부 무죄방면

만일 여러분이 이에 대해, "소크라테스여, 우리는 이번에 아니토스의 말을 듣지 않고 그대를 무죄방면할 것이오. 그렇지만 한 가지 조건이 있소. 그대는 더 이상 그와 같은 시험에서 손을 떼고 지혜사랑에 빠지지 마시오. 그대가 계속 그런 일을 하다가 붙잡히는 날에는 사형에 처해질 것이오"라고 내게 말한다면, 여러분이 정녕 그런 조건으로 나를 방면하겠다면, 여러분에게 말했듯이 나는 이렇게 대답할 것입니다.

소크라테스는 세 명의 고소인 중 정치인이자 장인이었던 아니토스와 드디어 마주했다. 그는 지금까지 변론하면서 다소 뜬금없이 아니토스를 몇 번 거명했었다. 그 중 하나가 처음 고발과 나중 고발에 대한 변론 순서를 정하면서 "나는 그들이 아니토스와 그 무리들보다 더 두렵습니다. 물론 이들도 심각하지만 말입니다. 그러나 여러분, 그들이 더 심각합니다."라고 말할 때였다. 아니토스를 나중 고소인의 대표 인물로 내세운 것으로 보아 소크라테스는 그 인물의 사회적인 영향력이나 나중 고소에서 그가 갖고 있는 위상을 충분히 감안했을 것이다. 추측하건대, 아니토스는 법정 고소에 가장 주도적인 고소인이었지만, 자신의 명성 때문에 젊은 멜레토스를 앞에 내세웠을 것이다. 그는 30인 참주시절에 카레이폰과 함께 망명생활을 했던 민주파 지도자 가운데 한 명이었고, 30인 참주가 쫓겨난 후에는 민주파가 발표한 특별사면을 강력하게 지지하는 등 훌륭한 시민이라는 칭송을 들은 인물이었다. 그런 점에서 소크라테스의 고소에 앞장서는 모습은 그에게 적지 않은 부담이었을 것이다.

　소크라테스의 문하생이자 그의 재판의 또 다른 증언자인 크세노폰은 아니토스가 소크라테스에게 개인적인 원한을 갖고 있었다고 생각했다. 재물보다는 덕에 관심을 가지라고 조언한 소크라테스가 아니토스의 아들이 아버지의 피혁제조 가업을 이어받지 못하도록 방해했다는 것이다. 플라톤의 《메논Menon》에서 아니토스는 소크라테스의 대화 파트너 가운데 한 명이었다. 아니토스는 "나는 시민이든 이방인이든, 내 친구나 친척이나 지인이 그들의 영향으로 타락할 정도로 정신 나간 짓을 하지 않기를 바랄 뿐이다. 그들은 자신들과 어울

리는 사람을 파멸시키고 타락시키는 사람들"이라고 소피스트를 신랄하게 비난했다. 이에 대해 소크라테스는 소피스트가 그래도 청년들에게 덕을 가르쳐주지 않느냐, 아테네에서 그들 말고 누가 덕을 가르쳐주겠느냐고 너스레를 떨자, 아니토스는 아테네에서 훌륭한 사람이라면 누구나, 특히 아테네의 정치적 영웅들은 당연히 그렇게 할 수 있다고 응수했다. 소크라테스가 데미스토클레스와 페리클레스를 거명하며 그들 자신은 훌륭했지만 자식들을 훌륭하게 만들지 못했다고 말하자, 화가 난 아니토스는 소크라테스에게 경고하며 자리를 떴다. "소크라테스여, 그대는 사람들을 함부로 나쁘게 말하는 것으로 생각되오. 내 말을 듣겠다면 충고하겠는데, 아무쪼록 조심하라는 것이오. 다른 나라에서도 사람들을 이롭게 하는 것보다는 해롭게 하는 것이 더 쉽겠지만, 이 나라에서는 단연코 그러하오. 그대도 이런 사실을 잘 알고 있을 것이라 생각하오." 소크라테스에 대한 아니토스의 고소는 《메논》에서의 아니토스의 경고가 결국 현실로 이루어진 형국이었다.

아니토스 역시 멜레토스와 마찬가지로 고소인 진술을 했을 것이다. 소크라테스는 그것을, "내가 애초에 법정에 끌려오지 않았거나 일단 끌려왔으면 사형에 처해질 수밖에 없고, 내가 풀려나면 여러분의 아들들은 모두 소크라테스의 가르침을 실천하느라 완전히 타락할 것"이라는 말로 옮겼다. "여러분이 이제 아니토스의 진술을 믿지 않고 나를 무죄방면하더라도," 소크라테스는 자신의 신념을 포기할 생각이 전혀 없음을 분명히 했다. 확실한 악보다 불확실한 선을 더 두려워하거나 회피하는 일은 결코 없을 것이라는 것, 죽음이 두려워 불의를 저지르거나 더 낫지 않은 자에게 불복하는 일은 없을 것이라 했다. 이번 가상의 질문자, 아니 발언자는 멜레토스와의 문답에서 소크라테스 편에 있던 '여러분', 판결의 주체인 배심원이다. 이제 변론의 상대는 배심원이고, 변론의 주제는 아니토스의 진술이다. 그래서 배심원이 자신의 변론과 아니토스의 진술 중에서 자기 손을 들어준다 해도 죽음불사 자리고수라는 자신의 신념에는 변함이 없을 것임을 강조했다. 이와 동시에 사형을 주장한 아니토스와는 정반대로, 무죄방면의 가능성도 내비쳤다. 물론 조건부 무죄방면이었다.

소크라테스가 인용한 아니토스의 진술에는 한편으로 멜레토스의 것과 달리 신에 관한 내용이 빠져 있었고, 다른 한편으로 멜레토스와는 달리 아니토스는 소크라테스의 형량을 구체적으로 제시했다. 소크라테스는 이때 '가르침의 실천과 청년의 완전 타락' 부분만을 언급했다. 아니토스의 진술에 불경죄가 언급되었을 수도 되지 않았을 수도 있지만, 어쨌든 그는 청년타락 부분을 멜레토스보다 더 집중적으로 지목했던 것으로 보인다. 앞서 멜레토스를 상대로 청년타락에 관해 문답을 나눌 때 소크라테스는 아니토스를 뜬금없이 거명했었다. "틀림없이 그럴 것이오. 그대와 아니토스가 부인하든 시인하든 말이오. 오직 한 사람만이 젊은이들을 타락시키고 나머지는 모두 이롭게 한다면, 그건 젊은이들에게는 커다란 축복일 것이오." 그리고 다른 한편으로 멜레토스는 단순히 소크라테스가 법을 어겼다고 말한 반면, 아니토스는 보다 구체적으로 소크라테스의 사형을 주장하고 나섰다. 따라서 아니토스는 크세노폰의 말대로 소크라테스에 대해 젊은 멜레토스보다 더 반감을 갖고 있던, 특히 청년타락 부분에 더 민감하게 반응한 강성 인물이었을 것으로 보인다.

소크라테스는 아니토스의 진술을 검토하면서 사형과 무죄라는 형벌의 두 극단을 대비했다. 아예 죄가 없거나, 죄가 있다면 사형감이라는 것을 그 스스로 인지하고 있었다. 그리고 소크라테스를 소환하지 말았거나 소환했으면 사형에 처해야 한다고 진술한 것으로 보아, 아니토스도 그것을 알고 있었을 것이다. 그러나 소크라테스가 이 변론에서 정작 말하려 했던 것은 청년타락이나 형량의 문제가 아니었다. 변론의 주 대상은 '여러분'을 가상의 발언자로 설정, 그 응대 형식으로 '사형을 전제한 무죄방면의 조건'에 있었다. 그 조건은 신이 자신에게 지시한 일, 즉 자신을 시험하고 타인을 시험하며 지혜를 사랑하라는 신적 사명의 포기였다. 조건을 제시하기 전에 가상 발언자는 "이번에 아니토스의 말을 듣지 않고 그대를 무죄방면할 것"이라고 말했다. 이어서 "그대가 계속 그런 일을 하다가 붙잡히는 날에는 사형에 처해질 것"이라고 말했다. 이는 '가르침에 의한 청년타락'은 그 자체가 사형죄에 해당된다는 것을 의미했다. 그리고 발언자는 '지금까지'와 '지금부터'를 구분했다. 지금까지는 여러 정황상 그 죄를 불문에 부치겠지만, 지금부터는 같은 행동에 죄를 묻겠다는 것이다. 지금까지와 지금부터, 삶과 죽음의 갈림길에서 소크라테스는 양자택일의 귀로에 섰다. 발언자의 제안을 따른다면 목숨을 건질 것이지만 신의 지시를 거부하는 일이고, 거부한다면 목숨을 잃을 것이지만 신의 사명을 이행하는 일이었다. 앞에서 소크라테스는 전쟁터에서 조국이 지시한 일을 죽음이 두렵다 하여 피하지 않았다고 말했다. 그런 자신이 신이 지시한 일을 피하는 것 역시 이치에 어긋나는 것이라고 자신을 정당화했다. 그때 그에게 조국의 지시와 신의 지시는 충돌하지 않았다. 그러나 지금 무죄방면의 조건은 그 양자의 충돌을 담고 있다. 가상 발언자를 통해 소크라테스는 죽음의 길이냐 신의 길이냐, '여러분'의 제안이냐 신의 지시냐를 두고 양자 선택의 길에 스스로 올랐다.

아이스퀼로스, 에우리피데스와 더불어 그리스 3대 비극작가로 꼽히는 소포클레스는 소크라테스가 30세쯤 되는 기원전 441년경에 〈안티고네*Antigone*〉를 썼다. 그는 여기서 눈먼 아버지 오이디푸스의 딸 안티고네의 비극적인 삶을 그렸다. 오이디푸스가 테베에서 추방

당해 떠난 후, 그의 쌍둥이 아들이자 안티고네의 오빠인 에테오클레스와 폴뤼네이케스가 1년마다 번갈아 테베를 통치하기로 약속했다. 그러나 먼저 왕위에 오른 에테오클레스가 약속을 어기고 폴뤼네이케스를 쫓아내자, 그는 아르고스의 군대를 이끌고 테베를 공격했다. 쌍둥이 형제가 일대일 결투에서 서로 죽이고 죽자, 외삼촌인 크레온이 왕위에 올랐다. 크레온은 에테오클레스를 성대한 장례식을 치러 저승에 보낸 것과는 달리 조국의 배신자 폴뤼네이케스의 시신은 매장을 금하는 명령을 내렸다. 그것은 매장하지 않으면 혼이 저승에 가지 못한 채 원귀가 되어 이승에서 떠돈다는 당시 신적 전통에 반하는 것이었다. 안티고네는 들판에서 썩어가는 오빠의 시체 앞에서 통곡했다. 이때 그녀의 귀에 들려온 것은 국가의 명령이 아니라 양심과 신의 음성이었다. 죽은 가족의 시신을 매장하는 것은 신들이 부과한 신성한 의무였다. 그녀의 선택은 시신의 매장이었다. 국가의 명령에 불복하고 오빠의 시체에 모래를 뿌려 장례를 마쳤다. 분노한 크레온은 사형을 명하고 안티고네를 석굴에 가두었다. 그녀는 국가의 명령이 아니라 양심의 소리를 따랐다. 국가의 법에 불복하고 신의 법에 복종했다. 시민의 의무가 아니라 신의 의무를 이행했다. 그리고 그녀는 스스로 목을 매달았다.

양자 선택을 요구하는 '여러분'의 질문에 소크라테스는 결코 주저함이 없었다. 오랜 시간 철학적 사유로 단련된 강인한 의지 때문이었는지, 아니면 믿고 의지한 신탁의 지시 때문이었는지 단호하게 답했다. "나는 여러분을 존경하고 사랑하지만 여러분보다는 신에게 복종할 것입니다." 이것이 소크라테스였다. 그는 국가보다 신을 앞세웠고 국가의 명령보다 신의 명령을 따랐다. 그에게 국가 없는 신은 있어도, 신 없는 국가는 없었다. 수수께끼 같았던 신탁을 신의 사명으로 확인했고, 그것을 신에 대한 순종, 헌신, 봉사의 길로 삼았다. 숱한 미움과 비방으로 죽음의 문턱에 섰어도 '아테네인 여러분'의 호의적인 제안을 단칼에 거부했다. 그리고 신의 사명을 다시 한 번 또렷이 되새겼다. "숨을 쉬고 힘이 있는 동안 나는 지혜를 사랑하는 일도, 여러분에게 조언하는 일도, 여러분 누구를 만나든 늘 하던 대로 다음과 같이 지적하는 일도 그만두지 않을 것입니다." 캐물음과 지혜사랑philosophein은 신이 지시한 일이었다. 자신의 일은 곧 신의 일이고 신의 일은 곧 자신의 일이었다. 자신이 신의 종이고 신의 뜻을 전하는 메신저임을 주저 없이, 유감없이 드러냈다.

소크라테스는 말을 멈추지 않았다. 그는 어느덧 아테네인의 지의 무지를 드러내는 소극적인 태도에서 벗어나, 아테네인의 삶을 비판했고 아테네인의 자긍심을 건드렸다. "가장 위대하고 지혜와 힘으로 가장 이름난 나라인 아테네의 시민"으로 자타가 인정한 그들을 '부와 명예와 명성'에 안달하는 인간으로 몰아세웠다. 그들의 지혜가 세속적인 가치 추구에, 그들의 힘과 위대함은 그것의 획득에 매몰되어 있다고 질타했다. 물질적인 향락이 아테네의 몰락을 가져왔다고 단언했다. "현명함과 진리에 대해 그리고 자기 영혼이 최대한 좋게 되는 것에 대해서는 관심도 없고 생각조차 하지 않는" 위대한 아테네인을 비꼬며 나무랐다. 물질적인 것에서 비물질적인 것으로, 세속적인 것에서 탈세속적인 것으로 태도의 전환을 촉구했다. 아테네 시민의 진정한 지혜와 위대함은 물질이 아니라 영혼 추구에 있음을 강조했다.

'어떤 삶이 가치 있는 삶인가'라는 물음에 소크라테스는 영혼의 삶이라고 답했다. 그가 개인적인 삶에서든 사회적인 삶에서든 영혼의 삶을 강조한 것은 아테네의 물질숭상 세태를 지적한 것이다. 그래서 아테네인에게 밖이 아니라 안으로 들어가라고 조언했고, 내면의 삶을 살라고 당부했을 것이다. 영혼 안에 내재된 덕성을 계발하여 덕의 삶을 향유하는 것이야말로 지상에서나 지하에서나 복된 삶이라고 전도했지만, 아테네의 현실은 그것과는 너무나 달랐다. 신의 사명을 수행하는 데 삶의 전부를 던진 그는 죽음의 위험 앞에서도 그것을 외면할 수 없었다. 그러나 차가운 물질적 현실에 영혼의 뜨거움은 오래 버틸 수 있는 것이 아니었다. 덕의 복음을 전하는 소크라테스의 영혼은 속세의 장벽을 넘기에 너무 강했다. 그의 영혼에 독수리의 자긍심은 넘쳤으나 뱀의 영리함은 턱없이 부족했다. 영리함이 없는 자긍심은 세상의 조롱을 받을 것이고, 세상의 위협에 영혼의 자긍심은 몰락을 가져올 것이었다.

영혼psyche은 소크라테스가 새롭게 의미를 부여한 개념이라고 말해진다. 소크라테스 이전과 이후로 극적인 단절을 겪었다는 것이다. 그 이전에 영혼은 그저 호흡이나 숨이었다. 사물에 생명을 부여하는 원리였다. 사물에서 영혼이 떠나면, 그래서 사물의 숨이 끊기면 그것은 더 이상 살아 있는 것이 아니었다. 그러나 소크라테스의 영혼은 그저 사물에 생명을 불어넣는 호흡이 아니었다. 그는 영혼을 지적인 판단과 도덕적인 판단의 주체로 새롭게 탄생시켰다. 영혼이 있으므로 영혼의 존재는 영혼의 삶을 살 수 있다. 몸은 영혼에 따라 춤추는 어릿광대이다. 영혼은 불사이고 몸은 필사이다. 불멸의 영혼만이 그래서 신의 불멸성을 온전히 닮고 있다. 신의 음성에 따라 불멸의 신을 찾아가는 삶이 에로스의 삶이고, 그것만이 진정한 가치 있는 삶이다. 소크라테스적인 지적이고 도덕적인 삶은 대중이 일상에서 공유하고 만들어가는 전통의 삶이 아니라 영혼 속에 내재된 덕성의 삶이다. 그런 의미에서 소크라테스는 아테네 시민들에게 '내면을 성찰하라', '영혼을 돌보라'고 했을 것이다.

영혼을 훌륭하게 만든 것에, '영혼의 최선最善 상태'에 전혀 관심을 보이지 않는 아테네인의 삶을 탓한 다음, 소크라테스는 공격적인 단어 하나를 꺼내들었다. 변론 내내 자신을 향했던 그 말을 그는 역으로 아테네인에게 던졌다. 바로 '부끄러움'이다. 현명함이 아니라 돈을, 진리가 아니라 명예를, 훌륭한 영혼이 아니라 명성을 쫓는 아테네인 여러분이야말로 "부끄럽지 않소?"라고 힐책하듯 물었다. 소크라테스는 아테네인의 지의 무지가 아니라 삶의 방식을 거론하고 부끄러움의 주체를 순식간에 전도시켰다. 정작 부끄러움의 당사자는 신의 명령에 따라 혼의 지혜를 추구하는 자신이 아니라 물질의 탐욕에 젖어 있는 바로 '여러분'이라는 말이었다. 세속적인 가치에 대한 욕망을 거두고, 영혼의 훌륭함을 추구하는 것이야말로 진정 명예로운 삶이라는 소크라테스의 도발적인 발언에 법정의 사람들 대부분은 자신들의 귀를 의심했을 것이다. 그럼에도 소크라테스는 이를 계기로 이후 변론을 방어에서 공격으로 전환할 수 있었다. 영혼의 삶이 가치 있는 삶이라는 자신의 충언을 아테네인이 쉽게 받아들이지 않을 것임을 그가 모를 리 없었다. 그는 단적으로 영혼에 관심을 두고 있는 아테네인이 있으면 나와 보라고 했다. 그 사람 곁에 착 달라붙어서 "묻고 시험하며 지적"할 것이라 했다. 그래서 그의 무관심이 사실로 드러나면 "가장 값진 것들은 경시하면서 하찮은 것들을 더 중시한다고 나무랄 것"임을 천명했다. 신적 지혜 앞에 인간적 지혜의 절제를 요구한 신의 명령에 의거, 따져 묻는 대상도 나이와 국적을 불문하겠다는 점도 분명히 선언했다. 같은 혈통인 아테네인에게는 캐묻는 정도를 더 심하게 하겠다는 압박도 마다하지 않았다.

소크라테스의 발언은 헛된 자부심과 부질없는 자만심으로 가득 차 귀중한 것을 무시하고 하찮은 것을 중시하며 전도된 삶을 살아가는 아테네인을 질책하는 것으로 끝나지 않았다. 말의 포문을 연 그는 거침이 없었다. 아테네인의 상처받은 자존심을 어루만지는 것이 아니라, 지금까지 그의 변론 중에서 가장 도발적인 언사로 그들을 자극했다. "알고 계십시오. 신이 그것을 지시하기 때문입니다. 그리고 나는 일찍이 신에 대한 나의 이런 봉사보다 더 크게 좋은 일이 여러분을 위해 이 나라에 있었던 적은 없다고 생각합니다." 소크라테스는 아테네인에게 분명히 알고 있으라고 다그쳤다. 캐묻는 행위는 신의 지시이고, 자신은 신이 아테네에 보낸 가장 큰 선물이라는 것이다. 소크라테스의 말이 진실이라면, 그의 캐묻는 삶을 극도로 증오한 아테네인은 신의 명령을 거역한 것이고, 그야말로 불경에 해당될 것이다.

아테네인의 무지를 깨닫게 하고 물질 집착에서 영혼 돌봄으로 관심을 돌리게 하는 행위는 신의 명령에 따르는 신에 대한 봉사와 다름없을 터, '지금부터' 신에 대한 봉사를 하는 것이 적발될 경우 죽음을 면치 못할 것이라는 소크라테스에 대한 '여러분'의 경고는 곧 신에 대한 경고를 의미할 것이다. 심지어 소크라테스는 신에 대한 자신의 봉사가 아테네인에게 지금까지 없었던 신이 내린 가장 큰 축복이라고 말했다. 이로써 소크라테스는 신의 충실한 종이며 아테네의 가장 큰 선행자이자 구원자로 자처했다. 그는 더 이상 청년들을 타락시킨 범죄자도 신의 존재를 믿지 않는 불경범죄자도 아니었다. 그는 이제 아테네 역사상 아테네에 가장 큰 축복을 가져온 아테네 최고의 영웅으로 스스로 변신했다. 아테네 최고의 영웅은 마땅히 아테네 최고의 영웅 대접을 받아야 했다.

그러나 소크라테스는 자신의 영웅적 행위가 일찍이 있었던 수많은 영웅들의 행위와 많이, 아니 전적으로 다르다는 것을 알고 있었다. 자신이 페리클레스나 아킬레우스 등의 전통적인 영웅들처럼 아테네를 정치적으로 또 군사적으로 지중해의 패자로 만든 영웅이 아님을 잘 알고 있었다. 그의 주장이 전통적인 의미의 영웅 상에 친숙했던 아테네인에게 말할 수 없는 충격과 당혹감을 줄 수 있다는 것도 모르지 않았다. 그래서 그는 자신의 영웅적 행위를 전통의 것과 구별했다. "그렇지만 내가 돌아다니면서 하는 일이라고는 노소를 막론하고 여러분의 영혼을 최선의 상태로 만드는 것보다 몸과 재물에 더 많이 그리고 더 열심히 관심을 쏟아서는 안 된다고 여러분을 설득하는 게 전부입니다." 아테네인은 이 말에 당혹감을 넘어 분노했을 것이다. 최고 영웅이라 자처하면서 아테네의 신주 같은 영웅들을 무시했을 뿐만 아니라, 캐묻고 다니면서 한 짓이라고는 고작 전통적인 가치를 뒤엎는 것이 전부인 주제에 감히 영웅을 입에 올리는 것에 치를 떨었을 것이다. 그들의 분노는 "재물에서 덕이 생기는 것이 아니라, 덕에서 재물이 그리고 사적인 삶이든 공적인 삶이든 사람에게 좋은 것들이 모두 생겨납니다."라고 소크라테스가 말했을 때, 재물에서 덕이 나오는 것이 아니라 덕에서 재물이 나온다는 일상의 상식을 전복시키는 말을 했을 때 더욱 심해졌을 것이다.

배심원의 분노를 잠재우고, 재판을 유리하게 끌고 가기 위해서는 무엇보다 캐묻는 삶이 어떻게 해서 신의 명령이고, 물질보다 영혼의 돌봄이 어떤 이유에서 더 가치가 있으며, 어떻게 해서 재물에서 덕이 아니라 덕에서 재물이 나오는지 보다 설득력 있게 제시했어야 했다. 하지만 소크라테스는 설득보다 자기주장을 피력했다. 그는 덕에서 재물이 나온다는 자신의 주장이 부모의 눈에 자식들을 호도하는 말로 보일 수 있다는 것을, 그래서 사회의 악으로 작동될 수 있다는 것을 부인하지는 않았다. "내가 이런 말로 젊은이들을 타락시킨다면, 그것은 해로운 것입니다." 해로운 것으로 보인다면 그렇게 생각하라는 말이다. 그러나 그 말이 진리임은 틀림없다는 것이다. 그는 자신의 확신을 결코 의심하지 않았다. 그가 경계한 것은 '헛소리'였다. "그러나 내가 그것이 아닌 다른 말을 한다고 누가 말한다면, 그는 헛소리를 하는 것입니다." 자기 말이 다른 말로 둔갑된 '헛소리'에 대한 그의 경계심은 비방의 소문으로 일흔의 나이에 처음으로 법정에 선 그에게 결코 무리가 아니었을 것이다. 그러나 무엇보다 이 가상질문 중에서 가장 압권은 그의 마지막 말이었다. "여러분은 이 점을 고려하여 아니토스의 말을 따르든 말든, 나를 무죄방면하든 말든 하십시오. 어쨌든 내가 몇 번이고 죽는 한이 있어도 내 태도를 바꾸는 일은 없을 것입니다." 신이 아테네에 보낸 최고의 선물이자 구원자인 자신을 죽이든지 말든지 마음대로 하라는 소크라테스의 확신에 찬 언행에 그에게 호의적인 마음을 갖고 있던 배심원들도 섬뜩했을 것이다.

등에

우습게 들리겠지만, 나는 신이 이 나라에 보낸 등에 같은 사람입니다. 이 나라는 덩치가 크고 혈통은 좋지만 그 큰 덩치 때문에 굼뜬 편이라 등에의 자극이 필요한 말과 같기 때문입니다. 그런 등에 역할을 하라고 신이 이 나라에 나를 붙여놓았다고 생각됩니다.

아테네인 여러분에게 묻고 시험하고 지적하는 일을 죽더라도 그만두지 않겠다는 소크라테스의 말을 들은 아테네인 여러분이 야유를 퍼부은 것은 지극히 자연스런 일이었다. 소크라테스도 야유를 예상했을 것이고, 그래서 처음부터 소란을 피우는 일이 없도록 해달라고 당부했을 것이다. 그의 변론이 애당초 자신의 죄를 변호하는 것이 아니었다는 점에서 그것은 통상적인 변론이 아니었다. 자신이 걸어온 자기 삶의 이야기였다. 아테네인과 적잖이 갈등한 삶을 살아온 그가 자기 이야기가 가져올 충격과 마찰을 모를 리 없었다. 그러나 이번 것은 아테네인 여러분의 상상을 초월하는 발언이었고, 그래서 야유와 소동도 그만큼 심했을 것이다.

소크라테스는 당황함 없이 자기 말에 계속 귀를 기울여 달라고 한 번 더 청했다. 들으면 이득일 것이고 듣지 않으면 손해가 될 말들이 더 있다고 했다. 그러나 그것들 역시 고함과 야유의 대상이 될 말임을 주지시켰다. "잘 알아두십시오. 내가 어떤 사람인지 말했는데 여러분이 그런 나를 사형에 처한다면, 그것은 나보다도 여러분에게 더 해가 될 것입니다." 소크라테스는 세속적인 아테네 여러분이 쉽게 이해할 수 있는 이익과 손해 개념으로 자신과 아테네의 관계를 설명했다. 자신을 죽인다면 죽는 자신에게도 해가 될 터이지만, 죽이는 여러분은 더 큰 해를 입을 것이라 말했다. 이는 반대로 자신을 영웅에 걸맞게 대접한다면 아테네에 더 큰 이익이 될 것임을 뜻했다. 그러나 소크라테스가 한 지금 말의 방점은 죽는 자와 죽이는 자 간의 손익관계에 있는 것이 아니라 오히려 그 전제에 있었다. 그는 '내가 누구인지' 말했고, 그래서 그런 자를 죽인다면 죽이는 자가 더 손해라는 것이다. 통상적인 법정의 판결은 '피고가 누구인가'가 아니라 '피고가 어떤 행동을 했는가'에 초점을 맞출 것이다. 그러나 소크라테스의 접근 방식은 달랐다. 그는 자신의 행위가 아니라 먼저 자신의 존재를 앞세웠다. 행위를 정당화하기 위해 존재를 내세우지 않았다. 그런 존재가 그런 행위를 했을 리 없을뿐더러, 그런 존재를 사형으로 사라지게 한다면 처벌하는 자에게 해가 된다는 논리였다. 통상적인 피고인의 논리인 행위에서 존재가 아니라, 존재에서 비존재로 넘어갔다.

소크라테스의 이런 주장은 그가 말한 대로 고함과 야유의 대상이었다. 말하는 그의 논리에서는 타당한 것이겠지만, 듣는 아테네인의 입장에서는, 특히 고소인의 귀에는 상식을 완전히 뒤집는 공갈 협박과 다름없는 말이었다. 아테네의 축복은커녕 청년을 타락시키고 공인된 신을 믿지 않는 불경으로 고소당해 법정에 끌려온 죽을 죄인이 자신을 죽이면 죽이는 자가 더 큰 해를 입게 된다는 변론을 펼치는 것은 통념과 너무나 어긋나는 논리였다. 소크라테스는 고소인인 멜레토스와 아니토스를 거론하면서 자신이 사형을 선고받아 독배를 마시게 된다고 해도 그들은 결코 자신에게 해를 입힐 수 없다고 했다. 그들에게는 그럴 만한 힘이 없다는 것이다. "더 나은 사람이 더 못한 사람에게 해를 입힌다는 것은 당치도 않은 일"이라는 것이다. 그는 '더 나은 사람'과 '더 못한 사람'을 대비했다. 그리고 전자가 후자에게 해를 입힌다는 것은 이치에 어긋나는 것이라 했다. 하지만 그것이 설령 신의 법도라고 해도, 그는 자신이 고소인들보다 더 나은 사람이라는 근거를 제시하지 않았다. 자신을 더 나은 사람으로 그리고 고소인들을 더 못한 사람으로 당연하다는 듯 전제한 후, 그들이 결코 자신을 해칠 수 없다고 말했을 뿐이다. 물론 더 못한 이가 더 나은 이를 사형이나 추방이나 시민권 박탈 등과 같은 해악을 가할 수는 있다고 말했다. 하지만 그로써 더 못한 이가 쾌재를 부른다 해도 상황은 달라지지 않는다는 것이다. 더 나은 자에게 그런 처벌들은 결코 '나쁘게' 작동하지 않을 것이기 때문이다. 오히려 소크라테스는 '부당하게' 자신을 죽게 한 더 못한 그들의 행태가 훨씬 더 '나쁜' 것이라 했다. 최후 변론에서 말하는 것처럼, 죽음은 정의로운 자의 영혼에게 나쁜 영향은 주지 않는 반면, 부당한 판결로 정의로운 자를 죽게 한 이의 영혼은 나쁜 영향을 받을 것이라는 의미였을 것이다.

이제 더 못한 사람과 더 나은 사람에 대한 소크라테스의 구별은 빛을 발휘할 것이다. 고소인의 나쁜 짓을 단죄한 다음, 소크라테스는 시선을 아테네인 여러분에게 돌렸다. "그러니 아테네인 여러분, 나는 지금 누군가 생각하듯이 나 자신이 아니라 실은 여러분을 위해 변론하는 것입니다. 여러분이 나에게 유죄판결을 내려 신이 여러분에게 내린 선물에 잘못하는 일이 없도록 말입니다." 죄를 짓지 않은 자신에게 부당하게 죄를 묻는다면 그것이야말로 나쁜 짓이고 죄를 짓는 것이라 했다. 게다가 그 나쁜 짓은 신의 선물인 자신뿐만 아니라 신에게도 해당된다는 점을 강조했다. 이로써 소크라테스는 변론의 상대를 바꿨다. 통상적인 변론은 당연히 피고인이 재판관에게 자신을 변호하는 것이지만, 소크라테스의 변론은 피고인이 재판관을 변호하는 것으로 변모했다. 범죄자로 추정되는 피고인이 자신을 심판하는 재판관을 위해 변론한다는 것 역시 변론의 상식에 완전히 반하는 것이었다.

변호사 소크라테스로부터 졸지에 신에게 지은 죄로 변호를 받게 된 피고소인 아테네인 여러분은 또 한 번 황당한 소리를 듣는다. "만약 여러분이 나를 죽인다면, 나 같은 사람을 찾기란 쉽지 않을 것이기 때문입니다." 신의 전도사와 아테네의 최고 영웅이자 구원자도 모자라 배심원의 변호사로 나선 소크라테스는 아테네를 위해 자신을 대신할 사람을 찾기 어려울 것이라 말했다. 과거에도 없었지만 앞으로도 없을 유일무이의 존재가 자신이라는 말이다. 이런 귀하디귀한 신의 선물을 형장의 이슬로 사라지게 한다는 것은 신에 대한 불경죄일 뿐만 아니라 조국 아테네에 해를 입히는 반역죄에 해당될 것이다. 소크라테스는 이것을 방지하는 것이 자기가 변호하는 이유라고 주장했다. 그리고 신과 아테네 그리고 배심원이 당할 해악을 변호하는 것이 그가 말한 변론의 이유였다면, 그가 보기에 가장 좋은 변론술은 무엇보다 '자신이 누구인지'를 보여주는 것이고, 자기가 어떤 삶을 살아왔는지를 보여주는 것에 있을 것이다. 따라서 그는 이후 변론을 삶의 길을 서술하는 것으로 대체했고, 배심원이 그 길을 따라 함께 걸으면 올바른 판결을 내릴 수 있다고 믿었다. 그러나 소크라테스의 믿음과는 달리 그에게 돌아온 것은 고성과 야유였다. 그의 확신은 아쉽게도 불신으로 끝날 것이다.

소크라테스는 자신의 존재 의미를 '우습게' 들릴 수도 있는 비유를 통해 설명했다. 이른바 등에의 비유다. 아테네를 "덩치가 크고 혈통은 좋지만 그 큰 덩치 때문에 굼뜬" 말로, 자신을 이 굼뜬 말을 자극하는 '등에'에 비유했다. '큰 덩치와 좋은 혈통을 가진 아테네'는 "가장 위대하고 지혜와 힘으로 가장 이름난 나라"를 의미했을 것이고, '큰 덩치 때문에 굼뜨다'는 것은 돈과 명예와 명성에 안달하는 아테네 시민을 가리키는 표현일 것이다. 이제 소크라테스는 자신을 아테네라는 말을 '자극'하라고, 아테네 시민들을 '일일이 일깨우고 설득하고 꾸짖으라고' 신이 붙여 놓은 등에로 비유했다. 그러나 말에는 등에가 드물지 않을 것이지만, 아테네에서 자신과 같은 사람을 찾아내기란 쉽지 않을 것이라는 점을 강조했다. 그것이 차이라면 차이였을 것이다.

소크라테스는 지금까지의 변론 과정에서 그저 암묵적으로만 비추었던 자신에 대한 사형 가능성을 등에의 비유에서 보다 명시적으로 드러냈다. 배심원이 자기 삶의 이야기를 곧이곧대로 받아준다면 자신을 지켜줄 것이지만 그럴 가능성이 희박하다는 것이다. "그러나 아마 여러분은 졸다가 깨어난 사람처럼 홧김에 후려쳐서 아니토스의 말대로 함부로 나를 죽일지도 모릅니다." 소크라테스는 어쩌면 당일 법정에 출두하면서, 아니 그전에 예비심문을 받을 때부터 자신의 죽음을 예감했을 것이다. 여러 정황상 자신이 이번 재판에서 벗어나기란 쉽지 않음을 느꼈을 것이다. 아니토스가 진술한 대로, 법정에 아예 오지 않았으면 모르되 일단 왔으면 죽을 것임을 알았을 것이다. 그래서 죽음을 작심하고 변론을 준비했을 것이고, 변론을 자신의 방식으로 진행하려 했을 것이다. 이런 그가 구차한 읍소로 선처를 구하지 않고 자기가 걸어온 길을 당당하게 전하는 방식을 택한 것은 당연했을 것이다.

비유의 마지막 장면은 소크라테스의 자극에 졸다가 깨어 짜증이 나서는 아무 생각 없이 소크라테스를 죽이는 아테네인 여러분이 장식했다. 소크라테스는 만약 앞으로 신의 배려가 없다면, "여러분은 여생을 자면서 보내게 될 것"이라는 뼈아픈 예언을 남기고 다음 주제로 넘어갔다. 하지만 이런 말들은 자신이 왜 신이 아테네에 보낸 선물인가에 대한 배심원의 이해를 돕기 위해 그가 벌써 했어야 했던 것이다. 그는 이제야 자신이 신의 선물이라는, "신이 이 나라에 보낸 그런 사람"이라는 것에 대한 증거를 제시했다. "여러분은 다음으로 미루어 알 수 있습니다. 내가 내 모든 것을 전혀 돌보지 않았고, 그처럼 여러 해 동안 집안일이 방치되는 것을 감수하면서 여러분을 일일이 찾아가, 덕에 관심을 가지라고 아버지나 형처럼 조언하며 줄곧 여러분의 일을 보아왔는데, 이것은 인간의 일로 보이지 않는다는 것입니다." 소크라테스는 '인간의 일'을 소개했다. 그리고 그것을 '인간의 일이 아닌 것'과 은연중에 구분했다. 그는 자신이 인간이 결코 할 수 없는 일을 평생 해왔다는 것, 그래서 신의 명령이 없었으면 인간에게는 도저히 가능하지 않은 일을 했다는 것을 증거로 제시했다. 그리고 그는 '인간의 일이 아닌 것'에 대해 동의를 구할 때 상식에 의거한 전략을 구사했다. 자기 개인 일이든 가사일이든 '자신의 일'은 접어두고 '남의 일'을 '아버지나 형처럼' 그렇게 정성을 다해서 보살폈다는 것이었다. 그것도 세속적인 가치가 아니라 탈세속적인 덕에 대해 관심을 가지라고 촉구했다는 것을 그 내용으로 들었다. 이는 곧 자신이 아닌 남을 돌보는 삶, 숱한 미움과 비방 속에서도 돈과 명예와 명성이라는 가치가 아니라 영혼의 덕을 계발하라고 조언하는 삶이 과연 보통 사람의 보통 삶인지를 되묻는 것이었다.

그는 한걸음 더 나아갔다. 타인에 대한 조언의 삶이 곧 초인간적인 삶은 아니라는 반대자의 반론을 예상했고, 그것을 선취했다. "내가 만약 그렇게 해서 이득을 보았거나 조언하면서 보수라도 받았다면, 그런 것이 설명이 될 수 있겠습니다." 이득 혹은 보수의 문제였다. 인간의 일을 넘어서는 행위가 순수한 것이 아니라 어떤 대가를 위한 것이었다면, 그것은 당연히 인간의 일이라는 반론이었다. 이 반론에 대한 반론으로 그가 제시한 것 또한 원칙적인 것이 아니라 경험적인 것이었다. "그러나 여러분 스스로 보다시피, 내 고소인이 그처럼 뻔뻔스럽게 다른 모든 죄목들을 들고 있지만, 내가 누구에게 보수를 받았다거나 요구했다는 것에 대해 증인을 대는 뻔뻔스런 짓만은 할 수 없었던 것입니다." 이 부분에서 소크라테스는 아테네인 여러분이 아니라 다시 고소인을 지목했다. 그들이 고소장에 다른 모든 거짓된 것들을 파렴치하게 집어넣었지만 세속적인 이익획득 항목만큼은 뻔뻔스럽게 집어넣지 못한 이유로, 소크라테스는 자신의 가난한 삶을 들었다. "그것은 내가 진실을 말하고 있다는 충분한 증거를 갖고 있기 때문인데, 바로 나의 가난입니다." 그래서 그 어떤 다른 목적 없이 오직 순수하게 타인의 복된 삶을 위한 초인간적인 삶을 살아왔다는 것이 자신이 신의 선물이라는 증거이고, 가난한 삶이 자기 희생의 순수성에 대한 결정적인 증거라는 것이다. 소크라테스의 빈곤한 삶은 아테네인이 쉽게 보고 들어 알고 있는, 의심할 수 없는 사실이었다. 그러나 배심원이 이 명백한 사실을 신의 선물에 대한 타당한 증거로 인정할지는 또 다른 문제일 것이다.

네 번째 가상질문 : 정치참여 그리고 신의 음성

> 그래서 내가 돌아다니며 사적으로 이렇게 조언하고 참견하면서도, 공적으로 여러분의 대중집회에 나타나 나라에 조언하지 않는 것이 여러분은 이상하다 싶을 것입니다. 그 이유는 어떤 신적이고 영적인 것이 나에게 나타나기 때문입니다.

소크라테스는 죽음의 위험으로 몰고 간 일에 종사한 것에 대한 부끄러움, 무죄방면 조건의 철학활동 포기에 대한 입장을 밝힌 데 이어 세 번째로 정치참여를 하지 않은 이유에 대해 설명했다. 가난한 삶과 마찬가지로 그가 정치참여를 하지 않은 것은 분명한 '사실'이었다. 그런데 그것은 소크라테스의 말대로, '이상한' 사실이었다. 게다가 사적인 삶을 모두 던져버리고 타인을 위한 조언의 삶에 헌신하면서 초인간적인 일을 했다고 자찬한 그가 공적인 영역과 단절된 삶을 살고 있다는 것은 아테네 대중의 입장에서 받아들이기 어려운 사실이었을 것이다. 그래서 소크라테스 역시 이 이상한 사실을 인정하는 가상의 질문을 던졌다. 이 질문의 대답을 제시함으로써 아테네 대중이 갖고 있던 깊은 의구심을 해소할 요량이었을 것이다.

민주주의에 대한 자부심이 대단했던 아테네 사회에서 공적인 일에 참여하지 않는 것은 사실 이상함을 넘어 비난의 대상이었다. 공공의 이익을 도모하지 않는 자, 공동선을 추구하지 않는 자는 명예로운 시민은커녕 시민으로서의 자격조차도 없는 것이었다. 그런 자는 그야말로 '쓸모없는 인간'이었다. 민회와 법정이 신분과 상관없이 모든 아테네인에게 열려 있다는 것, 그래서 아테네가 모든 그리스인들이 보고 배워야 할 '그리스의 학교'라는 자부심이 페리클레스에게 있었다. 그의 자부심에는 민주주의 아테네가 있었다. 가진 자나 갖지 못한 자나 모든 시민에게 아테네 원로원이 개방되어야 한다고 역설한 그는 공적인 일은 모든 시민의 일임을 주장했다. 공적인 일에 참여하지 않는 자를 자신의 일에만 신경 쓰는 사람이 아니라 아무것도 쓸모없는 사람이라는 그의 생각은 오래된 것이었다. 이미 기원전 6세기 초에 가난한 계층에게도 공적인 업무에 참여할 길을 열어놓은 아테네 사회개혁자이자 입법자인 솔론은 혁명이나 정치 투쟁이 격렬하게 벌어지는 어려운 시기에 가만히 중립적인 입장을 취하는 시민들의 시민권을 박탈하는 법을 제정했다. 플루타르코스의 전언에 따르면, "인간이 사적인 것의 안전만을 도모하고, 조국의 불안과 고통에는 동참하지 않는 것을 도리어 뽐내면서 공공의 안녕에 신경을 안 쓰고 무관심해서는 안 된다"는 것이 현자 솔론의 신념이었다.

그런데 사적으로 묻고 따지고 나무라는 행위는 다 하는 자가 공적인 사안에 대해서는 관심을 뚝 끊고 있다는 것은 참으로 괴상한 일이었다. 이 이유만으로도 소크라테스는 아테네 대중의 눈에 공익을 뒤로하고 사익만 추구하는 이기적인 인간으로 보였을 것이다. 그가 만일 솔론 시대의 인물이었다면, 내분의 아테네를 지켜보았던 그는 더 이상 시민일 수 없었을 것이다. 소크라테스가 공적인 일을 뒤로하고 신의 사명을 수행할 때, 아테네는 큰 정치적인 격동을 맞고 있었다.

기원전 411년과 기원전 404년에 민주정이 참주정으로 전복되는 아테네 최악의 사건이 발생했다. 얼마 후 민주정으로 회복되었지만, 수많은 시민의 목숨을 앗아갔고 소크라테스의 죽마고우인 카이레폰을 위시한 많은 민주주의자들은 추방되어 망명지에서 훗날을 도모하던 때였다. 이 시기에 소크라테스는 조국 아테네의 극한 현실을 위해 아무것도 참여하지 않았다. 많은 지인이 속해 있던 지주귀족 편의 손을 들어주지도 않았고, 조국에서 쫓겨난 중하위층의 평민 민주주의자들이나 온건 귀족세력 편에도 냉담했다. 두 번째 30인 참주 시절 레온 사건에서 권력의 명령을 거부한 것이 유일하게 참여한 순간이었다. 이런 역사의 현실에서, 그것도 참혹한 두 번의 참주 독재를 경험한 후 간신히 민주정이 회복된 현실에서 소크라테스는 공적인 삶을 살지 않은 이유로 신의 음성을 들었다. 그것은 분명 진실이었을 것이다. 그럼에도 그것에 대해 가상문답을 제시한 까닭은 캐묻고 지혜를 추구하는 '사적인' 행위가 그저 개인의 취향이나 영달이 아니라 아테네와 아테네인의 축복이라는 '공적인' 이익과 직결된다는 것을 밝히고 싶었을 것이다. 달리 말해, 자신의 사적인 삶은 곧 공적인 삶이었다는 것을 말하고 싶었을 것이다. 그러나 문제는 그의 눈이 아니라 대중의 눈이었다.

소크라테스가 제시한 정치불참 이유 또한 아테네인에게 '이상'하게 들렸을 것이다. 그는 그 이유가 자신에게 일어난 어떤 전조 때문이라 했다. 그리고 그 전조, 신호 혹은 징후는 '신적이고 영적'인 것이라 했다. 소크라테스는 '신적'과 '영적'을 함께 말했다. 고소장의 고소 이유를 고려한, 또 멜레토스와의 긴 문답에서 자신이 한 말을 의식한 발언이었을 것이다. 어쨌든 모호하고, 그래서 논쟁거리였던 이 두 용어를 그는 함께 사용했다. 그리고 그런 전조를 정치불참의 원인으로 내세웠다. 그는 그것을 구체적으로 소개했다. 전조가 출현한 시기를 '어렸을 적부터'라고 했다. 그렇다면 어림잡아 거의 반 백년 이상 신적이고 영적인 어떤 것과 마주했을 것이다. 그리고 전조의 출현 방식은 '음성 혹은 소리'라 했다. 이를테면 이미지로 눈에 나타나는 것이 아니라 소리로 귀에 들리는 전조였다. 나아가 신적 그리고 영적 소리는 또 다른 특징을 갖고 있었다. 묘하게도 하라거나 해도 좋다는 권고나 허락이 아니라 해서는 안 된다는 금지의 알림만 있다고 했다. '일종의 영적인 반대ti daimonion enantioma'였다. 단적으로, 소크라테스는 어린 시절부터 음성으로 금지의 전조를 듣고 살아왔다. 그는 이 음성을 결코 거부하거나 무시하지 않았다. 그는 그것을 받아들였고 또 충실히 따랐다. 그것은 그의 삶의 안내자였던 것이다.

신적 음성에 심취한 소크라테스의 모습은 오랜 기간 여러 곳에서 목격된 잘 알려진 사실이었다. 그 또한 자신에게 들리는 신의 전조를 외부에 굳이 감추지 않았다. "여러분은 내가 그것에 대해 말하는 것을 여러 곳에서 자주 들었을 것입니다." 그가 많은 사람들에게 신의 음성을 이야기했고, 많은 사람들이 신의 음성을 듣는 그의 모습을 직접 보았다. 소크라테스는 아테네인은 물론 그리스인들이 인생이나 국정의 조언을 구하기 위해 찾곤 했던 신전에 갈 필요가 없는 사람으로 보였을 것이다. 자신만의 신전을 가진 인물로 생각되었을 것이다.

나라가 인정하지 않는 신들을 믿고 따르는 자라는 소문이 돌았을 테고, 그것이 처음 고발의 고발 사유였을 것이며 또 나중 고발장에 정식으로 적시된 죄목의 근거였을 것이다. "멜레토스도 그것을 고소장에 조롱하면서 적었던 것입니다." 소크라테스에게는 그것이 경솔한 장난이고 조롱이었겠지만, 멜레토스와 아테네인에게는 진실이고 불경이었을 것이다.

개인의 삶에는 등에처럼 달라붙어 조언하면서 국가의 삶은 방관했던 것, 사적인 것에 매몰되어 공적인 것을 외면했던 것, 소크라테스는 '하지 마라'는 신의 음성을 그 이유로 들었다. 하지만 그가 어린 시절 이래 듣고 자란 그 음성의 신은 아테네인 모두의 신이 아니라 소크라테스 개인의 신이었다. 신의 음성은 모두에게 들리는 공유의 소리가 아니라 그의 귀에만 들리는 속삭임이었다. 신의 음성에 대한 체험은 모두의 공적 경험이 아니라 그만의 사적 체험이었다. 공동의 삶을 중시하는 전통과 상식의 아테네 시민 대부분은 그런 현상을 멜레토스처럼 환상이나 망상으로 간주한 반면, 그 소리에 익숙한 소크라테스는 아테네 여러 신들 가운데 하나가 내린 계시로 받아들였을 것이다. 망상은 착각이었지만 계시는 확신이었다. 시민들에게 소크라테스는 착각에 빠진 존재였지만, 소크라테스에게 자신은 확신에 찬 존재였다. 시민들은 자기 망상으로 정치불참을 정당화하는 소크라테스를 '조롱'했겠지만, 소크라테스는 자기가 늘 믿고 따른 신의 음성을 결코 의심할 수 없었다. 신의 음성을 신뢰한 소크라테스는 죽음의 문턱에 서 있었고, 죽음의 위험 앞에서도 소크라테스는 확신에 차 있었다. 소크라테스의 확신에 찬 삶은 확신에 찬 죽음으로 이어질 것이고, 확신에 찬 그의 죽음은 확신에 찬 삶을 결코 원망하지 않을 것이었다.

그에게 속삭인 신의 계시는 역시 옳았다. 계시의 믿음은 그를 늘 안전한 길로 인도했고 또 인도할 것이었다. 그가 독배를 마시는 순간에도 죽음의 두려움 없이 평안할 것이었다. 정치불참도 마찬가지였다. 정치불참은 그에게 '아주 다행'한 일이었다. "아테네인 여러분, 내가 만일 일찍이 정치에 손을 댔다면 나는 벌써 죽었을 것이고, 여러분에게도 나에게도 득이 되는 일을 하지 못했을 것이 분명하기 때문입니다." 그에게 그의 정치적인 삶은 그 누구에게도 이득이 되지 않는 일이었다. 신의 소명을 받드는 삶이, 캐물으며 지혜를 사랑하는 삶이 아테네의 영광을 부활시키고, 진정한 아테네인의 복된 삶을 가져오는 것이었다. 신의 음성을 무시하고 정치적인 삶을 살았다면 그 삶은 오래지 않아 끝났을 것이며, 급기야는 죽음으로 이어질 것이었다. 신의 전도사이자 아테네의 최고 영웅의 때 이른 죽음은 스스로에게도 아테네에도 그리고 신에게도 도움이 되는 일이 아니다. 그런데 신은 왜 정치적인 삶을 만류했을까? 그는 왜 정치의 길을 가는 것이 자신에게 도움이 되지 않는다고 생각했을까? 정치가 왜 자신을 죽음의 길로 이끌 것이라 생각했을까?

내가 여러분에게 진실을 말하더라도 화내지 마십시오. 여러분이나 다른 어떤 군중에 순진하게 맞서서 이 나라에서 일어나는 수많은 불의와 불법을 막으려는 사람은 그 누구도 무사하지 못할 것입니다. 그래서 진정으로 정의를 위해 싸우려는 사람은 잠시라도 살아남으려면 필히 사인으로 지내야지 공인으로 지내서는 안 되기 때문입니다.

신이 정치입문을 막고 나선 것은 돌아보니 너무나 다행스런 일이었다. 정치에 발을 디뎠다면 얼마 버티지 못하고 죽었을 것이다. 소크라테스는 아테네인 여러분을 불렀다. 그는 앞서 법정 소란을 잠재우고 경청을 요구하며 할 말 더 있다고 했다. 사적으로 등에처럼 귀찮게 캐묻고 다닌 것은 신의 사명 때문이고, 공적으로 활동하지 않은 것은 신의 음성 때문이라는 것에 이어, 소크라테스는 아테네의 정치현실을 신랄하게 고발했다. 그 비판은 아테네인 여러분이 그동안 눌러온 불편한 심기에 불을 지르고도 남음이 있었다. 그것은 아테네와 아테네 대중에 대한 있을 수 없는 모욕이었다. 그래도 그의 고발은 오직 진실에 의한 것이었고, 진리추구를 신의 사명으로 삼는 그에게 망설일 이유가 전혀 없는 고발이었다. 그것은 또한 아테네의 불편한 진실에 대한 뼈아픈 지적이었고, 신적 음성의 올바름과 자기 확신의 타당성을 재확인하는 과정이었다. 적어도 그에게는 그랬다.

정치사회인 아테네에서 정치가 결정하면 군이 움직였다. 전쟁의 승리는 노예와 재화라는 전리품을 안겼으며, 경제적인 풍요는 문화적인 향유로 이어졌다. 정치질서는 다른 모든 질서의 단초이자 근본이었다. 정치는 아고라에서 이루어졌고, 민회와 평의회를 중심으로 진행되었다. 20세 이상의 시민은 민회에서 직접 모든 정치적 결정에 참여했다. 그것은 아테네 성인 남성의 권리이자 의무였다. 의무 불이행은 법적 책임이 수반되는 것은 아니었지만, 경계와 비난의 대상이었다. 소크라테스는 '하지 마라'는 신의 음성 때문에 정치적 영역의 참여나 발언에 매우 소극적으로 응했을 것이고, 시민들은 그것을 매우 부정적인 눈초리로 보았을 것이다. 그랬던 그가 현실정치의 질서를, 그것도 아테네의 흥망이 걸려 있는 가장 민감한 시기에 가장 민감한 부분을 가장 도발적인 언사로 고발하고 나섰다. 그것은 실로 소크라테스가 아니었으면, 신이 아테네에 보낸 선물이 아니었다면, 그 누구도 할 수 없는 '인간의 일'을 넘어서는 것이었다. 이런 의미에서도 그가 스스로를 이전에도 없었고 이후에도 없을 아테네 최고 선물이자 영웅이라 한 것은 그리 틀린 말은 아니었다.

소크라테스에게 아테네는 정의가 강물처럼 흐르는 사회가 아니었다. 법이 사회 질서를 잡아주는 사회도 아니었다. 불의와 불법이 상식처럼 흐르는 사회였다. 아테네 우중은 불의와 정의를, 불법과 합법을 더 이상 구분할 수 없었고 구별하려고도 하지 않았다. 불의는 정의의 탈을 썼고, 불법은 합법의 얼굴을 내밀고 있었다. 그야말로 카오스, 혼돈의 사회였다. 그러나 혼돈의 대중사회는 혼돈을 질서로 인지했다. 사회는 여전히 혹은 더욱 혼돈하였지만, 대중은 어렵사리 질서가 회복되고 있다고 믿었다. 소크라테스의 눈에 이 믿음은 착각이었겠지만, 착각하는 자가 자신의 착각을 깨닫기란 하늘의 별을 따는 것만큼 힘들 것이었다. 그래서 대중의 정의가 실은 불의이고 대중의 합법은 실은 불법이라는 것을 '공개적으로' 비판하는 자가 질서의 혼돈을 야기하는 반역자로 지목되는 것은 피하기 어려웠을 것이다. 목을 내놓아야 했을 것이다. 그래서 혼돈 사회에서 혼돈의 정치질서에 저항하는 공개적인 발언은 정직한 행위라기보다는 순진하고 어설픈 행동이었다. 불의 사회에서 솔직함은 어리석음이었다. 불법 사회에서 '진정한' 정의의 투사는 제대로 한번 싸우지도 못하고 형장의 이슬로 사라지는 양의 순진무구가 아니라 지하에서 은밀히 투쟁하는 뱀의 교활함을 가졌어야 했을 것이다. 그래서 불의와 불법에 대한 진정한 레지스탕스는 공인이 아니라 사인으로 지내야 한다는 것이 소크라테스의 주장이었다.

그럼에도 지하의 사인을 자처한 소크라테스는 어렵사리 회복된 아테네 질서에 여전히 암적인 존재였다. 공공의 자리에서 불의와 불법에 대해 공개적으로 날을 세우진 않았지만, 여러 사적인 만남들에서 나라 걱정을 늘어놓았을 것이다. 뿐만 아니라 신의 사명이라는 가당치 않은 명분으로 사회 유력자들에게 공개적인 망신이나 주고, 사회 미래의 주역인 청년들에게 '재물에서 덕이 나오는 것이 아니라 덕에서 재물이 나온다'는 현실에 반하는 가치나 가르치고, 우중이 통치하는 민주주의는 잘못된 정치체제라고 역설하는 반동의 소크라테스는 민주 질서를 또 다른 측면에서 흔드는 지극히 위험한 인물로 보였을 것이다. 그는 실로 아테네 대중이 더 이상 감내하기 어려운 인물이었다. 그런 그에게 대중은 우중이었겠지만, 대중에게 그는 있는 집 청년들과 어울리며 탁상공론이나 일삼는 쓸모없는 존재였다. 그것도 피고의 처지에서, 그것도 다시 싹을 틔우고 있는 아테네에 대한 그의 공개적인 작심 비판은 배심원을 포함한 시민 대중에게는 도를 심하게 넘는 것이었다. 게다가 그 고발은 정치현실만이 아니라 사법질서 특히 배심원을 향하고 있었다. 정치의 불법은 종국적으로 사법적 정의에 의해 교정될 터, 불의와 불법에 대항하는 자에게 무죄를 선고하지 못할망정 독배를 들게 한다는, 재판관의 자격에 대한 고발이었다. 소크라테스가 모두변론에서 말했듯이, 훌륭한 재판관이란 그때그때의 사회상황이 아니라 '오직 옳고 그름에 따라' 판단하는 사람이기 때문이었다.

아테네 대중의 분노를 가중시킨 것은 그것만이 아니었다. 소크라테스는 소싯적부터 신적 현상을 직접 경험했노라고 말했다. 들려오는 신의 음성에 따라 하고자 했던 행동을 하지 않았다고 했다. 그것은 아테네 종교 전통과 어긋나는 것이었다. 일반인이 신들과 직접 소통하는 것은 불가한 일이었다. 신들은 메신저를 통해 뜻을 전했다. 이를테면, 텔포인의 신은 오직 여사제를 통해서만 뜻을 전한다는 것이 전승된 종교 신념이었다. 카이레폰에게 소크라테스에 관한 신탁을 준 것도 여사제 피티아였다. 그런데 소크라테스의 신은 대리인을 내세우지 않았다. 신의 음성은 소크라테스에게 직접 들려왔다. 그는 신과 직접적인 소통이 가능한 인물인 셈이다. 게다가 그는 그 음성을 흘려듣지 않았다. 오랜 세월 동안 철저히 믿고 따랐다. 그 모든 것이 아테네인에게 '이상'하게 보였을 것이다. 실로 그들의 눈에 소크라테스는 그동안 참으로 괴상한 존재였다. 집안일은 던져놓고 무지를 자각하라며 천지를 맨발로 돌아다니는 세상물정 모르는 짓을 하지 않나, 자신은 신이 보낸 아테네의 사도이며 최고 영웅이라는 애들 같은 말을 하지 않나, 어릴 때부터 접신 경험을 하고 있다는 정신 나간 소리를 하지 않나, 정치적인 것에 무심한 것이 신의 뜻이라는 터무니없는 말을 하지 않나, 도저히 이해 불가능한 괴팍한 존재였다.

소크라테스의 이상스러움은 또 있었다. 대중은 공동체의 삶에 관여하지 말라고 지시한 '신의 음성'과 무지의 지를 깨닫고 영혼의 삶을 살라고 한 '신의 사명'을 구별하기가 쉽지 않았을 것이다. 음성의 신은 어린 시절부터 소크라테스에게 속삭인 그만의 신이었지만, 사명의 신은 장년 소크라테스에게 우연히 나타난 공동의 신이었다. 대중의 눈에 소크라테스는 사적인 신과 공적인 신을 모두 받드는 인물로 보였을 것이다. 경우에 따라 어떤 때는 공동의 신을 어떤 때는 개인의 신을 오가는 인물로 보였을 것이다. 공동의 신은 간구하는 자에게 간접적으로 뜻을 전했지만, 개인의 신은 스스로 나타나 직접 신호를 보냈다. 사명의 신과 달리 음성의 신은 하지 말라는 말만 하는 금지의 신이었다. 그 모든 것들이 소크라테스에게도 아테네인에게도 '이상한' 것이지만, 소크라테스에게는 '진실'이었다. 진실을 숨김없이 말하는 것이 변론자의 덕목이라고 주장한 그로서는 아테네인이 설령 '화'를 내더라도 숨길 수는 없었을 것이다.

나에게 일어났던 일을 들어보십시오. 내가 죽음이 두렵다 하여 올바른 것을 어기면서 누구에게 굽히는 일은 없다는 것을, 내가 설령 당장 죽는다 해도 그런 일은 없다는 것을 여러분이 알도록 말입니다.

불의와 불법이 횡행한 아테네 현실에서 진정한 정의의 투사는 공인이 아니라 사인의 삶을 살아야 한다는 것, 그래야 조금이라도 목숨을 부지할 수 있다는 것, 이것이 두말할 여지없는 진실이라는 말에 대부분의 아테네인들은 어쩌면 화가 아니라 실소를 금치 못했을 것이다. 특히 망명의 삶을 살며 참주파와 목숨을 걸고 싸워 아테네 땅에 민주주의를 간신히 회복시킨 아니토스는 더욱 그랬을 것이다. 30인 참주시절 수많은 시민의 주검 앞에서도 한가하게 청년들과 노닥거리던 소크라테스가 진정한 정의투사라는 말을 입에 올리고 사인의 삶을 강변했을 때, 그는 그 입을 다물라고 말하고 싶었을 것이다. 이런 법정의 분노, 소란, 야유를 잠재우기 위해 소크라테스에게는 자신의 주장을 입증해줄 증거가 필요했다. 그래서 그는 증거를, 그것도 '강력한' 증거를 꺼내들었다. 말이 지배한 전성기의 아테네에서는 최고의 언변술이 곧 최고의 지배술이었지만, 쇠퇴기의 아테네에서 언변은 더 이상 최상의 가치가 아니었다. 그 가치는 눈에 띄게 변방으로 밀려났다. 게다가 법정에서 요구되는 것은 화려한 말이 아니라 확실한 증거일 터, 그래서 소크라테스는 "말이 아니라, 여러분이 그렇게 존중하는 사실들"을 증거로 내놓겠다고 했다.

　사실은 말보다 설득력이 있을 것이다. 대중은 귀보다는 눈을 더 믿는다는 점에서, 눈에 보이는 사실의 힘이 귀로 듣는 말의 힘보다 더 강할 것이다. 그러나 문제는 어떤 사실이냐는 것이다. 혼돈의 시대에서는 사실이 진실이 아닐 수 있고, 사실이라 해도 어떤 것이냐에 따라 말보다 증거력이 떨어질 수 있을 것이다. 소크라테스의 증거는 자신에게 일어난 사실, 자신이 행한 행동이었다. 그것은 자신의 사실이었고 자신의 행동이었다. 진정한 정의의 수호자는 사인으로 투쟁해야 한다는 그의 주장은 일반론이었다. 여기에 그는 "잠시라도 살아남으려면"이라는 조건을 추가했다. 그가 과거 자신에게 일어난 사건을 증거로 제시한 이유는, "내가 죽음이 두렵다 하여 올바른 것을 어기면서 누구에게 굽히는 일은 없다는 것을, 내가 설령 당장 죽는다 해도 그런 일은 없다"는 것을 아테네인이 알아주었으면 하는 마음에서였다. 하지만 그는 정의수호자가 사인이어야 하는 일반적인 이유를 자신이 사인으로 지내야만 했던 자신의 특수한 사례에 적용했다. 이는 곧 자신의 경우가 그랬듯이, 모든 이의 경우도 그렇다는 것을 뜻할 것이다. 그리고 그 일반적인 이유는 개죽음을 당하는 것을 면하기 위해, 달리 말해 잠시라도 생명을 보존해 계속해서 정의를 수호하기 위해, 즉 정의수호자는 그 어느 때 할 것 없이 공인이어서는 안 된다는 것을 의미했다. 그런데 그는 과거 사례를 갖고 현재와 미래의 사태 일반과 연결시켰다.

소크라테스는 자신의 죽음불사 불의투쟁 혹은 정의수호 정신이 담긴 과거 사례를 제시했다. 그러면서 그것이 "법정에서 흔히 듣는 진부한 것"임을 사전에 밝혔다. 하지만 "그것은 진실"이라고 했다. 앞서도 보았듯이, 소크라테스는 법정의 상식을 의도적으로 거부했다. 법정어투뿐만 아니라 변론의 내용 및 순서까지도 법정통념과 거리를 두었다. 또 뒤에서 보게 될 것처럼, 잘못을 인정하며 선처를 빌고 방청석에 있는 가족을 가리키며 배심원의 동정을 구하는 등, 피고인이 법정에서 행하는 통상적인 언행을 하지 않을 것이라고 천명했다. 전에도 그랬고 앞으로도 그럴 것인 그가 이번에는 어찌된 일인지 법정의 '진부한 것'을 '강력한' 증거로 제시하겠다고 했다. 그는 또한 '진부'한 것이지만 '진실'이라고 했다. 법정에서 오가는 통상적인 말들은 대체로 진실이 아니라는 것이 그의 심중에 깔려 있었다. 그가 진실되고 강력한 증거로 제시한 것은 세 가지였다. 첫째는 10인 장군 사건, 둘째는 레온 사건, 그리고 셋째는 선생으로 누구를 가르친 적이 없다는 것이다. 그러나 첫째 사례에서만 사인이 아니라 공인으로서의 소크라테스였다. 공인으로 불의와 불법과 투쟁했음에도 소크라테스는 여전히 살아 있었다. 그리고 다른 두 가지는 사인 소크라테스의 행적이었다. 아테네인은 이에 대해 고개를 갸우뚱했을 것이고, 소크라테스는 그것을 해명해야 했다.

하지만 나중에 여러분 모두가 스스로 인정했듯이 그건 불법이었습니다. 그때 여러분의 불법행위에 반대하며 반대표를 던진 사람은 우리 부족 가운데 나 혼자뿐이었습니다.

소크라테스는 10인 장군 사건을 이례적으로 상세히 설명했다. 그 사건을 처리할 때가 자신의 처음이자 마지막 공직 경험이었음을 강조했다. 굳이 내세울 것은 아니었지만 진실이었다. "아테네인 여러분, 나는 이 나라에서 평의회 의원을 지낸 것 말고는 그 어떤 공직도 맡아본 적이 없습니다." 그의 신념상 평의회 의원 직함을 스스로 원하지 않았을 것이지만, 의무라면 피하지도 않았을 것이다. 아테네 10개 부족에서 각 50명씩 선출하여 총 500명으로 구성된 평의회Boule는 민회의 안건을 정하고 소집하는 역할 등을 수행했다. 평의회는 정해진 특정 기간 동안 각 부족이 돌아가며 운영위원회를 맡아 실무를 집행했으며, 운영위원회는 평의회의 제안서를 민회에 제출하는 것이 그 역할이었다. 기원전 406년 아르기누사이Arginusae 연해에서 벌어진 아테네와 스파르타 간의 해전 당시 소크라테스가 속한 안티오키스Antiochis 부족이 평의회 운영 실무를 관장하게 되었고, 소크라테스는 50인으로 구성된 운영위원회prytaneis의 일원이었다.

소크라테스는 10인 장군 사건의 개요를 설명했다. "여러분이 해전에서 물에 빠진 병사들을 구하지 못한 10명의 장군을 한꺼번에 재판에 회부하려고 결의했을 때 마침 우리 안티오키스 부족이 그 업무를 관장하고 있었습니다." 10인의 장군strategos은 10개 부족에서 한 명씩 선출된 자들로 각 부족의 중장비 보병대와 기병대를 지휘했다. 살라미스 해전의 영웅 데미스토클레스와 페리클레스도 이런 장군들의 일원이었다. 아르기누사이 전투에서 아테네는 승리의 전과를 올렸으나 심한 폭풍으로 자국 함선에 타고 있던 부상자의 구출에 실패하고 사망자 시신을 수습하지 못한 채 아테네로 돌아왔다. 이때의 죄를 물어 전투에 참가한 8명의 장군들 가운데 도망간 2명을 제외한 6명의 장군이 재판에 회부되었고, 그들 모두 결국 유죄판결을 받고 처형당했다. 그들 중에는 페리클레스의 아들과 여러 민주파 장군들이 포함되어 있었다. 아테네 장군들이 사형을 당한 것은 이때가 처음이었고, 이로 인해 펠로폰네소스 전쟁에서 아테네의 전력은 적지 않은 손실을 입었다.

기원전 411년 과두제 혁명을 이끌어 참주정이 들어서게 한 테라메네스가 장군들의 비난에 앞장섰고, 평의회 의원인 칼릭세노스를 위시한 그룹은 배심원 표결이 아니라 민회 표결로, 개별 재판이 아니라 집단 재판을 하자고 주장했다. 그러나 법은 '배심원'에 의한 '개별' 재판을 규정하고 있었다. 따라서 그들의 주장은 불법이었다. 크세노폰에 따르면, 칼릭세노스의 제안에 에우리프톨레모스라는 사람이 반대했지만 대중이 원하는 것을 한 사람의 반대로 포기할 수 없다는 대중의 아우성에 묻히고 말았다. 소크라테스는 자기 혼자만이 재판의 불법성을 지적했다는 것을 배심원에게 상기시켰다. "그때 여러분의 불법행위에 반대하며 반대표를 던진 사람은 우리 부족 가운데 나 혼자뿐이었습니다." 재판을 지지한 연설가들이나 정치인들은 소크라테스를 고발하고 체포하려 했다. 다른 운영위원 몇몇도 반대의사를 표명했지만, 벌떼 같은 군중의 고함소리에 바로 꼬리를 내렸다. 그들도, 그들에게 고함친 군중도 후환이 두려웠을 것이다.

소크라테스는 이때 '나 홀로' 재판반대와 반대투표가 죽음불사 국법수호의 한 표현이라 치켜세웠다. 죽음이 두려워 아테네 대중의 부정에 동조하기보다는 법과 정의의 수호자로서 죽음을 감수하겠다는 의지의 표현이었다는 것이다. "나는 감옥이나 죽음이 두려워 여러분의 부당한 결정을 따르기보다는 온갖 위험을 감수하더라도 법과 정의의 편에 서야 한다고 믿었습니다." 이 말 역시 대중 여러분에 대한 모욕이었다. 그것은 곧 자신에게 고함친 아테네 대중과 부당한 결정을 내린 여러분이 범법자인 반면 자신은 준법자이고, 여러분은 정의롭지 못한 반면 자신은 정의롭다는 말이었다. 하지만 그는 감옥과 죽음을 무릅쓰고 반대했다고 했지만 다수의 의견에 저항했다고 해서 처벌되는 것은 아니었고, 또 대중은 나중에 자신들의 불법을 기꺼이 인정할 수도 있는 자들이었다. 대중의 입장에서 소크라테스의 비난과 모욕이 과하고 일방적인 것으로 보였을 것이다. 하지만 대중을 우중으로, 민주주의를 다수의 독재로 간주한 소크라테스의 입장에서는 결코 그렇지 않았다. 소크라테스는 신탁의 증인인 카이로폰의 정치이력을 소개했을 때와 마찬가지로 자신과 대중 '여러분'을 구분했다. '여러분의 불법행위를 반대'했고, '여러분의 부당한 결정'을 따르지 않았다는 것을 노골적으로 상기시켰다.

10인 장군 사건은 아테네가 민주체제였을 때 일어났다. 소크라테스는 그것을 또렷이 언급했다. 그럴 만한 까닭이 있었을 것이다. 두 번째 사건은 민주정이 무너지고 참주정이 수립되었을 때 일어난 일임을 또한 분명히 했다. 이 두 사례가 민주정과 참주정이라는 명확히 대비되는 정치체제에서 일어났다는 소크라테스의 강조는 그것들 간에 모종의 다른 점이 있음을 암시하는 것이었다. "이것은 이 나라가 아직 민주정이었을 때 일어난 일입니다. 그러나 과두정이 들어서자 30인 참주가 나를 다른 네 사람과 함께 원형 건물로 불러서 살라미스 사람 레온을 처형해야 하니 살라미스에서 끌고 오라고 명령했습니다." 이때의 과두정권은 기원전 411~410년에 있었던 400인 위원회의 1차 참주정에 이어 기원전 404~403년 펠레폰네소스 전쟁의 승자인 스파르타에 의해 수립된 2차 30인 참주정을 가리킨다. 소크라테스의 추종자이자 플라톤의 외당숙인 크리티아스가 참주들 중 극단주의자들의 우두머리였고, 테라메데스가 중도주의를 이끌었다. 크리티아스는 중도파를 제압하고 테라메데스를 반역죄로 사형에 처했다. 그동안 소크라테스를 고소한 아니토스를 비롯한 민주주의자들은 해외로 망명해 저항 세력을 구축했다. 8개월 만에 무너진 이 정권은 극단적인 공포정치를 펼쳤다. 평의회와 민중 재판소는 폐지되었고, 민주주의를 지지해 처형당한 사람만 해도 1,500명에 달했다. 크세노폰의 말대로, "하마터면 10년에 걸친 전쟁에서 죽은 사람들보다 더 많은 아테네인들을 죽일 뻔했다."

  레온 사건 당시 사인이었던 소크라테스는 그때의 처신을 소개했다. 레온은 부유한 외국인 거류민이었다. 지지기반이 취약했던 30인 독재정권은 아테네에 스파르타 주둔군을 상주시켜야 했고, 그 비용을 충당하기 위해 부유한 상인 거주자의 재산을 몰수했다. 아테네에서 정의롭지 못한 사람들을 일소해야 한다고 선언하고 나선 참주들은 3,000명의 시민명단을 작성하고, 그 안에 들어 있지 않은 시민들의 재산을 몰수하고 처형할 수 있다는 포고령을 발표했다. 참주들에 의해 정의롭지 못한 자로 낙인찍힌 레온의 체포도 그 일환이었다. 정권은 소크라테스를 포함한 다섯 명을 정권의 본부로 사용한 원형 건물로 불러 레온의 체포를 명령했다. 피신해 있던 그를 즉결처형하기 위함이었다. 소크라테스는 명령을 거부했고, 나머지 네 명이 따랐다.

일설에 의하면, 레온을 연행하러 간 네 명 중의 한 명이 소크라테스를 고발한 멜레토스였다. 30인 정권이 소크라테스를 레온 사건에 끌어들인 것은 정권 내에 체포조가 없어서가 아니었다. 그들에게는 명령을 수행할 홍위병들이 있었다. 그럼에도 소크라테스를 불렀다. "그자들은 다른 많은 사람들에게도 수시로 그런 명령을 내리곤 했는데, 되도록 많은 사람들을 그들의 비행에 연루시키기 위해 그랬던 것입니다." 소크라테스는 그들이 정권의 비행에 엮기 위해 자신을 끌어들였다고 생각했다.

소크라테스는 배심원에게 카이레폰의 이름뿐만 아니라 그의 민주투사 이력을 구체적으로 설명했다. 그러나 레온 사건의 경우에는 달랐다. 아테네인 누구나 알고 있는 사실을 소크라테스는 전혀 언급하지 않았다. 30인 정권의 지도자였던 크리티아스와 카르미데스는 소크라테스의 문하생이었다. 과두 독재정권의 불법과 불의를 고발하는 이 사건에서 소크라테스는 저 두 인물의 이름조차 꺼내지 않았다. 그는 불편했을 것이다. 그들은 한때 문하생이었지만 소크라테스와 등진 인물들이었다. 크세노폰은 소크라테스와 크리티아스의 악연을 흥미롭게 묘사했다. 그에 따르면, 크리티아스는 에우튀데모스를 연모했다. 소크라테스는 그 사랑의 모습이 거지가 구걸하는 것처럼 추하다고 나무랐다. 그럼에도 크리아티아스가 아랑곳하지 않자 이렇게 말했다. "아무래도 크리티아스가 돼지의 성질을 갖고 있는 모양이다. 돼지가 돌에 몸을 비비듯, 저자는 에우튀데모스에게 비비고 싶어 한다." 이런 비난의 소리에 크리티아스는 소크라테스를 증오했고,

정권을 잡자 소크라테스를 겨냥한 법을 만들었다. "이 일을 기억하고 있던 그는 법률 중에 '말의 기술을 가르치는 것을 금함'이라는 항목을 삽입했다. 이것은 소크라테스를 나쁘게 말하려 해도 공격할 도리가 없었기 때문에, 당시 일반적으로 학자들에 대한 세상의 비난을 그에게 뒤집어씌워 민중의 악평을 사게 하려 했던 것이다." 무고한 사람을 처형하고 불법을 선동하는 크리티아스에게 소크라테스는 비난의 말을 쏟아냈다. "소를 치는 사나이가 소의 수를 감소시키고 질을 저하시키면서 자기가 서투른 소몰이인 것을 인정하지 않는다면 기묘한 이야기임에 틀림없는데, 하물며 국가의 지도자가 된 자가 시민의 수를 감소시키고 질을 저하시키고도 수치로 알지 않고 저열한 국가 지도자라는 것을 알지 못한다면 그야말로 기묘한 이야기이다." 이 말을 들은 크리티아스는 "소크라테스를 소환하고 법문을 제시하며 젊은이와 이야기해서는 안 된다고 명령했다." 이에 소크라테스가 '젊은이와 이야기해서는 안 된다'는 것이 정확히 무엇을 의미하는지 따지고 나서자 크리티아스는 응수했다. "그리고 소를 치는 사나이의 이야기도 해서는 안 되네. 만약 그만두지 않는다면, 조심하게. 자네로 해서 또 소의 수가 줄지도 모르니까."

크세노폰의 말이 사실이라면, 소크라테스는 크리티아스와 악연이 분명했다. 그래서 30인의 참주가 많은 시민들을 정권의 비행에 연루시키려 했고, 소크라테스 자신도 그 중 한 명이었다는 지적은 근거 있는 말이었다. 소크라테스에게 레온을 붙잡아 오라는 정권의 명령은, 포고령을 넓은 의미의 법의 범주에 포함시킨다면 당시 법에 어굿나지 않는 것이었다. 그러나 소크라테스는 그것을 정의롭지 못한 소수의 권력자들에 의한, 정의롭지 못한 법에 의한 명령으로 간주했다. 이 사건에서 법과 정의가 충돌했다. 그때 그는 법보다 정의의 편에 서야 한다고 믿었고 법의 명령에 따르지 않았다. 불법을 저지른 자는 정권이 무너지지 않았다면 법에 의해 죽음을 면치 못했을 것이다. 그래서 소크라테스는 그때도 자신의 관심사는 죽음이 아니라 정의에 있었음을 강조했다. "그때도 나는 죽는다는 것이 전혀 문제가 되지 않았고, 오히려 옳지 못한 짓이나 불경스런 짓을 하지 않는 것이 무엇보다 중요하다는 것을 말이 아니라 행동으로 보였습니다. 그 정권이 대단한 권력을 갖고 있었지만, 나를 협박해서 옳지 못한 짓을 하게 하지는 못했습니다." 그런데 소크라테스는 레온 사건에서 죽음, 법 그리고 정의에 이어 하나를 더 집어넣었다. 바로 "불경스러운 짓을 하지 않는 것", 곧 경건이었다. 10인 장군 사건에서는 명시적으로 언급되지 않았던 가치였다. 레온 연행에 동행하지 않은 결정이 정의와 더불어 경건에 따른 것이라 했다. 그의 정의감은 신의 사명에서 비롯되었을 것이다. 정권의 공포나 죽음에 대한 두려움도 자신을 결코 불의와 불경으로 몰고 갈 수 없다는 것이다. 그리고 그런 자신의 행동이 진실임을 "증언해줄 사람이 여러분들 중에 많이 있다"는 말로 두 번째 증거 제시를 마쳤다.

첫 번째와 두 번째 사례에는 다른 점이 있었다. 첫 번째에서는 준법을 강조한 반면, 두 번째에서는 불법을 감수했다. 또 두 번째에서는 경건을 명시적으로 포함시켰다. 이는 공인과 사인이라는 신분 차이도 있겠지만, 무엇보다도 정권의 정당성 문제와 연관이 있었을 것이다. 소크라테스는 민주체제의 법을 법으로 인정했지만, 과두체제의 법은 인정하지 않았다. 법의 절차적 정당성을 고려했을 것이다. 모든 시민의 참여와 동의로 만들어진 민주정의 법과 달리, 소수에 의해 자의적으로 급조된 법은 정의로운 법이라 생각하지 않았을 것이다. 그 법의 명령에 따르지 않는 것도 결코 불의가 아니라고 믿었을 것이다. 자신이 만든 법을 지키지 않는 것은 자기모순이겠지만, 불의의 소수가 부당하게 만든 법을 따르지 않는 것은 불의가 아니라고 생각했을 것이다. 또한 인간의 법은 신의 선물이자 신법의 반영이라는 점에서도 과두체제의 법은 그에게 진정한 법이 아니었을 것이다. 나아가 꾸준히 들려오는 신의 음성도 정의롭지 못한 법을 따라서는 안 된다고 했을 것이다. 그런 점에서 과두정 시기의 레온 사건과 민주정 시기의 10인 장군 사건에서 소크라테스는 처신을 달리했을 것이다.

내가 공적인 일에서나 사적인 일에서나 평생 한결같았다는 것을 알게 될 것입니다. 나는 지금까지 나를 비방하는 자들이 내 제자라고 말하는 사람들을 포함해 어느 누구를 위해서도 정의에 반하는 것을 한 번도 용인한 적이 없습니다.

10인의 장군 사건, 레온 사건에 이어 소크라테스는 마지막 세 번째 '강력한 증거'를 소개했다. 이에 앞서 그는 재차 공적인 삶과 정의 수호가 양립 불가능함을 강조했다. 그러나 이때에는 정의로운 사람이 아니라 '선한 사람'을 내세웠다. 그에게는 이 둘이 다른 것이 아니었을 것이다. 다만 선한 자가 정의를 가장 소중한 가치로 삼아 공적인 활동을 하면서도 살아남길 바란다는 것은 불가능한 희망이라는 말이었다. 그는 그것을 '어림도 없는 일'이라고 단정했다. 자기뿐만 아니라 다른 누구도 마찬가지라 했다. 정의를 수행하면서도 목숨을 부지할 수 있는 경우는 오직 사적인 삶뿐이라는 것을 신의 음성과 경험적인 사례를 이유로 확신했다.

소크라테스는 사적인 일을 다룰 때도 공적인 일의 경우와 똑같이 정의에 반하는 그 어떤 것도 용인한 적이 없다고 했다. 그리고 그에 대한 증거를 제시했다. 그가 거론한 사적인 삶은 다름 아닌 '가르침'의 삶이었다. 그래서 그는 '가르침'의 과정에서 정의에 반하는 그 어떤 것에 대해서도 동조한 적이 없다는 것을 증명하려 했다. 일흔의 나이까지 사인 신분으로 사적인 일을 행한 것이 '가르침'만은 아니었을 것이다. 그럼에도 그는 그것을 내세웠다. 어쩌면 멜레토스와 아니토스가 고소장에 적시했고, 아테네인 대부분이 그렇게 생각했던 '청년을 타락시킨 소크라테스의 가르침'이 그의 뇌리에 깊이 각인되어 있었을 것이다. 그러나 이런 일반론이 전부가 아니었다. 그는 특수한 경우를 언급했다. "나를 비방하는 자들이 내 제자라고 말하는 사람들"에게도 마찬가지였다는 것이다. 소크라테스는 이 말을 첨언하면서 분명 당시 횡행했던 일종의 연좌제를 의식했을 것이다. '나를 비방하는 사람들' 가운데 대표적인 인물은 누구보다도 멜레토스를 비롯한 나중 고발인들이었을 것이다. 그들이 '내 제자라고 말하는 사람들' 가운데 핵심적은 인물은 누구보다도 과두정을 이끌었던 크리티아스와 조국을 스파르타에 팔아넘긴 아테네의 문제아 알키비아데스였을 것이다.

크세노폰은《소크라테스의 회상》에서 그런 속사정을 실감 있게 기술했다. "하지만, 하고 그 고소인은 덧붙였다. 크리티아스와 알키비아데스도 소크라테스와 친했잖소. 그 두 사람은 아테네에 가장 참혹한 악행을 저질렀소. 크리티아스는 최고의 도둑이 되었고, 과두파 중에서도 가장 폭력적이고 잔인한 이가 되었소. 그리고 알키비아데스는 민주주의자 중에서 가장 무책임하고 독단적이고 폭력적인 이가 되었소." 크세노폰의 이어지는 말에 따르면, '그 고소인'은 크리티아스와 알키비아데스가 소크라테스의 제자로서 많은 가르침과 영향을 받았다고 주장했다. '가르침'이나 '제자'의 문제를 떠나 그 누구도 부인할 수 없는 진실이 있었다. 그들이 소크라테스와 향연을 즐겼다는 것 그리고 아테네를 팔아먹은 반역자라는 사실이다. 그래서 소크라테스가 사적인 일에 있어서도 불의를 용인한 적이 없다는 것을 입증하기 위해 무엇보다도 그들과의 관계를 해명해야 했다. 그런 이유에서 그는 "그리고 나는 한 번도 어느 누구의 선생이 되어본 적이 없습니다."라는 말을 불의를 행한 적이 없다는 말에 바로 이어서 했을 것이다. 그것은 그들을 포함해 어느 누구에게도 선생의 위치에서 가르친 적이 없었다는 것을 뜻했다.

이에 관한 소크라테스의 말은 배심원의 귀에 그야말로 '진부'하고 심지어 구차하게 들렸을 것이다. 소크라테스는 아고라에서의 자신의 행태를 자신의 입장에서 제시했다. 그것은 지극히 단순했다. 노소를 막론하고 듣고자 하는 사람들과의 대화를 거절하지 않았고, 빈부에 상관없이 묻고자 하는 사람의 질문에 응했을 뿐, 누구의 스승으로 자처한 적도 또 누구를 제자로 받아들인 적도 없음을 강조했다. 그저 대화만 나누었기 때문에, 선생의 입장에서 누구를 가르치지 않았기 때문에, 대화를 나눈 상대가 선인이 되었든 악인이 되었든 그것은 자기와 무관하다는 주장이었다. 그것을 자기의 탓으로 돌리는 것은 정당한 처사가 아니라는 입장이었다. 단적으로, 크리티아스나 알키비아데스가 타락했다면 그 죄를 자신에게 물어서는 안 된다는 말이었다. 멜레토스가 그들과 소크라테스를 가르침을 주고받는 사제관계로 이해한 반면, 소크라테스는 그것을 부정하고 그저 중상모략일 뿐이라고 맞섰다.

청년들을 몰고 다녔든, 그들이 자발적으로 따라다녔든 간에, 그들과 늘 함께하며 삶의 가치와 아테네의 미래에 대해 철학적인 문답을 나눴던 소크라테스로서는 자신의 말이 한갓 부질없는 변명으로 들릴 수도 있다는 것을 감지했을 것이다. 그래서 그는 '가르침'이 아니라는 것을 보여주기 위해 소피스트처럼 '가르침의 대가'를 주고받지 않았다는 것을 덧붙였다. 대가는 물론이고 누구를 찾아가 가르침을 행한 적도 가르침을 약속한 적도 없고, 즐겁게 문답을 나눈 것이 전부라고 말했다. 사실 그에게 젊은이와의 대화는 '가르침'이 아니라 '문답'이었다. 그것은 곧 신이 캐물으라고 지시한 '신의 일'이자 '자신의 일'이었다. 가르침은 지식을 전하는 자와 받는 자 간에 성립하는 것인 반면, 문답은 확정된 지식의 전수가 아니라 기존의 지식에 의문을 제기하며 끊임없이 묻고 답하는 과정의 연속일 뿐이라는 것을 말하고 싶었을 것이다. 아테네인이, 심지어 대화를 나눈 사람들이 어떻게 받아들였든, 그것이 소크라테스의 실제 생각이었을 것이다. 왜냐하면 그는 지혜사랑은 누구의 일방적인 가르침이 아니라 스스로의 깨달음에 의해서만 가능하다고 생각했기 때문이었다.

그러나 누구를 가르친 적이 없고, 그 대가를 받은 적도 없다는 그의 주장은 적어도 나중 고발인에게는 공허한 소리로 들렸을 것이다. 선생이었다는 것이, 돈을 받았다는 것이 고소 사유가 아니라, 관건은 청년타락이었다. 대가 없는 대화로도 그것은 충분히 가능하고, 아테네에서 꽃보다 더 귀한 청년으로 하여금 민주주의에 대한 거부감을 갖도록 만들었다는 것은 곧 타락을 의미하는 것이었으며, 따라서 아테네의 눈에 그것은 불법 중의 불법, 불의 중의 불의였다. 소크라테스가 귀족이 아니었음에도 귀족 출신의 청년들과 어울리며 아테네의 평민정치를 비판했다는 것은 그리 새로운 사실이 아니었다. 나중 고발인의 지적도 바로 그 점이었다. "고발자가 말했다. '그는 존경받는 법제도를 친구들이 비웃게 했습니다. 나라의 통치자를 제비뽑기로 정하는 것은 어리석은 일이라고 말하면서요. 그리고 제비뽑기로 정한 선장이나 건설업자, 플루트 연주자, 그밖에 다른 장인들을 고용하고 싶은 사람은 없을 것이라고 말했지요. 그러면서 그런 사람들의 실수는 나라의 정사에서 실수하는 것보다 차라리 낫다고 말했지요.' 그리고 고발자는 그런 주장이 젊은이들이 기존의 제도를 멸시하게 하고, 그들의 폭력성을 자극한다고 했다." 크세노폰이 전한 고발인의 말은 실제와 크게 다르지 않았을 것이다. 아는 자가 나라를 다스려야 한다고 생각한 소크라테스의 눈에는 무지한 대중들이, 그것도 추첨에 의해 돌아가며 통치하는 민주주의는 그야말로 어리석은 제도였다. 소크라테스의 대중통치에 대한 비판이 곧 젊은이들의 '폭력성을 자극'한다는 부분에 크세노폰이 동의하지 않는다 해도, 그런 비판을 돈을 받고 가르치지 않고 대화를 통해 했다고 해서 소크라테스의 행태가 용납될 상황은 아니었다.

게다가 그의 대화 친구들 가운데는 크리티아스뿐만 아니라 알키비아데스가 있었다. 알키비아데스가 아테네에 어떤 존재였고, 소크라테스와 어떤 인연이었던가. 알키비아데스는 아테네에 진정 애증의 존재였다. 당대의 영웅 페리클레스의 양자로 성장한 귀족 출신의 알키비아데스는 눈부시게 아름다운 용모와 섬세한 감각, 탁월한 사교술과 뛰어난 전쟁수행 능력까지 겸비한 인물이었다. 아테네인은 남녀노소 할 것 없이 알키비아데스의 매력에 매혹되었고, 그는 넘치는 자신감으로 아테네인의 열광을 결코 마다하지 않았다. 제비꽃 화관에 짙은 자주색 망토를 걸치고 거침없이 세상에 나섰고, 세인들에게 자신의 역량을 유감없이 보여주었다. 기원전 416년 올림피아 제전에 전차 7대를 출전시켜 1등, 2등, 4등을 휩쓸었던 그에게 에우리피데스는 승리의 찬가로 답했다. "승리는 별처럼 빛나지만 당신의 승리는 모든 승리를 퇴색케 하오." 그는 시민의 한 사람으로 아테네 전설 속의 영웅이고 싶었고, 한 남성으로 세상 여인의 가슴에 기억되고

싶었다.

　15년 넘게 그리스인과 이방인이 흘린 피바다의 현장에 있었던 알키비아데스는 올림피아 제전이 끝난 1년 뒤인 기원전 415년에 새로운 영웅적인 무공을 꿈꾸고 있었다. 지금의 시칠리아인 시켈리아 원정이었다. 귀족 알키비아데스는 해가 지는 땅, 해마다 이맘때면 노란 옥수수 빛으로 물드는 서쪽 땅에서 테세우스의 후손임을 입증하고 싶었지만, 결과는 그 반대였다. 약속의 땅에 상륙한 후 얼마 지나지 않아 아테네에서 사람들의 입이 나불거리기 시작했다. 알키비아데스가 신들을 조롱했다는 소문이었다. 국외 아테네인들의 무사안녕을 기원하는 헤르메스의 흉상을 파괴했고, 데메테르 여신을 조롱했다는 것이었다. 평소 아름다운 귀족 청년에게 질투해왔던 시민들은 알키비아데스에게 돌아와서 재판을 받으라는 전갈을 보냈지만, 이에 대한 그의 반응은 대담하다 못해 도발적이었다. 그가 선택한 길은 조국의 반역이었다. 적의 심장부인 스파르타에게 손에 쥔 모든 정보를 넘겨주었고, 아테네는 결국 시켈리아 원정에서 대패의 아픔을 맛보아야 했다. 스파르타식 이름을 가졌고 스파르타 유모의 손에서 자란 끼 많은 청년은 그곳에서도 오래 머물 수 없었다. 스파르타 아기스 2세의 왕비 티마이아와 사랑에 빠져 아이를 낳은 죄로 죽음에 직면하자 이번에는 페르시아로 넘어가 아테네와 스파르타를 모두 적으로 삼았다. 이 열정적이고 역마살을 타고난 인물, 그가 바로 알키비아데스였다.

고향에 대한 향수를 잊지 못한 그는 내분에 휩싸인 아테네를 적극 활용해서 귀국의 길에 올랐다. 아테네 민주파들이 결집해 있던 사모스 섬에서 장군으로 선출되어 활동하는 동시에, 아테네 내 과두파들에게는 혁명을 부추겨 기원전 412/411년 400인 참주정이 탄생하는 데 일조했다. 2년 후 민주주의가 다시 복원되자 기원전 407년 기회주의자 알키비아데스는 아테네의 부름을 받았다. "그는 가난하고 미천한 자들을 선동하는 데 어찌나 탁월한지, 사람들은 그가 독재자처럼 통치해주기를 희망했고 심지어 열망했다"고 플루타르코스가 그의 《영웅전》에서 말한 대로, 돌아온 탕아는 승전 영웅으로 행동했다. 하지만 그 달콤함 역시 오래가지 않았다. 그의 부하인 안티오코스가 자행한 노티온 해전의 패배로, 페르시아를 거쳐 아테네 불만세력들이 모여 있던 북부의 트라키아와 헬레스폰토스로 도망갔다. 그곳에서 다시 군지도자로 부활하며 아테네 정치에 다시 개입할 기회를 모색했지만 결국 실패했다. 그는 동방으로 길을 떠나야 했고, 그것이 그의 마지막 인생길이었다. 아름다운 정부 티만드리와 하룻밤을 묵은 작은 마을에서 40대 중반의 알키비아데스는 누군가 보낸 자객의 창에 파란만장한 삶을 끝냈다.

알키비아데스는 그 누구보다도 소크라테스와 각별한 사이였다. 외면과 내면 모두 너무나 다른 두 사람이었지만, 20년 연하의 알키비아데스는 소크라테스에게 사랑의 감정을 품었다. 소크라테스 역시 마찬가지였다. 그들은 향연을 즐겼고, 운동을 함께 했으며, 대화를 나누었다. 플라톤의《프로타고라스*Protagoras*》에서 대화자 중의 한 명이 소크라테스에게 말했다. "소크라테스, 어딜 다녀오는 길인가? 아, 물어볼 필요도 없겠지. 그 잘생긴 알키비아데스를 쫓아다니고 있었겠지! 근데 내가 며칠 전에 알키비아데스를 보았는데 여전히 사내답게 잘생겼어. 소크라테스, 자네한테만 하는 말인데 수염도 꽤 났더라고." 전쟁터에서도 그들은 함께 있었다. 귀족인 알키비아데스는 기병으로 말을 탔고, 평민인 소크라테스는 중보병으로 걸었다. 그들은 같은 막사에서 함께 누워 있었지만, 육체관계는 없었다. "아버지나 큰형과 자는 게 차라리 나을 뻔했다."《향연》에서 알키아비데스가 털어놓은 불만이었다. 포티다이아 전투에서 소크라테스는 알키비아데스의 목숨을 구해주었다. 하지만 전투의 공로상은 절제의 대가 소크라테스가 알키비아데스에게 양보했다. 알케alke, 강함과 비아bia, 힘의 합성어로 이루어진 이름을 가졌고, 금과 상아로 번쩍이는 갑옷을 입고 그리스 전역을 누빈 알키비아데스였건만, 그 당시에 그는 전쟁 경험이 없는 풋내기에 불과했다. 석공의 아들이자 본질에 주목한 소크라테스보다는 귀족 중의 귀족이자 현상을 중시한 그가 상을 차지한 것은 어쩌면 당연한 것이었다.

플라톤은 이 같은 소크라테스와 알키비아데스와의 관계를 《향연》에서 실감나게 보여주었다. 머리에 등꽃과 제비꽃으로 총총하게 엮은 화관을 쓰고 리본을 주렁주렁 매단 채 뒤늦게 향연 자리에 참석한 알키비아데스는 소크라테스의 언변능력을 마르시아스의 대금 소리와 견주어 소개했다. 마르시아스는 입에서 나오는 힘으로 악기를 써서 사람들을 홀리게 하지만, 소크라테스는 악기를 쓰지 않고 입에서 나오는 말만으로 사람들을 놀라게 하고 넋을 나가게 한다는 것이었다. "그분의 말씀을 듣고 있노라면 내 심장은 코리반테스들보다 훨씬 더 심하게 뛰고 눈물이 흘러나옵니다. 내가 본 바로는 수많은 다른 사람들도 역시 그렇습니다. 그런데 페리클레스나 그밖에 훌륭한 웅변가의 연설을 들을 때는 과연 말을 잘한다는 생각은 했지만, 지금 말한 것 같은 감동은 조금도 겪어보지 못했습니다. 심혼이 뒤흔들린 일도, 노예의 처지에 놓인 것 같아 화가 난 일도 없었습니다. 그런데 여기 계신 이 마르시아스에게는 몇 번이고 마음이 흔들려, 나의 지금 같은 상태에서는 사는 보람이 없는 것 같은 심경이 되었습니다." 알키비아데스의 이런 아포리아는 아테네인들이 가장 경계한 부끄러움의 감정으로 이어졌다. 소크라테스와 대화를 나누면 그의 논리를 인정하지 않을 수 없게 된다는 것, 그래서 그 앞에만 서면 자신이 무한히 작아진다는 것이었다. "그런데 나는 사람들 중에서 오직 이분에게 대해서만은, 아마 아무도 내 속에 있으리라고는 생각할 수 없는 것, 즉 뭔가에 대한 부끄러움이란 것을 느끼게 됩니다. 나는 이분에게만은 부끄러움을 느낍니다." 그래서 참다못해 세이렌들로부터 달아나듯이 귀를 막고 도망가지만, 다시 만나게 되면 상황은 그대로라고 했다. "그래도 다시 이분을 만나면, 앞서 이분에게 대해 억지로 인정했던 일이 생각나서 부끄러워집니다. 그리고 이분이 차라리 이 세상에 안 계셨으면 좋겠다는 생각조차 들 때가 많습니다. 그러나 막상 그렇게 된다면 훨씬 더 슬퍼하리라는 것도 틀림없습니다. 그러니 이분을 어떻게 다루어야 할지 나는 모르겠습니다."

그러나 알키비아데스에게 소크라테스는 말의 대가만이 아니었다. 소크라테스의 언변만이 알키비아데스의 혼을 사로잡은 것은 아니었다. 말귀와 넓적한 코 그리고 대머리의 용모에 허술한 옷차림, 그러나 그 내면에 풍부한 지혜를 갖추고 디오니소스와 함께 다닌 실레노스를 소크라테스와 비교하면서 소크라테스의 덕을 찬양했다. "왜냐하면 이분이 모르는 체하는 것은, 마치 조각된 실레노스와 마찬가지로 겉에 걸친 것이기 때문입니다. 그러나 안이 열리면, 술친구 여러분, 아시겠어요, 이분은 누가 아름다운지 아닌지 따위는 전혀 관심이 없고, 오히려 누구도 믿기 어려울 만큼 그런 것들을 업신여깁니다. 또 누가 부자인지 아닌지도, 뭇사람들 눈에 행복하게 보이는 명예로운 것을 가졌는지 아닌지도 마찬가지입니다." 알키비아데스에게 소크라테스는 실레노스의 조각상이었다. 겉은 무지하게 보이지만, 안은 지혜로 가득 차 있는 실레노스와 같았다. "그러나 그분은 한평생을 아무것도 모르는 체하고, 늘 사람들에게 농담이나 걸면서 보내고 있습니다. 하지만 그분이 엄숙하게 그 속을 열어보일 때, 그 안에 있는 여러 상을 본 사람이 있는지 모르겠습니다. 그러나 나는 언젠가 그것을 본 적이 있습니다. 나에게는 그것이 매우 거룩하며 황금같이 빛나고, 지극히 아름답고 놀라운 것으로 생각되었기 때문에, 나는 소크라테스님이 명령하시는 것이라면 무엇이건 당장 실행하지 않으면 안 된다고까지 생각했습니다."

소크라테스의 내면에 매료된 알키비아데스는 자신의 꽃다운 청춘과 아름다운 용모로 소크라테스를 여러 번 유혹했고, 이때의 경험은 그의 말대로 그에게 놀라운 것이었다. "그래서 여러분, 이분과 단 둘만이 되었던 것입니다. 그래서 사랑하는 사람이 애인과 마주앉아서 은밀하게 이야기하듯, 이분이 곧 나에게 말을 걸 것이라고 생각하고 기뻤습니다. 그러나 그런 일은 전혀 일어나지 않았습니다. 오히려 여느 때와 다름없이 나와 이야기를 나누며 함께 하루를 지내고 가셨습니다." 이어지는 유혹에서도 소크라테스의 행동은 변함이 없었다. 침상에 두 사람밖에 없었지만, 침상에서 이루어진 것은 대화였고, 그것도 철학에 관한 이야기였다. 알키비아데스는 이를 두고 자신이 독사에 물렸다고, 그것도 가장 아픈 곳을 물렸다고 표현했다. "왜냐하면 정신이랄까, 영혼이랄까, 혹은 무슨 이름으로 불러야 하는지, 어쨌든 지혜의 사랑에 관한 이야기에 찔리고 물렸기 때문입니다. 게다가 그 이야기란 것은 젊고 범상치 않은 영혼을 붙잡기만 하면 독사보다도 더 지독하게 물고 늘어져, 그 영혼에게 무슨 일, 무슨 말이든지 시킵니다."

유혹 그리고 이어진 사랑 고백에서 알키비아데스가 '가능한 한 가장 훌륭하게 되는 것'이야말로 자신의 가장 큰 관심사이고 소크라테스만이 도움을 줄 수 있는 유일한 사람이라고 말하자, 소크라테스는 훌륭한 삶에 대한 이야기로 응수했다. "이보게, 알키비아데스, 내가 과연 자네가 말한 것 같은 사람이라서 자네를 더욱 훌륭하게 할 만한 무슨 힘이라도 있다면, 자네는 과연 바보가 아닌 것 같군. 그렇다면 자네의 아름다움에는 댈 것도 아닌 훨씬 더 엄청나게 훌륭한 아름다움을 내게서 볼 수 있을 거네. 그래서 만약 자네가 그것을 보고 나와 사귀어서 자네의 아름다움과 내 아름다움을 서로 바꿔 가지려고 한다면, 자네는 나보다도 적지 않은 이득을 차지하려는 생각을 품은 것이야. 뿐만 아니라, 자네는 겉보기의 아름다움 대신 참다운 아름다움을 얻으려 해서, 사실 구리를 가지고 황금으로 바꾸려고 생각하는 것일세." 이에 이어 소크라테스가 마지막으로 한 말은 "우리 두 사람에게 과연 가장 훌륭하다고 생각되는 것을 서로 의논해서 실행토록 하세나."였다.

그 이후 침상에서 두 사람 사이에서 일어난 일을 알키비아데스는 《향연》에서 이렇게 말했다. "그래서 나는 일어나서 그분에게는 한마디 말할 틈도 주지 않고 내 외투를 그분께 덮어드리고서 — 겨울이었으니까요. — 나 자신도 그분의 낡은 외투 속으로 들추고 들어가서, 이 참으로 신령스럽고 놀라운 분을 두 팔로 껴안고 하룻밤을 같이 누워 지냈습니다. 이것도 소크라테스님, 거짓말이라고 말씀하시진 않겠지요. 그러나 내가 그렇게 해보았지만, 이 분은 내 아름다움을 어떻게도 할 수 없이 이겨내고, 업신여기고, 비웃고, 모욕했습니다. — 나는 아름다움에 대해선 자신만만했거든요, 재판관 여러분. 소크라테스님의 도도함에 대해서는 여러분이 재판관이니까요. — 나는 신들과 여신들에게 맹세코 말합니다만, 아시겠어요, 여러분, 나는 소크라테스님과 함께 자고 났지만, 아버지나 형과 같이 잤을 때와 다름없이 일어났습니다." 알키비아데스는 한편으로는 모욕을 당했다고, 다른 한편으로는 소크라테스의 절제와 용기 그리고 지혜에 탄복했다고, "그래서 나는 어찌 할 바를 몰랐고, 어느 누구든 남에게서 당한 일도 없는, 노예 같은 처지를 그분에게 당하고 돌아다녔습니다."라는 말로 그때의 심경을 술회했다.

소크라테스와 알키비아데스 간의 관계에 대해 분명한 것은, 두 사람이 서로 아끼고 좋아했다는 것이다. 소크라테스에게 알키비아데스는 자신이 갖지 못한 모든 것을, 그것도 그 어떤 아테네 청년들과는 비교 안 될 정도로 뛰어나게 갖고 있는 인물이었고, 알키비아데스에게 소크라테스는 그가 욕망하는 현실적 가치를, 적어도 명예의 가치를 얻는 데, 이것도 아니면 적어도 그의 지적 허영심을 충족시키는 데 도움을 될 인물이었다. 소크라테스라는 독사에 영혼을 물리고 소크라테스라는 주인의 노예로 전락하고 말았지만, 알키비아데스와 소크라테스의 인연은 여기까지였다. 알키비아테스는 훌륭한 삶에 대한 소크라테스의 관점과 거리를 좁히지 못하고, 결국 자기만의 풍운의 길로 떠났다. 《향연》에서 알키비아데스가 소개한 대로, 소크라테스가 침상에서 그에게 한 말, 즉 서로 의논해서 겉보기의 아름다움 대신 참다운 아름다움을 추구하자는, 그래서 겉보기의 훌륭한 삶 대신 참다운 훌륭한 삶을 추구하자는 말과는 다른 길을 걸어갔다. 이것에 소크라테스가 덧붙여서 한 말은 알키비아데스가 타국에서 자객의 칼에 숨을 거둘 때까지 유효했을 것이다. "사실 육안의 힘이 어두워지기 시작할 때가 되면 마음의 눈이 밝아지기 시작하는 법이네. 그러나 자네는 거기까지는 아직 멀었네."

나는 여러분에게 모든 진실을 말했습니다. 그들은 지혜롭지 않은데도 지혜롭다고 생각하는 사람들에게 내가 캐묻는 것을 듣고 즐거워합니다. 사실 즐겁지 않은 것은 아니니까요. 그렇지만 앞서 말했듯이, 그것은 신이 나에게 행하라고 명령한 것입니다.

10인 장군 사건에서는 공인의 위치에서 죽음의 위험에서도 불법에 맞서는 당당한 모습을, 레온 사건에서는 사인의 신분에서도 죽음의 위협을 무릅쓰고 불법 정권의 불의의 명령에 저항하는 모습을 보였던 반면, 소크라테스가 사적인 삶의 영역에서 법과 정의의 수호자 모습을 제시할 때는 그것들과 사뭇 달랐다. 그가 이때 보여준 것은 사적 영역을 '가르침'에 국한했다는 것은 접어두더라도 사회의 불법과 불의를 고발하고 투쟁한 적극적인 행태가 아니었다. 무엇보다도 이런 수동적인 모습은 '정의에 반하는 어떤 것도 용인한 적'이 없다는 그의 말뿐만 아니라, 누구를 가르쳐서 타락시켰다는 세간의 비난에 대한 면피성 근거를 대는 일에 급급했다는 사실에서도 드러나 있었다. 사회 불의를 바로 잡는 것이 아니라 그 불의에 동조하지 않는 것은 기껏해야 정의의 소극적인 모습일 뿐이었다. 또한 앞의 두 사례는 대상과 행위가 분명했지만, 세 번째는 그렇지 않았다. 첫 번째는 10인 장군 사건을 대상으로 다수의 불법적 행위를 거부한 경우였고, 두 번째는 레온 사건을 대상으로 국가의 불의에 맞선 사례였다. 그러나 세 번째는 '제자라고 지목된 사람들'의 행위에 대한 책임이 자신에게 없다는 것을 보여주는 것이고, 그들과의 연관성을 부정한 경우였다. 따라서 앞의 두 사례는 수동적이기는 하지만 정의 수호자로서의 소크라테스를 보여주고 있다면, 후자는 기껏해야 불의의 비관여자로서의 모습을 보여주는 데 그쳤다. 게다가 그것은 고발 사유의 한 축을 형성하고 있다는 점에서 변론의 형태를 띠고 있었다.

나아가 이 세 사례들은 목숨을 '잠시라도 보존하면서' 진정으로 정의를 위해 싸우려는 자는 공인이 아니라 사인으로 지내야 한다는 것에 대한 '강력한 증거'들로 제시된 것이었다. 아테네인이 선호하는 실증적인 사례들이었다. 잠깐이라도 목숨을 부지하기 위해서는 공인이 아니라 사인 신분이어야 한다는 소크라테스의 사인옹호 입장 그리고 그 증거로 제시된 세 가지 사례를 경청한 배심원 가운데 고개를 끄떡인 이들도 갸우뚱한 이들도 있었을 것이다. 10인 장군 사건의 경우에 체포와 구금 직전까지 몰리는 위험한 상황이 초래되었지만, 사형을 당하기 전까지 대략 8년 동안 목숨을 부지했다. 레온 사건에서 그는 과두정권이 무너지지 않았다면 당장의 죽음을 면치 못했겠지만, 정치변동에 따라 약 4년 동안 생명을 연장할 수 있었다. 마지막으로 델포이의 신탁에 따라 아고라에서 신이 내린 철학적 사명을 수행하면서 아테네의 전통적 가치들에 의문을 제기한 이래 사인 소크라테스는 기원전 399년 독배를 들기 전까지 적어도 30년 이상의 삶을 살았다. 이것들 역시 실증적인 사실이라는 점에서 소크라테스의 사인옹호 주장이 배심원을 얼마나 납득시켰는지는 곧 판결에서 드러날 것이다.

이것들로 소크라테스의 변론은 충분했을 것이다. 그러나 소크라테스는 그러지 않았다. 이전 변론에서 청년타락 죄와 불경죄를 멜레토스를 상대로 직접 조목조목 반박하고, 이후 변론에서는 가상문답을 통해 자신이 걸어온 정의로운 삶의 과정을 배심원에게 보여주면서 고소의 부당함을 간접적으로 해명했지만, 변론을 끝내기 전에 그는 한 번 더 청년타락 죄의 부당성과 그 근거를 제시했다. 하지만 이전과는 다른 방식으로, 보다 구체적인 증거들로 죄목의 부당성을 지적하면서 고소인을 압박했다. 물론 이때 그것은 바로 앞서 말한 세 가지 증거들 가운데 세 번째인 '누구를 가르치는 선생인 적이 없었다'는 것과 연관된 것이었다. 선생으로서 청년들을 가르친 적이 없다는 것은 청년을 타락시킨 적이 없다는 것을 의미할 것이기 때문이다. 나아가 소크라테스는 청년을 가르치지는 않았지만, 캐물음의 모습을 보여줌으로써 신의 사명을 수행했다는 것, 그래서 자신의 캐묻는 행위가 청년타락은커녕 오히려 청년 선도에 기여했다는 것, 그리고 그런 것이야말로 불법이나 불의에 대한 저항이라는 부정적인 의미가 아니라 긍정적인 의미에서 진정한 정의실현이자 경건한 행위라는 것을 보여주고자 했을 것이다. 따라서 유무죄 판결을 앞둔 상황에서 소크라테스는 청년타락을 다시 언급하면서 한편으로 정의구현자로서의 모습을 내세우고, 다른 한편으로 청년타락 죄를 변호하는 모양새를 취했다.

그는 "그런데 어떤 사람들은 어째서 나와 함께 많은 시간을 보내는 걸 즐거워하는 걸까요?"라는 물음으로 시작했다. 자신과 함께 문답을 나눈 사람들이 고통이 아니라 즐거움을 가졌다는 말이다. 이때의 즐거움은 지혜사랑에 의한 내적 기쁨은 아니었다. 외부에서 오는 외적 즐거움이었다. 또 '나와 함께 많은 시간을 보내는' 사람들이 크리톤과 같은 죽마고우를 지칭한 것도 아니었다. 자신을 따라다녔던 아테네의 청년들이었다. 일상의 삶이 그렇듯이, 즐거움이 아니라 고통을 주었다면 오랜 시간 함께하지 않았을 것이다. 잠깐 같이 있다가도 재미없고 힘들어지면 금방 떠났을 것이다. 하지만 그들은 오래 함께했다. 그만한 이유가 있었을 것이다. 또 소크라테스가 그것을 변론 막바지에 꺼낸 이유도 있을 것이다. 하지만 '청년들의 즐거움'이라는 말이 여기서 처음 나온 것은 아니었다. 소크라테스가 그 물음을 던지고는, "여러분은 이미 그것을 들었습니다. 나는 여러분에게 모든 진실을 말했습니다."라고 말한 것도 그 때문이었다. 그것은 그가 앞서 자신에 대한 비방의 원인을 제시할 때 한 말이었다. "부잣집 젊은이들이 자진해서 나를 따라다니고 내가 사람들에게 캐물으면 그걸 듣고는 적잖이 즐거워합니다. 가끔은 내 흉내를 내면서 다른 사람들에게 캐묻기도 합니다." 아테네의 명망가들이 캐물음으로 쩔쩔매는 모습을 본 청년들이 재미있어 했다는 것 그리고 이것이 자신에 대한 비방의 원인 가운데 하나였다는 것을 말하는 대목이었다. 몇십 년이 지나 소크라테스도 인정했듯이, 그건 분명 그랬을 것이다. "사실 즐겁지 않은 것은 아니니까요."

쩔쩔맨 명망가들의 미움과 비방은 함께한 청년들의 즐거움과 재미에 비례했을 것이다. 명망가들은 실로 미움을 넘어 적의를 가졌을 것이다. 많은 것을 안다고 자타가 인정한 자가 실은 아는 것이 별로 혹은 전혀 없다는 것이 드러날 때 갖는 당혹감은 이루 말할 수 없었을 것이다. 그 당혹감은 무지에 대한 부끄러움이나 수치심으로, 타인도 이 사실을 알고 또 그것을 즐기고 있을 때 더욱 심화되어 치욕으로 변용되었을 것이다. 그 감정은 곧 무지를 폭로한 자에 대한 원망과 미움 그리고 증오의 정념으로 전이되었을 것이다. 그러나 증오는 늘 어떤 방식으로든 표출될 터, 피폭로자의 증오는 자기 안의 분노로 그치지 않았을 것이다. 처음에는 폭로자에게 분노를 드러냈을 것이고, 그것이 마음에 차지 않으면 증오의 원인을 자기에게 유리하도록 변형시켜 다른 이들에게 전했을 것이다. 이것이 곧 비방의 소문이었다. 감정의 메커니즘에 따르면, 소크라테스에 대한 중상모략이나 적대심은 극히 자연스런 현상이었다. 소크라테스 역시 그런 사실을 고려했을 것이다. 그래서 자신에 대한 '심한 미움'을 처음 고발의 원인으로 상정해서 자세히 설명했을 것이다.

소크라테스는 비방의 원인이자 청년들의 즐거움의 원인인 캐물음이 본인의 의지와는 무관한 신의 의지에 따른 신적 명령이었음을 다시 한 번 언급하면서, 신의 의지가 인간에게 전달되는 다양한 방식을 제시했다. "그것은 신이 나에게 행하라고 명령한 것입니다. 신탁으로, 꿈으로 그리고 다른 모든 신의 섭리가 인간에게 무엇을 행하라고 명령했던 온갖 방식으로 말입니다." 어린 시절부터 들렸던 신의 음성도 그런 방식들 가운데 하나였다. 꿈 역시 신이 소크라테스에게 자신의 뜻을 전달한 방식 중에 하나였다. 플라톤의 《크리톤》에서 사형집행일까지 감옥에 갇힌 소크라테스가 자신이 꾼 꿈을 소개한 적이 있었다. 소복을 입은 여인이 소크라테스의 사형집행 날짜가 다음날로 연기될 것이라는 메시지를 보냈다는 것이다. 그의 꿈은 곧 현실이 되었다. 소크라테스는 다양한 방식으로 접신에 민감한 인물임이 분명했다.

소크라테스는 캐물음에 의한, 곧 신의 명령에 의한 청년들의 즐거움, 나아가 자기와 오래 함께한 많은 사람들의 즐거움에 대한 이야기에서 청년타락에 대한 변론으로 넘어갔다. 그는 청년들에게 즐거움을 준 캐물음이 신의 지시였다는 것이 '사실'이라서 '쉽게 입증'될 수 있다고 말했다. 그리고 그 근거를 제시했다. 청년을 타락시켰다는 것은 그들에게 나쁜 조언으로 해를 입혔다는 것을 의미했다. 조언 당시에는 어려서 또 즐거운 나머지 인지하지 못했을 수도 있겠지만, 성인이 된 지금은 그것을 깨달아 앙심을 품고 조언자에게 보복하려고 달려들 것이다. 또 설령 피해 당사자들이 그런 마음을 품지 않았다 해도, 그들을 대신해서 친족들이 보복하는 것은 인지상정일 것이다. 소크라테스는 이런 인지상정을 전제했고, 법정 방청객들을 증거로 제시했다. 크리토불로스의 아버지인 크리톤을 위시해서 플라톤의 형인 아데이만토스 등의 이름을 부르며 가리켰다. 오랜 시간 함께하며 나쁜 조언으로 해를 입어 타락한 그들과 그 가족들은 자신에게 복수해야 할 터이지만, 오히려 반대로 자신을 돕고자 이 자리에 나왔다는 것이다.

소크라테스는 이런 것이 "멜레토스가 거짓을 말하고 나는 진실을 말한다는 것을 그들이 알고 있다는 올바르고 정당한 이유"라고 주장했다. 멜레토스가 청년을 타락시켰다고 자신을 고소했다면 그는 이들 가운데 몇 명이라도 증인으로 세웠어야 했을 것인데, 그가 그러지 못하는 것은 결국 없는 사실을 있는 것으로 꾸며대었기 때문이라고 몰아붙였다. 그러나 사실적인 증거들이 전적으로 확실한 것은 아니라는 사실을 소크라테스와 배심원도 인지했을 것이다. 소크라테스의 입장에서는 법정에서 가장 설득력과 호소력을 갖는 것이 무엇보다 사실적인 증거라는 점에서 자신에게 우호적인 지인 방청객들을 증거로 내세우는 전략이 유효하게 보였겠지만, 배심원의 생각은 꼭 그렇지만은 않았을 것이다. 그럼에도 소크라테스가 배심원에게 정식변론 마지막 말로 던진 것은 모두발언에서 한 것과 같은 진실게임이었다. "타락한 당사자들이 나를 돕는 데에는 나름 이유가 있겠지만, 타락하지도 않고 이미 나이도 든 그 친족들이 나를 돕는 것은 멜레토스가 거짓을 말하고 나는 진실을 말한다는 것을 그들이 알고 있다는 올바르고 정당한 이유 말고 또 다른 무슨 까닭이 있겠습니까?"

동정연출

　그런데 어쩌면 지금 여러분 중에는 자기 경우를 떠올리면서 언짢아하는 사람도 있을지도 모르겠습니다. 자기는 이보다 훨씬 더 경미한 일로 재판받을 때도 배심원에게 울고 빌며 동정을 있는 대로 사기 위해 어린 자식들이나 다른 친족들 그리고 많은 친구들을 데리고 나왔는데, 나는 아주 위험한 상황에 있는 것 같은 데도 그런 짓을 전혀 하지 않는다고 말입니다.

　소크라테스는 자신을 돕기 위해 법정에 나온 지인들을 증거로 삼아 청년타락의 무죄를 주장하는 것으로 정식 변론을 모두 끝냈다. 아마 나름대로 치밀하게 준비했을 변론이기에 큰 미련이 없었을 것이다. "자, 좋습니다, 여러분. 내가 나를 위해 변론할 수 있는 것은 대충 이런 것들입니다. 다른 것들이라고 해봐야 이와 비슷할 것입니다." 변론을 끝냈으면 바로 연단에서 내려와야 했을 것이다. 하지만 그러지 않았다. 그는 이야기를 더 이어갔다. 정식 변론의 가외가 있었다. 변론 내내 이와 같은 파격적인 언행에 익숙해졌을 배심원은 이제 그리 당황하지 않았을 것이다. 그러나 그 내용을 듣는 순간 그들은 다시 황당해했을 것이다. 소크라테스는 피고인이 재판관 앞에서 흔히 벌이는 선처 행태를 지적했지만, 그가 결국 문제 삼은 것은 배심원의 자격과 사명이었다.

　그가 피고인의 자격으로 행한 변론이 결코 상식적인 것이 아니었음을 그 자신도 알고 있었다. 그의 변론은 죄목을 적극적으로 해명하는 것도 아니었고 잘못을 인정하고 선처를 구하는 것도 아니었다. 설령 인정할 잘못이 없었다 해도 그의 변론 모두 배심원의 눈에 도를 넘어선 것이 분명했다. 그래서 그는 배심원의 동정을 구하는 언행을 하지 않은 이유를 설명했다. 이것 역시 일종의 문답으로 이루어졌다. 소크라테스의 죄목보다 훨씬 경미한 죄목으로 고소되어 배심원에게 선처를 애원하는 자가 질문자였고, 소크라테스가 답변자였다. 소크라테스는 동정을 구하지 않는 자신의 행태가 배심원은 물론 방청객에게도 못마땅하게 보일 수 있음을 일단 인정했다. 배심원이 그래서 홧김에 유죄 표를 던질 수 있다는 것도 예단했다. "그런 생각으로 나에게 더 반감을 갖고 홧김에 투표하는 사람도 있을 것입니다."

그러나 그 질문에 대한 그의 답은 상식에 벗어났다. 역시 소크라테스다웠다. "보십시오, 나에게도 친족이 몇 명 있습니다. 호메로스가 말했듯이, 나는 '참나무나 바위'가 아니라 인간에서 생겨났습니다. 친족도 있고 아들도, 아테네인 여러분, 셋이나 있습니다. 그 중 하나는 청년이고, 둘은 아직 어린아이입니다. 그래도 나는 자식들을 이리로 데려와 방면해 달라고 여러분에게 애원하지 않을 것입니다." 호메로스의 시구를 인용한 그의 대답에는 그가 의도했든 의도하지 않았든 두 가지가 함축되어 있었다. 하나는 명시적인 것으로, 무죄방면을 위해 자신에게 어울리지도 않는 구차한 애원을 늘어놓지 않겠다는 것이다. 다른 하나는 암묵적인 것으로, 자기에게도 세 명의 아들이 있는 바, 그 중 둘은 아버지의 보호가 여전히 필요한 어린아이라는 사실을 거론하며 배심원에게 심적인 부담을 주고 있었다.

배심원에게 애원복걸하며 동정을 구하지 않는 이유로 그가 제시한 것은 다름 아닌 '나이'와 '명성'이었다. "그럼 내가 왜 그런 짓을 하지 않을까요? 아테네인 여러분, 그것은 내가 고집을 부려서도 아니고 여러분을 무시해서도 아닙니다. 내가 죽음에 직면해서 대담한지 아닌지도 별개 문제입니다. 실은 나와 여러분과 나라 전체의 명성을 고려할 때, 내가 이 나이와 이 명성에 어울리지 않는 그런 짓을 한다는 것이 아름답지 못하다고 생각하기 때문입니다." 그 이유는 고집도 무시도 용기도 아니었다. 동정애원은 법에 어긋나는 것도 정의롭지 못한 것도 아니었다. '이 나이'와 '이 명성'에 '아름답지 못한 것'이었다. 그는 변론 내내 기회가 있을 때마다 나이를 거론했다. 또 그에 대한 악의적인 소문이 함축적으로 가리키듯이, 그의 명성은 도시 전체에 자자했을 것이다. 그는 자신이 명망가임을 인정했다. "그 명성이 정당한 것이든 부당한 것이든, 어쨌든 소크라테스가 다른 사람들보다 출중한 면이 있다는 평판이 확실히 있으니까요." 지혜나 용기와 같은 덕에서 뛰어나다고 여겨지는 사람들이 하는 동정애원은 소크라테스의 눈에는 수치나 부끄러움의 한 행태였다.

그러나 그가 본 아테네의 현실은 그게 아니었다. 그가 비록 일흔의 나이까지 법적 송사에 직접 휘말린 적은 없었지만, 명망가들이 법정에서 보인 행태는 매우 민망한 것이었다. 죽게 되면 어떤 끔찍한 일이라도 일어날 것처럼, 달리 말해 "여러분이 그들을 사형에 처하지 않는다면, 죽지 않을 것처럼" 그렇게 호들갑을 떨었다. 그들의 이런 행태는 그들 자신의 수치뿐만이 아니었다. 그것은 또한 나라의 수치였다. 왜냐하면 "이방인들도 이렇게 생각할 수 있습니다. 덕이 출중한 아테네인들이 그리고 그들 각자가 관직을 선출하고 명예를 부여하는 일에 우선권을 준 사람들이 아낙네보다 하나도 나을 게 없다고 말입니다." 그래서 명망가들의 부끄러운 행태는, 자신의 경우와 마찬가지로 "나라 전체의 명성을 고려할 때" 결코 '아름답지 못한 짓'이라 했다. 그것은 나라를 욕보이는 짓이라는 것이다.

소크라테스는 명성을 중요하게 여겼다. 명성이 있고 없음에 따라 법정에서의 행태에 차이를 두었다. 명성이 없는 자의 동정연출에 대해서는 관대했다. 동정연출이 명성에는 어울리지 않는다는 말이었다. 나이는 그 자신에게만 해당될 것이다. 나이와 명성을 중히 여기는 자가 영혼의 삶을 살라고 주문하는 모습은 배심원의 눈에 사뭇 모순처럼 보였을 것이다. 명망가들의 부끄러운 법정 행태를 지적한 다음 소크라테스는 다시 배심원을 불렀다. "아테네인 여러분, 어떤 식으로든 뭔가 있다고 여겨지는 여러분은 그런 짓을 해서는 안 되고, 또 우리가 그런 짓을 할 때도 용인해서는 안 됩니다. 오히려 조용히 있는 사람보다 그런 불쌍한 장면을 연출해서 나라를 조롱거리로 만드는 사람이 더 심한 벌을 받게 된다는 것을 여러분은 분명히 보여주어야 합니다." 이제 그의 지적은 배심원 차례였다. '뭔가 있다고 여겨지는' 사람들이 동정연출을 해서도 안 되지만, 배심원이 동정연출을 받아주어서도 안 된다는 것이다. 그것은 배심원의 자격이 없다는 것이다. 나아가 그런 사람들은 오히려 차분하게 처신하는 사람보다 더 엄한 벌을 내려야 한다는 것이다. 나라를 조롱거리로 만든 죄를 물어야 한다는 것이다. 애당초 그에게 배심원은 자신을 재판할 만한 역량을 가진 사람들이 아니었다. 그들은 그들의 역할을 제대로 알지 못하는, 그래서 가르침으로 깨우쳐야 할 우중들이었다.

그러나 여러분, 명성은 접어두더라도, 배심원에게 애원하는 것도 애원해서 무죄방면을 얻어내는 것도 옳지 못한 일입니다. 나는 오히려 배심원을 가르치고 설득해야 한다고 생각합니다. 배심원은 정의를 갖고, 호의를 베풀기 위해서가 아니라 사태를 판결하기 위해 이 자리에 있는 것입니다.

소크라테스는 나이도 들만큼 들었고 좋든 나쁘든 이름깨나 알려진 주제에 동정의 애걸복걸은 '아름답지 못한 짓'으로 규정하며 자기변론의 행태를 정당화했다. 아울러 내로라하는 명망가들의 동정 쇼는 나라의 치욕임을 지적하며 더욱 엄히 다스릴 것을 촉구했다. 그리고 변론 마지막에서 명망가가 아니라 여러분 일반의 행태를 거론했다. 일반인의 동정애원도 그 자체로 '정의롭지 못한 것'으로 규정했다. 그의 주 무기인 정의를 들고 나왔다. 일반 피고인의 정의로움은 '배심원을 가르치고 설득하는 것'에 있었다. 배심원들은 우중이라는, 그들은 동정애원의 대상이 아니라 가르치고 이해시켜야 할 대상이라는 소크라테스의 근본 입장이 이제 드러났다. '뭔가 있다고 여겨지는' 사람들의 동정쇼는 '아름답지 못한 짓'인 반면, '뭔가 없다고 여겨지는' 사람들의 그것은 '정의롭지 못한 짓'이었다. 후자와 달리 전자는 그들 자신과 나라의 욕을 보인다는 것이 다른 점이었다.

그리고 바로 변론의 화살을 배심원에게 돌려, '배심원의 자리'의 의미를 설명했다. 자기들이 좋아하는 사람들에게 호의를 베푸는 것이 아니라, 정의를 갖고 무엇이 옳고 그른지를 잘 헤아려서 판결하는 것이 배심원의 자리이자 정의라는 것이다. 이것은 그가 모두변론에서 연설가의 덕과 재판관의 덕을 말할 때부터 강조했던 것이다. "여러분은 오직 내가 하는 말이 옳은지 아닌지를 주의 깊게 살펴주기 바랍니다. 진실을 말하는 것이 연설가의 덕이듯이, 그것이 재판관의 덕이기 때문입니다." 배심원에 대해 소크라테스의 지속적인 주문이 의미하는 바는 분명했다. 배심원은 그 자리가 무엇을 의미하는지 알지 못하는 자들이었다. 그들은 그저 하루 일당을 받기 위해 배심원 자리에 나와 있는 우중이었다. 그런 자들 앞에서 지혜로 명성을 누리는 자신이 변론을 해야 한다는 상황에 대한 불만이었다. 이런 의미에서 동정 연출이란 그에게 있을 수 없는 일이었다. 나아가 그것은 곧 어리석은 자가 지혜로운 자를 재판하는 아테네 민주주의에 대한 불만이었다.

소크라테스는 배심원의 원칙적인 자격과 덕을 언급한 다음, 배심원의 서약 혹은 선서를 들먹였다. 배심원의 법적 의무와 신적 사명을 거론했다. "배심원은 자기 마음에 드는 사람에게 호의를 베풀겠다는 것이 아니라, 공정하게 법에 따라 판결하겠다고 서약한 것입니다." 법에 따라 공정하게 재판하는 것, 오직 옳고 그름을 판결하는 것이 재판관의 법적 의무라면, 법에 따라 변론하는 것, 오직 진실을 말하는 것은 원고와 피고의 법적 의무일 것이다. 따라서 소송 당사자들이 진실이 아니라 거짓을 말하고 동정애원에 호소한다면, 그것은 불법일 것이다. 배심원이 옳고 그름이 아니라 동정애원에 따라 판결한다면, 그것 역시 그럴 것이다. 나아가 국가법과 신법이 별개의 것이 아니라면, 그래서 소송 당사자와 배심원의 서약과 맹세가 그것들에 대한 맹세라면, 그런 행태들은 불법이자 동시에 불경일 것이다. "그러므로 우리는 여러분이 거짓 서약에 익숙하게 해서도 안 되고, 여러분도 그것에 익숙해서는 안 됩니다. 두 경우 모두 불경을 저지르는 것이기 때문입니다." 소크라테스는 배심원의 판결이 오직 법에 따른 공평무사한 것이 아니라면 불법이자 불경에 해당되는 죄를 짓는 일이라고, 신적 의무를 이행하지 않는 것이라고 압박했다.

그런 다음 그는 다시 자신의 법정 태도를 변호했다. 자신은 아름답고, 정의롭고, 경건한 자세로 법정에 임했다고 했다. 달리 말해, 배심원은 아름답지도, 옳지도 그리고 경건하지도 않은 짓을 할 것을 자신에게 요구하지 말라는 것이었다. 그것을 요구하는 일은 곧 불법이고 불의이며 불경일 것이다. 그런 다음 소크라테스는 멜레토스를 끌어들였다. 그리고 자신의 논조를 보다 강화했다. "지금은 특히 유감스럽게도 저기 저 멜레토스로부터 불경죄로 고소당한 처지입니다." 그것이 불경인 이유는, "내가 만약 여러분을 설득하고 애원하면서 서약한 여러분을 강요한다면, 그것은 분명 내가 여러분에게 신들이 있다는 것을 믿지 말라고 가르치는 것이며, 내 변론은 내가 신들을 믿지 않는다고 나 자신을 고발하는 꼴이 되기 때문입니다." 동정애원을 하지 않은 자신의 변론이 교만하고 배심원을 무시한 행위라고 불쾌하게 생각하는 것은 곧 자신이 '신들의 존재를 믿지 말라고 여러분에게 가르치는 것'과 다름 아니라고 규정했다. 그는 이때 의식적으로든 무의식적으로든 '여러분에게 가르치는 것'이라고 말했다. 배심원이 가르침의 대상이라는 것은 그의 뇌리에 깊이 박혀 있었다.

'신들을 믿지 않은 것' 그리고 불온한 것을 '가르침'으로 청년을 타락시킨 것, 이 두 가지 죄목으로 법정에 끌려온 소크라테스는 바로 이 순간에 바로 이런 식으로 배심원을 상대로 자신의 죄목을 모두 변론했다. 이것도 부족했던지 그는 변론 마지막을 이렇게 마무리했다. "아테네인 여러분, 나 또한 나를 고소한 누구보다도 더 신들을 믿고 있습니다. 그래서 나에게도 여러분에게도 가장 좋은 것이 되도록 나에 대한 판결을 여러분과 신에게 맡깁니다." 소크라테스는 경건성에 방점을 찍으며 정식변론을 끝냈다. 그것도 자신뿐만 아니라 배심원의 가호를 빌면서 재판을 배심원뿐만 아니라 신에게 맡겼다. 동정애원을 하지 않았다는 이유로 배심원이 홧김에 유죄투표를 던질지 모르겠다는 생각에서 시작한 변론이었건만, 오히려 배심원의 홧불에 기름을 부은 격이 될 수도 있었다. 아니 어쩌면 그것은 피고인으로 배심원 앞에서 변론하는 재판현장에 있다기보다는 선생으로 배심원 나아가 아테네인을 가르치고 꾸짖는 교육현장에 있는 모습을 연출한 그가 처음부터 의도한 것일 가능성이 높았다. 그것이 소크라테스 변론의 진면목이었다.

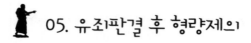

05. 유죄판결 후 형량제의

소크라테스의 형량제의

아테네인 여러분, 여러분이 유죄판결을 내린 것에 내가 못마땅해 하지 않는 데에는 다른 이유도 많지만, 그 주된 이유는 이번 결과가 내 예상에서 벗어나지 않았다는 것입니다. 나는 오히려 양쪽 득표수를 보고 놀랐습니다.

소크라테스는 결국 죄인이었다. 배심원 500명 중 유죄 쪽에 280명이 표를 던졌다. 무죄 쪽보다 60명이 많았다. 그런데 그는 놀라지 않았다. 이 결과를 충분히 예상했고, 그 예상은 적중했다. 그가 놀란 것은 표차였다. 그는 유죄 표를 280표보다 많게, 무죄 표를 220표보다 적게 예상했다. 하지만 예상은 빗나갔다. 예상의 적중과 빗나감에는 여러 의미가 있을 것이다. 배심원 가운데 적지 않은 이들이 그의 예상과 달리 무죄 항아리에 표를 넣었다. 소크라테스의 변론에 나름 수긍했던 배심원이 예상외로 많았다는 것을 의미했다. 그들은 청년타락이나 불경에 심증은 있었으나 물증은 빈약하다고 생각했을 수도 있다. 그런 점에서 소크라테스의 변칙 변론은 실패작은 아니었다. 그럼에도 과반이 넘는 280명의 배심원은 유죄로 판단했다. 그가 놀라지 않았다는 것은 자기가 죄인이 될 것임을 예측했다는 것이다. 그같은 예측은 나중 고소인의 고소장이 접수될 때부터 시작되었을 것이다. 그러나 그의 유죄예상이 범행 사실의 발각을 뜻하는 것은 당연히 아니었다. 그는 자신의 무죄를 천명했고, 자신에 대한 고소는 중상모략임을 의심치 않았다. 증거와 증인을 가능한 한 제시했고, 할 수 있는 최선을 다했다. 그럼에도 그는 유죄를 예상했고, 놀라지도 못마땅해 하지도 불쾌해 하지도 않았다. 무죄를 천명한 그가 무엇 때문에 유죄판결을 기꺼이 받아들였을까?

앞서 말했듯이, 소크라테스의 변론은 변론이 아니었다. 그 형식도 그 내용도 그랬다. 그의 변론은 당연히 무죄를 위한 변론이 아니었다. 자신의 죄를 덮으려는 변명도 물론 아니었다. 증인이나 증거도, 원고에 대한 비난도 결코 자기를 변호하기 위함이 아니었다. 그의 변론은 법정에서 이루어진 연설이었고, 자기가 걸어온 삶의 행적으로 보여주는 방편이었다. 동시에 그것은 아테네인이 나아가 인간이 어떻게 살아야 하는지를 보여주는 설교였고, 그의 법정은 조국 아테네의 실상을 고발하는 장이었다. 걸어온 행적이 자신과 가족이 아니라 동포와 조국 그리고 인간에게 삶의 지표를 보여주는 것에 있었듯이, 법정 언행 또한 그와 같은 선상에 있었다. 원고를 질타함에 있어서도, 증인과 증거를 제시함에 있어서도, 배심원의 사명을 가르침에 있어서도 캐물음과 지혜사랑이라는 신의 사명을 앞에 두었다.

　소크라테스는 변론 아닌 변론을 철저히 준비했을 것이다. 무엇을 어떻게 말해야 할지 사전에 충분히 검토했을 것이다. 원고의 고소가 곧 아테네의 고발이라 생각했고, 그래서 아테네를 상대로 변론을 구상했을 것이다. 그리고 문답으로 세상의 무지를 폭로한 그대로, 문답으로 자신의 삶을 변론했다. 변론의 들어가는 말과 나가는 말이 설득 연설의 핵심이라는 것이 말쟁이인 그의 머리 깊이 새겨 있었을 것이다. 그리고 그는 법정 주체인 원고, 피고 그리고 배심원의 지위와 역할을 적극적으로 또 적절히 활용했다. 그래서 그가 유죄판결을 예상했다면, 아니 그것을 고려했다면, 그 예상과 고려는 무엇보다 변론 시작 말과 끝말에 담겨 있을 것이다. 피고 소크라테스가 묻고, 원고 멜레토스는 답했다. 가상인물이 묻고 실제 인물이 답했다. 문답 형식으로 자신에 대한 고소 이유를 반박하고 자신의 삶을 변호했다. 변론의 본론은 물론, 그 시작과 끝에서도 변론의 파격은 유감없이 발휘되었다. 파격뿐만 아니라 흡사한 내용으로 변론의 시작과 끝을 가득 채웠다. 변론은 서론, 본론 그리고 결론으로 이루어진 하나의 텍스트였다. 유사한 내용으로 시작하고 끝낸 다분히 자의적인 변론이었다.

　소크라테스의 변론 첫마디는 '아테네인 여러분'이었다. 정식 변론 마지막 발언 역시 '아네테인 여러분'으로 시작했다. "자, 좋습니다, 여러분. 내가 나를 위해 변론할 수 있는 것은 대충 이런 것들입니다. 다른 것들이라고 해봐야 이와 비슷할 것입니다." 그의 변론 상대는 원고나 배심원이 아니라 아테네와 아테네 대중이었고, 재판관 또

한 500명의 배심원이 아니라 결국 아테네 민심이었다. 그는 자기와 아테네, 자기의 사명과 아테네의 명령, 자신의 신과 아테네의 신과의 다툼으로 재판을 끌고 갔다. 모두변론에서 원고의 탁월한 언변능력과 진술의 거짓됨을 강조했고, 말미에서 멜레토스의 불경죄 고소가 부당함을 거듭 거론했다. 피고는 원고를 수단과 방법을 가리지 않고 오직 성공만을 추구하는 소피스트의 일원으로 간주했고, 불경죄 고발을 진실이 아니라 거짓된 것으로 취급했으며, 원고의 비인격성과 고소의 부당성을 질책했다.

소크라테스는 원고를 '진실을 말하는 자'가 아니라 '언변에 능한 자'로 단정했다. 처음에 거짓 진술하는 원고를 '파렴치의 극치'로 간단히 몰아세웠다. 말미에서 동정의 감정을 꺼내들며 감정 문제를 집중적으로 다루었다. 모두변론에서 피고는 원고의 미사여구로 치장된 표현이 아니라 장터의 소박한 일상어투로 변론에 임하는 것을 용인해줄 것을 간청했다. 말미에서는 올바른 피고라면 애원의 말투로 배심원의 마음을 흔들어서는 안 되며, 배심원에게 애원으로 선처를 요구해서는 안 된다고 선언했다. 모두에서는 어투사용에 관한 선처를 요구했다. 사안은 달랐지만, 배심원에게 한 선처나 간청 부분에서 피고의 태도는 이중적이었다. 변론 모두와 말미에서 공히 피고는 일흔이라는 많은 나이를 거듭 언급했고, 배심원의 자존심과 동정심을 건드렸다.

그 중에서도 백미는 배심원에 대한 변론이었다. 피고는 모두변론에서 일상어법에 관한 간청을 정당한 것으로 간주했다. 피고는 배심원의 덕목이란 말 트집을 잡는 것이 아니라 옳고 그름을 판단하는 데에 있다고 가르치듯이 말했다. 배심원에 대한 피고의 주문은 말미에서 더욱 심해졌다. 동정애원이 아니라 '배심원을 가르치고 설득'하는 것이 피고의 올바른 태도라고 훈계했다. 배심원은 차분하게 처신하는 사람보다는 동정연극을 연출하는 자에게 더욱 엄한 벌을 내려야 한다고 가르쳤다. 배심원의 자리는 선심 쓰는 자리가 아니라 어떤 것이 옳은지를 판결하는 자리라고 훈계했다. 법정 맹세를 한 배심원이 서약을 어기는 행위는 법적 의무의 위반이자 불경죄에 해당한다고 협박했다. 판결 주체에 신을 포함시켰고, 판결 대상에 배심원과 아테네인까지 집어넣었다.

그런 점에서 피고가 유죄판결을 예상한 것은 놀라운 것이 아니었다. 배심원이 설령 피고에 대한 무죄 심증을 갖고 있었다고 해도, 그의 변론이 배심원의 눈에 도를 넘어섰다는 것은 의심의 여지가 없었다. 그의 예상대로, 적지 않은 배심원은 홧김에 유죄 항아리에 표를 던졌을 것이다. 누가 보더라도 피고는 한마디로 거만했다. 배심원을 가르쳤고, 훈계했고, 협박했다. 준비된 자기 말을 하느라 배심원의 심한 불쾌감을 외면했다. 배심원은 그래서 피고의 인간됨을 헤아리는 데에 감정을 억제하지 않았을 것이다. 그들에게 피고는 주변의 감정을 헤아리지 않는 이기적이고 고집스런 인간으로, 공동체에 도움이 되지 않는 인간으로 보였을 것이다. 신의 사명 등을 거론하며 아름다움, 정의로움 그리고 경건과 같은 미덕을 아무리 강조해도 배심원의 마음은 별로 움직이지 않았을 것이다. 그에겐 그와 같은 미덕이 있을

지는 모르지만 절제의 미덕은 없었다. 아고라에서 누구보다 절제했 겠지만, 적어도 그의 법정 변론은 절제를 애당초 포기한 연설이었다. 피고도 이를 모르지 않았을 것이다. 그것이 그가 유죄판결에 대해 놀라지 않은 이유이기도 했을 것이다. 배심원이 어떤 감정과 생각과 판단으로 유죄를 선고했는지는 알 수 없지만, 확실한 것은 그가 적어도 변론에서 일관된 언행을 보였다는 점이다. 심지어 죽음의 위험 앞에서도 삶의 일관성을 거침없이 유지한다는 것은 분명 일상적인 '인간의 일'이 아니었다.

소크라테스의 변론은 처벌을 피하는 변론이 아니었다. 그는 언변에 능한 사람보다는 진실을 말하는 사람을 택했다. 일흔의 나이와 지혜의 명성 때문이었을 것이다. 삶과 죽음의 갈림길에서도 초지일관 진실, 정의, 미 그리고 경건을 택했고, 거짓, 불의, 추 그리고 불경을 거부했다. 수단과 방법을 동원해서 주장과 이익을 관철시키는 아테네 전통 수사학을 해체했다. 그 자리에 영혼을 보살피며 지혜와 미덕을 함양하는 철학을 제시했다. 그러나 표현과 사상 그리고 신앙의 자유를 보장한 도시 아테네는 더 이상 존재하지 않았다. 30인 참주정의 참혹한 시간을 거쳐 간신히 민주정으로 복귀하려는 아테네는 더 이상 관용의 도시가 아니었다. 새로움으로 전통을 대체하려는 소크라테스의 경고와 사명은 국가에 대한 도전이자 위협 그 자체였다. 아테네 대중에게 그것은 한마디로 반역이었다. 아리스토텔레스의 수사학은 그의 변론과 거리가 한참 멀었다. 로고스, 파토스 그리고 에토스 중에서 소크라테스가 택한 것은 로고스뿐이었다. 그는 변론의 로

고스적인 측면만 강조했다. 아테네의 영웅 페리클레스의 눈물은 철저히 배제했다. 아니 배심원의 감정을 건드렸다는 점에서 그는 반대의 파토스를 사용했다. 자신이 어떤 사람이고 어떤 삶을 살았는지 보여준 것이 에토스로 보일 수도 있겠지만, 그것은 변론의 성공과 연관이 없었다. 그는 철저히 개인의 삶을 살았고 폴리스의 일상적인 삶을 외면한 인물이었다. 그는 시대를 너무 앞서 살았고 죽음으로 시대를 뒤로 한 인물이었다. 그의 노년 모습은 400년 후 아테네에서 그리 멀지 않은 도시에서 십자가에 못 박혀 죽은 청년 예수의 부활에서 다시 볼 수 있을 것이었다.

> 아테네인 여러분, 진실로 내가 받아 마땅한 것을 제의해야 한다면, 그것은 어떤 좋은 것이어야 합니다. 그것도 나에게 적합한 좋은 것이어야 합니다. 여러분에게 조언하기 위해 여가가 필요한 이 가난한 은인에게 무엇이 적합할까요?

소크라테스는 대중에게 깊이 각인된 자신에 대한 편견과 법정에서의 가감 없는 도발적인 변론이 현격한 표차를 가져올 것이라 예상했을 것이다. 근소한 표차로 유무죄가 갈리자 그는 다시 만만한 멜레토스를 불렀다. 비록 죄인의 신분이 되었지만, 아니토스와 리콘이 고소에 합세하지 않았다면, 그래서 멜레토스 혼자 고소했다면 무죄방면되었을 것이라는 일종의 비아냥이었다. 고소 남발을 방지하기 위해 고소인이 총 투표수의 5분의 1을 얻지 못할 경우 1,000드라크메의 벌금을 무는 것이 아테네 형법이었다. 세 명의 고소인이 얻은 280 표는 일인당 약 93표일 터, 멜레토스 혼자 고소했다면 100표를 얻지 못해 1,000드라크메의 벌금을 물고, 피고는 무죄석방되었을 것이다. 이 와중에도 멜레토스를 물고 늘어질 정도로 그에 대한 소크라테스의 노여움은 대단했다. 그리고 이때 리콘이라는 이름이 처음이자 마지막으로 등장했다. 그는 소크라테스의 안중에 별로 없었다.

예상대로 원고는 사형을 제의했다. 무슨 말로 그렇게 제의했는지는 알 수 없지만, 불경죄로 고소한 마당에 다른 대안이 없었을 것이다. 이제 피고의 차례다. 유죄를 예상했던 만큼 형량제의에 많은 고려를 했을 것이다. 지은 죄가 없다고 주장한 그로서는 무죄에 버금가는 형량을 생각했을 것이다. 그는 원칙적인 제의와 현실적인 제의, 두 가지 카드를 준비했다. 먼저 원칙적인 카드를 내밀었다. "그럼 나는 어떤 것을 제의해야 할까요, 아테네인 여러분? 그것은 분명 내가 받아 마땅한 것이어야 할 겁니다. 그럼 그게 무엇이겠습니까? 어떤 처벌과 벌금이 마땅할까요?" 형량제의에 앞서 또다시 자기 삶의 스토리를 제시했다. 이때 그는 여느 때와 달리 격양되어 있었다. 스토리를 길게 한 문장으로 숨차게 말했다. 그러나 여느 때와 마찬가지로 세속적인 삶의 방식과 탈 세속적인 삶의 방식을 대비했다. 개인사나 가정사를 위한 삶을 살지 않았을 뿐만 아니라, 돈이나 명예 그리고 권력을 결코 탐하지 않았다고 술회했다. 그런 점에서 대다수의 아테네인과 다른 삶을 살았다고 강조했다. 대중들과 달리 세속적인 삶의 방식을 취하지 않은 까닭은, 그것이 자신에게도 아테네에도 이득이 될 것이기 때문이라고 했다. 그리고 또 다른 이유는 다름 아닌 자신의 정직함 때문이라 했다. "그런 일에 끼어들고도 무사하기에는 사실 내 자신이 너무 정직하다고 생각했습니다." 이는 곧 정직한 자는 아테네에서 세속의 삶을 살 수 없다는 것이었다. 달리 말해, 정직하지 않은 자만이 혼돈의 아테네에서 공동체의 삶을 살 수 있다는 것을 의미했다. 사회의 부정부패에 대한 고발은 이후에도 계속 이어졌다. 정직한 소크라테스와 부정한 아테네의 대비였다.

정직한 소크라테스는 살아남기 위해 필히 혹은 불가피하게 탈 세속적인 삶을 살 수밖에 없었다. 그 삶은 세속적인 삶과는 달리 그 자신에게도 아테네에도 이익이 될 것이었다. 그 삶은 신의 사명에 따른 '캐묻는 삶'이었다. "자기 자신이 최대한 훌륭하고 지혜로워지도록 하는 일에 관심을 두기 전에는 자신의 어떤 것들에 관심을 두지 말도록, 나라 자체에 관심을 두기 전에 나라에 속한 것들에 관심을 두지 말도록, 그 밖의 다른 일에 대해서도 같은 방식으로 관심을 두도록 여러분을 일일이 설득했습니다." 소크라테스는 자기 삶의 길이 신에 대한 봉사이자 아테네에 대한 최대 봉사의 길임을 다시 한 번 확인했다. 그러나 그 길은 아테네라는 공적인 것을 대상으로 하고 있었지만 사적인 일이었다. 그의 생각에 공적인 길은 정직한 사람에겐 걸맞지 않은 것이었다. 정직한 그 길의 끝에 기다리고 있는 것은 죽음이었다.

앞에서 보았듯이, 소크라테스에겐 정의나 정직은 공공과 상충되는 개념이었다. 정직하고자 하면 공동선을 도모할 수 없고, 공동선을 추구하자면 정직해서는 안 되는 것이었다. 그래서 소크라테스의 정직한 삶은 공적인 길을 걷지 않았고, 걸어서는 안 되었고, 걸을 수도 없었다. 그는 사인의 길을 따랐지만 사익이 아니라 공익을 도모했다고 주장했다. 하지만 그것은 아테네 대중의 눈에는 모순으로 보였을 것이다. 그는 정치적 결사나 당파에 대한 대중의 관심이 마치 개인의 입신양명을 위한 것인 양 부정적으로 보았지만, 대중은 그런 그를 공동의 삶을 부정하고 민주주의를 파괴하는 이단아로 보았을 것이다. 그는 사인의 삶을 살았지만 늘 분주했다고 했다. 그의 삶은 분명 조용한 삶이 아니었을 것이다. 만나는 사람마다 대화하느라 조용할 수 없었겠지만, 신의 사명을 수행하는 그에게 통상적인 개인의 삶은 불가능했을 것이다. "나는 지금까지 살면서 조용히 지내지를 못했습니다." 대중의 관점에서는 분주했지만 조용한 삶이었고, 그의 입장에서는 조용했지만 분주한 삶이었다. 사적 이득의 측면에서 그는 물질의 삶보다 영혼의 삶을 앞세우라고 개개인을 설득했고, 공적 이득의 측면에서는 공동체 안의 잡다한 세속적인 가치보다 공동체 자체의 도덕성을 먼저 추구하라고 나무랐다.

그러나 대중의 생각은 달랐다. 그는 신체보다 영혼을 우선시했지만, 대중은 건강한 신체에서 건강한 영혼이 나온다고 생각했을 것이다. 그는 공동체 자체를 우선시했지만, 대중은 공동체 안의 가치를 추구하는 것이 곧 공동체 자체의 존립에 필수라고 생각했을 것이다. 그는 캐물음이라는 신의 사명을 수행하느라 가정을 돌보지 못했다고 했지만, 대중은 그런 그를 무책임하고 쓸모없는 인간이라 보았을 것이다. 그는 무지의 지를 자각하는 것이 무엇보다 중요하다고 주장했지만, 대중은 그 자각보다 알고 있는 지식으로 위기의 공동체를 구하는 것이 급선무라고 생각했을 것이다. 그는 신의 사명을 수행하는 것이 아킬레우스의 분노에 찬 인간적인 명예보다 더 명예로운 것으로 간주했지만, 대중은 공동체에 참여하고 헌신하는 삶이 더 명예롭다고 생각했을 것이다.

소크라테스는 그래서 최고의 파괴자였다. 세상의 무지를 폭로했고, 세상의 지혜를 해체하려 했다. 그는 또한 최고의 봉사자였다. 새로운 가치를 세인에게 조언했고, 무지의 지를 깨달으라고 설득하려 했다. 그는 아테네 최고의 영웅이었다. 아테네의 인간적 무명을 걷어내려 했고, 신적 광명으로 비추려고 했다. 영웅 소크라테스는 아테네인에게 물었다. "그런 내가 대체 무엇을 받아야 마땅하겠습니까?" 영웅에게 처벌이란 가당치도 않다. 영웅에겐 '어떤 좋은 것' 곧 보상이, 최대 영웅에겐 최대의 보상이 주어져야 한다. 배고픈 이에게 표창장은 한갓 종잇장에 불과하듯이, 보상은 보상받는 이에게 실질적인 도움을 주어야 의미가 있을 것이다. 소크라테스는 보상의 조건으로 적합성을 제시했다. "여러분에게 조언하기 위해 여가가 필요한 이 가난한 은인에게 무엇이 적합할까요?" 소크라테스는 자신을 '가난한 은인'으로 규정했다. 캐물음이 신의 사명이라는 사실적 증거로 그는 가난을 제시했었다. 사명을 수행하느라 가난할 수밖에 없었다는 것이었다. 그리고 아테네의 봉사자는 곧 아테네의 은인과 다름없었다. 그래서 그는 사실적인 가난과 비사실적인 은인이 합성된 신비로운 인물로 자신을 그려냈다. 가난한 사람에게는 가난함에 어울리는 좋은 것이, 은인에게는 은인에 어울리는 보상이 주어져야 할 것이다. 소크라테스가 가난한 은인에게 적합한 보상으로 내민 카드는 '영빈관 Prytaneum에서의 음식 제공'이었다. 이 역시 아테네인의 호흡을 가쁘게 만드는 것이었다. 도움을 준 가난한 자에게 은혜를 갚는 길은 그의 가난에 조금이라도 보탬이 되는 것을 주는 게 상식이겠지만, 소크라테스가 요구한 이 보상은 상식이 아니었다.

아테네의 영빈관은 아고라에 자리 잡은 공공건물로서 국가의 삶을 상징하는 헤스티아의 신성한 화로가 있는 곳이었다. 그곳은 외교사절을 영접하고, 전쟁이나 올림픽에서 두각을 보인 시민들에게 국가가 환영 만찬을 제공하는 공적인 만찬장으로 사용되는 공간이었다. 전통적인 영웅상에 걸맞은 사람만이 영빈관에 머물 수 있었다. 이곳의 만찬 초대는 아테네인에겐 가장 명예로운 일 가운데 하나였다. 이곳에서 식사대접을 요구하는 것이 소크라테스 입장에서는 이상하거나 놀라운 일이 아니라 지당한 일이었다. 영혼의 덕과 지혜 추구를 평생에 걸쳐 전도한 아테네 최고 영웅이 그 어떤 전쟁 영웅이나 스포츠 영웅보다 못한 대접을 받는다는 것은 있을 수 없는 일이었다. 영웅 중의 영웅을 자처한 자가 일반 영웅보다 못한 대접을 스스로 요구한다는 것은 언행의 일관성에 어긋나는 것이었다.

소크라테스는 던지기와 같은 육체적인 능력이나 임전무퇴의 정신과 같은 정신적인 능력에서 발군의 활약을 보인 전통적인 영웅들의 반열에 자신을 올려놓았다. 하지만 그는 여타 영웅들과 동등한 반열에 서는 것에 만족하지 않았다. 그들과 차원이 다르다고, 그들 위에 있어야 한다고 생각했다. 자신이 영웅 중의 영웅이라는 이유를 그리고 일반 영웅보다 자신이 영빈관에서 음식 제공을 받는 것이 더 마땅한 이유를 제시했다. "그는 여러분을 행복하게 보이게 하지만 나는 여러분을 실제로 행복하게 하고, 그는 음식이 부족하지 않지만 나는 부족하기 때문입니다." 먹거리가 있는 자와 없는 자, 사이비 행복을 주는 자와 진짜 행복을 주는 자의 차이가 그 이유였다. 소크라테스는 델포이의 신탁을 수행하느라 가난할 수밖에 없었다고 했다. 가난은 자신이 신의 전도사임을 입증하는 가장 유력한 실증 증거였다. 또한 그에게 행복한 삶이란 물질의 삶이 아니라 영혼의 삶이었다. 맹목적인 삶이 아니라 반성하는 삶이었다. 굼뜬 말의 삶이 아니라 등에의 삶이었다. 전자는 눈에 보이는 것이었지만, 후자는 손에 쥘 수 없는 것이었다. 가짜 행복이 아니라 진짜 행복의 전도사, 신이 보낸 아테네의 선물이자 최고의 영웅 소크라테스는 보이는 것으로도 하루 삶을 살기 급급한 아테네 대중의 눈에는 망상에 젖은 인물로 보였을 것이다.

아니면 추방형을 제의해야 할까요? 아마 여러분은 이 제의를 받아들일 수 있을 것 같군요. 그러나 아테네인 여러분, 그렇게 되면 나는 살려고 발버둥 치는 인간이 되고 말 것입니다.

소크라테스는 사형은커녕 아테네의 가난한 은인에게는 '원칙적으로' 영빈관 대접이 마땅하다는 제의를 던졌으나, 그것은 유죄판결을 받은 죄인이 할 수 있는 통상적인 제의가 아니었다. 그것이 '현실적으로' 터무니없는 제의라는 것을, 그래서 배심원이 자신에 대해 "거만하게 고집 부린다는 인상"을 가질 수 있음을 소크라테스도 잘 알고 있었다. 그럼에도 비현실적이긴 하지만 그것을 언급하지 않고 지나간다는 것은 아테네 영웅의 자존심이 허락하지 않았을 것이다. 그는 앞서 피고의 동정애원을 비난할 때에도 '고집'이라는 말을 사용했다. "아테네인 여러분, 그것은 내가 고집을 부려서도 아니고 여러분을 무시해서도 아닙니다." 그리고 영빈관 접대요구 역시 고집 때문이 아니라고 강조했다. 소크라테스는 실제로 고집스러웠고 거만하게 보였을 것이다. 아테네에 역병이 돌았을 때도, 아테네가 적에게 포위당했을 때도, 참주정의 공포정치가 자행되고 있을 때도, 소싯적 친구 카이레폰이 추방지에서 혁명을 꿈꾸고 있을 때도 그는 신이 부여한 일을 멈추지 않았다. 어떤 상황에서도 흔들림 없이 자신의 길을 갔다. 아고라에서 누구를 만나든 깨어 있는 삶을 역설했다. 무엇보다 죽음 앞에서도 일관된 언행은 고집스러움의 또 다른 표현이었을 것이다. 소크라테스는 이런 고집을 긍정적인 자부심으로, 아테네인은 부정적인 아집으로 보았을 것이다. 그는 또한 거만했다. 배심원을 가르침과 설득의 대상을 간주한 대목은 물론이고, 아고라에서도 그는 무지한 대중에게 겸손하지 않았다. 자신은 선생인 적이 없었다고 했지만, 무지의 지를 폭로하고 물질적인 가치를 좇는 대중의 삶을 탓했다. 신의 전도사는 선생과 비교될 수 없는 위상을 가질 것이다. 우중의 통치인 민주주의를 대할 때도 그는 당연히 거만했다. 그런 민주주의의 사법체계에 의해 그런 우중을 상대로 변론해야 하는 법정에서 그에게 겸손과 절제를 기대한다는 것은 처음부터 무리였을 것이다.

그는 가난한 은인 주장과 영빈관 접대 요구가 거만한 고집에서 비롯된 것이 아니라 있는 그대로의 사실일 뿐이라고 강조했다. 그럼에도 유죄선고를 받고 형량을 제의해야 하는 작금의 현실은 시간 부족에 의한 설득의 부족일 뿐임을 다시 한 번 확인했다. "나는 어느 누구에게도 고의로 불의를 가한 적이 없다고 확신합니다. 그것을 다만 여러분에게 납득시키지 못하고 있을 뿐입니다. 우리가 이야기한 시간이 너무 짧았기 때문입니다." 앞서 비방의 소문으로 깊이 박혀 있는 편견을 단시간 내에 뿌리 뽑는 일은 현실적으로 불가능하다고 말했듯이, "이렇게 짧은 시간에 심한 비방들을 제거하기란 쉬운 일"이 아니라서 지금과 같은 일들이 벌어졌다고 주장했다. 다른 나라에서처럼 자신에게 좀 더 많은 시간이 허락되었다면 배심원에 대한 설득은 가능했을 것이라고 아쉬워했다.

소크라테스는 이때 유사한 의미를 가진 확신과 설득 혹은 납득 개념을 통해 자신의 변을 제시했다. 그는 "나는 어느 누구에게도 고의로 불의를 가한 적이 없다고 확신"한다고 했다. 이어서 "나는 어느 누구에게도 불의를 입히지 않았다고 확신"한다고 말했을 때, '고의로'라는 단어를 언급하지 않았다. '고의적인' 행위와 '본의 아닌' 행위는 앞서 멜레토스와 나눈 문답에서 핵심적인 논점 가운데 하나였다. 그는 그때 본의 아닌 잘못은 법정에서 법으로 물을 것이 아니라 사적으로 가르치고 훈계해야 할 사안이라고 주장했었다. 나아가 그는 고의로 저지른 적이 없다는 자신의 행동을 '불의한' 행동으로 국한했다. 물론 넓은 의미의 불의는 불경과 불법을 포함하는 것이겠지만, 그는 변론에서 가능한 한 그 개념들을 구분해서 사용했다. 형량을 제의해야 하는 시점에서 불법이 아닌 불의를 내세웠다는 것은 의도하는 바가 있었을 것이다. 만약 불법을 거론하지 않은 것이 그의 의도였다면, 그것은 어쩌면 불법을 행하면서 정의를 고수한 레온 사건을 의식했을 수도 있었다.

어쨌든 소크라테스는 자신이 부정한 짓을 한 적이 없음을 확신했다. 그러나 그는 자신의 확신을 배심원에게 확신시킬 수 없었다. 배심원을 설득할 시간이 부족했기 때문이라 했다. 그래서 배심원은 그의 확신을 납득할 수 없었다. 그러나 그것은 시간부족 때문만은 아니었을 것이다. 아테네 최고의 말쟁이인 그에게 설득의 기술이 부족했다. 설득의 대가들은 시간 부족을 탓하지 않을 것이다. 주어진 시간에 자신의 확신을 관철시키는 것이야말로 설득의 기법이었을 것이다. 그의 변론에는 통상적인 설득의 기술 중 로고스적인 기법만 있었을 뿐 파토스도 에토스도 애당초 없었다. 동정애원도 설득의 중요한 방편이었으나 그는 처음부터 그것을 차단하고 나섰다. 그의 나이와 명성에 어울리지 않기 때문이다. 그래서 엄밀히 말해, 설득 부족은 시간 부족이 아니었다. 그는 배심원에게 적합한, 배심원이 듣고자 하는 말이 아니라 자기가 하고 싶은 말을 했을 뿐이었다. 시간 부족이라는 말은 그의 아이러니였을 것이다.

타인에게 해를 입히지 않았다는 것을 확신하는 자가 잘못을 인정하고 스스로 형량을 제의한다는 것은 어불성설이었다. 아니 그것은 소크라테스가 가장 경계한 '스스로 자신에게 해를 입히는' 자해행위였다. "그래서 나는 어느 누구에게도 불의를 입히지 않았다고 확신하는 터이니, 내가 어떤 나쁜 것을 받아야 한다고 말하거나 그에 상응하는 어떤 것을 제의해서 나 자신에게 불의를 끼칠 수는 없는 노릇입니다. 내가 뭐가 두려워 그런 짓을 해야 합니까?" 그는 불의를 행한 자는 '어떤 나쁜 것'을 받아야 하고, 정의를 행한 자는 '어떤 좋은 것'을 받아야 한다는 논리를 내세웠다. 그래서 불의를 행한 적이 없는 자신이 '어떤 나쁜 것'을 받아야 할 이유가 없다고 했다. 그럼에도 '어떤 나쁜 것'에 대한 제의 요구를 수용한다면, 그것은 어떤 '두려움'에서 그럴 것이라 했다. 그러나 자신에게 그 어떤 두려움도 없다는 것을 밝히면서 멜레토스가 제의한 사형도 그 예외가 아님을 강조했다. "멜레토스가 제의한 형벌을 받지나 않을까 해서요?" 사형이 두려워 다른 형벌을 제의할 수는 없다는 말이다.

그러나 소크라테스는 자신의 확신에도 불구하고 배심원의 확신을 수용할 수밖에 없는 현실을 인정했다. 자신이 고집불통이라 원칙적인 제의를 한 것이 아니었음을 해명한 다음, 형량제의를 '마지못해' 받아들였다. 그가 고려한 현실적인 형량제의는 크게 세 가지였다. 우선 목숨을 가져가는 사형이 있었다. 그리고 목숨은 살려주면서 시민으로 인정하지 않는 시민권박탈형과 추방형이 있었다. 끝으로 시민으로 인정하면서 특정한 형벌을 가하는 금고형과 벌금형이 있었다.

소크라테스는 우선 원고가 제의한 사형을 고려했다. 하지만 그것에 대해서는 "앞서 말했듯이, 나는 그것이 좋은 것인지 나쁜 것인지 알지 못합니다."라고 한마디로 일축했다. 그것은 그가 앞서 다룬 죽음의 인식론적 지위와 연관된 것이었다. 보상으로는 '좋은 것'을, 처벌로는 '나쁜 것'을 주어야 한다는 것, 그런데 죽음이 좋은 것인지 나쁜 것인지 인간의 능력으로는 알 길이 없기 때문에 죽음을 형벌로 제의할 수 없다는 논리였다.

좋고 나쁨을 알 수 없는 사형 제의는 원칙적으로 가능하지 않다고 말한 다음 그는 감옥형을 고려했다. "그 대신 내가 나쁜 것이라고 익히 알고 있는 것들 가운데 하나를 골라 형벌로 제의해야 할까요? 감옥형이요?" 그의 답은 사형과 마찬가지로 간단했다. 그러나 이유는 사형과 달랐다. "하지만 내가 왜 11명의 감독관에게 돌아가면서 감시당하며 감옥살이를 해야 합니까?" 당시 감옥형은 '11인 위원회'의 감독을 받아야 했던 바, 소크라테스는 그들의 감독과 감시를 받는 삶을 노예의 삶으로 간주했다. 감옥살이에는 예속의 삶만 있을 뿐 자유가 없다는 의미였다. 그 다음으로 벌금형을 고려했다. "아니면 벌금을 다 물 때까지 감옥살이를 해야 하는 벌금형이요? 내 경우에 그것은 감옥형과 마찬가지입니다. 벌금 낼 돈이 없으니까요." 단적으로, 벌금을 낼 돈이 없다는 것이었다. 따라서 계속 감옥살이를 할 수밖에 없으니, 감옥형과 진배없다는 말이었다.

마지막으로 추방형을 따졌다. 그리고 "아마 여러분은 이 제의를 받아들일 수 있을 것 같군요."라고 말했다. 소크라테스의 생각에는, 원고가 비록 사형을 제의했다고 해도 자신이 추방형을 제의하면 배심원은 '여러 정황을 고려해서' 피고의 제의를 받아줄 것이었다. 그래서 배심원이, 어쩌면 원고나 아테네인 모두가 선호할 것 같은 추방형에 대해 그는 다른 제의와 달리 아주 길게 설명했다. 조국 아테네도 등살에 못 이겨 등에를 쫓아버렸는데 어느 나라인들 그 등살을 견뎌낼 수 있겠으며, 결국에는 다시 추방되는 전철을 밟게 된다는 말이었다. "내가 어디를 가든 젊은이들이 여기처럼 내가 하는 말에 귀를 기울일 것임을 잘 알고 있습니다. 내가 그들을 물리치면, 그들은 어른들을 설득해서 나를 내쫓을 것입니다. 내가 그들을 물리치지 않으면, 그들의 아버지나 친족들이 그들을 위해 나를 바로 내쫓겠지요." 어디를 가든 신이 지시한 사명을 수행하는 한, 지금과 같은 상황은 달라질 것이 없다는 주장이었다. 사실에 근거한 이런 예측상황과는 달리 소크라테스는 여기서 다시 한 번 나이를 거론하며 배심원의 감정을 건드렸다. "내가 이 나이에 추방되어 이 나라 저 나라로 쫓겨다니며 사는 인생이 참 좋기도 하겠습니다." 신의 사명을 수행하는 신의 충실한 종이 아니더라도 일상인의 경우처럼 머물 곳 없어 노구를 이끌고 이 나라 저 나라 전전하는 것 역시 자신이 원하는 삶이 아니라는 것이었다.

소크라테스는 자신이 제의했고, 자신이 거부했다. 거부한 이유는 분명했다. 그 형벌의 조건 하에서는 등에의 역할을 할 수 없다는 것이다. 갇혀서 종노릇을 해야 하는 감옥형, 자기 재력을 넘어선 벌금형 그리고 추방형 모두 신의 사명을 수행할 자유가 보장되지 않는다

는 것이다. 그러나 그가 검토하지 않은 형벌이 하나 있었다. 시민권
박탈형이었다. 이것은 유죄판결이 난 직후 그의 입에서 거론된 형벌
이었다. "더 나은 사람이 더 못한 사람에게 해를 입는다는 것은 당치
도 않은 일이라 생각되기 때문입니다. 물론 더 못한 사람이 나를 죽
이거나 추방하거나 시민권을 박탈할 수는 있을 겁니다." 자신이 멜레
토스 등의 고소인으로부터 해악을 당할 수 없다는 말을 한 대목이었
다. 소크라테스는 형벌제의 시에 의도적으로 이 형벌을 입에 올리지
않았을 것이다. 그가 금고형이나 벌금형 그리고 추방형을 거부한 사
유로 아테네의 선물인 자신에게 신의 사명을 수행할 자유가 보장되
지 않는다는 것을 내세웠지만, 시민권이 박탈된다 해도 신의 사명을
수행하는 데에는 큰 지장이 없을 것이기 때문이다.

다섯 번째 가상질문 : 캐묻는 삶 그리고 최고선

그러면 아마 누군가 이렇게 말할 것입니다. "소크라테스여, 우리를 떠나
침묵하며 조용히 살아갈 수는 없는 것이오?" 이것이야말로 내가 여러분
가운데 몇몇 분을 납득시키기가 가장 어려운 부분입니다.

소크라테스는 배심원이 가장 선호하는 제의가 추방형이라고 판단
했다. 배심원의 입장에서도 사형은 무리라고 여겼을 수 있었다. 소크
라테스의 언행이 혼돈의 아테네를 더욱 혼란시킬 우려가 없는 것은

아니었지만, 적지 않은 추종세력에 적지 않은 신망을 얻고 있는 그를 죽인다는 것은 그들에게도 적지 않은 부담으로 작용할 수 있을 터였다. 하지만 배심원의 이런 심적 동요에도 불구하고 그의 변론은 신적 사명의 수행이라는 점에서 전혀 흔들림이 없었고, 오히려 그것을 더욱 분명히 각인시켰다.

소크라테스는 배심원이 가질 만한 생각을 그리고 이에 대한 자신의 입장을 마지막 가상문답을 통해 밝혔다. '다른 나라에 가서 침묵의 삶을 살 수는 없는가'라는 질문을 던졌다. 그것은 배심원이 충분히 가질 수 있는 질문이었다. 신이 '졸고 있는 아테네'를 깨우기 위해 보낸 선물이 등에질이라면 굳이 다른 나라에 가서까지 그 짓을 해야 할 이유가 없을 것이고, 따라서 그곳에서 추방당하지 않고 여생을 조용히 보낼 수 있지 않겠느냐는 말이었다. 그 질문에 그는 다른 가상 질문들과는 달리 간단히 대답했다. 그렇지만 그것이 '여러분들 가운데 몇몇 분'에게 가장 이해시키기 힘든, '가장 납득시키기 어려운' 질문이라 했다. 그는 어렵고 힘든 질문을 간단히 답했다. 어렵기 때문에 길게 답해도 소용없을 것이라 생각했을 것이다.

그는 배심원에게 왜 그것을 가장 이해하기 어렵고 가장 납득하기 어려운 문제인지, 달리 말해 자신이 그 이유를 설명해도 배심원이 믿지 않을 것인지를 두 가지로 나눠서 설명했다.

첫 번째는 "내가 만약 그것은 신에게 복종하지 않는 것이고 그래서 조용히 지낼 수 없다고 말한다면, 여러분은 내가 시치미를 뗀다고 하면서 믿지 않을 것입니다." 침묵의 삶은 신에 대한 불복종을 의미한다는 것이었다. 그러나 배심원은 이 말을 믿지 않을 것이라고 예단했다. 소크라테스는 이때 '시치미를 뗀다'는 표현을 썼다. 그것은 그가 즐겨 사용한 일종의 아이러니였다. 신에 대한 불복종을 이유로 제시하면, 자신이 시치미를 뗀다고 하면서 배심원이 믿지 않는다는 것이었다. 달리 말해, 신에 대한 불복종이라는 진실을, 이를테면 추방을 원치 않는다는 것을 은폐하기 위한 시치미 떼기 전법으로 받아들일 것이라는 말이었다. 소크라테스의 그 말에는 두 가지가 깔려 있다. 하나는 아테네인도 자신이 아이러니의 명수라는 것을 익히 알고 있다는 것, 다른 하나는 아테네인이 신의 사명이나 신의 불복종이라는 자신의 주장을 이해하기 어려울 수 있다는 것이다. 그가 문답에서 상대를 아포리아에 빠트리며 지의 무지를 폭로할 때 애용한 아이러니 수법이 부메랑이 되었다. 또 델포이 신탁의 수수께끼를 신의 사명으로 해독하고 그것으로 아테네의 어리석음을 질타하며 돌아다니는 것이 대중의 이해와 한참 떨어져 있었다는 것도 그는 여실히 실감했을 것이다.

두 번째는 "내가 덕에 관해 그리고 내가 나 자신과 다른 사람에게 캐물을 때 여러분이 듣게 되는 그 밖의 것들에 관해 날마다 대화하는 것이 인간에게 가장 좋은 것이며, 캐묻지 않는 삶은 가치가 없다고 말한다면, 여러분은 내 말을 더욱 더 믿지 않을 것입니다." 그는 배심원이 이것을 첫 번째 것보다 더 믿지 않을 것으로 생각했다. 덕에 대해 대화하는 것이, 물질의 삶이 아니라 영혼의 삶이 중요하다는 것을 캐묻는 것이 인간에게 최고선이라는 것, 그런 것을 캐묻지 않는 삶은 살 가치가 없는 삶이라는 소리는 그의 생각대로 아테네 대중에게 너무나 낯설고 이상한 궤변 그 자체였을 것이다. 아테네인에게 최고선은 예나 지금이나 행복이었다. 그리고 그들의 행복한 삶은 소크라테스의 캐묻는 삶과 달랐다. 그들의 행복은 건강한 신체에 건강한 영혼, 그리고 가정의 화목과 공동체의 번영에 있었다. 체육관에서 신체의 건강을 키우고, 호머의 서사시 등에서 영혼을 배양하고, 공인으로 공공의 영역에 참여하여 공동선에 도모하고, 이웃과 더불어 사회적인 삶을 영위하는 것이 아테네인에게는 가치 있는 삶이었다.

하지만 소크라테스는 자신의 확신은 접지 않았다. 대중에게는 도저히 믿기지 않는 소리였지만, 그래도 그것은 신의 소리였고, 그래서 그것은 그에게 진실이었다. "여러분, 이것들은 내가 말하는 그대로이지만, 여러분을 믿게 만드는 것이 쉽지 않군요." 이 가상질문의 답변에서 문답의 대가인 소크라테스는 설득의 어려움을 털어놓았다. 그는 말의 한계에 봉착했다. 그에겐 설득의 말이 더 이상 남아 있지 않았다. 말로 설득할 수 없는 상황이라면 침묵했어야 했다. 전할 말이 없으면 마음이라도 있어야 했다. 그러나 그에겐 설득의 마음도 애당초 없었다. 그는 변론에서 처음으로 시간 부족을 탓하지 않았다. 대중의 어리석음도 지적하지 않았다. 자신의 확신을 우리의 확신으로 넘어가는 길 앞에서 그는 멈춰버리고 말았다.

그럼에도 소크라테스는 등에 역할을 아테네인만이 아니라 인류 전체를 위한 축복으로 확대시켰다. 그에게 덕에 대한 캐물음은 '인간'에게 최고의 선이었다. 그래서 캐묻지 않는 인간의 삶은 무의미한 삶이었다. 신이 보낸 아테네의 조언자를 넘어 인간 전체의 선물로 자처했다. 죽는 것도 모르면서 불 속으로 달려가는 불나비처럼 참된 가치를 망각하고 부질없는 것을 쫓아가는 타락된 인간을 저지하고 상기시켜, 진정 의미 있는 삶이 무엇인지 보여주는 인류의 구원자로 나섰다. 그것은 소크라테스에겐 대체 불가능한 확신이었다. 그러나 아테네인 여러분에게는 의심의 여지 없는 불신이었다. 특히 그 중의 '몇몇 분들'에게는 더할 나위 없는 강한 불신이었다. 캐물음에 대한 소크라테스의 강한 확신은 신에 의해 주어졌지만, '몇몇 분들'의 강한 불신은 캐물음 자체에서, 그리고 그것에 근원을 둔 비방의 소문에서 비롯되었다. 강한 불신의 해소는 캐물음이 신의 지시라는 말이 아니라, 캐물음 그 자체가 존재하지 않을 경우에만 가능할 것이었다. 그러나 소크라테스에게 캐물음 없는 삶은 죽음의 삶이었고, 죽음으로만 비로소 캐묻지 않을 수 있는 것이었다. 바로 이런 확신과 불신의 대립이 기원전 399년 봄 아테네 비극의 한 단면이었다. 소크라테스의 재판은 새로움에 대한 확신과 불신이 충돌하는, 전통에 대한 불신과 확신이 대결하는 역사의 한 장이었다. 새로움이 전통을 설득하고, 전통이 새로움을 이해하는 일은 몇 시간의 변론이 아니라 역사의 긴 시간이 요구되는 지난한 작업일 것이었다.

은화 1므나 벌금형

그러나 나는 돈이 없습니다. 여러분이 내가 물 수 있을 만큼의 벌금을 물리지 않는다면 말입니다. 은화 1므나 정도는 낼 수 있을 것 같군요. 그래서 나는 그 정도의 벌금형을 제의합니다.

캐물음은 소크라테스 평생의 업이었다. 그는 캐묻는 것이야말로 자신에게도 조국에게도 인류에게도 가치 있는 것이라 확신했다. 그의 관심은 자기만이 아니라 이웃에게도 향했다. 이웃사랑이 신의 뜻이라고 생각했다. 이웃사랑의 실천자는 죽음을 불사했고, 한참 후 예수가 십자가에 못 박혔듯이 그는 독배를 들어야 했다. 이 둘은 모두 사인의 귀하지 않은 신분으로 시대와 맞섰고, 시대에 온몸을 헌신했다. 그러나 예수와 소크라테스는 신의 복음을 전하는 방식이 달랐다. 예수는 세상에 답을 주었고, 소크라테스는 인간에게 물음을 주었다. 예수는 진리를 주었고, 소크라테스는 진리를 물었다. 예수는 진리를 의심하는 눈을 부정했고, 소크라테스는 진리를 의심하는 귀를 긍정했다. 예수는 진리에 따르는 삶을 살라고 했고, 소크라테스는 진리를 비판하는 삶을 살라고 했다. 예수와 소크라테스 모두 확신의 삶을 살았다. 그 확신은 모두 신에서 비롯된 것이었다. 예수의 이웃에게는 진리에 순종하는 삶이 가치 있는 삶이었지만, 소크라테스의 이웃에게는 의심의 눈으로 진리를 묻는 삶이 가치 있는 삶이었다. 의심이 죄인 삶과 의심이 덕목인 삶, 믿음의 삶과 비판의 삶, 순종하는 삶과 캐묻는 삶, 신앙의 삶과 성찰의 삶, 이것이 예수와 소크라테스의 다른 점이었고, 이 다름이 예수를 종교의 길로, 소크라테스를 철학의 길로 이끌었다.

순종과 다른 차원에서 캐물음은 고단한 일이었다. 묻는 행위는 물을 수 있는 능력과 의문하는 자신감을 요구할 것이고, 의문하고 물을 수 있음은 어떤 것을 이미 알고 있음을 전제로 할 것이다. 알지 못하는 자는 원칙적으로 올바로 물을 수 없겠기 때문이다. 알고 있는 자가 앎의 부족함이나 앎의 그릇됨을 깨닫는 것도, 그 자각으로부터 다른 앎의 길로 나아가는 것도 결코 쉬운 일은 아닐 것이다. 지금의 앎을 긍정하고 그래서 지금의 삶에 만족하는 것이, 앎을 부정하고 의혹의 삶을 사는 것보다 훨씬 더 편한 길일 것이다. 소크라테스가 "캐묻지 않는 삶은 가치가 없다"고 말했을 때, 그는 인지상정을 용납하지 않았다. 지금을 긍정하고 현재에 만족하는 삶은 배불러 졸고 있는 소의 삶과 다름없었다. 그 삶은 인간에게 가치 있는 삶이 아니었다. 그는 늘 깨어 있는 삶을 원했다. 그 자신도 그렇게 살았고, 이웃도 그렇게 살아야 한다고 확신했다. 그러나 그의 눈에 아테네의 삶은 졸고 있는 삶이었다. 졸고 있는 자가 스스로 깨어날 수 없다면 누군가가 깨워야 한다고 믿었고, 그 누군가가 바로 신이 등에의 사명으로 보낸 자신이었다. 이 사명을 평생 업으로 삼아 아테네의 졸음을 일깨우는 등에로 살아온 그가 깨어나기는커녕 짜증이 나서 꼬리질을 해대는 아테네 법정에서 형량제의를 따져 묻고 있었다.

추방형 제의가 불가한 이유를 장황하게 늘어놓은 후, 소크라테스는 결국 그나마 신의 사명을 자유롭게 수행할 수 있는 벌금형으로 눈을 돌렸다. 그는 스스로에게 '어떤 나쁜 것'을 스스로에게 요구하는 일에 '익숙하지 않다'는 말을 먼저 던졌다. 그 말은 일흔의 나이까지 법정에 서본 적이 없는 자신에게 당연히 어울리는 말이라 생각했을 것이다. 악을 행한 자에게는 나쁜 것이, 선을 행한 자에게는 좋은 것이 주어지는 것이 하늘의 뜻이라면, '어떤 나쁜 것'을 스스로에게 요구하는 것에 '익숙하지 않다'는 말은 그동안 악을 행하지 않았다는 것을 의미할 것이다. 그러나 상황이 상황이니만큼 백번 양보해서 벌금형을 제의하겠다는 말이었다. 낼 돈이 없어서 벌금형 제의를 거부했던 그에게 그것은 당연히 조건부였다. 가난한 은인이 스스로 조달할 수 있는 한에서의 벌금형이었다. 그것은 은화 1므나 정도였다. 죄를 짓지 않은 자가 스스로 처벌을 요구하는 것은 천부당만부당한 것이지만, 그 정도의 벌금을 내는 것은 자신에게 해가 되지 않는다는 것이다. 해가 되지 않는다는 것은 외적으로는 자신의 재력으로 벌금을 감당할 수 있다는 것, 해를 받을 짓을 하지 않았다는 것을 의미할 것이다. 내적으로는 그 정도의 벌금형을 받는다 해도 자신의 영혼에 상처를 입는 것은 아니라는 것이었다. 영혼의 상처야말로 소크라테스에게 진정한 해악이었기 때문이다.

그러나 벌금형 제의는 그것으로 끝나지 않았다. 아니 끝낼 수 없었을 것이다. 은화 1므나 벌금형은 곧 배심원을 조롱하는, 배심원 모욕에 해당되는 불가능한 제안임을 그도 알고 있었기 때문이다. 이 역시 죄를 짓지 않았다는 확신에서 던진 원칙적인 카드였다. 소크라테스는 '그러나' 하면서 말을 뒤집었다. 은화 1므나 제의는 자기 생각일 뿐, 죽마고우이자 재력가인 크리톤, 애제자이자 아테네 유력 집안의 아들인 플라톤 등이 그것을 말렸다고 했다. 말린 이유에 대해서는 말하지 않았다. 상식적으로 사형죄에 해당하는 인물이 그런 벌금형을 제의한다는 것은 터무니없는 일이었을 것이다. 그래서 배심원의 반발을 살 수 있다는 점을 지인들은 우려했을 것이다. 소크라테스는 지인들의 이런 우려와 제안을 못이기는 척 받아들였다. 그리고 아테네에서 신뢰받는 지인들이 보증을 선다는 조건으로 30므나 벌금형을 최종 제의했다. 지인들이 그런 제안을 했을 때 여러 가지를 감안했을 것이다. 아마도 법정 분위기가 벌금형을 선고할 가능성은 낮지만, 그럼에도 소크라테스의 성격과 업을 고려했을 때 벌금형을 유일한 제의로 간주, 벌금 액수를 최대로 높여 그 가능성을 높이자는 생각이었을 것이다. 은화 1므나도 소크라테스 재산의 5분의 1을 차지하는 적지 않은 돈이었고, 30므나는 숙련된 장인이 8년을 일해야 손에 쥘 수 있는 큰돈이었다. 그러나 그것은 피고 측의 생각이었고 바람이었다. 배심원 쪽의 적지 않은 이들에게는 벌금형의 액수가 아니라 벌금형 자체가 문제였을 것이다. 게다가 지인들의 돈으로 벌금을 낸다는 것도 마땅치 않았을 것이다. 도발적인 변론 그리고 상식을 넘어선 형량 제의에서 보여준 소크라테스의 언행이 유죄를 판결한 배심원은 물론, 무죄 표를 던진 배심원의 표심에 어떤 영향을 주었는지는 곧 밝혀질 것이다.

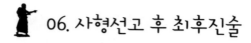

06. 사형선고 후 최후진술

사형 쪽 배심원에게

아테네인 여러분, 여러분은 시간을 조금 벌려다가 이 나라를 헐뜯으려는 자들로부터 현자 소크라테스를 죽였다는 비난의 소리를 듣게 될 것입니다. 나는 현자가 아니지만 여러분을 비방하려는 자들은 나를 현자라고 말할 테니까요.

말은 피곤했다. 혈통이 좋아 체격은 남달랐지만 날마다 반복되는 노동에 지쳐 있었다. 체력도 많이 떨어졌다. 모처럼 일이 없는 날에는 편히 쉬고 싶었다. 그저 먹고 자고 싶었다. 어느 날 등에 한 마리가 날아들었다. 나이가 꽤 들어 보였고 행색이 초라했다. 그래도 기골은 장대했으며 눈빛이 살아 있었다. 그런가 보다 했다. 들러붙는 등에는 늘 있던 터였다. 그런데 이 등에는 좀 특이했다. 잠만 잘라 하면 못 살게 굴었다. 도대체 잠을 잘 수 없었다. 농사철이라 해야 할 일도 많았다. 잠이라도 좀 제대로 자야 하는데 그러지 못했다. 너무 피곤했고 슬슬 짜증이 났다. 주인은 주인대로 화를 냈다. 할 수 없이 날 잡아 조용히 말했다. 너도 먹고 살아야 하니 잠자는 시간만 빼고 먹으라고 했다. 잠만 깨우지 말라고 부탁했다.

등에는 청을 거절했다. 그럴 수는 없다고 했다. 잠들 때 먹는 게 제일 맛있다고 했다. 습관이 되어서 이젠 달리할 수 없다고 했다. 잠을 너무 많이 자는 것도 건강에 좋지 않다고 했다. 잠잘 시간에 내가 누구인지, 어떻게 살아야 하는지 생각해보라 했다. 늘 생각하면서 살라고 했다. 먹고 자고 일하는 것은 사는 데 그리 중요한 것이 아니라 했다. 그때도 늘 깨어 있으라고 했다. 깨어서 자신을 아는 것이 먹고 자는 것보다 더 중요하다고 했다. 그것이야말로 건강에 진정 이로운 것이라 했다. 자기도 처음엔 그런지 몰랐다고 했다. 어느 날 죽마고우가 누구한테 들었다며 일러주었다고 했다. 그는 거짓말을 하지 않는 자라고 했다. 그자가 하는 말이, 자신이 이 동네에서 제일 지혜롭다는 것이었다. 말도 안 되는 소리라서 그자가 누구냐고 물었더니 이웃 동네 무당이라고 했다. 신의 말씀을 전하는 무당이 그런 말도 안 되는 말을 했다는 것이 기가 막혔지만, 하루 이틀 지나니 뭔가 좀 이상하다는 생각이 들었다고 했다. 자기처럼 아는 게 아무것도 없는 무지렁이가 그럴 리는 전혀 없지만, 거짓말을 할 리 없는 신이 그런 말을 했다는 게 너무나 이상했다고 했다. 아마도 신이 수수께끼를 낸 것이라고 생각했다고 했다.

그것을 풀려고 동네 지혜롭다고 소문난 말들을 쭉 만나기로 결심했다고 했다. 그래서 자신이 제일 지혜롭다는 신의 말이 틀렸다는 것을 보여줄 요량이었다고 했다. 동네일을 맡아보는 말, 말을 잘하는 말, 물건을 잘 만드는 말 등등을 찾아갔다고 했다. 그들이 가장 잘 알고 있을 만한 주제로 이야기를 나눴다고 했다. 나눠보니 모두 속 빈 강정이라고 했다. 소문과 달리 그들은 제대로 알고 있는 게 하나도 없었다고 했다. 그러면서도 자신들이 뭔가 대단한 것을 알고 있는 듯 착각하고 있었다고 했다. 그들의 지혜는 진정한 지혜가 아니라 사이비 지혜일 뿐이라고 생각했다고 했다. 그래서 신의 말이 완전히 터무니없는 것이 아님을 확인했다고 했다. 자신은 아무것도 모른다는 것을 알고 있지만, 말들은 알지도 못하면서 알고 있다고 착각하고 있다는 점에서만 자신이 그들보다 더 똑똑한 것이라고 생각하기로 했다고 했다. 그런데 혼자만 이렇게 알고 있을 것이 아니라 동네 말들을 각성시켜주는 것도 신탁의 뜻이라는 생각이 들었다고 했다. 그래서 무지의 지를 깨우쳐주라는 것을 신의 명령으로 삼았다고 했다. 그걸 천직으로 삼아 온 동네를 돌아다니며 눈에 띄는 말들마다 몸을 가꾸는 것이 아니라 영혼을 돌보라는 주문을 하고 있다고 했다. 캐묻는 삶이 가장 가치 있는 삶이라는 사실을 깨치게 하는 일을 하고 있다고 했다.

이 등에가 더위 먹었나 했다. 신탁이니, 무지의 지를 자각하라니, 신의 명령이니, 캐묻는 삶이니, 영혼을 돌보는 것이 중요하다니 등등 도깨비 씨나락 까먹는 소리를 하고 있다고 생각했다. 먹고 살기도 힘들어 죽겠는데 그런 것에 관심 가질 시간이 없다고 했다. 나는 나대로 살 테니 너는 너대로 살라고 했다. 피곤하니 잠이나 깨우지 말라고 했다. 하루 이틀도 아니고 허구한 날 이게 무슨 짓이냐고 했다. 또 동네 말들에게 듣자 하니, 이 등에에 대한 평이 아주 좋지 않았다. 자기 새끼들은 먹거나 말거나 내던져 놓고 맨발로 온 천지 돌아다니면서 만나는 말들마다 망신을 주면서 이상한 소리만 지껄이고 있다는 것이었다. 악질 등에를 주변에 얼씬도 못 하게 하라는 소리였다. 또 마을 회관에서 늘 하던 동네 먹거리 행사에 나타나서는 이런 짓거리는 동네 발전에 도움이 안 된다는 둥, 지혜를 사랑하는 모임을 만들어야 한다는 둥 하면서 동네 젊은 말들을 꼬드기며 나쁜 길로 몰고 있다는 것이었다. 게다가 동네 수호신이 아니라 이상한 신을 믿으면서 가끔씩 요상한 신들린 소리를 낸다는 것이었다. 그래서 이 등에가 동네의 기둥인 젊은 말들을 타락시키고, 동네 규칙을 엉망으로 만들며, 동네 수호신을 믿지 않고 있다는 원성이 동네에 자자하다는 것이었다.

그래도 처음에 등에를 봤을 때는 설마 했다. 그러나 막상 당해보니 장난이 아니었다. 이건 아니다 싶어 그만 하라고 조용히 타이르기도 하고 구슬리기도 했다. 그런데도 등에는 막무가내였다. 신의 명령이라 자기도 어찌 할 수 없다, 캐묻는 삶이 살 가치가 있다, 자신은 이 동네를 위해 신이 보낸 축복자이다, 이 동네의 최고 영웅이다 등 되지도 않는 소리만 자꾸 해댔다. 고함도 치고 윽박질러도 봤지만 여전히 요지부동이었다. 짜증과 화가 한계에 치달았다. 치겠다고 꼬리를 세워 협박을 했는데도 칠 테면 쳐보라 했다. 자기를 해치면 동네 말들에게뿐만 아니라 동네의 손해라고 했다. 말로는 더 이상 안 되겠다

싶어 입으로 물었다. 등에는 입 안에서도 하던 말을 계속했다. 여기 있으면 죽을 테니 옆 동네로 가라고 했다. 그 자리는 자기 자리가 아니라고 했다. 다른 동네에 가본들 잠 깨우는 팔자가 어딜 가겠냐고, 그 동네 말인들 짜증을 안 낼 것이냐고, 짜증난 그 말인들 자기를 가만두겠냐고 했다. 이 동네 저 동네 옮겨 다니는 것도 자기 나이에 볼썽사납다고 했다. 죽더라도 그냥 여기서 죽겠다고 했다. 죽더라도 자기 땅에서 죽는 것이 자기 팔자소관이라고 했다. 그렇지만 자기를 죽이면 불경과 불의의 짓을 저지르는 것이라고 공갈 협박했다. 이렇게 나오는 마당에 할 수 있는 게 더 이상 아무것도 없었다. 없애야 한다고 마음먹었다. 한편으로 집안 일 던져놓고 신의 사명 어쩌고 하면서 기를 쓰는 모습이 딱하기도 했고, 다른 한편으로는 이 등에를 죽이면 이 등에하고 친한 다른 등에나 평소에 사이가 좋지 않은 다른 마을 말들이 나를 욕할 것이라는 게 마음에 좀 걸렸지만, 내가 살기 위해서는 다른 방도가 없었다. 죽이기로 결단했고, 죽이겠다고도 했다. 그 말을 듣자 등에는 체념한 듯하면서도 계속 뭔 말을 해댔다. 등에의 본능 같았다.

말은 등에를 죽였다. 아테네는 소크라테스에게 사형을 선고했다. 그것은 다분히 예견된 것이었다. 유죄판결 이후 형량제의에서도 도발적인 언행을 멈추지 않았던 소크라테스에게 무죄 표를 던졌던 배심원 가운데 80명이 사형 쪽에 가담했다. 유죄판결 시에 소크라테스를 놀라게 했던 60표의 표차는 140표 차이로 늘어났다. 사형선고 후

이감되기 전까지 서류작성에 들어가는 시간 동안 법정에 머무를 시간이 있었다. 이 짧은 몇 분 동안에도 소크라테스의 입은 가만히 있지 않았다. 그는 배심원에게 고별사를 던졌다. 이 역시 준비된 고별의 인사였을 것이다. 그는 먼저 사형에 찬성한 배심원에게, 그 다음에 사형에 반대한 배심원에게 작별 인사를 고했다. 아테네 통상적인 법정 관행상 선고 후 소송 당사자들이 발언할 기회는 없었을 것이다. 그래서 그의 작별인사가 실제로 진행된 것이 아니라, 《소크라테스의 변론》의 저자 플라톤의 창작물일 수도 있다. 그러나 만약 그것이 실제 상황이라면, 사형에 찬성했던 배심원 대부분은 아마 자리를 떴을 것이다. 그들을 향한 소크라테스의 인사말은 받는 사람 없이 공중으로 날아갔을 것이다.

사형선고에 대한 소크라테스의 반응은 유죄확정에서 보여주었던 것과는 처음부터 사뭇 달랐다. 사형확정에 대해 그는 아무런 내색도 하지 않았다. 유죄판결보다 표차가 늘어난 것에 대해서도 침묵했다. 예상했다든가 놀랍다든가, 아무런 언급도 없었다. 그는 곧바로 사형에 표를 던진 배심원을 향한 비난의 말로 최후진술을 시작했다. 그러나 단도직입이 아니라 우회적인 방식을 택했다. 자기 입이 아니라 다른 나라 사람들의 입을 빌렸다. "이 나라를 헐뜯으려는 자들"과 "여러분을 비방하려는 자들"을 통해 그들을 비난했다. 직접적으로 비난할 만한 말이 어쩌면 그에게 별로 없었을 것이다. 설령 있었다 해도 그의 자존심이 허락하지 않았을 것이다. 사형 쪽의 배심원은 다른 나라 시민들로부터 "현자 소크라테스를 죽였다는 비난의 소리를 듣게 될 것"이라고 단정했다. 자신이 현자가 아님에도, 아테네와 그 시민을 비난하려고 호시탐탐 기회를 엿보고 있는 그들은 자신을 기꺼이 현자로 칭할 것이라는 말이었다. 아테네는 지혜로운 자를 죽였다는 악명과 비난의 소리를 들을 것이고, 이는 아테네의 수치라는 것이다.

소크라테스는 자신이 현자라는 사실을 특유의 아이러니를 사용해 드러냈다. 그는 변론 내내 활용했던 아테네의 명예와 수치 문화를 사형 쪽 배심원의 비난용으로 다시 한 번 꺼내들었다. 평판을 이용해 청중의 심리를 자극하는 것은 웅변가들이 애용하는 연설기법 중 하나였다. 그들은 '다른 나라 시민들이 이런 짓을 하는 당신들을 어떻게 생각하겠는가?'라는 말로 평판을 들먹였고, 수치심을 자극했으며, 주장을 관철시켰다. 소크라테스도 이것을 활용했다. '아테네의 다른 시민들이나 그리스의 다른 국가들이 지혜로운 소크라테스를 죽인 그대들을 어떻게 생각하겠는가.' '그대들과 아테네에는 더할 수 없는 수치스런 일이 될 것이다.' 수치심에 덧붙여 그는 자신의 나이를 또 한 번 강조했다. 얼마 안 있으면 자연스럽게 죽을 일흔이라는 나이인데 그걸 기다리지 못해서 성급히 독배를 들게 한 배심원의 미련함을 간접적으로 지적했다. 이것 역시 다른 국가와 시민들의 비난의 대상이 될 것이었다.

뻔뻔함과 몰염치

내 유죄판결에서 부족한 것은 말이 아니라 뻔뻔함과 몰염치이며, 여러분이 듣기에 가장 좋은 말투로 말하려는 의지가 나에게 부족했던 것입니다.

사형 쪽 배심원에 대한 소크라테스의 비난은 다른 국가 사람들의 입을 통한 것으로 끝나지 않았다. 그는 할 말이 또 있다고 했다. 그 비난은 이제 그의 입에서 나왔다. 그렇지만 벌금형이 아니라 왜 사형을 선고했는지를 따지는 비난이 아니었다. 벌금형이냐 사형이냐의 형량제의가 아니라 유무죄를 다투던 이전 문제를 들고 나왔다. 아마 그것이 사형선고보다 더 근본적인 것이라고 생각했을 것이다. 그리고 모두변론에서 원고를 비난할 때 썼던 '뻔뻔함'과 '몰염치'라는 감정을 또다시 가져왔다. 다른 나라 사람들이 아테네의 수치스러움을 비난할 것이라는 것과 같은 맥락이었다. 죄 없는 자신이 유죄판결을 받은 이유에 대해 말했다. 배심원을 설득할 말이 아니라 뻔뻔스러움이 부족했기 때문이라 했다. 소크라테스는 분명 나름대로 많은 말로 배심원을 설득했다. 다른 나라에 가서 침묵의 삶을 살 수 없다는 대목 이외에는 설득의 말이 없어 쩔쩔매지 않았다. 그는 여러 가상질문들을 동원해 자기 삶의 스토리를 길게 제시했다. 하지만 배심원 입장에서 그것은 설득의 말이 아니라 자기 삶을 정당화하는 연설이었고, 법정은 그런 말을 하는 자리가 아니었다. 그런 점에서 그는 또한 뻔뻔했다.

그에 의하면, '뻔뻔함의 부족'은 '설득 말의 부족'이 아니라 '다른 사람들에게서 익히 들었던' 말을 하려는 '의지의 부족'이었다. 나이와 명성에 어울리지 않는 수치스런 언행을 하지 않았기 때문에 그렇게 되었다는 것이다. 자신이 자신답지 않게 울며불며 배심원의 기분을 맞추는 언행으로 읍소했다면 유죄 쪽 배심원이나 사형 쪽 배심원의 표심은 달라졌을 것이라는 의미였다. 소크라테스가 동정 쇼를 하지 않았다는 것은 분명했다. 그의 변론은 당당했고, 심지어 거만했다. 소크라테스가 비난한 것은 바로 이러한 자존감을 무시하고 굽실거림을 즐기는 배심원의 저급한 행태였다. 이는 곧 그가 모두변론에서 형량제의까지 일관되게 강조한 배심원의 덕목과 자격의 문제였다. 그래서 유죄를 판결하고 사형을 선고한 배심원은 소크라테스에게는 동정 쇼에 따라 판결하고 선고하는 이들이었다. 그들은 배심원의 자격이 없는 자들이었고, 하루 일당을 위해 배심원 자리에 앉아 있는 한심한 자들이었다. 소크라테스의 변론은 그런 자들을 배심원이라고 앉혀 놓은 민주주의 사법제도에 대한 조롱이었다.

그는 자신의 당당한 변론을 자유인다움과 연결시켰다. 자유인은 아테네 시민의 특권이었고 우월감의 단적인 표현이었다. 아테네는 기원전 5세기 초 다리우스 1세와 크세르크세스 1세가 이끄는 세계 최대 강국 페르시아를 상대로 마라톤 전투와 살라미스 해전에서 승리를 거머쥐었다. 이로써 페르시아에 대한 두려움과 열등감에서 벗어남과 동시에 지중해의 패권국가로 거듭났다. 아테네는 자유의 시대를 열었고, 수많은 노예를 거느린 아테네인은 자유인을 자처했고 스스로를 칭송했다. 두려움과 비굴함의 예속에서 해방된 아테네인은 자유인다움을 최상의 덕목으로, 노예다움은 악덕으로 간주했다. 소크라테스는 자신의 변론이 아테네의 상식적 덕목인 자유인다움의 전형적인 행태라고 주장했다. 변론 과정에서도 그리고 사형이 선고된 지금도 어떤 두려움 때문에 자유인답지 않은 천박한 짓을 하지 않았음을 주지시켰다. "나는 그때도 위험이 두려워 자유인답지 못한 짓을 해서는 안 된다고 생각했지만, 지금도 그렇게 변론한 것을 후회하지 않습니다. 이렇게 변론하고 죽음을 당하는 것이 저런 방식으로 사는 것보다 훨씬 더 낫기 때문입니다." 그리고 그는 후회라는 정념을 언급했다. 후회란 확실성과 결단성이 결여된 우유부단에서 비롯될 터, 천박하게 굴면서 노예처럼 사는 것보다 자유인답게 변론하다 명예롭게 죽는 편이 훨씬 낫다는 소크라테스의 확신은 결코 어떠한 후회도 가져올 것이 아니었다.

소크라테스는 아테네의 일상이었던 전쟁의 상황을 예로 들었다. 그리고 자유인의 명예로운 죽음과 노예의 비굴한 삶을 대비했다. "법정에서든 전쟁터에서든, 나든 다른 누구든 어떻게든 죽지 않으려고 잔재주를 부려서는 안 되기 때문입니다. 실제로 싸움터에서는 스스로 무기를 던지고 추격자들에게 애걸해서 죽음을 면하는 경우가 가끔 있는 것도 분명하니 말입니다." 죽음의 두려움을 무릅쓰고 비굴한 잔꾀 변론을 거부한 자신의 행동을, 죽음을 감수하고 수치가 아닌 명예의 길을 택해 영웅의 반열에 오른 아킬레우스의 행위와 비교했다.

트로이의 아킬레우스가 전쟁의 영웅이었다면, 아테네의 소크라테스는 삶의 영웅일 것이다. 아킬레우스가 아킬레스건에 화살을 맞아 죽는 순간에도 후회하지 않았듯이, 소크라테스도 죽음을 가져온 변론을 결코 후회하지 않을 것이다.

그러나 여러분, 죽음을 피하는 것이 어려운 것이 아니라 사악을 피하는 것이 훨씬 더 어렵습니다. 죽음보다 사악의 발이 더 빠르기 때문입니다. 나는 지금 느리고 연로해서 더 느린 것에 따라잡혔지만, 내 고소인은 영리하고 민첩해서 더 빠른 것, 즉 사악에 따라잡혔습니다. 그래서 나는 이제 여러분들로부터 죽음의 선고를 받고 여기를 떠나지만, 그들은 진리로부터 사악과 불의로 소환되어 판결을 받을 것입니다. 또한 나는 내 판결 주문에 따르고, 그들은 그들의 주문에 따라야 합니다. 이번 일은 이렇게 되도록 되어 있었나 봅니다. 그리고 나는 이렇게 된 것이 잘된 일이라 생각합니다.

소크라테스는 배심원의 무능과 노예다움을 탓하는 것으로 만족하지 않았다. 고소인도 그냥 두지 않았다. 고소인 역시 사형을 앞둔 그의 마지막 독설을 피해가지 못했다. 그는 모두변론에서 배심원의 덕목을 강조한 반면, 고소인의 파렴치함을 조롱했다. 그는 최후변론에서 배심원의 무능을 탓한 반면, 고소인의 사악함을 비난했다. 그는 자기 언행의 선함과 명예로움을 드러내는 것과 동시에 고소인의 사악함과 뻔뻔함을 질책했다. 그는 자신의 죽음과 멜레토스와 아니토스 그리고 리콘의 사악함을 대비했다. "여러분, 죽음을 피하는 것이 어려운 것이 아니라 사악을 피하는 것이 훨씬 더 어렵습니다. 죽음보다 사악의 발이 더 빠르기 때문입니다." 소크라테스에게는 사악이 죽음보다 발이 빨랐다. 발이 느린 죽음을 피하는 것보다 준족인 사악을 피하는 것이 더 힘든 일이었다. 늙고 둔한 자신은 죽음에 붙잡혔지만, 젊고 민첩한 고소인은 비열과 중상모략이라는 사악함에 붙잡힐 것이었다. 명예로운 자신에게 죽음을 선고한 자는 어리석은 배심원이었다면, 표리부동한 고소인에게 사악과 불의를 선고한 자는 진리의 재판관일 것이었다. 어리석음에게 죽음을 선고받은 자신은 부끄럽지 않을 것이지만, 진리에게 사악을 선고받은 고소인은 수치스러울 것이었다. 선한 자신은 정의로운 죽음의 길로 떠날 것이지만, 사악한 고소인은 부당한 삶의 길로 떠나야 할 것이었다. 정의로운 자신은 선의 길을 마다하지 않을 것이듯이, 불의의 고소인도 악의 길을 피하지 못할 것이었다. 소크라테스는 고소인의 고소도 자신의 사형선고도 모두 예정된 운명으로 받아들였다. 그러나 자신의 죽음이 선과 정의의 길이고 고소인의 삶이 악과 불의의 길이라면, 그것은 결코 그에게 운명의 나쁜 장난이 아니었다. "이번 일은 이렇게 되도록 되어 있었나 봅니다. 그리고 나는 이렇게 된 것이 잘된 일이라 생각합니다."

예언

다음으로 나는 유죄판결을 내린 여러분에게 예언하고 싶습니다. 나는 지금 사람들이 예언을 가장 잘한다는 죽음의 문턱에 있기 때문입니다. 나에게 사형판결을 내린 여러분, 제우스에 맹세코 내 말하지만, 내가 죽은 다음에 바로 나를 죽인 것보다 훨씬 더 가혹한 처벌이 여러분에게 닥칠 것입니다.

고소인을 비난한 다음, 소크라테스는 다시 유죄판결을 내린 배심원에게 향했다. 앞서 그들에게 한 비난이 그들의 자질과 자격에 관한 것이었다면, 지금은 향후 그들에게 닥칠 재앙에 관한 것이었다. 소크라테스는 변론에서 처음으로 '유죄판결을 내린 여러분'이라는 호칭을 사용하면서 곧이어 언급할 '무죄판결을 내린 여러분'과 구별하는 전략을 구사했다. 재판이 끝나자 유죄 쪽 배심원을 적으로, 무죄 쪽 배심원을 친구로 규정했다. 적에게는 비난의 저주를, 친구에게는 위로의 인사를 보낼 것이다. 그리고 변론에서 처음으로 '예언'의 형식을 사용했다. 하지만 예언은 아테네에서 아무나 할 수 있는 것이 아니었다. 그것은 예언의 신인 아폴로의 대리인에게만 가능했다. 이에 대한 아무런 언급도 없이 그는 죽음을 목전에 둔 사람에게는 예언이 허락된다는 고대 세계의 믿음을 들먹이며 예언의 정당성을 피력했다. 그는 이때 어린 시절부터 자신에게 속삭인 신의 음성을 거론하지 않았다. 예언을 말리거나 말리지 않는 신의 소리는 물론 자신을 아테네의 선물로 보낸 신탁의 응답이라는 말도 없었다. 그는 결국 지혜로운 자임을 감추지 않았고 선지자로 자처했다. 그는 단지 제우스에 맹세하며 예언을 전했다.

그러나 앞서 '예언'이라는 말은 하지 않았지만, 사형 쪽 배심원은 인근 도시 시민들로부터 현자 소크라테스를 죽였다는 악명과 비난의 소리를 들을 것이라는 것, 고소인은 진리에 의해 사악과 불의를 판결을 받고 떠날 것이라는 것 역시 일종의 예언이었다. 그럼에도 소크라테스가 지금 '예언'을 끌어들이는 것은 그 말이 갖는 상징적인 무게 때문이었을 것이다. 그 저주의 예언은 자신을 죽인 것보다 더 가혹한 처벌을 사형 쪽 배심원이 받게 된다는 것이었다. 그것은 인근 도시인들로부터 받게 될 악명의 비난, 또 이에 앞서 자신이 죽게 된다면 자신을 대체할 다른 사람을 찾기 쉽지 않을 것이기에 아테네는 불행하게 될 것이라고 한 협박과는 달랐다. 이때의 비난은 간접적이고 악명이라는 소리를 듣는 것으로 끝날 것이고, 또 이때의 고통은 아테네 전체에 해당하는 것이며, 나아가 이때의 불행은 신이 아테네를 위해 보낸 선물의 사라짐을 의미하는 것이라서 엄밀한 의미의 처벌은 아니었다. 이에 비해 지금의 '훨씬 더 가혹한 처벌'은 보다 직접적이고 제한적인 것이었다. 소크라테스는 자신의 죽음이 청년타락이나 불경이 아니라 캐물음 때문이라는 것을 결코 의심하지 않았다. 그리고 사형에 투표한 이들을 캐물음에 짜증난 사람들로 간주했다. 캐물음을 당하는 것이 지겨워 자신을 죽이고자 했다는 것이다. "여러분이 나에게 이런 짓을 한 것은, 여러분의 삶이 심문받는 것에서 벗어날 수 있을 것으로 생각했기 때문입니다." '캐묻는 삶이 가치 있는 삶'이라는 소크라테스의 확신은 '캐물음을 당하는 삶은 고통스런 삶'이고, '삶의 고통에서 벗어나는 길은 캐물음에서 벗어나는 것'이며, '캐물음에서 벗어나는 길은 캐묻는 자를 제거하는 것'이라는 배심원의 확신과 대비되었다. 그는 자신의 확신과 배심원의 확신을 충돌시켰다. 후자의 확신이 갖는 근거가 타당하지 않다는 것을, 그래서 "내 말하지만, 결과는 그 반대일 것"임을 제시했다.

소크라테스의 예단은 단호했다. "더 많은 사람이 여러분을 심문할 것입니다." 자신을 처단하면 캐물음의 시달림은 사라질 것이라는 사형 쪽 배심원의 믿음은 그에게는 크나큰 '착각'이었다. 배후에 잠복해 있던 수많은 사람들이 나타나서 따끔한 등에질을 계속 해댈 것이라는 주장이었다. 여러분은 모르겠지만, 자신이 그동안 그들의 등에질을 말리고 있었다는 것이다. 신의 음성이 자신에게 그랬듯이, 소크라테스는 자신이 말린 이유를 말하지 않았다. 그는 다만 그것이 '훨씬 더 가혹한 처벌'인 이유에 대해서만 말했다. 그것은 두 가지였다. 등에의 수가 자기 한 명이 아니라 '더 많고', 자기보다 '더 젊다'는 것이었다. 젊은 등에들이 떼로 몰려와 쉬지 않고 등에질을 해대면 더 짜증나고 더 화가 치밀 것이라는 말이었다. 이를 피하기 위해 그들의 입에 재갈을 물리면, 더 많고 더 젊은 후계자들이 다시 나타날 것이고, 그래서 벌은 더욱 가혹해질 것이라는 주장이었다. "만약 여러분이 사람을 죽여 여러분의 부정한 삶을 탓하는 것을 막을 수 있다고 생각한다면" 그것은 커다란 오산임을 지적했다.

아테네 대중이 올바른 삶을 살지 않고 있음을, 자신은 그런 삶을 치유하는 자임을, 대중은 치유하는 자를 죽여 불의의 삶을 은폐하려는 어리석은 자들임을 소크라테스는 믿어 의심치 않았다. 그는 또한 등에 추종자들이 다수 있다는 것을, 대중은 그 추종 세력에게 고통의 시달림을 계속 받을 것임을 예언의 형식으로 확신했다. 그러나 그는 작별의 마지막 모습을 비난과 저주의 예언자가 아니라 삶의 조언자로 남길 원했다. 신이 아테네에 선사한 자는 사형 쪽 배심원에게 마지막 충언을 던졌다. 죽여서 비난에서 벗어나려는 것은 결코 가능하지도 않을 뿐만 아니라, 그것은 불법이나 불의나 불경이라기보다는 차라리 아름답지 못한 짓이라고 말했다. "가장 아름답고 가장 쉬운 방법은 남의 입에 재갈을 물리는 것이 아니라 최대한 훌륭한 사람이 되려고 노력하는 것이기 때문입니다." 등에질이 성가시면 스스로 훌륭한 사람이 될 궁리를 하라는 말이었다. 캐물음은 덕의 중요성을 깨닫게 하는 것에 그 역할이 있었다. 사람의 훌륭함은 스스로 도모하는 것이지 가르쳐서 되는 게 아니라는 것이 그의 생각이었다. 훌륭한 사람이 되도록 스스로 노력하라는 것, 이것이 유죄판결을 내린 배심원에게 보낸 아테네 조언자의 마지막 조언이었다.

친구 재판관에게

여러분, 그 동안만이라도 자리에 계시기 바랍니다. 허락된 동안 우리 이야기를 방해하는 것은 아무것도 없을 테니까요. 나는 친구인 여러분에게 지금 나에게 일어난 것이 무엇을 의미하는지 보여주고 싶습니다.

재판관 여러분, — 여러분에게야말로 재판관이라는 이름이 합당할 것입니다. — 나에게 경이로운 일이 일어났습니다.

소크라테스는 무죄 쪽 배심원에게 전하는 인사말로 법정에서의 마지막 순간을 채울 참이었다. 유죄 쪽 배심원과는 달리 그의 언행은 매우 정중했다. 법정 관리들이 수속을 밟는 동안 자리를 뜨지 말 것을 그들에게 청했다. 그 틈새만이라도 '방금 여기서 일어난 일들'에 대해 기꺼이 이야기를 나누고 싶다고 했다. 그는 일방적으로 '예언'을 전하는 것이 아니라 서로 '이야기'를 나누고 싶다고 했다. 자신을 사형에 처한 것보다도 더 가혹한 미래의 처벌이 기다리고 있을 것이라는 악담이 아니라, 오늘 일어난 사건의 의미를 즐거운 마음으로 설명하고 싶다고 했다. 그것은 말하는 이에게도 듣는 이에게도 분명 덕담이었다.

그는 이전 작별인사의 듣는 이를 일종의 '적'으로 간주한 반면, 지금 듣는 이를 '친구'로 대했다. 적에게 해로움을, 친구에게 이로움을 주는 아테네의 정의관에 따라, 유죄 쪽 배심원에게는 악담을, 무죄 쪽 배심원들에게는 덕담을 건넸을 것이다. 그는 친구라는 사적인 호칭을 넘어 무죄 쪽 배심원에 대해서는 공적인 명칭도 달리 불렀다. 그는 이들을 '재판관'이라 칭했다. 이들이야말로 자신이 앞서 누차 강조한 바 있는 재판관이라는 이름과 자리에 걸맞은 덕목과 자격을 갖추었다는 것이다. 그는 진정한 재판관과 사이비 재판관을 나누었다. 전자에게는 무죄 쪽 배심원이, 후자에게 유죄 쪽 배심원 및 고소인을 포함하여 자신의 캐물음을 중상 모함하고 단죄한 아테네인이 해당될 것이다.

소크라테스는 친구들에게 오늘 자신이 경험한 놀라운 일을 털어놓았다. 오랫동안 함께한 영적인 예언의 음성 이야기였다. 그것은 어린 시절부터 잘못된 길로 들어서려 하면 아주 작은 일이라도 저지하고 나선 익숙한 신의 신호였다. 그런데 인생에서 악 중의 악이라는 죽음의 사태가 오늘 일어날 것임에도 그 음성은 침묵했다. 이른 아침 집을 나설 때부터 변론을 마칠 때까지 신의 저지 신호는 전혀 없었다. 소크라테스는 소크라테스다웠다. 덕담을 나누는 작별 인사의 와중에도 그의 문답은 멈추지 않았다. 신적 음성이 침묵한 이유를 친구 재판관이 묻고 그가 답하면서 설명했다. 신은 왜 자신이 그렇게 변론하는 것을 반대하지 않았는지 재판관 친구가 물었다. 이것은 이미 지문에 답이 나와 있는 물음이었다. 분명 하는 일이 나쁜 것이 아니고, 그래서 그 결과가 좋은 것이기 때문에 저지하지 않았을 것이다. "내게 일어난 일이 좋은 것으로 보인다"는 것이다.

소크라테스는 역시 그답게 영적 음성이 침묵한 이유를 그냥 지나치지 않았다. 악행이 아니라는 것, 그래서 그 결과가 좋은 일로 '보인다'는 것이다. 행함의 결과는 물론 사형이었다. 그렇지만 "우리가 죽음을 나쁜 것으로 믿는다면 그것은 그릇된 생각으로 보인다"는 것이다. 죽음이란 결코 좋은 일이 아니라는 우리의 통상적인 믿음은 소크라테스에게는 해당되지 않았다. 그에게 죽음은 미지의 것이라 좋은 것일 수도 있고 나쁜 것일 수도 있었다. 그래서 그는 자신에게 일어난 것이 좋은 것이거나 나쁜 것으로 단정 짓지 않고, '좋은 것으로 보인다'고 했을 것이다. 하지만 이런 추측은 터무니없는 것이 아니었다. 그는 '강력한 증거'를 두 가지 들었다. 하나는 충분히 예상할 수 있는 것으로, 신의 신호가 자신의 행동을 반대하지 않았다는 것이다. "내가 하려는 것이 어떤 좋은 것이 아니었다면, 익숙한 신호가 나에게 반대하지 않았을 리가 없습니다." 다른 하나는 죽음의 정체 해명에 의한 것이다.

그가 두 번째 증거로 제시한 것은 죽음이 절망이 아니라 희망의 사건이라는 것이다. "우리가 죽음이 좋은 것이라는 희망을 크게 가질 수 있음을 또 이렇게 살펴봅시다." 큰 희망의 증거로 다시 죽음에 대한 두 가지 통념 혹은 전승된 이론을 가져왔다. "죽음은 무로 소멸되는 것이어서 죽은 자는 어떤 것에 대해서도 감각을 갖지 않는다는 것이거나, 아니면 전해오는 말대로 죽음은 일종의 변화이고 이 거처에서 다른 거처로 영혼의 이주라는 것입니다." 소크라테스는 첫 번째 정의에 따라 죽음이 일종의 소멸이라면, 그런 한에서 죽은 자는 '꿈도 꾸지 않는 깊은 잠'처럼 아무런 감각도 갖지 않는다면, 죽음이라는 사건에는 '경이로운 이득'이 있을 것이라고 결론지었다. 그의 이런 논변을 이어받은 에피쿠로스학파는 소멸과 다름없는 죽음은 결코 두려움의 대상이 아니라는 소극적인 태도를 취했던 반면, 소크라테스는 보다 적극적으로 죽음을 놀라운 이익을 가져오는 사건으로 간주했다. 그는 당시 부귀영화의 화신인 페르시아 대왕을 예로 들었다. 죽음이 꿈도 꾸지 않는 깊은 잠 같은 것이라면, 일반인은 물론이고 세상의 영화를 한 손에 움켜잡은 다리우스 대왕이나 크세르크세스 대왕인들 그와 같이 달콤하고 행복한 밤을 평생에 몇 번이나 맛볼 수 있었겠느냐는 것이다. "그래서 죽음이 만약 그런 것이라면, 나는 죽음이 이득이라고 말하겠습니다. 그럴 경우 남은 모든 시간은 그런 단 하룻밤보다 더 길어 보이지 않을 테니까요."

첫 번째 정의에서 죽음이 '이승에' 이득을 가져오는 사건이라면, 소크라테스는 두 번째 정의에서 죽음은 '저승에서' 좋은 것을 누리는 사건으로 간주했다. 아마도 피타고라스학파의 주장처럼 죽음이 이승에서 저승으로의 '이주'나 '떠나감'이라면, 그래서 죽은 자들이 모두 저승에서 지내고 있다면, "재판관 여러분, 무엇이 이보다 더 좋겠습니까?"라고 반문한 후, 죽음이 왜 '최고선'인지를 설명했다. 소크라테스는 네 가지 이유를 들었다. 이승을 떠나 저승에 가면 네 가지 부류의 사람을 만나 함께 지낼 수 있다는 것이다. 첫 번째 부류는 크레타의 전설적인 왕이자 입법자인 미노스, 미노스의 아우이자 크레타의 입법자이며 플라톤의 《법률Nomoi》에서 가장 올바른 사람으로 소개된 라다만티스, 아이기나 섬의 왕이자 입법자이며 탁월한 경건함으로 제우스의 보살핌을 받았다는 아이아코스였다. 이들은 모두 제우스의 아들로 이승에서의 올바른 삶으로 저승에서 재판관이 된 인물들이었다. 나아가 엘레우시스의 왕자로서 농업과 곡물의 여신 데메테르로부터 농사기술을 배워 인간에게 전수했다는 트리프톨레모스를 추가했다. 이로써 소크라테스는 가장 먼저 이승에서의 '사이비' 재판관과 저승에서의 '진정한' 재판관을 대비했고, 이승에서 올바로 살았던 다른 반신 영웅들과 이승에서 올바르게 살지 않는 사람들을 구별했다. 인간과 반신, 사이비와 진짜, 거짓과 참, 불의와 정의, 불경과 경건의 구분을 통해 이승의 삶과 저승의 삶을 비교했다. 그리고 이승에서 저승으로의 이주를, "이런 떠나감을 하찮게 여길 수 있을까요?" 하고 그는 되물었다. 둘째 부류는 오르페우스, 무사이오스, 헤시오도스, 호메로스와 같은 그리스의 전설적인 가인이나 서사시인이었다. 이들과 "함께할 수 있다면, 그 대가로 얼마를 낼 것인가요?"라고 묻고, "만약 그런 것이 진실이라면, 나는 몇 번이고 죽고 싶습니다."라고 답했다. 셋째 부류로는, 트로이 전쟁 당시 그리스의 지장이자 오디세우스의 모함으로 군사들의 돌에 맞아 죽은 팔라메데스, 아킬레우스에 버금가는 그리스의 맹장이자 아킬레우스 사후 그의 갑옷이 오디세우스에게 돌아가자 그 부당함에 못 이겨 자결한 아이아스를 거론했다. 소크라테스는 이승에서 '부당한 판결로 죽은' 영웅들과 역시 이승에서 그렇게 죽게 된 자신을 대비했다. 전쟁의 영웅과 철학의 영웅을 함께 놓았다. 분노로 죽음에 이른 그들과 캐물음으로 사형을 당한 자신을 비교했다. 그들을 저승에서 만나 동병상련의 처지에서 이승에서의 경험을 그들이 경험한 것과 비교하는 일은 진정한 위로이자 적지 않은 즐거움임을 강조했다.

　그러나 죽음이 가져올 최고의 축복은 그것들이 아니었다. 소크라테스에게 중요한 것은, 아니 가장 중요한 것은 저승의 진정한 재판관을 만나 이승의 사이비 재판관을 고발하는 것도, 이승의 전설적인 문인을 만나 그들과 담소를 나누는 것도, 이승에서 부당한 판결로 죽은 전쟁 영웅들에게 부당함을 위로받는 것도 아니었다. 이승에서도 저승에서도 그에게 최고의 축복은 캐물음이었다. "그렇지만 제일 굉장한 것은 그들 가운데 누가 지혜롭고, 누가 지혜롭지도 않으면서 지혜롭다고 생각하는지 가려내기 위해, 이곳에서 그랬듯이 그곳 사람들을 캐묻고 시험하며 지내는 일입니다." 이승에서도 저승에서도 그의 언행은 변치 않을 것이었다. 그의 신념은 저작거리에서

도 법정에서도 같았고, 그의 태도는 사인의 신분에서도 공인의 신분에서도 일관적이었다. 그는 언제 어디서 누구에게나 다른 무엇도 아닌 지혜를 들고 나왔고, 캐물음을 업으로 삼았다. 트로이 전쟁의 그리스 총사령관인 아가멤논, 목마로 트로이를 함락한 꾀 많은 오디세우스, 교활한 꾀로 신들조차 속인 시시포스를 만나 "캐물을 수 있다면, 그 대가로 얼마인들 못 내겠습니까?"라고 그는 법정의 친구에게 말했다.

잔꾀의 영웅들과 문답하면서 잔꾀가 진정한 지혜가 아님을 드러내고, 지의 무지를 폭로하는 것이야말로 신이 부여한 사명이고 아테네의 최고 축복이었다. 그는 자신을 아테네의 최고 축복자로, 이승의 축복자로 그리고 저승의 축복자로 자리매김했다. 그는 곧 신이 이승에 보낸 선물이자 저승에 보낸 선물이었다. 그러나 이승에서 그의 선물이 영웅에게 국한된 것이 아니었듯이, 저승에서의 선물 또한 잔꾀의 영웅들만의 것이 아니었다. 이방인과 아테네인, 청년과 노년을 가리지 않는, 심지어 거리의 여인 매춘부도 포함된 천하의 모든 이들을 위한 것이었다. 듣는 귀가 있고 말하는 입을 가진 남녀노소 모든 이들을 위한 선물이었다. 저승에서도 마찬가지였다. "그밖에 이름을 댈 수 없는 수많은 남녀를 캐물을 수 있다면," 그 모든 이들과 "대화하고 함께 지내며 캐묻는 일은 이루 말할 수 없는 행복"이라는 것이었다.

소크라테스는 진정한 재판관을 만나기 위해 이승에서 저승으로의 떠나감은 결코 나쁜 일이 아니라는 것, 저승에서 문인 영웅들을 만날 수만 있다면 골백번 죽을 수 있다는 것, 부당하게 죽은 전쟁 영웅들을 만나 경험을 나눌 수 있다면 적지 않은 즐거움이라는 것, 그리고 신분을 불문하고 남녀노소 모든 이들과 캐묻는 지혜 활동을 할 수 있다면 '이루 말할 수 없는 행복'이라는 것을 강조했다. 이런 기쁨과 행복을 가져온다면 죽음이야말로 소크라테스에게 최고선, 최상의 축복일 것이었다. 그러나 그것만이 저승의 모든 축복이 아니었다. "분명한 것은 적어도 그곳 사람들은 그것 때문에 사람을 죽이지 않는다는 것입니다. 다른 것들도 그렇지만 그곳 사람들은 이제 죽지 않는다는 점에서도 이곳 사람들보다 더 행복할 테니까요. 사람들이 하는 말이 진실이라면 말입니다." 소크라테스는 이승에서의 고소인과 사형 쪽 배심원을 또 한 번 불러냈다. 저승에서는 캐묻는다고 해서 죽이는 일이 없다는 것뿐만 아니라 그곳에서 죽음이라는 사건은 아예 존재하지 않을 것이라는 전승된 신념에 기대어, 저승의 이름으로 이승의 아름답지도 정의롭지도 않은 이들을 비판했다. 그들이 없는 그리고 죽음도 없는 저승의 삶은 그에게 이승의 삶보다 분명 더 행복할 것이었다.

재판관 여러분, 여러분도 즐거운 희망으로 죽음을 맞이해야 하고, 선한 사람에게는 살아서나 죽어서나 그 어떤 악도 일어날 수 없으며, 신들은 그런 사람의 일을 소홀히 하지 않는다는 이 한 가지 진리만은 반드시 명심해야 합니다.

재판관 친구에게 '오늘 일어난 일들'에 대해 이야기하며 걱정하지 말 것을 당부했다. 죽음이란 결코 나쁜 것도 아니고 두려움의 대상도 아니었다. 이루 말할 수 없는 행복이자 최고의 축복인 죽음은 오히려 즐거운 마음으로 맞이할 대상이었다. 죽음의 두려움과 희망이라는 정념의 교차로에서 소크라테스는 기꺼이 희망의 길을 택했다. 희망에 찬 죽음을 맞이한 소크라테스를 보고 배심원 친구들은 나름 안도의 한숨을 내쉬었을 것이다. 우정의 보답으로 소크라테스는 친구들을 부르며 희망 찬 죽음을 마지막으로 당부했다.

그의 우정은 그것으로 끝나지 않았다. 여전히 삶의 여정에 있는 친구들에게 죽음의 희망에 대한 메시지만으로는 부족했을 것이다. 하나를 더 당부했다. 아니 가슴 깊이 새길 것을 요구했다. 그것은 살아서도 죽어서도 그 어떤 것도 범할 수 없는 확고한 진리라고 했다. 친구들에게 선한 사람이 될 것을 당부했다. 스스로 이런 사람이 되는 것이야말로 살아서도 죽어서도 해악의 고통을 벗어나는 가장 쉽고 아름다운 길이라는 것이다. 선한 사람에게 늘 신들이 함께하고, 그의 모든 일을 보살핀다고 했다. 신들의 가호 아래 선한 삶은 해악은커녕 축복 그 자체였다. 선한 삶은 선한 죽음으로 이어지고, 선한 죽음은 희망에 찬 죽음일 것이다. 신은 선한 자가 이승에 있건 저승으로 가건 그의 일에 무심하지 않을 것이다.

소크라테스에게 아테네를 진정 건강하게 만드는 자는 공동체의 목전 이익을 도모하는 통상적인 의미의 훌륭한 시민이 아니라 바로 이런 선하고 정의롭고 아름다운 사람들이었다. 이런 사람들이 형성한 공동체야말로 정의로운 국가일 터, 신이 돌보는 이런 국가에서는 신의 사명을 수행하는 경건한 자를 공동체의 이름으로 처단하는 일은 없을 것이다. 캐물음으로 무지의 지를 자각하고 지혜를 추구하는 국가가 진정 덕이 지배하는 아름다운 국가였고, 지혜로운 청년이 미래의 지혜로운 국가를 걸머지는 이상적인 국가였다. 이런 국가에서는 캐묻는 일을 한다고 하여 청년타락 죄를 묻는 일도 없을 것이다. 캐묻는 철학의 삶이 그런 국가를 만들 것이고, 이런 국가에서야말로 성찰하는 삶이 가치 있는 삶으로 인정될 것이다. 그러나 신이 돌보는 소크라테스의 올바른 삶과 올바른 국가는 아테네가 생각하는 훌륭한 삶과 훌륭한 국가와는 거리가 한참 멀었다. 아테네는 우중이 지배하는 국가라는 소크라테스의 생각과 소크라테스는 공동체의 가치를 파괴한다는 아테네의 생각은 서로 충돌했다. 우중에게 자신은 우중이 아니었고, 소크라테스에게 자신은 가치 파괴자가 아니었다. 소크라테스의 확신과 아테네의 확신은 서로 달랐고, 그의 삶과 아테네의 삶 역시 다른 얼굴을 하고 있었다. 소크라테스의 시간은 아직 아테네에 와 있지 않았다. 미래의 시간을 현재의 시간으로 만들려는 시도는 조국의 눈에 반역이었고, 반역자는 조국과 역사의 이름으로 처단될 것이었다. 역사의 시간을 재촉한 자는 이승의 시간을 앞당겨야 했고, 저승의 시간을 기약해야 했다. "지금 나에게 일어난 일도 우연이 아닙니다." 그는 법정에서 일어난 죽음의 선고가 운명의 우연한 장난이 아니라 신의 필연적인 법칙으로 받아들였다. 사형선고라는 오늘의 일이 우연이 아니듯이, 세상의 모든 일은 이미 결정되어 있다는 결정론을, 신에 의해 만사가 그렇게 되도록 이미 예정되어 있었다는 예정론을 암묵적으로 끌어들였다. 이런 입장은 최후변론 첫 부분에서, 자신은 사형 쪽 배심원들로부터 죽음을 선고받았고 고소인은 진리로부터 사악과 불의의 판결을 받을 것이며, 자신이 그 판결에 따르듯이 고소인도 그들의 판결을 따라야 한다고 말할 때 이미 피력된 바 있었다. "이번 일은 이렇게 되도록 되어 있었나 봅니다. 그리고 나는 이렇게 된 것이 잘된 일이라 생각합니다."

신의 가호 아래 선한 자 소크라테스에게는 살아서나 죽어서나 어떠한 해악도 없을 것이었다. 이승에서 저승으로의 떠나감은 고난의 삶에서 떠나는 것을 의미했다. 신의 선물이라는 운명의 짐을 지고 이승에서 숱한 미움과 찌든 가난 속에서 중상과 박해의 삶을 살았지만, 저승으로 떠나면서 이런 고난의 길은 막을 내릴 것이다. 신의 음성을 듣는 이에게 그런 것들은 의심될 수 없을 것이다. 그래서 그는 이승에서 확신에 찬 삶을 살 수 있었고, 저승길에서 희망에 찬 죽음을 맞이할 수 있을 것이었다. 신의 음성으로 확신에 찬 삶과 희망에 찬 죽음의 길을 걷고 있는 이에게 세상에 무슨 원한이 있겠는가. 고소인과 유죄 쪽 배심원이 죽음의 길로 인도했다 하여 죽음의 희망 앞에서 어떤 원망을 하겠는가. 그러나 소크라테스의 생각은 달랐다. 자신은 그들에게 사적인 원한을 품고 있지 않다고 해도, 그들의 행위가 용서될 수 있는 것은 아니라고 했다. "그들은 물론 그런 의도로 유죄를 판결하고 고소를 한 것이 아니라 나를 해치려고 한 것입니다. 그런 점에서 그들은 비난을 받아 마땅합니다." 그는 그들의 의도를 주목했다.

가장 큰 축복인 죽음으로 인도하는 것이 아니라, 이승의 고난의 삶에서 벗어나게 해주는 것이 아니라, 고통의 악을 주려는 것이 그들의 의도라는 것이다. 행위의 결과는 좋음이지만 그 동기는 나쁨이었다. 그래서 그들은 비난받아 마땅하다는 것이다. 소크라테스는 결과주의자가 아니라 동기주의자였다. 결과가 선이라 해도 동기가 악이면 그 행위는 옳은 것이 아니었다.

마지막 당부

그런 만큼 나는 그들에게 부탁이 있습니다. 여러분, 내 아이들이 장성했을 때 덕보다 오히려 돈이나 그 밖의 다른 것들에 골몰하고 있다 싶으면, 내가 여러분을 괴롭힌 것과 똑같이 그 아이들을 괴롭히고 보복하십시오. 그리고 그 아이들이 아무것도 아니면서 무엇이라고 생각한다면, 내가 여러분에게 그랬듯이 자기들이 해야 할 것은 하지 않고 아무것도 아닌 주제에 무엇이나 되는 것처럼 생각한다고 나무라 주십시오. 여러분이 그렇게 해준다면, 나도 내 아이들도 여러분에게 정당한 대접을 받는 것입니다. 이제 떠날 시간이 되었습니다. 나는 죽으러 가고, 여러분은 살러 갑니다. 우리 중에 누가 더 좋을지는 신 말고는 아무도 모릅니다.

사형이 확정된 후 소크라테스는 최후진술을 시도했다. 모양새는 작별인사였다. 그는 유죄 쪽 배심원에게는 악담을, 무죄 쪽 배심원에게는 덕담을 이별의 말로 건넸다. 유죄 쪽 배심원에게 먼저 말했다. 그들에게 한 진술은 크게 두 부분, '예언' 이전과 이후로 진행되었다. 예언 이전 부분에서 소크라테스는 두 가지를 이야기했다. 하나는, 그들이 아테네를 비방하려는 자들로부터 현자 소크라테스를 죽였다는 악명과 비난을 받는다는 것, 또 하나는 유죄판결의 이유가 설득할 말이 아니라 뻔뻔함이나 파렴치 그리고 배심원에게 잘 보이려는 의지의 부족에 있었다는 것이다. 그는 이와 같은 예언 이전 부분을 마무리할 때 '갑자기' 고소인을 끌어들였다. 유죄 쪽 배심원이 아니라 고소인에 대한 비난으로 그 끝을 채웠다. 고소인에 대한 비난은 유죄 쪽 배심원의 것과는 차원이 달랐다. 그 방식과 정도의 차이가 분명했다. 돌리지 않고 바로 비난했다. 비난의 강도는 훨씬 더 노골적이고 신랄했다. 유죄 쪽 배심원과는 달리 고소인을 비열하고 사악한 자로 간주했다. 그 말은 아테네 최고 수치였다. 고소인은 진리에 의해 사악하고 불의한 자라는 판결을 받을 것이라 말하면서 예언 이전 부분을 끝냈다. 이어서 소크라테스는 유죄 쪽 배심원에게 '예언'을 전했다. 그들이 자신을 죽게 한 것보다 '더 가혹한 처벌'을 받게 될 것이라고 했다. 그러나 더 많고 더 심한 캐물음을 당할 것이라는 예언은 사실 듣는 이에게 두려움이나 수치심을 불러올 만한 것은 아니었다. 그리고 불의의 삶에서 벗어나는 가장 아름다운 길은 스스로 훌륭한 사람이 되는 것이라는 조언의 말로 작별인사의 마무리를 장식했다. 그러나 이때 고소인에 대한 조언이나 배려는 일절 없었다.

최후진술의 다음 차례는 무죄 쪽 배심원이었다. 소크라테스는 그들을 아테네 최고 가치 중의 하나인 우정으로 대했다. 그리고 진정한 재판관으로 대우했다. 당일 법정에서 일어난 일에 대해 즐거운 마음으로 이야기를 나누고 싶다며 대화를 청했다. 대화 주제는 죽음이었다. 두 가지 증거를 제시하며 죽음은 좋은 것임을 길게 입증했다. 그런 다음 친구 재판관에게 두 가지를 당부했다. 하나는 희망 찬 죽음이었고, 다른 하나는 선한 자에게는 신이 늘 함께하며 살아서나 죽어서나 해악은 없다는 불변의 진리였다.

  이 당부를 끝내자마자 소크라테스는 '갑자기' 유죄 쪽 배심원과 고소인을 끌어들였다. 그리고 자기는 그들에게 아무런 원한이 없지만, 의도가 불순한 그들은 비난받아야 마땅하다고 말했다. 유죄 쪽 배심원에게 한 최후진술 끝 부분에서 고소인을 '갑자기' 끌어들여 비난한 것과 유사했다. 소크라테스는 유죄 쪽 배심원과 달리 무죄 쪽 배심원에게는 작별의 말을 하지 않았다. 그가 마지막 작별을 고한 것은 친구 재판관이 아니라 법정의 적인 유죄 쪽 배심원과 고소인이었다. 소크라테스는 고소인만을 위한 최후진술을 하지 않았다. 그들은 유죄 쪽 배심원의 진술 마지막에 등장했고, 무죄 쪽 배심원의 진술 마지막에 유죄 쪽 배심원과 함께 등장했다. 소크라테스는 그 내용이 어떻든 간에 작별인사를 전하는 부분에서 고소인을 위한 별도의 공간을 전혀 고려하지 않았다. 그는 고소인을 철저히 무시했다. 고소인은 늘 배심원들 틈에 끼어 있었다. 그러나 고소인에 대한 비난의 정도는 유죄 쪽 배심원과는 비교가 되지 않을 만큼 심했다.

불순한 의도로 자신을 죽게 한 유죄 쪽 배심원과 고소인은 비난받아 마땅하다고 친구 재판관에게 말한 다음, 소크라테스는 어쩐 일인지 정식으로 그들을 찾았다. 그들은 이미 법정을 떠났을 수도 있었다. 그럼에도 소크라테스는 무죄 쪽 배심원을 위한 최후진술 자리에서, 그것도 최후진술의 마지막 부분에서, 더구나 일방적인 진술이 아니라 '부탁'을 하면서까지 자신을 죽게 한 그들에게 말을 건넸다. 최후진술에서 소크라테스가 정식으로 부탁을 한 것은 두 번이었다. 한 번은 무죄 쪽 배심원에게 할 말이 있으니 자리에 잠깐 남아 달라는 것이었고, 또 한 번이 바로 지금이다. 지금까지 소크라테스의 변론은 논리적으로 빈틈없이 잘 짜인 텍스트와도 같았다. 그런데 유죄 쪽 배심원과 고소인에게 부탁의 말을 던지는 지금 변론의 마지막 말은 일종의 반전이고 파격이었다. 반전이라면 도발이고, 파격이라면 앞서 말했듯이 이해하기 힘든 것이었다. 소크라테스가, 어쩌면 추후에 그의 의중을 헤아린 플라톤이 의도적으로 반전을 시도했다면, 이는 이유가 있었을 것이다.

그는 부탁할 것이 있다고 하면서 시민 '여러분'을 불렀다. 그리고 자기 아이들에 대한 두 가지 부탁을 말했다. 그것은 통상적인 것이 아니었다. 하나는 아이들에게 '보복'하라는 부탁이었고, 다른 하나는 아이들을 '비난'해달라는 부탁이었다. 보복의 경우, 그들이 영혼이나 덕을 돌보지 않고 돈이나 명성이나 권력과 같은 것들을 욕구한다면, 자기가 '여러분'을 들들 볶아 고통스럽게 했듯이 '여러분'도 그들에게 똑같은 고통을 주어 보복하라는 것이었다. 소크라테스는 자신이 '여러분'에게 고통을 주었다는 것을 알고 있었다. 하지만 주는 고통은 몰라도 받는 고통은 분명 피하고 싶은 악이었을 것이다. 소크라테스는 '여러분'에게 악을 행했고, 그는 악인이었다. 그러나 동기주의자인 소크라테스는 달리 생각했을 것이다. 자신의 행위가 고통이라는 악을 산출했지만, 그것은 진정한 삶의 행복을 주려는 선한 의도에서 그랬다고 말할 것이다. 소크라테스는 성장한 아이들을 '여러분'의 보복 대상으로 상정했다. 청년 아들이 돈이나 밝히고 있다면, 죽어 없어진 자신을 대신해서 등에질을 해달라는 것이었다. 그는 이 부분에서 자신의 죄목 가운데 하나인 청년타락을 염두에 두었을 것이다. 또한 살아도 죽어도 캐물음은 삶의 최고 가치라는 것을 재차 강조하고 자신의 순수성과 일관성을 '여러분'에게 각인시키고 싶었을 것이다.

비난의 경우는, 소크라테스는 청년 아들이 지의 무지, 이를테면 팥이 없는 찐빵이 찐빵 행세를 한다 싶으면 비난하라는 부탁이었다. 자신이 그랬듯이, '여러분'도 자신을 대신해서 아들을 야단치라는 것이었다. 그런데 그는 지의 무지를 보복이 아니라 비난의 대상으로 간주했다. 그는 이 경우에 고통을 언급하지 않았다. 그러나 생각건대, 지의 무지의 폭로는 폭로당하는 자에게 수치심을 줄 것이다. 그리고 이것은 자연스럽게 고통으로 이어질 것이다. 특히 여러 사람이 있는 장소에서는 더욱 그럴 것이다. 의식적으로든 무의식적으로든 간에 적어도 이 대목에서 소크라테스는 세속적인 가치에 대한 집착과 지의 무지에 차등을 두었고, 전자에 더 큰 의미를 부여했다. 물질에 대한 집착에서 영혼의 돌봄으로의 이행, 지의 무지에서 무지의 지로의 상승, 청년의 선도 등은 신이 아테네에 보낸 선물인 소크라테스를 죽음의 길로 몰고 간 주요한 요인들이었다. 소크라테스는 아들의 이름으로 자신에게 죽음을 선고한 유죄 쪽 배심원과 고소인을 상대로 이것을 다시 꺼내들었다. 자신의 정의로움과 무죄를 주장하는 동시에 그들의 불의와 악의를 또 한 번 지적하고 싶었을 것이다.

그러나 유죄 쪽 배심원과 고소인이 그런 부탁을 들었다면 분명 황당했을 것이다. 부탁의 내용도 그렇거니와, 자신들이 왜 그런 당치도 않은 부탁을 들어주어야 하는지, 왜 하필이면 지금 그런 부탁을 하는지 의아했을 것이다. 소크라테스가 그들의 이런 반응을 예상하지 못한 것은 아니었다. 그는 그들에게, 특히 진리로부터 불의와 사악의 판결을 받을 고소인에게 정의로운 행동을 요구하고 나섰다. 그는 자신의 부탁을 들어주는 것이 자신 그리고 자신의 아들들에게 정의를 행하는 것이라고 말했다. 악의로 사형이라는 부당한 접대를 했지만, 아테네의 축복을 위해 혼신의 힘을 다해 정의롭게 살다간 자신에게 비로소 선의의 정의로움을 행하는 일이라 했다. 자식들을 그렇게 대해주는 것이 남아 있는 그들과 떠나간 자신에 대한 정당한 대접이라고 했다. 소크라테스가 이와 같이 대접 발언을 하고 나선 것은 뜻한 바가 있었을 것이다. 한편으로 유죄 쪽 배심원과 고소인의 입장에서, 정의로운 자만이 살아서나 죽어서나 해악을 당하지 않는다는 신념 아래 악의에 찬 그들이 불의의 불명예에서 벗어나는 가장 쉽고도 아름다운 길은 스스로 정의로운 자가 되는 것이고, 이는 곧 부당하게 접대한 소크라테스를 정당한 대접으로 갚아야 한다는 것을 의미했을 것이다. 다른 한편으로 소크라테스의 입장에서는, 아테네의 전통에 따라 사악한 자들에 의해 죽은 아테네의 영웅인 자신을 대신해서 자신의 아들들이 피해 보상을 받아야 한다는 것을 의미했을 것이다.

소크라테스가 변론의 최종 발언에서 유죄 쪽 배심원과 고소인에게 이런 부탁을 했을지라도, 그들은 그 의미를 깊이 헤아리지 못했을 것이다. 소크라테스가 자식들의 부탁을 아무리 진지하게 했다고 해도, 듣는 이들은 변론에서 이미 누누이 들었던 그저 그런 말로, 부탁을 빙자한 비난의 소리로 들었을 것이다. 오히려 그들은 부탁이나 부탁의 내용이 아니라 소크라테스는 왜 무죄 쪽 배심원과 잘 이야기하다 말고 자기들에게 말을 건넸는지, 왜 법정을 떠나면서 친구 재판관이 아니라 자신들에게 마지막 말을 남겼는지 고개를 저었을 것이다.

소크라테스를 지금의 소크라테스로 만든 그의 어록들 가운데 하나가 플라톤의 《소크라테스의 변론》의 마지막 문장, 바로 이것이었다. "이제 떠날 시간이 되었습니다. 나는 죽으러 가고, 여러분은 살러 갑니다. 우리 중에 누가 더 좋을지는 신 말고는 아무도 모릅니다." 플라톤의 소크라테스가 마지막 순간까지 마주한 이는 아테네도 아테네인도 친구 재판관도 방청석의 지인도 아들도 아닌 자신을 죽게 한 유죄 쪽 배심원과 고소인이었다. 그가 그 순간에도 잊지 않고 거론한 이는 그 누구도 그 무엇도 아닌 어린 시절부터 속삭인 그만의 다

이론이었다. 이승 길에서 신의 사명에 따라 철학적 삶을 살았던 그리고 그렇게 살라고 권했던 철학자 소크라테스, 저승 길에서도 인간적 죽음으로 이끈 이들을 결코 묵과할 수 없었던 인간 소크라테스의 단면이 묻어나는 순간이었다. 그는 철학자이자 어찌 할 수 없는 한 인간이었고, 그는 인간이자 어찌 할 수 없는 한 철학자였다.

그리고 그런 그가 그때 내걸었던 것은 다름 아닌 '좋음'이었다. 자신의 죽음의 길이 좋을 수도 있고, 저들의 삶의 길이 나쁠 수도 있다는 말이었다. 그것은 신만이 아는 것이라고 했지만, 자신이 가는 길이 나쁜 길이 아님을 소크라테스는 결코 의심치 않았다. 이는 "선한 사람에게는 살아서나 죽어서나 그 어떤 악도 일어날 수 없으며, 신들은 그런 사람의 일을 소홀히 하지 않는다"는 그의 신념에 근거했다. 그는 적어도 스스로에게 선한 사람, 좋은 사람, 착한 사람이었다. 그는 적어도 스스로를 속이지 않았고, 돈과 명성을 얻기 위해 구차하고 수치스럽고 비열하다고 생각되는 짓을 그 누구에게도 하지 않았다고 자신했다. 그는 타인의 악을 악으로 갚지 않았다. 어떤 경우에도 선한 사람이 악을 행할 수는 없는 노릇이었고, 좋은 사람은 타인에게 해를 끼쳐서는 안 되는 법이었다. 이것은 살아서는 물론, 죽음 앞에서도 포기할 수 없었던 소크라테스의 확신이었다. 사형이 집행되기 며칠 전 죽마고우 크리톤이 탈옥 후 해외망명을 권했지만 그가 이를 거부한 것도 바로 그 때문이었다. 삶의 길에서 늘 그랬듯이, 죽음의 길에서도 선한 사람 그에게 신의 돌봄이 있을 것이었다. 그래서 어쩌면 그가 독배를 들고 숨을 거두기 직전, 의술과 치유의 신 아스클레피오스Asklepios에게 빚진 닭 한 마리를 갚아달라는 마지막 부탁의 말을 크리톤에게 했을지도 모른다.

Epilogue

에필로그

안티고네와 소크라테스

메논: 소크라테스여, 만나기 전부터 소문은 듣고 있었지요. 당신의 끊임없는 질문들은 당신 스스로를 혼란에 빠뜨릴 뿐만 아니라 다른 사람들까지도 그렇게 만든다지요. 지금도 당신은 마술을 쓰며 호리고 꼼짝 없이 주술에 걸려들게 하여 나를 혼란으로 가득 차게 만들었습니다. 게다가 우스운 말로 당신은 생김새나 다른 여러 면에서 저 바다의 납작한 전기가오리를 닮았습니다. 전기가오리를 조금이라도 만지면 금방 찌릿찌릿 감각이 마비되거든요. 당신은 이것과 비슷한 것 같습니다. 나는 지금 영혼이나 입이나 모두 마비되어 무엇을 어떻게 대답해야 할지 도무지 모르겠습니다. 실은 지금까지 나는 덕에 대해 많은 말들을 여러 사람을 상대로 골백번 더 했답니다. 그것도 아주 잘했던 것 같습니다. 그런데 지금은 덕이 무엇인지조차 말할 수 없게 되었습니다. 당신이 외국에 가지 않은 건 아주 잘한 일로 보입니다. 외국 낯선 곳에서 그렇게 했다가는 바로 마술사라고 잡혀갔을 것입니다.

소크라테스 : 그런데 말일세, 그 전기가오리가 자신이 마비되어 있기 때문에 남들도 마비시키는 것이라면 나는 그 물고기와 비슷할 걸세. 그런데 만일 그렇지 않다면 나는 그것과 닮지 않았다네. 나는 내 자신이 막히는 일이 없는데도 남을 혼란스럽게 하는 것이 아니라 어느 누구보다도 나 자신이 혼란스럽기 때문에 남을 혼란스럽게 만들고 있을 뿐이라네. 지금 덕의 경우도 나는 그것이 무엇인지 모르고 있다네. 그렇지만 자네는 나와 접촉하기 전에는 알고 있었겠지만, 지금은 분명 알지 못하는 자를 닮았네. 그럼에도 나는 자네와 함께 도대체 그것이 무엇인지 고찰하고 탐색하기를 원하네.

소크라테스는 회의의 대가였다. 플라톤의 《메논》에서, 그는 마술을 걸어 메논의 혼과 입을 마비시켰다. 메논이 확신한 것을 의심하고 불신하게 만들었다. 전기가오리를 만진 사람처럼, 그와 대화하는 사람은 누구나 자신의 확신이 마비되었다. 확신은 의심되었고, 의심은 불신으로 이어졌다. 소크라테스는 불신의 장인이었다.

그러나 그 역시 그 어떤 것에 대해서도 확신하지 못한다고 말했다. 메논에게 한 그의 말이 진심이라면, 그 또한 모든 것이 의심스러웠고, 스스로를 불신했다. 그가 남들의 확신을 흔든 것은 고의가 아니었다. 불신의 대가였건만, 불신을 만들어낸 것은 그가 아니었다. 그 자신의 불신이 그저 남에게 전염되었을 뿐이었다. 그 자신이 불신의 주체였다.

그럼에도 불신을 전염시킨, 그래서 세상을 마비시킨 마법사 소크라테스는 세인들에게 불신의 대상이었다. 세상과 민심이 변하자 아테네의 위험 인물이 되었고, 경계 대상이 되었다. 아테네가 편안할 때 그의 마법은 대중의 웃음이었고 흥밋거리였지만, 불안한 정국의 아테네에는 민심을 호도하는 불순분자였다. 그래서 그는 고소당했고, 법정으로 끌려갔다. 타국이 아니라 그가 그토록 사랑한다는 조국 아테네의 법정이었다. 시민 배심원 앞에서 세 명의 고소인이 제출한 고소 사유를 상대로 힘들게 자신을 변론해야 했다. 그러나 그때 그의 말은 메논에게 한 것과 사뭇 달랐다. 그는 더 이상 세상에 회의의 눈길을 던지는 자가 아니었다. 자기 스스로를 불신하는 자도 아니었다. 자신을 확신했고 남에게 단호했으며, 자신의 확신을 수긍하지 않는 자들을 꾸짖었다. 스스로의 확신은 아테네의 불신으로 이어졌고, 그 불신이 깊어질수록 자신의 확신도 깊어질 것이었다.

하루 안에 이루어진 변론에서 한 치의 흔들림도 없었다. 법정에서의 모든 것들을 예상하고 있었고, 그 모든 것들을 행할 채비가 되어 있었다. 확신에 찬 피고인이자 변론인이었다. 조국에 불신을 전염시킨, 그러나 그 전염이 조국의 죽음이 아니라 부활일 것이라는 그의 변론이 조국의 졸린 눈에는 등에의 궤변으로 보일 것임을 그 또한 의심치 않았다. 그럼에도 그 '사이비 변론'을 행함에 있어 전혀 주저하지 않았다. 그는 처음부터 자신의 죽음을 확신하고 있었다.

확신하는 이에게 확신된 죽음은 더 이상 죽음이 아니었다. 그 죽음은 결코 두려움의 대상이 아니었다. 그에겐 오히려 확신 없는 삶이 살 가치가 없는 삶이었다. 부끄럽고 비열한 삶을 구걸하기보다는 당당하고 명예로운 죽음을 선택했다. 그의 확신은 삶과 죽음에 대한 세상의 가치를 전도시켰다. 절망의 삶과 희망의 죽음을 마음껏 노래했다. 조국의 확신은 의심되고 불신되어야 한다고, 그 불신은 새로운 확신으로 대체되어야 한다고, 그것은 신이 내린 사명이라고, 이 일에 자신의 죽음은 어떠한 장애물도 아니라고 일갈했다. 이로써 불신의 대가 소크라테스는 확신에 찬 변론을 끝냈다. 그리고 이후의 모든 것을 신에게 맡기고 미지의 죽음의 길로 유유히 떠났다. 살면서 신의 명령과 함께했고, 죽으면서 신의 가호에 의탁했다. 조국에의 복종보다 신에의 복종을 따랐다. 인간의 영광보다 신의 영광을 앞세웠다. 어려서부터 그의 귀에 들려온 신의 음성에 따른 삶만이 정의롭고 아름다우며 진실하고 선한 삶이었다.

크레온: 너는 감히 포고령을 어겼단 말이더냐?

안티고네: 내게 포고령을 내린 것은 제우스가 아니었으며, 하계의 신들과 함께 사는 정의의 여신께서도 사람들 사이에 그런 법을 세우시지 않았으니까요. 나 또한 한낱 인간에 불과한 그대의 포고령이 신들의 변함없는 불문율들을 무시할 수 있을 만큼 강력하다고는 생각지 않았어요. 그 불문율들은 어제오늘에 생긴 것이 아니라 영원히 살아 있고, 어디서 왔는지 아무도 모르니까요. 나는 한 인간의 의지가 두려워 그 불문율들을 어김으로써 신들 앞에서 벌 받고 싶지 않았어요. 어찌 모르겠어요? 그대의 포고령이 없었다 해도 말예요. 하지만 때가 되기도 전에 죽는다면, 나는 그것을 이득이라고 생각해요. 나처럼 수많은 불

행 속에서 살아가는 사람이 어찌 죽음을 이득이라 생각지 않겠어요? 이런 운명을 맞는다는 것은 내게 전혀 고통스럽지 않아요. 내 어머니의 아들이 묻지 못한 시신으로 밖에 누워 있도록 버려두었더라면 내게 고통이 되었을 거예요. 내게 이것은 전혀 고통스럽지 않아요. 지금 그대 눈에 내가 어리석어 보인다면, 나를 어리석다고 나무라는 자야말로 어리석은 자일 거예요.

소포클레스의 비극 〈안티고네〉가 소크라테스의 재판이 열리기 40여 년 전에 상연되었다. 기원전 447년 페리클레스가 주도한 파르테논 신전의 건축이 시작되면서 아테네 최고의 문화 전성시대를 열었던 그때, 이십대 후반의 소크라테스는 그 비극을 접했을 것이다. 작가는 인간의 법과 신의 법, 국가의 명령과 신의 명령이 충돌하는 현장을 오이디푸스 가족을 통해 비극적으로 연출했다. 오이디푸스의 두 딸 안티고네와 이스메네, 두 아들 에테오클레스와 폴뤼네이케스, 오이디푸스의 처남이자 테베의 왕좌를 물려받은 크레온, 크레온의 아내이자 왕비인 에우뤼디케, 그의 아들이자 안티고네의 약혼자인 하이몬을 등장시켰다. 그리고 이스메네와 크레온을 제외한 나머지 모든 이들이 서로 죽이고 죽는 것으로 끝냈다. 그 비극의 발단은 서로의 칼에 동시에 죽은 안티고네의 두 오빠 에테오클레스와 폴뤼네이케스의 장례 문제였다. 연극은 안티고네와 그녀의 여동생 이스메네의 대화로 시작했다.

이스메네: 무슨 말이죠? 분명 뭔가 궁리하고 있는 것처럼 들려요.

안티고네: 크레온 님이 우리 두 오라버니 중 한 분은 후히 장사 지내되 한 분은 장사 지내지 못하게 하셨단다. 사람들이 말하기를, 에테오클레스 오라버니는 사자들 사이에서 명예를 누리시도록 그분이 바른 법도와 관습에 따라 땅에 묻어주셨으나, 비참하게 돌아가신 폴뤼네이케스 오라버니 시신은 아무도 무덤 안에 감추지도 애도하지도 말고, 애도해주는 사람도 무덤도 없이 진수성찬을 노리는 새 떼의 반가운 먹이가 되도록 버려두라고 시민들에게 명령하셨대. 어진 크레온 님은 그런 명령을 너와 나에게도 내리셨대. 그래, 나에게도 말이야. 그리고 모르는 이들에게 똑똑히 알려주려고 그분이 이리로 오신다는데, 이 일을 그분은 가볍게 여기시지 않고, 조금이라도 그 명령을 어기는 자는 시민들이 돌로 쳐서 죽이게 하셨대.

크레온은 테베를 배반한 폴뤼네이케스의 시신을 매장하는 대신 짐승의 먹이로 내버려둘 것을 가족을 포함한 모든 시민에게 명령했다. 안티고네는 그것은 인륜에, 그래서 신법에 어긋난다고 거부하며, 매장하는 것에 동생이 도와줄 것을 부탁했다. 이스메네는 언니의 청을 힘들게 거절했다.

이스메네: 아아, 곰곰이 생각해보세요, 언니. 아버지께서 어떻게 자신의 죄과를 들춰내시고는 자신의 손으로 손수 자신의 두 눈을 치신 다음 증오와 멸시 속에서 세상을 떠나셨는지. 그리고 어떻게 그 뒤 동시

에 두 가지 이름을 가지신, 그분의 어머니이자 아내께서 올가미에 목매달아 스스로 목숨을 거두셨는지. 그리고 세 번째 어떻게 두 오라버니께서 한날한시에 불행하게도 저마다 혈족의 피를 쏟음으로써 서로 상대방의 손을 빌려 같은 운명을 마련하셨는지 말예요. 그리고 지금, 잘 생각해보세요. 유일하게 살아남은 우리 두 자매도 법을 무시하고 명령이나 권력에 맞서다가는 가장 비참하게 죽게 될 거예요.

이스메네의 생각은 언니와 달랐다. 동생은 오이디푸스와 그의 어머니이자 아내인 이오카스테, 그리고 두 오빠의 비극적인 운명을 환기했다. 그리고 강자의 지배를 받고 있는 한 아무리 고통스런 일이라도 그에 복종해야 한다고 말했다. 법과 권력에 대한 약자의 저항은 결국 비참한 죽음을 초래한다는 것이었다. 그러나 안티고네에게는 비참한 죽음보다는 명예로운 죽음이 우선이었다.

안티고네 : 내 너에게 요구하지 않겠다. 아니, 네가 그렇게 해주고 싶어 해도, 나는 네 협조가 달갑지 않아. 너는 너 좋을 대로 생각해. 나는 그분을 묻겠어. 그러고 나서 죽는다면 얼마나 아름다우냐? 그분의 사랑을 받으며 나는 사랑하는 그분 곁에 눕겠지. 경건한 범행을 하고 나서, 내가 이 세상 사람들보다 지하에 계신 분들의 마음에 들어야 할 시간이 더 기니까. 나는 그곳에서 영원히 누워 있게 될 테니 말이야. 하지만 원한다면, 너는 신들께서도 존중하시는 것을 경멸하렴!

국가의 뜻을 거역할 힘이 없을 뿐이라는 동생의 말에 언니는 '경건한 범행'에 의한 '아름다운 죽음'을 강조했다. 어떤 괴로운 일이 있더라도 결코 부끄러운 죽음을 맞지 않겠다는 말을 던지며 동생과 결별을 선언했다. 오빠 시신의 매장이 신의 명령을 따르는 경건한 행동이라는 안티고네, 그것을 부정하지 않으면서도 국가의 명령을 따르지 않을 수 없다는 이스메네, 신법보다는 국가의 법이 우선이라는 크레온의 주장이 충돌했다.

> 크레온: 왜냐하면 나는 — 언제나 만물을 굽어보시는 제우스께서 내 증인이 되어주소서 — 시민들에게 안전 대신 파멸이 다가오는 것을 보게 되면 침묵하지 않을 것이며, 또 조국의 적을 내 친구로 여기지 않을 것이기 때문이오. 내가 알기로, 우리를 지켜주는 것은 조국 땅이며, 조국이 무사 항해해야만 우리가 진정한 친구를 사귈 수 있기 때문이오. 이런 원칙에 따라 나는 이 도시를 키워 나갈 것이오. 오이디푸스의 아들들과 관련하여 내가 시민들에게 내린 포고령도 이런 원칙에 부합되는 것이오.

크레온은 제우스를 증인으로 내세우며 원칙을 말했다. 그의 원칙은 국가의 수호자는 공동체의 안전을 지키고, 조국의 통치자는 시민의 번영을 도모하는 것이었다. 국가를 파멸로 이끌고 공익을 해치는 자는 결코 친구가 될 수 없었다. 그런 자는 국가의 명령으로 마땅히 제거되어야 할 적이었다. 공동체의 구성원을 지키는 일은 통치자의 의무이고, 통치자의 의지는 통치법으로 구현되며, 국가의 법은 곧 신의 법과 다름없었다. 그래서 크레온은 제우스를 그 원칙의 증인으로 내세웠다. 그 원칙에 따른 행동이 크레온에겐 정의롭고 경건한 것이었다. 이스메네는 관습법과 성문법, 신법과 국가법의 중간자였다. 처벌의 두려움으로 후자를 택하는 보통 시민의 대변자였다. 그러나 안티고네의 원칙은 크레온의 것과 상극이었다. 그녀는 인간의 의지와 신의 의지를, 국가의 법과 신의 법을, 성문법과 불문율을 구별했고, 후자를 앞세웠다. 국가의 명령에 반항한 대가가 죽음이라 해도, 그 죽음은 해로움이 아니라 이로움이라고 확신했다.

안티고네의 약혼자이자 크레온의 아들인 하이몬은 민심의 대변자로, 아버지의 조언자로 등장했다. "누가 월권하여 법을 짓밟고 자신의 통치자에게 명령하려 든다면, 나는 결코 그런 자를 칭찬할 수 없다. 도시가 임명한 자가 명령하면 크고 작고, 옳고 그르고를 떠나 반드시 복종해야 한다"고, 그래서 "불복종보다 더 큰 악은 없다"는 크레온의 말에 하이몬은 동의하지 않았다. 그는 인간의 이성을 강조하며 도시의 소문을 전했다.

하이몬 : 아버지, 신들께서는 인간들에게 이성을 심어주시는데, 이성은 인간이 가진 것 중에 최고의 재산이지요. 저는 아버지 말씀이 옳지 않다고 말씀드릴 수도 없고, 또 말씀드릴 수 있기를 바라지도 않아요. 하지만 남들도 쓸 만한 생각을 할 수 있을 거예요. 저는 아버지의 아들인 만큼, 남들이 말하고 행동하고 비난하는 것을 일일이 감시하는 것은

타고난 제 임무예요. 보통 시민들은 아버지의 눈초리에 주눅이 들어 아버지 면전에서는 귀에 거슬릴 말은 입 밖에 내지 못하니까요. 하지만 저는 그 소녀를 위해 이렇게 애통해하는 소리를 어둠 속에서 들을 수 있어요. "모든 여인들 중에서 가장 죄 없는 소녀가 가장 영광스런 행위 때문에 가장 비참하게 죽어야 하다니! 친 오라비가 피비린내 나는 전투에서 쓰러졌을 때, 날고기를 먹는 개떼나 어떤 새가 먹어치우도록 묻히지 않은 채 내버려두지 않았으니, 그녀야말로 황금 같은 명예를 받아 마땅하지 않아?" 이런 소문이 어둠 속을 은밀히 떠돌고 있어요.

아버지의 생각은 아들과 달랐다. 아버지는 아들이 자신을 조롱하고 있다고 생각했다. 그 조롱의 대가로 아버지는 지시했다. "사람의 발길이 닿지 않는 곳으로 그녀를 데려가 산 채로 석굴에 가두되, 온 도시가 더럽혀지는 일이 없도록 우리가 죄받지 않을 만큼의 음식을 넣어줄 것이오." 안티고네는 끌려가면서도 자신의 뜻을 굽히지 않은 채 죽은 오빠를 불렀다.

안티고네: 사랑하는 오라버니! 그래서 지금 크레온 님이 나를 이렇게 완력으로 붙잡아 끌고 가고 있어요. 신부의 침대도 없이, 축혼가도 없이, 결혼의 행복도 아이를 기르는 재미도 모른 채 이렇게 친구들에게 버림받은 이 불운한 여인은 살아서 죽은 이들의 무덤으로 내려가고 있어요. 대체 신들의 어떤 법을 내가 어겼다는 거죠? 경건한 행동을 한 까닭에 불경한 자라 불리니 말예요.

소포클레스는 〈오이디푸스 왕_Oidipous Tyrannos_〉에 나온 장님 예언자 데이레시아스를 다시 등장시켜 크레온에게 조언과 예언을 던졌다. 예언자는 크레온과의 논쟁 끝에 마지막 예언을 남기고 자리를 떴다.

데이레시아스 : 그렇다면 잘 알아두시오. 지금부터 태양의 날랜 수레가 채 몇 바퀴 돌기도 전에 그대는 살인한 죗값으로 그대의 혈육 중 한 사람을 시신으로 바치게 될 것이오. 그대는 지상에 속하는 자들 가운데 한 명을 아래로 밀어내고, 살아 있는 자를 무자비하게도 무덤 속에서 살게 하는가 하면, 하계의 신들에게 속하는 시신을 장례도 치르지 않고 매장도 않은 채 욕보이며 지상에 붙들고 있기 때문이오. 시신들에 대해서는 그대에게도, 상계의 신들에게도 아무 권한이 없소이다. 그대가 그렇게 하는 것은 하계의 신들에 대한 횡포요.

예언자의 예언에 크레온은 망설였다. "신들께서 정하신 법들을 죽을 때까지 준수하는 것이 과연 최선인지 의구심이 드는구나." 그러나 결국 예언자의 신법을 받아들였다. 굴복은 비참했지만, 재앙은 더욱 비참한 것이라고 생각했다. 하지만 운명의 화살은 크레온의 결심을 앞서갔다. 크레온이 석굴에 도착했을 때 마주친 것은 이미 목을 매단 안티고네 곁에서 불운한 사랑을 슬퍼하는 하이몬이었다. 아들은 아버지의 얼굴에 침을 뱉었다. 아버지에게 던진 칼이 빗나가자 자결하여 안티고네의 곁에 누웠다. 크레온은 자신의 어리석음을 탓하며 탄식했다. "아아! 정의가 무엇인지 나는 불행을 통해 배웠소. 하지만 그

순간 어떤 신께서 엄청난 무게로 내 머리를 내리치시며 나를 그릇된 길로 내동댕이쳤소. 내 행복을 넘어뜨리고 발로 짓밟으시며. 아아, 인간의 힘들고 괴로운 노고여!" 그러나 재앙은 그 한번으로 끝나지 않았다. 아내 에우뤼디케가 아들의 죽음 길에 동행했다. 두 번째 재앙이었다. 소포클레스는 아내와 아들을 잃은 크레온의 절규, 인간의 무지와 오만을 탓하며 지혜와 경건한 삶에 행복이 있다는 코로스의 발언으로 비극의 말미를 장식했다.

> **크레온**: 보이지 않는 곳으로 데려가다오, 이 못난 인간을! 나는 본의 아니게 너를 죽였구나, 내 아들. 그리고 당신마저, 여보! 아아, 기구한 내 신세! 어디로 시선을 돌리고 어디로 향해야 할지 모르겠구나. 내가 손대는 일마다 잘못되고, 감당할 수 없는 운명이 나를 덮쳤구나.
> **코로스**: 지혜야말로 으뜸가는 행복이라네. 그리고 신들에 대한 경의는 모독되어서는 안 되는 법. 오만한 자들의 큰소리는 그 벌로 큰 타격을 받게 되어, 늘그막에 지혜가 무엇인지 알게 해준다네.

소포클레스는 기원전 5세기 중반 국법과 신법, 세속적 가치와 탈세속적 가치의 갈등과 충돌 양상을 크레온과 안티고네를 중심으로 그려냈다. 신화에서 이성의 세계로 전환되는 시기에 자연스런 현상이었다. 자연의 근원을 올림포스의 신들이 아니라 인간 이성을 통해 자연 내부에서 찾으려 한 이른바 소크라테스 이전의 자연철학자들이 그런 시대를 재촉했다. 그리고 세인의 관심이 자연에서 폴리스로 이행되자, 말의 기술을 가르치는 소피스트들 또한 '지금 여기'의 가치를 강조했다. 자연철학자들과 소피스트들은 현실의 유용성을 주목했다. 그리고 아테네인들은 그것에 열광했다. 아테네 대중에게 로고스이성, 말는 지혜와 다름없었다. 그래서 자연철학자들과 소피스트들은 그들에게 지혜로운 자들이었다.

소크라테스는 자연적 근원의 탐구에 만족하지 않았다. 언술에 대한 집착은 심지어 지혜로운 삶에 해롭다고 생각했다. 그에게 지혜는 자연이나 말에, 현실적인 유용성이나 세속적인 가치에 있지 않았다. 그것은 영혼의 덕에 있었고, 덕을 함양하는 것이 바로 지혜를 사랑하는 것이며, 철학적 삶만이 가치 있는 삶이라고 역설했다. 물질과 영혼, 재물과 덕, 세속과 탈세속, 아테네 대중과 소크라테스 간의 갈등은 그것들에 있었다. 지혜란 무엇이고, 어떤 나라가 좋은 나라이고, 어떤 삶이 행복한 삶인지에 대해 그들은 서로 다른 확신을 갖고 있었다.

소포클레스의 〈안티고네〉가 상연된 당시, 소크라테스의 확신은 그리 확고하지 않았을 것이고, 확신에 차 있었다고 해도 아테네인의 눈에는 들어오지 않았을 것이다. 그로부터 20년 후, 아리스토파네스의 〈구름〉은 소크라테스의 확신을 연극의 주제로 삼았고, 그것을 희화화했다. 20년의 시간은 소크라테스가 아테네 대중의 관심을 사기에 충분했고, 대중은 강자의 관용으로 그것을 웃으며 넘겨버렸을 것이다. 그러나 펠로폰네소스 전쟁에서 패함에 따라 아테네의 관용이 서서히 사라져가던 20여 년 후, 소크라테스의 확신은 더 이상 용납의 대상이 아니었다. 대중의 확신은 소크라테스를 법정에 세웠다.

크레온과 안티고네는 국법과 신법에 대한 확신, 공동체와 개인에 대한 확신에서 충돌했다. 크레온은 국가의 안전이 우선이라는 자신의 확신을 신들이 받아줄 것으로 믿었다. 안티고네는 인륜이 우선이라는 자신의 확신은 신법에 따르는 것이라고 믿었다. 크레온은 제우스를 부르면서 국가 없는 개인은 있을 수 없다고 확신했다. 개인의 양심과 인간의 도리를 앞세우는 안티고네의 생각과는 원칙적으로 달랐다. 두 확신과 원칙이 충돌하는 비극적 상황에서 작가의 마지막 대사는 인간의 무지와 오만을 탓하는 말이었다. 인간의 영광이 극에 달하고 그에 따라 신의 영광이 빛을 잃어가던 그 시절, 소포클레스는 인간의 지혜와 지상의 가치에 대해 비극으로 경고했다.

소크라테스는 '소크라테스보다 더 현명한 자는 없다'는 아폴론 신탁을 확인하는 과정에서 '무지의 지'를 깨달았다. "너 자신을 알라 gnothi seauton"는 델포이 신전의 경구에 따라 인간적 지혜의 하찮음을 주장하며 신적 지혜 앞에서 오만하지 말 것을 강조했다. 아테네 영광과 영웅의 시대에 돈, 명예, 권력, 사랑이라는 세속적 가치에 불나비처럼 달려드는 대중들에게 그 허망함을 역설했다. 생각하는 삶, 영혼을 돌보는 삶의 가치를 그들 앞에 내놓았다. 진정한 영웅적 삶이란 칼과 재물이 아니라 성찰과 덕에서 비롯된다는 것을 설파하는 데에 아고라에서 그리고 재판장에서 결코 주저하지 않았다. 물질적인 행복이 아니라 정신적인 향유에 좋은 삶, 훌륭한 삶이 있다고 꾸짖었다. 그는 늘어지게 하품하는 굼뜬 소에 달라붙어 졸음을 깨우는 한 마리의 등에였다. 등에의 삶을 자처했다. 아니 그 삶이 신의 사명이라고 확신했고, 그것을 삶의 원칙으로 삼았다.

그는 '배심원 여러분'이 아니라 '아테네인 여러분'을 부르며 변론을 시작했다. 법정 고소인들의 언변능력을 아이러니의 대상으로 삼았다. 달변이지만 거짓을 말하는 이와 어눌하지만 진실을 말하는 이를 구별했다. 그리고 고소인을 전자에, 자신을 후자에 자리매김했다. 고소인들은 피고소인의 유창한 말솜씨에 배심원들이 속지 말 것을 주문했고, 피고소인은 고소인들의 언변능력을 극찬하면서도 진실은 하나도 없음을 주장했다. 진실과 거짓을 제대로 식별하는 것이 재판관의 덕임을 배심원에게 요구했다. 법정 언어에 익숙하지 않은 자신이 일상언어로 변론하는 것에 대해 양해를 구하며 평소의 자기 언어로 유창한 변론을 이어갔다.

당시 아테네는 설득의 여신 페이토Peitho의 시대였다. 설득은 시대의 무기였고, 페이토는 대중의 우상이었다. 그녀의 신전은 아테네 중심부에 세워졌고, 그녀의 형상은 아테네 대중의 일상에 깊숙이 침투해 있었다. 대중은 그녀를 사랑했고, 그런 그녀는 사랑의 신 아프로디테와 다름없었다. 소크라테스 역시 설득 시대의 일원이었다. 그러나 설득의 주제와 그것이 지향하는 목표는 대중의 것과 달랐다. 그는 영혼의 삶을 위해, 대중은 물질의 풍요로움을 위해 설득했다. 소크라테스는 자신의 진실을 확신했고, 대중은 공동체의 현실적 가치를 앞세웠다. 그는 대중이 확신하는 지식의 확실성을 캐물었고, 그 무지함을 끝내 폭로했다. 대중은 그의 확신을 의심의 눈으로 바라보았고,

그 눈은 입으로 옮겨가 소문이 되었다.

소문은 걷잡을 수 없었다. 말하기를 즐기는, 타인의 삶이 곧 자기 삶과 직결되는 삶을 살았던 아테네 대중에게 소문은 일상적 삶의 한 양식이었을 것이다. 게다가 소크라테스는 겉으로도 속으로도 대중의 삶과 다른 길을 걸었다. 대중의 눈에 그는 특이한 인물이었다. 대중의 눈과 귀와 입에 소크라테스의 언행은 분명 입소문의 먹잇감이었다. 아리스토파네스도 그 소문의 수화자였고, 또 그 소문의 발화자였다. 하지만 그의 〈구름〉에 의한 확산력은 일개 개인의 것과 차원이 달랐다. 철부지 어린 시절 그 연극을 본 아이들은 소크라테스의 재판 당시 어쩌면 배심원의 자리에 앉아 있었을 것이다. 그들은 극중의 소크라테스가 실제의 소크라테스와 별반 다르지 않다고 생각했을 수도 있었다. 소크라테스가 변론을 시작하면서 '처음 고발인'과 '나중 고발인'을 나누고, 전자를 후자보다 더 위험한 대상으로 간주하면서 아리스토파네스와 그의 연극을 유일하게 처음 고발인으로 지적한 것도 그런 이유에서였을 것이다.

아테네는 페이토뿐만 아니라 소문의 여신 페메Pheme가 유행하던 사회였다. 아테네에서의 설득력은 소문의 힘에 적지 않게 연결되었다. 세상의 소문은 세인을 설득하는 데 유용했으며, 페이토와 페메는 아테네 대중에게 분간되기 쉽지 않았다. 그래서 소크라테스는 변론을 시작하며 나중 고발인의 설득력을 언급했고, 바로 이어서 소문의 발화자들을 처음 고발인으로 제시했을 것이다. 칠십 평생 처음으로 법정에 선 이유가 자신에 대한 사실이 아닌 거짓 소문이었다고 강변한 소크라테스에게는 페메가 페이토를 능가한 셈이었다. 소문이 새빨간 거짓도 있을 것이지만, 사실에 근거한 것도 있을 것이며, 또 사실에 거짓이 포함된 조작 소문도 있을 것이다. 사실 페메는 이 세 가지를 모두 관장했다. 소크라테스는 자신에 대한 고소가 악의로 인해 새빨간 거짓소문 때문이라고 주장했다.

그러나 소문의 여신은 대중에게 근거 없이 웃지는 않았을 것이다. 그녀의 웃음도, 그에 대한 대중의 감응도 결코 터무니없는 것은 아니었다. 소크라테스는 이른바 아테네의 현자들이 진정한 현자가 아님을 폭로했다. 그것도 대중의 면전에서, 그것도 자신의 관점에서 그들의 지혜에 지혜가 아님을 적시했다. 소크라테스가 확신한 지혜는 대중이 믿고 추구한 지혜가 아니었다. 그것은 "너 자신을 알라"는 델포이 신전의 경구에 근거한 것이었고, 그것은 그의 죽마고우 카이레폰이 델포이에서 받은 '소크라테스보다 더 지혜로운 자는 없다'는 신탁에 따른 것이었다. 그는 처음에 아폴론의 신탁을 의심했고, 그래서 아테네 현자들을 대상으로 신탁을 확인한 결과, 신탁의 진실성을 받아들였다. '내가 지혜롭지 않다는 것을 안다'는 것만큼 더 지혜롭다고 그는 확신했다. 소크라테스의 캐물음에 망신을 당했던 아테네 현자들은 수치심에 비례해서 소문의 발화자가 되었을 것이다. 또한 아리스토파네스가 묘사했듯이, 소크라테스는 젊은 시절 자연철학에 심취한 바 있고 아고라에서 청년들과 문답을 나누는 것이 일상이었다. 아테네 대중에게 그의 그런 모습은 소피스트들의 것과 별반 다르지 않게 보였을 것이다.

그러나 소크라테스는 여기에서 멈추지 않았다. 델포이 신탁을 나름대로 해석했다. 아테네 현자들뿐만 아니라 대중에게도 무지의 지를 깨우치는 일을 아폴론의 사명으로 받아들였다. 그는 그것을 헤라클레스의 12고역에 비교하며 신의 소명을 행하는 것에 자신의 여생을 던졌다. 무지의 폭로가 그에게는 신의 뜻이었지만, 대다수의 아테네인들에게는 계몽의 고마움이 아니라 궤변의 분노로 다가왔을 것이다. 그래서 소크라테스에 대한 아테네의 소문은 선의가 아니라 악의에 찼을 것이고, 소크라테스는 그것을 자신에 대한 중상모략으로 간주했다. 그러나 소크라테스에 대한 아테네의 정서는 소크라테스의 이성과는 달랐다. 그 정서는 아테네인 대부분이 공유하고 있는 정서였고, 소크라테스는 그 정서를 무지의 산물로 치부했다. 하지만 그는 대중의 정서를 치유하는 일에 관심을 두지 않았다. 아테네의 영광과 미래를 걱정하며 영혼의 삶을 촉구했지만, 결국 그 자신과 그와 우정을 나눈 친구들로 만족해야 했다.

펠로폰네소스 전쟁의 패전 이후 아테네는 공동체 재건에 다급했다. 시민의 동참을 촉구했다. 그러나 소크라테스의 확신은 불변이었다. 그에게 민주주의는 우중 정치체제였고, 세속적인 가치는 여전히 저속한 것이었다. 소크라테스가 세 번의 전쟁에 참여해서 조국 수호에 우직한 모습을 보여주었고, 불법과 불의에 반항하는 저항의 자세를 견지했지만, 그것들은 소극적인 것이었다. 그는 우중정치를 혐오했지만, 그것을 적극적으로 바꾸려고 하지 않았다. 그는 정치참여를 신의 음성에 순종해 멀리했고, 대중의 무지를 폭로하는 데 주력했을 뿐 지혜 습득의 길로 이끄는 데에 인색했다. 그에게는 그의 신이 있었고, 그는 그의 신적 사명의 한계를 스스로 정하고 있었다.

기원전 399년, 후세에 '지식의 순교자'로 일컬어지는 소크라테스에 대한 역사적인 재판이 열렸다. 아테네가 인정하지 않는 신을 믿었고, 청년을 타락시킨 죄를 범했다는 것이었다. 피고소인 소크라테스의 변론은 일상적인 법정 변론이 아니었다. 그는 자기 삶의 이야기로 변론을 채웠다. 자신의 삶은 누구보다도 경건했고 정의로웠다고 변론했다. 그러나 그 경건함과 올바름에 대한 주장은 대중이, 배심원이 기대한 것은 아니었다. 그는 어린 시절부터 자신의 귀에 들려온 자신의 신 다이몬의 음성에 따랐고, 재물에서 덕이 나오는 것이 아니라 덕에서 재물이 나온다는 자신의 확신이 진실임을 결코 의심하지 않았다. 그는 확신을 아테네 대중에게, 청년들에게 설득했다. 그 결과 그는 사형을 선고받았고, 그 얼마 후 독배를 들었다. 죽는 순간까지 그는 심적 동요가 없었다. 확신의 삶이었기에 후회가 없었을 것이고, 신의 소명을 받은 이승의 삶이었기에 저승의 삶에 대한 두려움이 없었을 것이다. 그의 삶과 그의 죽음은 적어도 그의 눈에 불행하지 않았을 것이다.

아테네는 아테네의 영웅을 자처한 소크라테스를 저승 길로 기꺼이 보냈다. 그리고 얼마 되지 않아 지중해의 패권자 아테네는 역사 속으로 사라졌다. 아테네의 멸망은 소크라테스의 죽음과 직접적인 상관이 없었을 것이다. 아테네의 영광이 역사에서 흔적을 감췄지만, 소크라테스는 그의 친구들에 의해 부활했다. 그리고 지금 여기에도 그가 숨 쉬고 있다는 점에서, 그는 자신의 삶과 죽음이 자신의 눈만 아니라 세상의 눈으로도 행복하다고 여길 것이다. 페이토도 페메도 자신의 행복을 가로막지 못했다고 생각할 것이다. 설득의 여신과 소문의 여신은 소크라테스에게 가치의 확신과 삶의 원칙을 심어준 그의 다이몬보다 멀리 떨어져 있었다.

그러나 정작 그의 행복이 저승의 것에도, 이승의 영혼적인 가치추구에만 있는 것도 아닐 것이다. 그는 세상에 저항하는 삶을 살았고 대중에게 등에의 삶을 살았지만, 초지일관의 삶을 살았다. 안티고네가 신법을 죽음과 거래하지 않았듯이, 철학의 삶을 죽음과 거래하지 않았다. 그녀가 약혼자와의 달콤한 신방의 유혹에도 흔들리지 않았듯이, 그는 어떠한 일상의 유혹에도 결코 동요되지 않았다. 그러나 소크라테스는 죽음의 길을 가면서도 안티고네의 절망적인 흐느낌이 아니라 희망의 미래를 노래했다. 적어도 그런 점에서 그는 안티고네와 달랐다. 그는 분명 그 누구보다 강인한 정신의 소유자였다. 그리고 무엇보다 소크라테스에게는 그만의 우정이 있었다. 어떠한 상황에서도, 정신적으로 물질적으로 그는 우정의 배품에 인색하지 않았다. 우정의 삶이 좋은 삶이고 복된 삶임을 가르쳤고 그 또한 스스로 실행했다. 그에게는 일생의 우정으로 그가 독배를 마시는 순간에 비탄을 감추지 못한 죽마고우 크리톤이 있었고, 그의 이름을 후세에 아로새긴 걸출한 제자 플라톤이 있었다.

그러나 그에게는 또한 젊은 시절 그의 권유로 그의 가르침의 세례를 받은 크세노폰이 있었다. 크세노폰은 말년에 퇴역군인의 신분으로 이국땅에서 저승길로 떠난 스승을 애도하는 글을 남겼다. 그는 《소크라테스의 회상》에서 소크라테스의 일상적인 삶을 자신이 보고 들은 대로 진솔하게 적어나갔다. 그리고 그 글의 마지막을 소크라테스와 헤르모게네스가 나눈 대화로 장식했다. 멜레토스가 제기한 고소 내용에 대해 반박할 변론을 사전에 준비해야 되지 않겠느냐는 헤르모게네스의 말에 소크라테스는 그럴 필요가 없다고 답했다. 자신의 다이몬이 그것을 반대하고 있고, 정의를 위해 평생을 산 사람에게 변론 준비란 부질없는 짓이라고 말했다. 그런 말이 기이하게 들린다는 헤르모게네스에게 소크라테스는 길게 설명했다.

내가 지금 삶을 끝내는 것이 더 좋다는 것이 신의 생각인지가 자네는 기이하다는 것인가? 이제껏 나보다 더 좋고, 나보다 더 즐거운 삶을 보낸 인간은 없다고 내가 생각하고 있음을 자네는 알지 못하는가? 왜냐하면 나는 가능한 한 선하게 되려고 최선을 다하는 자가 가장 좋은 삶을 보내는 자이고, 전보다 더 선하게 되었다고 자각하는 자가 가장 즐거운 삶을 보내는 자라고 생각하고 있기 때문이네.
나는 지금까지 이런 것들이 나에게 일어나고 있다는 것을 자각하고 있었고, 다른 사람과 만나 그들과 나를 견주어보면서 그런 생각을 계속해왔다네. 그리고 나뿐만 아니라 내 친구들도 나에 대해 같은 생각을 계속 가져주었다네. 하지만 그것은 그들이 나를 사랑했기 때문이 아니었네. 애정 때문이었다면 다른 사람을 사랑하는 사람들은 그들이 사랑하는 친구들에 대해서도 같은 생각을 가져야 할 것이기 때문이네. 그것은 오히려 그들이 내 동료가 되면 그들 스스로가 가장 좋게 될 것이라고 생각하기 때문이라네.

그리고 내가 더 오래 산다면, 노년의 대가를 치르지 않을 수 없을 것이네. 지금보다 볼 수도 들을 수도 없을 것이고, 생각은 둔해질 것이며, 제대로 배울 수도 없고 건망증은 심해질 것이어서, 전에는 잘 했던 것들을 제대로 하지 못하게 될 걸세. 나아가 이런 사실을 모른다고 해도 인생이 의미가 없을 터인데, 그것을 알고 있으면 인생이 어찌 더 나쁘고 불쾌하지 않겠는가?

하지만 내가 부당하게 죽게 된다면, 내 죽음은 나를 부당하게 죽인 사람들에게 해로울 것이네. 불의를 저지르는 것이 수치스런 것이라면, 부당하게 어떤 것을 행한다는 것 또한 어찌 수치가 아니겠는가? 그러나 사람들이 나에 대해 올바르게 판단하고 행하지 못하는 것이 나에게 무슨 수치가 되겠는가? 나는 옛사람들이 부정을 가한 자와 부정을 당한 자에 대해 이전 사람들이 가졌던 견해는 후대 사람들에게 같지 않을 것임을 나는 알고 있네. 그리고 나는 지금 죽는다 해도, 나를 죽인 사람들에 대한 것과는 다른 것이 사람들의 마음에 있을 것임을 알고 있네. 왜냐하면 내가 어느 누구에게도 불의를 저지른 적이 없고 타락시킨 적도 없을 뿐만 아니라 나와 함께한 사람들을 언제나 더 좋게 만들려고 애썼다는 것을 내 행동에서 늘 보았을 것임을 알기 때문이네.

크세노폰은 살면서 단 한 번도 악행으로 타인을 해롭게 한 적이 없고, 오히려 언제나 선행으로 이롭게 했을 뿐이라는 소크라테스의 말로 스승의 삶을 정리했다. 그리고 그 스스로 소크라테스의 삶의 여정을 평가했다.

이상이 헤르모게네스와 다른 사람들에게 이야기한 내용이다. 소크라테스의 사람됨을 아는 사람들과 미덕을 열망하는 사람들은 미덕의 가장 뛰어난 조언자였던 그에게 지금도 여전히 무한한 사모의 정을 느끼고 있는 것이다.

나에게 있어 그는 실로 내가 이제까지 말해온 그대로의 인물이라서, 신의 허락 없이는 아무 일도 행하지 않을 정도로 경건한 인물이며, 조금도 남에게 해를 끼친 적이 없고 자기와 사귄 자를 최대로 이롭게 했던 정의로운 인물이었다. 또한 모든 욕심을 몸소 이겨냈고, 선을 제쳐놓고 쾌락을 택한 적이 결코 없는 자제력이 있는 인물이었으며, 무엇이 더 좋고 더 나쁜지를 결정함에 있어 잘못을 범하지 않았고, 자기의 지식만으로 그것들을 충족하게 처리할 수 있을 정도로 현명한 인물이었고, 그것들을 말로 말하고 규정하는 데 능숙한 인물이었으며, 또한 타인을 시험해서 만일 잘못을 저지를 때는 반박하여 덕과 고귀함으로 인도하는 데 능숙한 인물이었다.

경건하고 정의로우며 지혜롭고 이타적인 존재로 소크라테스를 칭송한 다음, 크세노폰은 다음의 말로 《소크라테스의 회상》을 끝맺었다.

실로 나에게 그는 가장 착한 사람인 동시에 가장 행복한 사람으로 생각되는 것이다. 만일 이것에 의혹을 품는 사람이 있다면 다른 사람과 그의 성격을 비교해보고 나서 판단해주기 바란다.

소크라테스는 이 세상에서 자신이 가장 선하고 가장 즐겁고 가장 행복한 삶을 살았다고 확신했다. 그리고 적어도 크세노폰에게 그는 가장 착한 사람이었고, 가장 행복한 사람이었다. 살아서는 스스로가 그렇게 확신했고, 죽어서는 타인의 기억 속에 그렇게 각인되어 있는 인간, 소크라테스는 진정 축복받은 인간이었다.

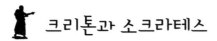# 크리톤과 소크라테스

크세노폰은 크리톤에 대해서도 회상했다. 소크라테스 주변에서 적지 않은 이들이, 특히 정치 때문에 소크라테스를 찾았고 정치 때문에 떠났던 크리티아스와 알키비아데에 대해서는 불신했지만, 정치가나 변호사가 되고 싶어서가 아니라 진실로 훌륭한 사람이 되기 위해 그리고 가족과 하인과 친족과 친구와 국가와 동료시민에게 본분을 다하기 위해 소크라테스와 함께한 크리톤은 그의 진정한 친구였다고, 젊어서나 늙어서나 나쁜 짓을 하거나 비난받지 않았다고 확신했다.

플라톤이 방청한 재판 과정에서도 크리톤은 소크라테스의 친구 중 친구였다. 소크라테스는 "그런데 어떤 사람들은 어째서 나와 함께 많은 시간을 보내는 걸 즐거워하는 걸까요? 아테네인 여러분, 여러분은 이미 그것을 들었습니다. 나는 여러분에게 모든 진실을 말했습니다. 그들은 지혜롭지도 않은데도 지혜롭다고 생각하는 사람들에게 내가 캐묻는 것을 듣고 즐거워합니다. 사실 즐겁지 않은 것은 아니니까요."라고 자문자답했다. 이것은 '진실이고 쉽게 입증될 수 있다'고 확신했다.

만약 내가 일부 젊은이들을 타락시키고 또 일부 젊은이들이 이미 타락했다면, 그들 일부는 이제 나이가 들었을 것이고, 젊은 시절에 내가 나쁜 조언을 했다는 것을 알게 되었을 테고, 그러면 여기 연단에 올라 나를 고발하고 보복해야 할 것입니다. 그들이 직접 나서고 싶어 하지 않는다면, 아버지이든 형제이든 다른 가까운 친족이든 그들 가족 누군가는 가족이 정말 해를 입었다면 지금이라도 그것을 상기하고 나에게 보복해야 할 것입니다. 먼저 저기 저 크리톤은 나와 동갑이자 같은 부락민이고, 여기 있는 크리토불로스의 아버지입니다. 다음으로 스페토스 부락민인 리사니아스도 와 있는데, 그는 여기 있는 아이스키네스의 아버지입니다. 또 저기 안티폰은 케피시아 부락민으로 에피게네스의 아버지입니다. 그밖에 나와 함께 시간을 보낸 사람들의 형제들도 와 있습니다. 테오조티데스의 아들로 테오도토스의 형인 니코스트라토스가 있습니다. 테오도토스가 이미 죽었으니 형에게 어떤 부탁을 할 처지도 아닐 겁니다. 그리도데모도코스의 아들로 테아게스와 형제간인 파랄리오스도 와 있고, 아리스톤의 아들이자 저기 플라톤의 형인 아데이만토스도 와 있으며, 여기 있는 아폴로도로스와 형제간인 아이안토도로스도 와 있습니다. 그밖에도 여러 사람들의 이름을 댈 수 있습니다. 멜레토스는 진술할 때 이들 중 일부를 증인으로 세웠어야 했습니다.

자신이 아테네 젊은이들을 타락시켰다면 당사자들이나 그들의 친족들이 지금이라도 자신에게 보복해야 할 것이지만 오히려 그들은 자신을 도와주려 한다는 것에 대한 입증 근거를 제시할 때, 소크라테스는 방청석의 친구들과 지인들 가운데 '나와 동갑이자 같은 부락민' 인 크리톤을 가장 먼저 호명했다.

재판과정에서 크리톤이 또 한 번 호출되는 곳은, "그러면 아마 누군가 이렇게 말할 것입니다. '소크라테스여, 우리를 떠나 침묵하며 조용히 살아갈 수는 없는 것이오?' 이것이야말로 내가 여러분 가운데 몇몇 분을 납득시키기가 가장 어려운 부분입니다."라고 말하면서 형량을 벌금형으로 제의할 때였다.

> 내가 만약 돈이 있다면 내가 물 수 있을 만큼의 벌금형을 제의했을 것입니다. 왜냐하면 그것은 나에게 전혀 해가 되지 않으니까요. 그러나 나는 돈이 없습니다. 여러분이 내가 물 수 있을 만큼의 벌금을 물리지 않는다면 말입니다. 은화 1므나 정도는 낼 수 있을 것 같군요. 그래서 나는 그 정도의 벌금형을 제의합니다. 그런데 아테네인 여러분, 여기 있는 플라톤, 크리톤, 크리토불로스, 아폴로도로스가 자기들이 보증을 설 테니 30므나의 벌금형을 제의하라고 하는군요. 그래서 나는 이 금액의 벌금형을 제의하고, 그 금액에 대해서는 이 사람들이 여러분에게 믿을 만한 보증인이 되어줄 것입니다.

《소크라테스의 변론》의 플라톤은 이때 자신의 이름을 가장 먼저, 그런 다음 크리톤을 적었다. 그러나 플라톤이 당시 20대 청년이자 제자였다는 점 등을 고려해 보건대 30므나 벌금형의 제의와 보증을 적극적으로 주도한 인물은 부유한 농부이자 동향의 동갑내기인 크리톤이었을 것이다.

플라톤은 소크라테스가 죽은 지 10년이 되지 않은 시기에 크리톤의 이름을 딴《크리톤》을 썼다. 대화자는 당연히 크리톤과 소크라테스였고, 대화공간은 소크라테스가 독배를 들기 전 수감된, 법정에서 대략 280미터 떨어진 감옥이었다. 플라톤은 소크라테스의 재판을 방청했지만 그를 만나러 감옥에 가지는 않았다. 크리톤은 감옥에서 소크라테스와 나눈 대화내용을 플라톤에게 전해주었을 것이고, 플라톤은 이것을 바탕으로《크리톤》을 작성했을 것이다. 플라톤은 또 다른 대화록《파이돈》에서 생생하게 재현되는, 소크라테스가 마지막 숨을 거두는 현장에도 있지 않았다. 이 대화록은 소크라테스가 몇몇 제자들과 나누는 마지막 문답과 그가 죽어가는 모습을 소개하고 있지만, 압권은 역시 크리톤이다. 소크라테스가 유언으로 닭 한 마리 부탁을 한 이, 그의 굳어진 시신의 뜬 눈을 감겨준 이는 그 누구도 아닌 바로 크리톤이었으니 말이다.

《크리톤》은 소크라테스가 사형선고를 받은 지 거의 한 달이 되는 날 동트기 직전 크리톤이 무거운 마음으로 소크라테스의 감옥을 찾아 나누는 대화로 시작한다.

소크라테스 : 이 시간에 웬일로 왔는가, 크리톤? 아직은 이르지 않나?

크리톤 : 물론 이르긴 하네.

소크라테스 : 몇 시쯤 됐지?

크리톤 : 어두운 새벽녘이네.

소크라테스 : 교도관이 어떻게 자네를 들여보내 주었는지 놀랍구먼.

크리톤 : 그는 이미 나와 친숙한 사이라네. 소크라테스. 게다가 그에게 호의를 보이기도 했다네.

소크라테스 : 그런데 자네는 방금 왔나, 아니면 온 지 한참 되었나?

크리톤 : 꽤 한참 되었네.

소크라테스 : 그러면 어째서 곧바로 나를 깨우지 않고 말없이 곁에 앉아만 있었나?

크리톤 : 제우스에 맹세코, 나는 자네를 깨우고 싶지 않았다네, 소크라테스. 내가 자네라 해도 심한 불면 상태와 고통 속에 있고 싶지 않았을 테지만, 자네가 얼마나 달게 자고 있는지를 보면서 사실 나는 한동안 놀라워하고 있었네. 그래서 자네가 되도록 즐거운 시간을 보내도록 일부러 깨우지 않은 걸세. 사실 나는 지금까지 살아오면서 전에도 종종 자네의 기질 때문에 자네가 행복한 사람이라고 생각하긴 했지만, 자네가 지금 직면한 불운을 얼마나 수월하고 차분하게 견뎌 내는지를 보고는 더더욱 그렇게 생각하고 있다네.

어둠이 가시기도 전에 감옥 밖의 크리톤은 감옥 안의 소크라테스를 찾았다. 수감자는 감옥을 지키는 자가 그 시간에 감옥 문을 열어준 것에 놀라워했다. 법에 어긋나는 일이기 때문이었다. 자주 와서 그와 친해졌고, 그에게 호의를 베푼 덕분이었을 것이라고 방문자는 말했다. 수감자는 오자마자 깨우지 않은 이유를 물었다. 방문자는 수

감자가 되도록 오래 즐거운 단잠의 시간을 보내기를 바라는 마음이었다고 답했다. 크리톤은 아고라의 잠 못 이루는 밤을 보내고 있었지만, 소크라테스는 감옥의 달콤한 꿀잠을 누리고 있었다. 이 또한 아이러니이었지만, 그것이 크리톤이었고, 이것이 소크라테스였다. 그럼에도 이들의 대화 내용은 지극히 일상적이었고, 어조는 어두운 새벽에 걸맞게 다분히 애잔했다. 몇 마디 말에는 서로에 대한 짙은 배려와 애틋한 마음 씀이 스며 있었다.

소크라테스는 '왜 이리 일찍 왔느냐'고 다시 물었다. 크리톤은 "소크라테스, 슬픈 소식을 갖고 왔네. 내가 보기에, 자네에겐 슬픈 소식이 아니겠지만, 나를 비롯한 자네 친구들 모두에게는 슬프고 참담한 소식이네. 내가 생각하기에, 이것은 누구보다도 내가 견뎌 내기에 가장 참담한 소식이네."라고 답했다. 소크라테스가 내일 죽게 될 것이라는 소식, 크리톤에게는 '가장 참담한' 소식이었다. 죽마고우의 죽음을 예상하고는 있었건만, 그것이 막상 닥치니 억장이 무너진다는 것, 그래서 동이 트기 전에 부리나케 달려올 수밖에 없었다는 것이었다. 그리고 그 이유를 밝혔다. 독배가 주어지기 전에 도망가라는 것이었다. 아울러 도망가야 할 이유 또한 제시했다.

여보게 소크라테스, 지금이라도 내 말대로 목숨을 구하도록 하게! 자네가 죽으면, 그것은 나에게 하나의 불행으로만 그치는 것이 아니네. 다시는 찾지 못할 친구를 잃을 뿐 아니라, 자네와 나를 잘 알지 못하는 많은 사람들은 내가 돈을 쓰고자 했다면 자네를 구할 수 있었는데도 내가 무관심했다고 판단할 것이네. 그런데 친구보다 돈을 더 중시한다고 생각되는 것보다 더 부끄러운 평판이 있을 수 있겠는가? 사실 다수의 사람들은 우리가 애썼는데도 자네 자신이 이곳에서 떠나고자 하지 않았다고는 믿지 않을 것이네.

크리톤은 대중의 의견, 부끄러운 세인의 평판을 탈옥의 근거로 내세웠다. 그러나 크리톤은 자신이 두 번 다시 구하지 못할 친구가 귀를 기울였던 것은 대중의 의견이 아니라 '가장 지혜로운 이들'의 의견, 지식이었음을 다급한 마음에 간과했을 것이다. "대중은 사람을 지혜롭게도 어리석게도 만들 수 없다."는 소크라테스의 확신에 자신의 근거를 바로 거둬들어야만 했고 다른 근거를 제시했다. 그것은 소크라테스의 '걱정', '염려'였다.

그건 그렇다고 하세. 하지만 소크라테스, 내게 대답해 주게. 자네는 나를 비롯한 자네 친구들을 걱정하는 건 아닌지? 자네가 여기서 나가면 기소를 일삼는 자들이 우리가 자네를 몰래 빼냈다는 이유로 우리를 곤경에 처하게 하고, 우리가 전 재산이나 많은 돈을 잃거나 그 밖의 어떤 일을 겪지 않을 수 없게 될까 봐 말이네.

크리톤은 이런 걱정이 기우임을 그답게 설명했다. "자네가 이와 같은 걸 염려한다면, 개의하지 말게나. 우리가 자네를 구하는 데는 이런 위험을, 혹은 필요하다면 이보다 더욱 더 큰 위험이라도 무릅쓰는

것이 옳을 것이기 때문이네. 내 말에 따르고, 달리 행하지 말게." 크리
톤의 진정한 친구는 그럼에도 걱정되는 것은 사실이라고 말하자, 소
크라테스의 진정한 친구는 단호했다. "그런 건 염려하지 말게. 돈을
받고서 자네를 여기서 빼내어 구해 주려는 사람이 몇몇 있는데, 이들
이 큰돈을 요구하는 것도 아니니 말이네. 그리고 기소를 일삼는 자들
따위는 아주 값싸서 이들을 다루는 데 큰돈이 필요하지 않다는 걸 자
네는 알지 않나? 내가 생각하기에 내 돈이면 충분하네. 그건 자네 돈
이라네." 친구의 돈은 곧 친구의 것이었다. "그러니 그런 것이 염려되
어 자네 자신을 구하기를 망설이지 말게나."라며 달랬다. 또한 "아테
네에서 추방되면 어떻게 지내야 할지 모르겠다."고 한 소크라테스의
법정 진술을 기억하고 그것 역시 신경 쓰지 말라고 했다. "자네가 어
딜 가든 사람들이 자네를 반길 테니 말일세. 만약 자네가 테살리아로
가고 싶다면, 그곳에 있는 내 친구들이 자네를 귀하게 여기고 안전하
게 지켜 주어 테살리아 사람들 가운데 누구도 자넬 괴롭히지 못할 것
이네." 크리톤은 이미 나름대로 치밀하게 친구의 탈옥 계획 그리고
탈옥 후의 거처까지도 마련했다. 가장 큰 괴로움에 그리할 수밖에 없
었을 것이었다.

그러나 크리톤은 친구의 돈과 위험이라는 근거만으로 소크라테스
를 설득하기 어렵다는 것을 알고 있었을 것이다. 그래서 "또한 소크
라테스, 자네는 자신을 구할 수 있는데도 자신을 포기하는 일은 옳지
않다고 생각하네. 자네는 자네 적들이 자네를 없애고 싶어서 서둘렀
던, 그리고 그들이 서두를 그런 일이 자네 자신에게 일어나도록 서두

르고 있는 것이네."라고 탓한 다음, 이번에는 '친구들'이 아니라 세상 부모들의 아킬레스건인 '자식들', 소크라테스의 '아들들'을 내세웠다.

게다가 내가 보기에, 자네가 하는 짓은 자네 아들들을 버리는 것이네. 자네는 자네 아들들을 양육하고 교육시킬 수도 있는데도 남겨두고 떠나 버릴 것이고, 자네가 관여할 수도 있었을 일들에서 자네 아들들은 되는대로 살아갈 것이네. 아들들은 고아들이 고아 처지에서 갖곤 하는 그런 운명을 가질 법하네. 자식들을 낳질 말거나, 아니면 양육하고 교육시키며 함께 끝까지 고난을 견뎌 내야 하네. 그런데 자네는 가장 안이한 길을 택하고 있다고 나는 생각하네. 특히 평생 덕에 마음을 써 왔다고 주장해 온 사람으로서는 훌륭하고 용기 있는 사람이 택할 길을 선택해야 하네.

죽지 않을 수도 있는데 죽고자 한다면 자식들에게 가장 무책임한 길이고, 이것은 일생 미덕에 마음을 써왔다고 주장하는 사람, 그래서 훌륭하고 용감한 사람인 소크라테스가 가야 하는 길과는 상충된다는 것이다. 이는 크리톤에게뿐만 아니라 일반적으로 일리 있는 근거였지만, 철학자 소크라테스에게는 크게 다가오지 않았을 것이다.

크리톤은 고발사건이 법정으로 넘겨진 것, 재판 과정과 그 결과가 모두 자신, 우리 친구들의 탓이라고, 우리가 변변치 못하고 용기가 없었기 때문이라 부끄럽다고 애통해했다. 소크라테스의 패배는 친구들의 패배였고, 소크라테스의 치욕은 친구들의 치욕이라는 것이다. 그리고 소크라테스를 다그쳤다. "그러니 소크라테스, 이런 일들이 자네와 우리에게 부끄러운 게 되지 않도록 주의하게나. 그럼 숙고해 보게. 아니, 이제는 그럴 때가 아니고 숙고를 마쳤어야 할 때이네. 숙고의 결론은 한 가지네. 다가올 밤에 이 모든 것을 실행해야 하네. 계속 지체한다면 더는 결코 실행할 수 없네. 어떻게든 내 말에 따르고, 결코 달리 행하지는 말게나." 소크라테스는 친구의 조언, 아니 간청에 진정한 '열의'가 담겨 있음을 모르지 않았다. 그러나 그렇다고 해서 그것을 받아들일 수는 없었다. 그에게는 무엇보다도 '올바름', '정당성'이 중요했다.

친애하는 크리톤, 자네의 열의가 어떤 올바름을 갖추고 있다면 크게 가치가 있네. 그렇지 않다면, 그 열의가 더하면 더할수록 그만큼 더 나에게 곤란한 것이네. 그래서 우리는 그렇게 실행해야 할지, 말아야 할지를 고찰해야 하네.
나는 지금만이 아니라 언제나, 곰곰이 따져본 결과 가장 좋은 것으로 보이는 원칙 외에는 내게 속해 있는 다른 어떤 것에도 따르지 않는 그런 사람이기 때문이네. 내게 이런 운명이 닥쳤다고 해서 내가 이전에 말한 원칙들을 지금 내던져 버릴 수는 없다네. 그것들은 내게 이전과 거의 같이 보이며, 나는 바로 그 동일한 원칙들을 이전처럼 우선시하고 존중하네. 지금 우리가 그것들보다 더 좋은 것들을 제시할 수 없다면, 나는 자네에게 동의하지 않을 것임을 잘 알아두게.

소크라테스는 자신이 지금까지 가장 좋은 것으로 여겨 온 삶의 원칙들을 죽음의 운명에 처해 있다고 해서 버릴 수는 없다고 한다. 그리고 그 원칙을 근거로 크리톤의 열의에 올바름과 정당성이 결여되어 있음을 보여 준다. 열의와 정의, 감성과 이성, 상대와 절대의 충돌이었다.

소크라테스는 그가 앞서 간단히 다룬 대중의 의견에 대한 태도를 검토하자고 제안한다. "의견들 가운데 어떤 것에는 주의를 기울여야 하되 어떤 것에는 그렇게 해서는 안 된다고 우리가 늘 한 말은 맞는 말인가, 아닌가? 내가 죽어야만 하는 상황에 이르기 전에는 그것이 맞는 말이었지만, 이제는 그것이 그저 말을 위한 헛된 말이고 장난이나 허튼소리라는 게 분명해졌는가? 크리톤, 나로서는 자네와 함께 다음과 같은 점을 검토하고 싶다네. 내가 이런 처지에 있으므로 그 말이 어떤 점에서 내게 이전과는 꽤 달리 보일지, 아니면 같은 것으로 보일지, 그리고 우리는 그 말을 제쳐 둘지, 아니면 그 말에 따를지를 말일세." 이에 대한 두 친구의 대화가 진행되었고, 크리톤은 소크라테스의 주장에 동의하지 않을 수 없었다. "그렇다면 더없이 훌륭한 친구여, 우리는 대중이 우리에 대해 뭐라고 말할 것인지에 그토록 크게 주목할 것이 아니라, 정의로운 것들과 정의롭지 못한 것들에 관해 전문 지식을 가진 한 사람과 진리 자체가 뭐라고 말할 것인지에 주목해야 하네. 그러니 우선, 자네가 정의로운 것들과 아름다운 것들 및 좋은 것들 그리고 이것들과 상반된 것들에 관해 대중의 의견에 주목해야 한다고 권고를 할 때 자네는 옳게 권고하는 것이 아니네."

소크라테스는 이 말에 다음을 덧붙였다. "하지만 누군가 분명 '대중은 우리를 사형에 처할 수 있다.'고 말할지도 모르네." 이에 크리톤은 "그것도 분명하네. 정말 누군가 그렇게 말할지도 모르니까, 소크라테스."라고 반색했고, 소크라테스는 다시 여전히 타당한 원칙에 대해 고찰해 볼 것을 제안한다.

소크라테스 : 맞는 말이네. 하지만 놀라운 친구여, 우리가 방금 검토한 그 주장들은 내게 여전히 이전과 같아 보이네. 그럼 이번에는, 사는 것이 아니라 훌륭하게 사는 것을 가장 중시해야 한다는 것이 우리에게 여전히 타당한지 아닌지 고찰해 보게.

크리톤 : 여전히 타당하네.

소크라테스 : 훌륭하게는 아름답게 그리고 올바르게와 같다는 것도 여전히 타당한가 아닌가?

크리톤 : 타당하네.

소크라테스 : 그러면 합의된 것들에 근거하여 우리는 이것을 고찰해야 하네. 아테네인들이 나를 석방해 주지 않았는데도 내가 여기서 나가려 시도하는 것이 올바른지 올바르지 못한지를 말일세. 그래서 올바른 것으로 드러나면 우리는 시도를 하되, 그렇지 않으면 그만두도록 하세. 그런데 크리톤, 돈의 지출과 평판 그리고 아이들의 양육에 관해 자네가 말하는 고려 사항들은 사실상 대중들이, 즉 쉽사리 사람들을 죽이고, 그들이 할 수 있다면 아무 분별 없이 다시 살려 내기도 할 대중들이 고려하는 것이 아닐까 싶네.

소크라테스는 크리톤이 제기한 탈옥 근거들인 친구의 돈과 평판, 아이들의 양육과 교육 같은 것들은 대중이나 고려함직한 것들이라고 간단히 일축했다. 가장 중요한 삶의 원칙은 그저 사는 것이 아니라 '잘, 훌륭하게 사는 것'이고, '아름답게 그리고 올바르게, 정의롭게 사는 것'이 '잘 사는 것'임을 소크라테스는 확신하고 있었다. 그럼에도 크리톤의 이해를 돕기 위해 이것들을 이후 고찰의 대상으로 삼았다. "우리를 이곳에서 데리고 나갈 사람들에게 우리가 사례금을 주며 고마워하고 나를 탈출시키는 데 우리도 한몫 거드는 것이 과연 올바른 짓인지, 아니면 이 모든 짓을 함으로써 사실은 우리가 올바르지 못한 짓을 하는 것인지 고찰해야 한다는 말일세."

> **소크라테스**: 대중이 동의하건 동의하지 않건, 우리가 지금보다 한결 더 힘든 일을 겪어야 하건 더 가벼운 일을 겪어야 하건, 올바르지 못한 짓을 하는 것은 그 짓을 하는 자에게 어떤 경우에도 나쁘고 부끄러운 것인가? 그것이 우리의 주장인가, 아닌가?
>
> **크리톤**: 우리의 주장일세.
>
> **소크라테스**: 그렇다면 어떤 경우에도 올바르지 못한 짓을 해서는 안 되네.
>
> **크리톤**: 분명히 해서는 안 되네.
>
> **소크라테스**: 그러면 대중이 생각하듯이, 올바르지 못한 짓을 당하더라도, 보복으로 올바르지 못한 짓을 해서도 안 되네. 올바르지 못한 짓은 어떤 경우에도 해서는 안 되기 때문이네.

크리톤 : 그래서는 안 될 것으로 보이는군.

소크라테스 : 그러면 다음은 어떤가? 크리톤, 남에게 해를 입히는 일은 해야 하는가, 해서는 안 되는가?

크리톤 : 분명히 해서는 안 되네, 소크라테스.

소크라테스 : 다음은 어떤가? 대중이 말하듯이, 해를 입을 경우, 보복으로 해를 입히는 것은 올바른 것인가, 올바르지 못한 것인가?

크리톤 : 결코 올바르지 못한 것이네.

소크라테스 : 그것은 아마도 사람들에게 해를 입히는 것은 올바르지 못한 짓을 하는 것과 전혀 다르지 않기 때문일세.

크리톤 : 맞는 말이네.

소크라테스 : 그렇다면 어떤 사람에게도 보복으로 올바르지 못한 짓을 해서도, 해를 입혀서도 안 되네. 그들에게서 무슨 해를 입든 말이네.

소크라테스가 '옳지 않은 짓을 해서는 안 된다', '옳지 않은 짓을 당하더라도, 보복으로 옳지 않은 짓을 해서는 안 된다', '해를 입혀서는 안 된다', '해를 입을 경우, 보복으로 해를 입히는 것은 옳지 않다'는 네 가지 원칙을 제시할 때, 크리톤은 다른 세 원칙들과는 달리 두 번째 원칙에서는 '그리해서는 안 될 것 같다'면서 기꺼이 동의하는 것이 아니라 마지못해 수긍했다. 여기서 그가 보복을 정의의 기본 원리로 삼는 당시의 전통적 정의관을 가지고 있음을 엿볼 수 있다. 소크라테스는 크리톤에게 이 네 원칙들을 이후 논의의 기반 혹은 출발점으로 삼는 것에 동의를 구했고, 크리톤은 받아들였다. 그러나 크리톤에게 또 하나의 원칙을 제시하면서 물었다. "어떤 이가 다른 어떤 이에게 합의한 것이 올바른 것이라면, 그는 그것들을 이행해야 하는가, 아니면 어겨야 하는가?" 크리톤은 주저 없이 '이행해야 한다'라고 답했다. 소크라테스는 이제 이 다섯 가지 원칙들을 근거로 탈옥의 정당성, 다시 말해 크리톤이 제의한 방식으로 도망가는 것이 훌륭한 것인지 아닌지, 그래서 아름답고 올바른 것인지 아닌지에 대해 크리톤과 함께 고찰할 것이다.

그러나 이 고찰의 기점, 즉 '조국' 아테네 그리고 아테네 '법률'과의 '합의', '약속', '계약'에 관련된 고찰의 출발점은 다음 문답이었다.

> **소크라테스**: 그러면 이 원칙들에 근거해서 고찰해 보게. 우리가 나라를 설득하지 않고 여기서 떠난다면, 어떤 이들에게, 특히나 해를 입혀서는 안 될 이들을 해롭게 하는 것인가, 아닌가? 그리고 우리는 우리가 합의한 올바른 것들을 준수하는 것인가 아닌가?
>
> **크리톤**: 소크라테스, 나는 자네가 묻는 것에 대답할 수 없다네. 나는 그것을 이해하지 못하고 있거든.

크리톤은 개인들이 서로 합의한 것이 올바른 경우에는 이행해야 한다고 즉시 답했지만, 개인이 국가공동체와 합의한 경우 그 이행 여부에 대해서는 대답하지 못하고, 이른바 아포리아aporia에 빠졌다. 그러자 소크라테스는 대화 방식을 바꿨다. 그것은 지금까지 소크라테스가 묻고 크리톤이 바로 답하는 방식이 아니라, 국가 혹은 법률이 소크라테스에게 질문하고 소크라테스는 이것을 우리, 즉 자신과 크리톤 모두에게 질문하는 것으로 간주한 다음, 소크라테스가 먼저 선택적 답을 제시하면서 어떤 답을 택할 것인지를 크리톤에게 요구하는 방식이었다. 그 첫 문답은 다음이었다.

> **소크라테스**: 그러면 이렇게 고찰해 보게. 법률과 국가 공동체가 여기서 도망가려는—이것을 어떻게 표현하든—우리에게 다가와 막아서며 다음과 같이 묻는다고 가정해 보세.
>
> "소크라테스, 말해 보시오, 그대는 무엇을 하려는 것인가? 그대는 이런 일을 기도함으로써, 그대가 관여할 수 있는 한, 우리를, 즉 법률과 나라 전체를 파괴할 작정이 아닌가? 나라의 법정에서 선고된 판결이 아무 효력도 갖지 못하고 개인들에 의해 무효화되고 훼손된다면, 그대는 그런 국가가 전복되지 않고 계속 존속할 수 있을 것이라 생각하는가?"
>
> 크리톤, 우리는 이런 질문이나 이와 같은 다른 질문들에 뭐라 답하겠나? 일단 법정에서 선고된 판결이 구속력을 갖기를 요구하는 법률이 파기되는 것에 항의하여 어떤 사람들은, 특히 변론가는 많은 말을 할 수 있을 것이네.
>
> 우리는 그들에게 "그렇소, 국가가 올바르지 못한 판결을 내림으로써 우리에게 올바르지 못한 짓을 했기 때문이오."라고 말할 것인가? 이렇게 말할 것인가, 아니면 뭐라고 말할 것인가?
>
> **크리톤**: 제우스에 맹세코, 그렇게 말해야 하네, 소크라테스.

이런 방식으로 《크리톤》의 이후 문답은 '국가의 올바르지 못한 판결에 저항할 수 있다'는 크리톤의 입장을 중심으로 진행된다.

소크라테스는 마침내 법률의 입을 통해 "그런데 분명 그대는 우리 자신과 맺은 계약과 합의를 어기고 있소. 그대가 강요에 의해 합의한 것도, 속아서 합의한 것도, 단기간에 결정하도록 강제된 상태에서 합의한 것도 아니고, 칠십 년의 숙고 끝에 합의한 것인데도 말이오. 이 기간에 우리가 그대에게 만족스럽지 못했거나 합의가 올바른 것으로 보이지 않았다면, 당신은 떠날 수 있었을 것이오."라고 말하면서 크리톤이 제시한 탈옥 근거들 그리고 탈옥 후의 거처에 대해 조목조목 반박했다. "생각해 보시오, 그대가 그런 합의된 것들을 어기고 그런 과오들을 저지른다면, 그것이 그대 자신과 그대 친구들에게 무슨 도움이 되겠는지. 그대 친구들은 십중팔구 추방당해 시민권을 상실하고 재산을 몰수당할 위험에 처할 것이오." "그대가 훌륭한 법률을 갖춘 데바이나 메가라 같은 이웃나라로 간다면, 그곳 정체政體의 적으로 가게 될 것이오. 소크라테스, 그곳의 애국자들은 누구나 그대를 법률을 파괴하는 자로 의심하여 수상히 여길 테니 말이오. 또한 그대는 배심원들에게 자기들이 그대에게 올바른 판결을 내렸다는 확신을 심어줄 것이오. 법률을 어기는 자는 누구나 젊은이들과 지각 없는 사람들을 타락시키는 자로 간주되기 십상이니까. 그래서 그대는 훌륭한 법률을 갖춘 나라들과 가장 예의바른 사람들을 피할 작정인가? 그런다고 해서 그대의 삶이 살 만한 가치가 있을까?" "아니면 그대는 그런 나라들을 떠나 테살리아로 크리톤의 친구들을 찾아갈 것인가?

방종과 무질서가 지배하는 그곳에서는 그대가 양치기의 가죽옷과 도망자들이 입곤 하는 옷 따위로 변장하고 겉모양을 바꾸어 우스꽝스러운 모습으로 탈옥했다는 이야기를 들려주면 사람들이 듣고 좋아할 테니까. 하지만 살날이 얼마 남지 않은 것 같은 노인이 뻔뻔스럽게도 가장 중요한 법률을 어기면서까지 탐욕스럽게 삶에 집착한다고 말할 사람이 아무도 없을까? 그대는 치욕적인 말을 많이 듣게 될 걸세. 그대는 모든 사람에게 굽실굽실 종노릇하며 살게 되리라. 마치 성찬을 대접받기 위해 이곳을 떠난 것인 양 흥청망청 먹고 마시는 것 말고 테살리아에서 그대가 할 일이 무엇인가? 그렇게 되면 정의와 다른 미덕에 관한 그대의 원칙들은 도대체 어떻게 되는 것인지 말해 주시오." '뻔뻔함', '탐욕', '치욕', '종노릇', '흥청망청 먹고 마시기' 등은 소크라테스의 삶이 가장 경계한 것들임을 크리톤도 알고 있었을 것이기에, 그는 이것들을 보다 강조했을 것이다.

소크라테스는 '자식들'과 '저승의 삶과 법률'을 언급하면서 이 마지막 발언을 끝냈다.

그렇다면 그대가 살고자 하는 것이 자식들을 양육하고 교육시키기 위해서인가? 어째서 그런가? 그대가 자식들을 테살리아로 데려가 양육하고 교육시키려는 것은 그 아이들을 외국인으로 만들어 그 아이들이 외국인으로서의 혜택도 누리게 하기 위해서인가? 아니면 그 대신 그 아이들이 이곳에서 양육되는 경우, 그대가 떨어져 있어도 살아만 있으면 그 아이들이 더 잘 양육되고 교육을 받게 될까? 그대 친구들이 그 아이들을 돌봐줄 테니까. 그대가 이곳을 떠나 테살리아로 갈 경우에는 그대 친구들이 그 아이들을 돌봐주겠지만, 그대가 저승으로 갈 경우에는 돌봐주지 않을까? 그대 친구라고 말하는 자들이 조금이라도 쓸모 있는 자들이라면, 그들이 돌봐줄 것이라고 생각해야 하오.

그러니 소크라테스여, 그대의 양육자인 우리의 말에 따라, 자식도 사는 것도 그 밖의 어떤 것도 올바른 것보다 더 중히 여기게 마시오. 그대가 저승에 갔을 때 이 모든 것이 저승의 지배자들 앞에서 그대를 변호해줄 수 있도록 말이오. 그대가 지금 계획하는 일을 실행에 옮기면, 그것은 이승에 있는 그대에게도 그대의 어떤 친구에게도 더 좋아 보이지도, 더 올바르게 보이지도, 더 경건해 보이지도 않을 것 같소. 또한 그대가 저승에 가더라도 그것은 그대에게 더 좋지 않을 것이오. 하지만 그대가 지금 이승을 떠난다면 그대는 법률인 우리가 아니라 인간들에게 해를 입고 떠나는 것이오. 그러나 그대가 보복으로 올바르지 못한 짓을 하고 보복으로 해를 입히고, 우리와의 합의와 계약을 어기며, 그대가 가장 해를 입혀서는 안 될 그대 자신과 그대 친구들과 조국과 법률인 우리를 해치고 나서 그렇게 수치스럽게 떠난다면, 그대가 살아 있는 동안에는 우리가 그대에게 분개할 것이고, 저승에서는 우리 형제인 저승의 법률이 그대가 관여할 수 있는 한 우리를 파멸하려 했다는 것을 알기에 그대를 반갑게 맞지 않을 것이오. 그러니 그대는 크리톤이 권하는 대로 할 것이 아니라 우리가 권하는 대로 하시오.

아테네 법률의 마지막 말을 들은 소크라테스는 바로 크리톤을 찾았다.

> **소크라테스** : 사랑하는 친구 크리톤이여! 잘 알아두게나. 나는 이런 말들이 들리는 것으로 생각하네. 마치 코뤼반테스의 의식에 참여했던 이들이 아울로스의 소리가 들리는 것으로 생각하듯이 말이네. 그리고 내 귀에는 이 말소리가 윙윙거려 다른 말은 아무것도 들리지 않네. 자네는 알아두게나. 지금 내 생각이 그러하니 자네가 이의를 제기해도 소용이 없다네. 그렇지만 자네가 뭔가 더 해볼 게 있다고 생각한다면 말해 보게.
> **크리톤** : 나는 할 말이 없네, 소크라테스.
> **소크라테스** : 그러면 이쯤 해두게, 크리톤. 신이 이렇게 인도하시니, 그대로 하세.

《소크라테스의 변론》에서 신성한 음성, 다이몬의 음성이 그에게 들렸고, 그 지시에 따라 행한 것이 사형 선고의 이유가 되었다. 《크리톤》에서 자신에게 사형을 선고한 아테네 법률의 소리가 들렸고, 그 소리에 따라 탈옥이 아니라 독배를 선택했다. 소크라테스는 사랑하는 벗 크리톤의 뜨거운 조언, 아니 안 되는 줄 알면서도 하지 않으면 죽어서도 후회할 것 같아 해야만 했던 크리톤의 읍소와 조국 법률의 차가운 조언 가운데 후자를 따랐다. 자신을 위해 평생 헌신한 크리톤보다 자신에게 죽음을 선사한 아테네를 택했다.

. . .

플라톤의 또 다른 대화록《파이돈》의 대담자는 파이돈과 에케크라 테스이고, 등장인물은 소크라테스, 아폴로도로스, 심미아스, 케베스 그리고 크리톤이다. 소크라테스가 죽는 날 함께 했던 파이돈이 에카 크라테스에게 그날 있었던 일들을 전해주는 대화록이다. 파이돈은 죽음의 현장에 아폴로도로스, 크리토불로스와 그의 아버지 크리톤, 심미아스, 케베스, 파이돈데스 등이 있었고, 플라톤은 몸이 아파서인 지 그 자리에 없었다고 말한다. 크리톤은 아들과 함께 거기 있었다. 그날 이른 아침 그들이 처음 목격한 것은 방금 사슬에서 풀려난 소크 라테스, 어린 아들을 보듬고 그 옆에 있던 아내 크산티페였다. "크산 티페는 우리를 보자 울부짖으며 여인들이 할 법한 그런 말을 늘어놓 았어요. '여보, 소크라테스! 당신 친구들이 당신에게 말을 걸고 당신 이 친구들에게 말을 거는 것도 이게 마지막이에요.' 그러자 소크라테 스 선생님께서는 크리톤을 보며 말씀하셨어요. '크리톤, 누가 우리 집 사람을 집으로 데려다주는 게 좋겠네!'" 소크라테스가 가장 먼저 찾 고 말을 건넨 사람은 그 누구도 아닌 크리톤이었다. 이어서 "사후에 는 악인들보다는 선인들에게 훨씬 더 좋은 미래가 기다리고 있으니 죽음이 슬픈 것은 아니라는 자신의 확신"을 케베스와 심미아스에게 밝혔고, 심미아스가 이것을 자신들에게 설득할 것을 요청할 때 소크 라테스는 다소 뜬금 없이 다시 크리톤에게 눈길을 돌렸다.

그분께서 말씀하셨어요. "해보겠네. 그런데 여기 있는 크리톤이 아까부터 내게 할 말이 있는 것 같으니, 먼저 그게 무엇인지부터 알아보세!"

크리톤께서 말씀하셨어요. "다름 아니라 소크라테스, 자네에게 독약을 건네기로 한 사람이 되도록 말을 적게 하라고 자네에게 일러 달라고 아까부터 나를 조른다네. 말을 하면 체온이 높아지는데, 체온이 높아지면 때로는 독약을 두 배 또는 세 배를 마셔야 하니 독약을 마실 때는 체온이 높아지면 안 된다고 하네."

소크라테스 선생님께서 말씀하셨어요. "그 사람에게는 신경 쓸 것 없네. 두 배를 준비하든 필요하면 세 배를 준비하든, 그 사람에게 자기 일이나 잘하라고 하게."

"그렇게 대답할 줄 알고 있었네. 하지만 그자는 아까부터 귀찮게 졸라대고 있다네." 하고 크리톤께서 말씀하셨어요.

그분께서 말씀하셨어요. "그 사람은 내버려두게. 나는 자네들을 배심원이라고 여기고, 내가 어째서 평생 진심으로 철학에 전념한 사람은 죽음을 맞아 자신감을 갖게 되고, 죽은 뒤 저승에 가서 가장 큰 상을 받을 것으로 낙관한다고 생각하는지 그 까닭을 말해보겠네. 심미아스와 케베스, 그게 어떻게 가능한지 내 자네에게 설명해 보겠네. 보통 사람들은 잘 모르겠지만, 철학에 진심으로 전념하는 사람들은 죽는 것 그리고 죽음 이외에는 아무것도 추구하지 않아. 그것이 사실이라면, 평생 죽는 것과 죽음만을 추구하던 사람이 오래전부터 바라고 추구하던 것이 다가왔다고 해서 화를 내는 것은 이상한 일이지."

'독약을 건네기로 한 사람'이 소크라테스가 되도록 말을 적게 하도록 해달라고 주문한 사람은 다름 아닌 크리톤이었다. 그가 보기에도 크리톤이야말로 소크라테스에게 그런 말을 할 수 있는 가장 적임자였을 것이다. 또한 '그 사람에게 자기 일이나 잘하라고 하게', '그 사람은 내버려두게'라는 소크라테스의 시큰둥한 말에 '그렇게 대답할 줄 알고 있었네'라고 응수한 것으로 보아 크리톤은 소크라테스의 심사를 이미 충분히 헤아리고 있었을 것이다.

소크라테스는 '죽음', '배움은 상기이다', '영혼은 죽지 않는다' 등에 관해 제자들과 길게 문답했다. 크리톤은 옆에서 안타까운 마음으로 지켜보았을 것이다. 소크라테스가 제자들과 나눈 이 오랜 문답의 마지막 말은 "철학으로 충분히 정화된 사람들은 자신의 영혼에 대해 안심할 수 있다네. 생전에 몸의 쾌락과 장식은 이롭기보다는 해롭다고 여겨 자신과 무관한 것으로 거부하고, 배우는 즐거움에 열중함으로써 자신의 영혼을 남에게 빌려온 장식물이 아니라 절제, 정의, 용기, 자유, 진리 같은 영혼 자체의 장식물로 장식한 다음, 운명이 부르면 언제든 저승으로 떠날 각오가 되는 있는 사람 말일세. 심미아스와 케베스와 그 밖의 다른 사람들이여, 자네들도 앞으로 언젠가는 저마다 저승으로 여행을 떠나게 되겠지. 하지만 나는 지금, 비극의 등장인물이 쓸 법한 말투를 빌리자면, 운명의 부름을 받고 있네. 내가 목욕할 시간이 된 것 같다는 말일세. 여인들이 내 시신을 씻기는 수고를 하지 않도록, 독약을 마시기 전에 스스로 목욕하는 것이 더 낫다고 생각하기 때문이지."였다. 이 말이 끝나자 기다렸다는 듯이 크리톤이 나섰다. 그는 소크라테스가 제자들과 나눈 대화에 관해서는 관심이 없었을 것이다. 당면한 현실적 문제들에 대해 소크라테스에게 물었다.

그분의 말씀이 끝나자 크리톤께서 말씀하셨어요. "좋아, 소크라테스! 자네의 아이들과 남은 다른 것과 관련하여 다른 사람들이나 나에게 일러두고 싶은 말은 없는가? 우리가 무엇을 해주어야 자네에게 최대한 봉사하는 것이 되겠나?"
그분께서 말씀하셨습니다. "크리톤, 내가 늘 말하던 대로 해주게. 그것은 새로운 것이 아닐세. 말하자면 만약 자네들이 자신을 돌본다면, 자네들의 행위는 무엇이든 나와 내 가족과 자네들 자신을 위한 봉사가 될 것이네. 설령 자네들이 지금 약속하지 않더라도 말일세. 그러나 만약 자네들이 자신을 돌보지 않고 우리가 방금 말했고 전에도 말했던 길을 따라 살고자 하지 않는다면, 자네들은 아무것도 이루지 못할 것이네. 설령 자네들이 지금 아무리 굳게 약속한다 할지라도 말일세."

크리톤은 일상인이었다. 그가 '소크라테스에게 최대한 봉사'를 말했을 때, 그는 소크라테스가 죽게 되면 그의 가족 등에 관해 부탁할 것을 말해 달라고, 자신은 무엇이든 소크라테스를 위해 기꺼이 할 것이라는 의미였을 것이다. 소크라테스도 이 말의 의미를 모르지는 않았을 것이다. 그러나 이때 역시 소크라테스는 일상인의 모습이 아니었다. '새로운 것이 아닌', '방금 말했고 전에도 말했던 길'인 자기 자신, 즉 자기 영혼을 돌보는 것이 크리톤 자신을 위한 봉사이고, 그것이 곧 소크라테스 본인과 가족을 위한 봉사라고 답했다.

크리톤은 이러한 소크라테스의 모습에 '그러려니' 하면서 바로 두 번째 질문을 했을 것이다. "크리톤께서 말씀하셨지요. '우리는 꼭 자네가 말한 대로 할 것이네. 그건 그렇고, 우리가 자네를 어떻게 묻어 주면 좋겠는가?'" 이 역시 누구보다도 크리톤에게는 시급히 해결해야 과제였을 것이지만, 소크라테스는 개의치 않았다. "자네들 좋을 대로 하게나. 만약 자네들에게서 빠져나가지 못하도록 자네들이 나를 붙잡아둘 수 있다면 말일세." 크리톤이 이 말을 이해하기는 쉽지 않았을 것이다. 파이돈은 이때 상황을 "그분께서는 이렇게 말씀하시고 조용히 웃더니 우리 쪽을 향해 말씀을 이어가셨어요."라고 적었다. 소크라테스는 크리톤에게 짧게 대답한 후 '조용히 웃으면서' 크리톤이 아니라 '제자들에게' 말을 이어갔다. 크리톤이 소크라테스의 첫 번째 답을 들은 후 '그러려니' 했듯이, 소크라테스도 크리톤의 두 번째 질문을 들은 후 '그러려니' 하면서 조용히 웃었을 것이다.

여보게들, 나는 지금 자네들과 대화하며 논의하는 것들을 조목조목 따지고 있는 소크라테스가 바로 나라고 크리톤을 설득할 수가 없네. 크리톤은 잠시 뒤 자기가 시신으로 보게 될 사람이 나라고 생각하고는, 나를 어떻게 묻어 줄까 묻고 있으니 말일세. 내가 독약을 마신 뒤에는 더 이상 자네들 곁에 머물지 않고 축복받은 자들의 행복한 나라로 떠날 것이라고 길게 설명했건만, 그는 그것을 자네들과 나 자신을 격려

하기 위한 실없는 말쯤으로 여기는 것 같구먼. 그러니 자네들이 날 위해 크리톤에게 보증을 서게. 이 보증은 재판받을 때 그가 나를 위해 배심원들에게 서준 것과는 반대되는 것일세. 크리톤은 내가 머물 것이라고 보증을 섰지만, 자네들은 내가 죽고 나면 머물지 않고 떠날 것이라고 보증을 서주게. 그가 내 죽음을 더 쉽게 견뎌낼 수 있도록, 그리고 그가 내 몸이 불타거나 묻히는 것을 보고는 마치 내게 끔찍한 일이 일어나기나 한 것처럼 나 때문에 괴로워하거나 장례식 때 그가 입관 준비를 하거나 운구하거나 매장하는 것이 소크라테스라는 말을 하지 않도록 말일세.

죽음 후 육신은 소멸되어 사라지지만 영혼은 불멸이고 영혼은 이승에서 '축복받을 자들의 행복한 나라'인 저승으로 떠난다는 것을 제자들과의 대화에서 밝혔지만, 이것을 이해하지 못한, 아니 어쩌면 대화를 제대로 듣지 않았을 크리톤이 '실없는 말'로 간주, 죽은 후에도 여전히 소크라테스는 이승에 머물 것이라고 생각하고 있다고, 그래서 자신이 죽은 후에는 머물지 않고 떠날 것이라고 보증을 설 것을 제자들에 부탁했다. 그럼에도 그의 죽음이 크리톤에게 견디기 힘든 괴로움을 줄 것임을, 크리톤이 입관 준비, 운구, 매장 등 장례에 관한 모든 것을 하리라는 것을 결코 의심치 않았다. 그래서인지 소크라테스는 다시 크리톤을 향해 한마디 툭 던지고 목욕하기 위해 방을 나갔다.

친애하는 크리톤, 잘 알아두게. 잘못된 표현은 그 자체도 귀에 거슬리지만 영혼에 나쁜 영향을 준다네. 그러니 자네는 기운을 차리고 자네가 화장하는 것은 내 육신일 뿐이라고 말하게. 그리고 그것을 자네 좋을 대로, 자네가 가장 적절하다고 생각하는 방식대로 묻어 주게나.

소크라테스가 목욕하러 다른 방으로 가자 제자들에게 여기서 기다리라고 하면서 소크라테스를 따라간 이는 크리톤이었고, 목욕 후 소크라테스가 찾아온 가족들과 이야기를 나눌 때 그의 곁에 있던 이도 크리톤이었다.

소크라테스를 지키던 옥졸이 다가와 "선생님께서는 내가 무슨 말을 전하러 왔는지 아시겠지요? 부디 편히 가시고, 피할 수 없는 것은 되도록 편안히 참고 견디도록 하세요."라고 하면서 눈물을 흘리자, 소크라테스는 "자네도 잘 있게. 우리는 자네가 시키는 대로 할 것이네."라고 대답하고, 크리톤과 제자들에게는 "얼마나 예의 바른 사람인가! 내가 여기 와 있는 내내 그는 가끔 나를 찾아와서 대화를 나누기도 했는데, 참 좋은 사람이었어. 지금도 순진하게 나를 위해 눈물까지 흘리지 않는가! 자, 크리톤, 그가 시키는 대로 하세. 독약을 찧어 놓았으면 누가 가져오게. 준비되지 않았으면 그 사람더러 찧으라고 하고."라고 말했다. 목욕 후 드디어 독약을 마실 시간이 왔다. 이때 분위기는 목욕 전 죽음과 영혼에 대해 대화를 나눌 때와는 사뭇 달랐을 것이다. 크리톤은 독약을 가져오게 하라는 소크라테스에게 말했다.

소크라테스, 아직 해가지지 않고 아마 산 위에 걸려 있을 거야. 다른 이들은 통고받은 뒤 실컷 먹고 마시며 때로는 사랑하는 사람들과 함께 즐기다가 한참 뒤 독약을 마시는 것으로 알고 있네. 서두를 것 없네. 아직 시간이 남아 있으니까.

시간이 조금 남아 있으니 서두를 것 없다는 크리톤은 역시 크리톤이었다. 독약 앞에서 삶에 대한 집착은 웃음거리라는 소크라테스 또한 소크라테스였다.

크리톤, 자네가 말하는 사람들이 그러는 것은 당연하지. 그들은 그럼으로써 덕을 본다고 생각하니까. 하지만 내가 그러지 않는 것도 당연하기는 마찬가지야. 나는 독약을 좀 늦게 마신다고 해서 덕을 보는 것은 아무것도 없다고 생각하네. 이제는 아무것도 남은 것이 없는데 만약 삶에 집착하여 목숨을 아낀다면, 나는 내 눈에도 웃음거리밖에 되지 않을 걸세. 자, 거절하지 말고 내가 시키는 대로 하게나!

크리톤은 옆에 있던 노예에게 고개를 끄떡였고, 노예는 독약을 건넬 사람을 데려왔다. 소크라테스는 그에게 "좋았어. 여보게, 자네는 이런 일을 잘 알 텐데, 내가 어떻게 해야 하오?"라고 물었고, 그는 "마시고 나서 다리가 무겁다고 느껴질 때까지 이리저리 거닐다 누우시면 돼요. 그러면 약 기운이 돌 거예요."라고 답하면서 소크라테스에게 독약이 든 잔을 건넸다. 이 두 사람 간에 짧은 대화가 오갔다. "이 독약 가운데 일부를 누군가에게 헌주하면 자네는 뭐라고 할 텐가? 그것이 허용되는가, 허용되지 않는가?" "소크라테스 선생님, 우리는 마시기에 적당하다고 생각되는 분량만큼만 준비한답니다." "알겠네. 그러나 이승에서 저승으로 가는 내 이주에 행운이 함께하게 해달라고 신들에게 기도하는 것은 허용되겠지. 아니, 기도해야겠지. 그것이 내 기도이고, 부디 내 기도가 이루어지기를!" 소크라테스가 신들에게 기도하며 잔을 비우자 방 안은 온통 눈물바다가 되었고, 눈물을 억제할 수 없었던 크라톤은 밖으로 나가 버렸다. 그러자 소크라테스가 말했다. "여보게들, 이게 무슨 짓들인가! 내가 여자들을 돌려보낸 것은 무엇보다 이런 꼴사나운 짓을 막기 위해서였는데. 나는 사람이 조용히 최후를 맞아야 한다고 들었네. 자, 조용히들 하고 기운을 차리게!" 이것이 《파이돈》에서 소크라테스가 제자들에게 한 마지막 말이었다.

그리고 파이돈은 이승에서 소크라테스의 마지막 순간을 실감 있게 묘사했다.

그분께서는 이리저리 돌아다니시더니 두 다리가 무겁다고 말씀하시고는 등을 대고 누우셨어요. 그 사람이 그러라고 지시했으니까요. 그러자 그분께 독약을 건넸던 바로 그 사람이 그분의 몸을 만져보다가 조금 뒤 그분의 두 발과 손을 살펴보더니 한쪽 발을 세게 꼬집으며 감각이 있는지 물었습니다. 그분께서 감각이 없다고 말씀하시자, 그 사람이 이번에는 그분의 두 다리를 꼬집었어요. 그런 식으로 점점 위쪽으로 올라가며 그분 몸이 식어서 굳어가고 있음을 우리에게 보여주었지요. 그리고 계속 그분을 만지면서 냉기가 심장에 이르면 그때는 그분께서 세상을 떠날 것이라고 하더군요. 냉기가 어느새 허리 있는 데까지 올라오자 그분께서는 자신의 얼굴을 덮은 것을 벗기고—그분께서는 얼굴이 덮여 있었으니까요—말씀하셨는데, 이것이 사실상 그분의 마지막 말씀이었어요.

"크리톤, 우리는 아스클레피오스에게 수탉 한 마리를 빚지고 있네. 잊지 말고 그분께 빚진 것을 꼭 갚도록 하게나."

"그리 하겠네." 하고 크리톤께서 말씀하셨어요.

"그밖에 달리 할 말이 있는지 살펴보게!"

그분께서는 이 물음에 아무 대답도 하지 않으셨으나, 잠시 뒤 몸을 부르르 떠셨어요. 그 사람이 그분을 덮은 것을 걷자 그분의 두 눈이 멈추어 있었어요. 그래서 그것을 본 크리톤께서 그분의 입을 닫아주고 두 눈을 감겨드렸어요. 에케크라테스, 우리 친구는 그렇게 마지막을 맞이했어요. 그분께서는 우리가 겪어본 우리 시대 인물들 가운데 가장 훌륭하고 가장 지혜로우며 가장 정의로운 분이라고 해도 과언이 아닐 거예요.

• • •

《소크라테스의 변론》이 "나는 죽으러 가고, 여러분은 살러 갑니다. 우리 중에 누가 더 좋을지는 신 말고는 아무도 모릅니다."로 끝났듯이, 《크리톤》은 "그러면 이쯤 해 두게, 크리톤. 신이 이렇게 인도하시니, 그대로 하세."로 마침표를 찍었다. 소크라테스는 다이몬의 음성, 신의 지시에 따라 살았고, 신의 인도에 따라 죽으러 갔다. 그 자리에는 크리톤이 있었다. 《파이돈》에서는 신에게 기도하며 독배를 비웠고, 죽어가면서 크리톤을 불렀고 의술과 치유의 신 아스클레피오스를 찾았다. 크세노폰은 "이보다 더 고매하게 죽을 사람이 있을까? 어떤 죽음이 가장 고매하게 맞은 죽음보다 더 고매할까? 어떤 죽음이 가장 고매한 죽음보다 더 행복할까? 어떤 죽음이 가장 행복한 죽음보다 더 신들의 마음에 들까?"라고 소크라테스의 죽음을 회상했다.

살아 있는 소크라테스의 유언을 받은 이, 죽어 있는 소크라테스의 입을 닫아주고 두 눈을 감겨준 이는 다이몬도, 신도, 크산티페와 아들도, 크세노폰도, 플라톤도, 그 누구도 아니었다. 그 이는 소크라테스가 살았을 때나 죽었을 때나 한결같이 뜨거운 가슴으로 그의 곁을 지켜온 크리톤이었다. 그의 삶은 평범했지만, 소크라테스에 대한 그의 우정은 고매했다. 인간 소크라테스는 크리톤의 아름다운 우정을 확신했을 것이다. 크리톤이 있어 든든했을 것이고, 이승에서의 마지막 손을 그에게 내밀었을 것이다. 크리톤이 있어 행복했을 것이고, 저승에서의 그의 영혼은 진정한 친구 크리톤의 영혼을 미소지우며 기다리고 있었을 것이었다.

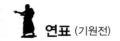 **연표** (기원전)

그리스 및 아테네	소크라테스
490 · 아테네, 1차 페르시아 전쟁 승리 　　: 마라톤 전투 480 · 아테네, 2차 페르시아 전쟁 승리 　　: 살라미스 해전 478 · 델로스 동맹 결성 461 · 페리클레스, 아테네 권력 장악 460 · 1차 펠로폰네소스 전쟁 발발 458 · 피레우스 항과 아테네 연결 　　장벽 건설 시작 450 · 알키비아데스 출생 　　· 아리스토파네스 출생 　　· 배심원에게 임금 지급 445 · 1차 펠로폰네소스 전쟁 종결 　　: 아테네와 스파르타, 　　35년 평화조약 체결 447 · 파르테논 신전 건축 시작 442 · 소포클레스, 〈안티고네〉 상연 432 · 파르테논 신전 완성 431 · 2차 펠로폰네소스 전쟁 발발 　　: 스파르타의 아티케 침략, 　　: 페리클레스 전사자 추모 연설 430 · 아테네에 역병이 창궐 429 · 페리클레스 역병으로 사망 427 · 플라톤 출생 425 · 헤로도투스 《역사》 완성	470/469 · 소크라테스 출생 　　　아테네 남동쪽, 알로페케 432 · 포티다이아 원정에 참가 430 · 카이레폰, 델포이 신전에서 　　소크라테스에 대한 신탁을 받음 429 · 포티다이아에서 아테네로 돌아옴 424 · 델리온 전투에 참가

그리스 및 아테네	소크라테스
423 • 아테네와 스파르타, 1년간 휴전협정	
• 아리스토파네스 〈구름〉,	
에우리피데스 〈헤카베〉	
〈탄원하는 여인들〉,	
아메이프시아 〈콘노스〉 상연	422 • 암피폴리스 전투 참가
418 • 아테네와 아르고스 연합군,	
만티네이아에서 스파르타에 패배	416 • 아들 람프로클래스 출생
415 • 아테네 시칠리아 원정	
: 알키비아데스 원정 지휘	
• 알키비아데스, 종교적 추문으로	
고소 · 소환, 스파르타로 도주	
• 아테네인의 멜로스 섬 학살	
414 • 아리스토파네스 〈새〉 초연	
412/411 • 아테네 정변, 민주정 무너지고	
과두정(400인 참주정) 들어섬	
410 • 민주정 회복	410 • 아들 소프로니스코스 출생
405 • 아리스토파네스 〈개구리〉 상연	406 • 아르기누사이 전투에서
404 • 아테네, 아르기누사이 전투에서 승리	생존자를 구조하지 못한
• 알키비아데스 암살당함	장군들의 처형 반대
• 아테네가 스파르타에 항복 선언,	404 • 민주주의 장군이었던
30인 참주정	레온 체포 명령 거절
• 플라톤의 외당숙 크리티아스	
30인 참주정에 참여	
403 • 30인 참주정이 붕괴, 민주주의 회복	
• 아테네 의회에서 특별사면령 통과	402 • 아들 메넥세노스 출생
400 • 투키디데스 사망	
: 〈펠로폰네소스 전쟁사〉 미완성	399 • 재판과 사형
4세기 초 • 플라톤, 《소크라테스의 변론》,	
《파이돈》, 《향연》 등 저술	

찾아보기